Buch-Updates

Registrieren Sie dieses Buch
auf unserer Verlagswebsite.
Sie erhalten dann
Buch-Updates und weitere,
exklusive Informationen
zum Thema.

Galileo
BUCH UPDATE

Und so geht's

> Einfach **www.galileocomputing.de** aufrufen

<<< Auf das Logo **Buch-Updates** klicken

> Unten genannten **Zugangscode** eingeben

Ihr persönlicher Zugang
zu den Buch-Updates

049845100121

Peter Bloch

Einstieg in
Visual Basic 2005

Inkl. Visual Basic 2005 Express Edition

Galileo Computing

Liebe Leserin, lieber Leser,

mit diesem Buch halten Sie eines der Bücher aus unserem umfangreichen Programm zur .NET-Programmierung in den Händen. Visual Basic 2005 ist eine ausgewachsene objektorientierte Programmiersprache und integrierter Bestandteil des .NET Frameworks.

Der Autor Peter Bloch hat bereits in seinen Seminaren gezeigt, dass er schwierige Sachverhalte anschaulich und leicht verständlich vermitteln kann. Mit diesem Buch möchte er Einsteigern in Visual Basic 2005 ebenso einfach wie ausführlich die Möglichkeiten dieser Sprache näher bringen. Neben den Grundlagen der Sprache erhalten Sie eine Einführung in das .NET Framework und machen einen virtuellen Rundgang durch die Entwicklungsumgebung. So ausgerüstet steigen Sie in die objektorientierte Programmierung ein. Weitere Themen sind u. a. die Programmierung von Datenbank- und Webanwendungen mit ADO.NET und ASP.NET.

Wenn Sie auf den Geschmack gekommen sind und sich noch intensiver mit Visual Basic befassen wollen, schauen Sie doch mal in das umfassende Hand-buch »Visual Basic 2005« von Andreas Kühnel, das in diesem Jahr bei Galileo Press erscheinen wird (http://www.galileocomputing.de/741).

Dieses Buch wurde mit großer Sorgfalt geschrieben, begutachtet, lektoriert und produziert. Sollte dennoch etwas nicht so funktionieren, wie Sie es erwarten, dann scheuen Sie sich nicht, sich mit uns in Verbindung zu setzen. Ihre freund-lichen Anregungen und Fragen sind jederzeit willkommen.

Viel Vergnügen beim Lesen wünscht Ihnen

Jan Watermann
Lektorat Galileo Computing

jan.watermann@galileo-press.de
www.galileocomputing.de

Galileo Press · Rheinwerkallee 4 · 53227 Bonn

Auf einen Blick

Der Name Galileo Press geht auf den italienischen Mathematiker und Philosophen Galileo Galilei (1564–1642) zurück. Er gilt als Gründungsfigur der neuzeitlichen Wissenschaft und wurde berühmt als Verfechter des modernen, heliozentrischen Weltbilds. Legendär ist sein Ausspruch »Eppur se muove« (Und sie bewegt sich doch). Das Emblem von Galileo Press ist der Jupiter, umkreist von den vier Galileischen Monden. Galilei entdeckte die nach ihm benannten Monde 1610.

Lektorat   Jan Watermann, Anne Scheibe
Korrektorat   Susanne Düwell, Bonn
Einbandgestaltung   Barbara Thoben, Köln
Herstellung   Steffi Ehrentraut
Titelbild   zefa visual media
Satz   SatzPro, Krefeld
Druck und Bindung   Koninklijke Wöhrmann B.V., Zutphen, Niederlande

Dieses Buch wurde gesetzt aus der Linotype Syntax Serif (9,5/13,5 pt) in FrameMaker. Gedruckt wurde es auf fein holzhaltigem Naturpapier.

Gerne stehen wir Ihnen mit Rat und Tat zur Seite:

jan.watermann@galileo-press.de bei Fragen und Anmerkungen zum Inhalt des Buches
service@galileo-press.de für versandkostenfreie Bestellungen und Reklamationen
stefan.krumbiegel@galileo-press.de für Rezensions- und Schulungsexemplare

Bibliografische Information Der Deutschen Bibliothek
Die Deutsche Bibliothek verzeichnet diese Publikation in der Deutschen Nationalbibliografie;
detaillierte bibliografische Daten sind im Internet über http://dnb.ddb.de abrufbar.

ISBN 3-89842-641-6

© Galileo Press, Bonn 2006
1. Auflage 2006

Inhalt

4 Objektorientierte Programmierung 127

6   Datenbankanwendungen mit ADO.NET   261

Index 371

Vorwort

*„Die Technik entwickelt sich immer vom Primitiven über das
Komplizierte zum Einfachen."*
– Antoine de Saint-Exupéry

Mit **Visual Basic 2005** stellt Microsoft Ihnen ein Visual Basic zur Verfügung,
das sich nicht nur durch verbesserte Spracheigenschaften, sondern insbesondere durch seinen ganz und gar objektorientierten Ansatz auszeichnet. In meinen Seminaren habe ich die Erfahrung gemacht, dass gerade Programmierein-
steiger die Konzepte der objektorientierten Programmierung unbefangen und
mit großer Begeisterung aufnehmen. Für **Einsteiger** ist dieses genau der richtige Zeitpunkt, um mit der Visual Basic-Programmierung auf Basis des neuen
.NET Framework 2.0 zu beginnen! Mit Visual Basic lernen Sie eine der weltweit meistgenutzten und produktivsten Programmiersprachen kennen. Nicht
unerwähnt lassen möchte ich an dieser Stelle, dass Sie mit Ihren neu erworbenen Visual Basic-Kenntnissen einen schnellen Zugang zu den anderen Programmiersprachen der Visual Basic-Sprachfamilie wie »Visual Basic for Applications«
(Office-Programmierung) und VBScript (Internet- und Windows Scripting Host-
Programmierung) haben werden.

Neben der Programmierung lernen Sie eine der besten **visuellen** Entwicklungsumgebungen kennen, die sich zurzeit auf dem Markt befinden: Das **Visual Studio 2005**. Auch dieses hat für Sie wieder einen Zusatznutzen: Das Visual Studio
ist *die* Entwicklungsumgebung für alle aktuellen und zukünftigen .NET-Spra-
chen, zu denen neben den Redmonder Haussprachen (Visual Basic, C#, J#, F#,
Visual C++ auch zahlreiche Drittanbieter-Sprachen wie beispielsweise Cobol,
Perl, Fortran, Eiffel und Delphi gehören). Sollten Sie also – aus beruflichen oder
privaten Gründen – verschiedene .NET-Sprachen kennen lernen wollen, können Sie sich somit ausschließlich auf das Erlernen der Sprache konzentrieren,
da Ihnen die Entwicklungsumgebung bereits vertraut ist.

Dieses Buch gibt Ihnen einen umfassenden Überblick über alle zentralen Themengebiete der Visual Basic-Programmierung. Dabei werden insbesondere die
Sprachgrundlagen und die objektorientierte Programmierung ausführlich und
tiefergehend behandelt, da diese die Basis für alle weiteren Programmiertechniken bilden. Als .NET-Entwickler sollten Sie auch mit der **Architektur** des
.NET Frameworks vertraut sein. Das hierzu erforderliche Wissen erhalten Sie in
Kapitel 1, *Das .NET Framework.* Selbstverständlich erhalten Sie auch einen soliden Überblick über die Windows-, Datenbank- und Webprogrammierung,

wobei Themen wie SDI- und MDI-Anwendungen, Ereignissteuerung, Datenbindung via Drag & Drop, Smart Tags, Master Pages, Themes und Skins ebenso
wie die visuelle Cascading Stylesheet-Entwicklung behandelt werden. Zu den
absoluten Hypethemen zählt nach wie vor das Programmieren von XML-Web-
diensten. In Kapitel 8, *Eigene Webdienste programmieren*, lernen Sie nicht nur
die Theorie kennen, sondern werden unmittelbar Ihren ersten eigenen Webdienst erstellen.

Selbstverständlich dürfen im Rahmen einer Einführung in die Visual Basic-Programmierung die Themen Fehlerbehandlung, Debuggen und – last, but not
least – das Verteilen von .NET-Anwendungen nicht fehlen. In Kapitel 10, *Verteilen von .NET-Anwendungen*, können Sie sich auf einen kleinen »Walkthrough«
zum ClickOnce-Deployment freuen.

In meinem Buch finden Sie zahlreiche Grafiken, mit denen ich versucht habe,
Ihnen komplexe Sachverhalte möglichst anschaulich darzustellen. Ich hoffe,
dieses ist mir gelungen. Alle im Buch entwickelten Anwendungsbeispiele finden Sie als Projektmappen auf der **Buch-CD**, sodass Sie den jeweiligen Quellcode nicht von Hand eingeben müssen. Da **Microsoft** und der **Galileo Verlag**
eine **kostenlose** deutsche Version der **Visual Basic 2005 Express Edition**
»spendiert« haben, die diesem Buch ebenfalls beiliegt, können Sie sogleich mit
der Programmierung Ihrer ersten .NET-Programme beginnen.

Ich hoffe, dass ich Ihr Interesse für die .NET-Programmierung mit Visual Basic
und dem Visual Studio wecken konnte, und wünsche Ihnen anregende, spannende und kreative Stunden mit ***Einstieg in Visual Basic 2005***[1].

Recklinghausen
Ihr *pe*BLO
(Peter Bloch)

---

1 Damit Sie über die Bezeichnungen Visual Basic 2005 und Visual Basic .NET nicht in Ver-
wirrung geraten, folgt hier eine kurze Erklärung: Den großen Qualitätssprung vollzog
Visual Basic beim Sprung von Version 6 auf Version 7. Seit Version 7.0, bezeichnet als
Visual Basic .NET 2002, stellt Visual Basic eine vollständig objektorientierte Sprache, welche in weiten Teilen dem strengen Reglement der *Common Language Specification* genügt,
dar. Somit zählt Visual Basic nunmehr zu den 100prozentigen .NET-Sprachen. Mittlerweile
geht Microsoft dazu über, den Zusatz ».NET« aus einigen Produktnamen zu entfernen.
Wenn somit im vorliegenden Buch Visual Basic erwähnt wird, handelt es sich um die entsprechende .NET-Variante.

»Und jedem Anfang wohnt ein Zauber inne.«
(Hermann Hesse)

Für meine Mutter, die diese Welt leider viel zu früh verlassen musste und mir dennoch alles Wichtige mit auf meinen Weg gegeben hat.

Für meine über alles geliebte Frau Andrea, die mir in guten und in schlechten Zeiten immer liebevoll und stark zur Seite stand und mit der ich schon wieder, voller unverschämter Zuversicht, eine neue Wanderung in unbekanntes Land begonnen habe.

In Liebe

Peter

1 Das .NET Framework

1 Das .NET Framework

*Mit diesem Kapitel beginnen wir unsere Reise in die faszinierende
Welt der .NET-Programmierung. Sie erfahren alles über den grundle-
genden Aufbau des Microsoft .NET Frameworks in seiner aktuellsten
Version 2.0 und lernen dabei seine wichtigsten Komponenten im
Detail kennen. Folgen Sie mir in die Welt der Klassenbibliotheken und
der Common Language Runtime.*

Mit der Veröffentlichung des Visual Studios 2005 und des .NET Frameworks
2.0 ist die Microsoft .NET-Technologie erneut in aller Munde. Technologisch
gesehen markierte die Einführung des .NET Frameworks 1.0 im Januar 2002
den Aufbruch in eine »neue«, effizientere Art der Softwareentwicklung. Insbesondere für Visual Basic-Programmierer war der Umstieg von VB 6 auf Visual
Basic .NET und das .NET Framework mit gravierenden Veränderungen verbunden. Auch der aktuelle Sprung auf die Framework-Version 2.0 bringt wieder
einige interessante Neuerungen, die wir uns im Rahmen dieses Buches ansehen
werden. Dabei werden die Neuerungen »vor Ort« in den jeweiligen Kapiteln
besprochen. Veränderungen, die das .NET Framework 2.0 beispielsweise im
Bereich ADO.NET oder ASP.NET mit sich bringt, werden also in den Kapiteln 6,
Datenbankanwendungen mit ADO.NET, bzw. 7, *Webanwendungen mit ASP.NET*,
behandelt. Bevor wir jedoch in die Detailarbeit einsteigen, werden wir uns
zunächst einen Überblick über den grundlegenden Aufbau des .NET Frameworks verschaffen.

1.1 Das .NET Framework im Überblick

Mit .NET wollte Microsoft die Entwicklung einer neuen technologischen Plattform für Anwendungen »der nächsten Generation« vorantreiben. Dabei sollte
die neue Plattform insbesondere das Bereitstellen und Entwickeln von »Software als Service« sowie eine umfassende Unterstützung von **Smart Devices**
gewährleisten. Der Slogan »Software als Service« steht dabei nicht nur für neue
technische Perspektiven, sondern zielt im besonderen Maße auf das dahinter
liegende Geschäftsmodell. Die Spannweite des Begriffs Smart Device reicht
vom »normalen« PC über Tablet PCs bis hin zum Handy und umfasst somit im
Prinzip jedes beliebige Gerät. Dabei ist das konstituierende Kennzeichen eines
Smart Devices seine Fähigkeit, auf **XML-Webservices** zugreifen zu können. Aus
diesen Gründen war eine starke Ausrichtung auf das **Internet** als Kommunika-
tionsmedium sowie ein **universelles Datenformat** (XML) ebenfalls konzeptioneller Bestandteil der Microsoft Vision. Mit dem .NET Framework ist es

Microsoft geglückt, dieser Vision eine solide und zukunftsweisende technische Basis zu geben.

> **Hinweis** Mit dem Begriff **Smart Clients** bezeichnet Microsoft auf **Windows Forms** basierende Anwendungen. Diese zeichnen sich durch eine ebenso »reiche« Benutzeroberfläche wie »traditionelle« Windowsanwendungen (Thick Clients) aus und lassen sich darüber hinaus so unkompliziert wie Webanwendungen installieren und aktualisieren (siehe Abschnitt 10.3, *Veröffentlichen einer ClickOnce-Anwendung*). Smart Clients sind sowohl im **Online-** wie auch im **Offlinemodus** lauffähig. Mit diesem neuen Anwendungstyp will Microsoft eigenen Angaben zufolge die besten Eigenschaften von Thick Clients und der im Internet Explorer gehosteten Webanwendungen (Rich Clients) zusammenführen. Es versteht sich, dass XML-Webservices auch im Konzept der Smart Clients eine zentrale Rolle spielen.

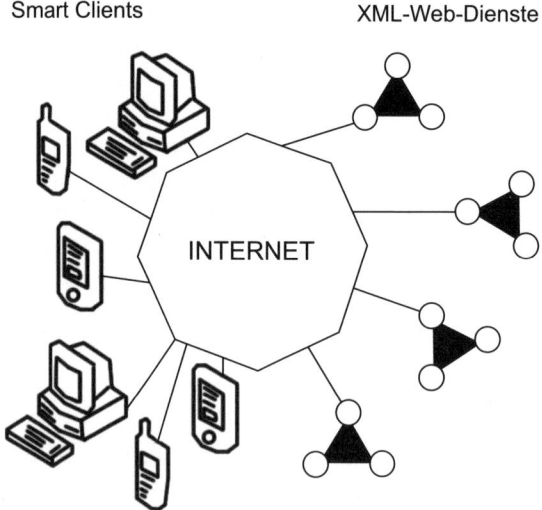

Abbildung 1.1 Das Konzept von »Software als Service«

Das Microsoft .NET Framework stellt sowohl die Plattform für die Entwicklung von Software als auch den Rahmen (Laufzeitumgebung) für deren Ausführung zur Verfügung. Dabei besteht das Framework im Kern aus zwei Komponenten: der **Common Language Runtime** (CLR) und der **.NET Framework-Klassenbibliothek**. Zur Entwicklung von .NET-Programmen greifen alle Programmiersprachen auf diese Klassenbibliothek zu.

Wie Sie Grafik 1.2 entnehmen können, lassen sich auf Basis des .NET Frameworks Anwendungen in den unterschiedlichsten Programmiersprachen entwickeln. Neben den Microsoft Sprachen C# (CSharp), Visual Basic, J# (JavaSharp), Visual C++ und F# (FSharp) existieren mittlerweile eine ganze Reihe Compiler von Drittanbietern, welche weiteren Programmiersprachen die .NET-Welt zugänglich machen. Zu diesen Sprachen zählen Perl, Cobol, Fortran, Eiffel, Delphi, SmallTalk sowie Python, um nur einige zu nennen.

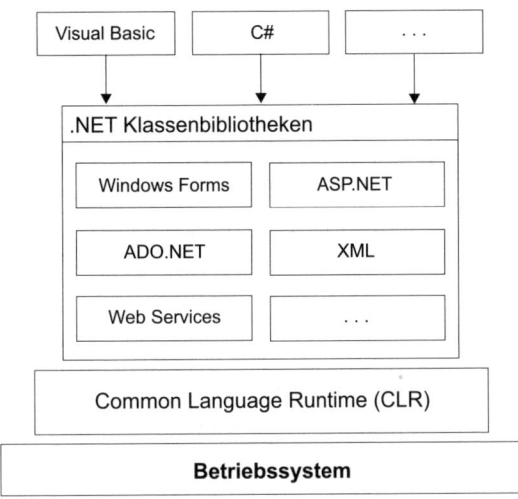

Abbildung 1.2 Aufbau des .NET Frameworks

Bezüglich der Plattformunabhängigkeit der .Net-Technologie lässt sich Folgendes sagen: Wie Sie noch im Detail sehen werden, wird der von Ihnen entwickelte Quellcode nicht unmittelbar in nativen Maschinencode kompiliert. Die verschiedenen **.NET-Sprachcompiler** erzeugen zunächst einen so genannten **Zwischencode**, den **MSIL**-Code. Der **Microsoft Intermediate Language-Code** ist sowohl maschinen- als auch betriebssystemunabhängig. Erst bei Ausführung wird der MSIL-Code vom **Just-in-Time-Compiler** (JIT) der Common Language Runtime (CLR) in plattformspezifischen Maschinencode »übersetzt«. Grundsätzlich sind somit .NET-Anwendungen auf jedem System lauffähig, für das eine spezifische Version des .NET Frameworks existiert. Dazu zählen zunächst alle Microsoft Betriebssysteme inklusive der Versionen für das **Mobile Computing**, für welches es eine angepasste Framework-Variante, das **.NET Compact Framework**, gibt. Darüber hinaus wird im Rahmen des durch die Firma Novell unterstützten Open Source-Projekts **Mono** an .NET Framework-Implementierungen für die Betriebssysteme Linux, Solaris, Mac OS und Unix gearbeitet. Bereits im Juni 2004 stellte Novell die erste Mono-Version (1.0) zum Download bereit. Aktuelle Versionen finden Sie jeweils auf der Mono-Projektseite **www.mono-project.com**. Sicherlich wird auch diese Initiative zu einer breiten Akzeptanz der .NET-Plattform beitragen.

Mit diesen Zeilen zur Plattformunabhängigkeit des .NET Frameworks möchte ich den allgemeinen Übersichtsteil zunächst abschließen. In den nun folgenden Abschnitten werden wir uns die einzelnen Komponenten des Microsoft .NET Frameworks etwas detaillierter ansehen.

1.2 Die Common Language Runtime

Bei der **Common Language Runtime** (CLR) handelt es sich um die Laufzeitumgebung für alle .NET-Anwendungen. Laufzeitumgebungen stellen in der Programmierung keine Neuheit dar. Der wesentliche Unterschied zu anderen Laufzeitkonzepten besteht darin, dass die CLR eine **einheitliche** Laufzeitumgebung für **alle** .NET-Programmiersprachen zur Verfügung stellt. Gab es etwa vor den Framework-Zeiten noch eine eigene VB-Runtime (VB 6), so nutzen jetzt Visual BASIC-, C#- und J#-Anwendungen gemeinsam die Common Language Runtime.

Bei der Ausführung von .NET-Anwendungen wird die Speicherverwaltung vollständig von der CLR übernommen. Diese alloziert im Bedarfsfalle Speicherplatz und gibt diesen anschließend auch wieder frei. Für diese Aufgabe zeichnet der so genannte **Garbage Collector** (GC), welcher ebenfalls Bestandteil der CLR ist, verantwortlich. Durch diesen Dienst des Garbage Collectors ist es nicht mehr erforderlich, eine eigene Speicherverwaltung zu programmieren. Insbesondere bei der Verwaltung von Objekten sorgt der Service des Garbage Collectors für ein höheres Maß an Sicherheit. Durch die Automatisierung der Speicherorganisation gehören Fälle, in denen der Entwickler ein (zu einem späteren Zeitpunkt noch benötigtes) Objekt versehentlich aus dem Speicher entfernt, der Vergangenheit an. Des Weiteren werden unnötige Belegungen des Arbeitsspeichers durch »vergessene« Objekte dank der regelmäßigen »Aufräumarbeiten« des Garbage Collectors vermieden. Da die gesamte Codeverwaltung der Common Language Runtime obliegt, wird .NET-Code auch als **verwalteter Code** (Managed Code) bezeichnet. Des Weiteren stellt die Common Language Runtime dem Entwickler für die gesamte .NET-Plattform ein einheitliches System zur **strukturierten Ausnahmebehandlung** zur Verfügung, das in Kapitel 9, *Fehlerbehandlung und systematisches Debuggen,* im Detail behandelt wird.

Eine weitere zentrale Komponente der CLR stellt der **Just-in-Time-Compiler** (JIT) dar. Der so genannte **Jitter** übersetzt den vorliegenden **MSIL-Code** in die **Maschinensprache** des jeweiligen Zielsystems. Die Microsoft Intermediate Language, bei der es sich ebenfalls um eine CLR-Komponente handelt, wird im folgenden Abschnitt beschrieben.

1.3 Die Microsoft Intermediate Language

Bei der **Microsoft Intermediate Language** handelt es sich um eine so genannte Zwischensprache. Beim Kompilieren einer in einer beliebigen .NET-Sprache verfassten Anwendung wird im ersten Schritt noch **kein** prozessorspezifischer Maschinencode erstellt. Für jedes .NET-Programm, gleich ob in Visual Basic, C# oder etwa Cobol kodiert, wird zunächst ein **MSIL-Code** generiert. Für die Umwandlung des Quellcodes einer beliebigen Programmiersprache in MSIL-Code bedarf es lediglich eines entsprechenden Compilers.

Durch das Aufrufen einer .NET-Anwendung als MSIL-Code wird zunächst, falls dies noch nicht der Fall sein sollte, die Common Language Runtime geladen. Im Anschluss daran aktiviert die CLR den Just-in-Time-Compiler, welcher den MSIL-Code zu »echtem« Maschinencode kompiliert. Der MSIL-Code ist somit nur ein Zwischenschritt auf dem Weg zum nativen Maschinencode. Da der auf diese Weise in Maschinencode umgewandelte MSIL-Code auf das jeweilige System hin optimiert wird und es sich **nicht** um interpretierten Code handelt, entstehen bei seiner Ausführung keine Performance-Einbußen.

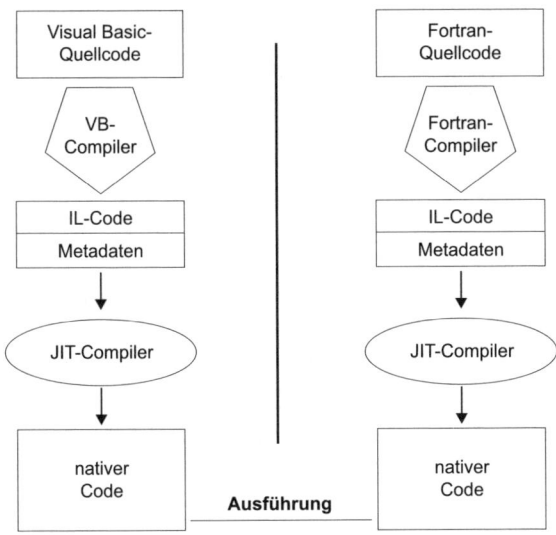

Abbildung 1.3 Vom Quellcode zur Ausführung

Mit dem .NET Framework wollte Microsoft nicht nur die Entwicklung von sprachenunabhängigem Code erreichen. Darüber hinaus sollte sichergestellt werden, dass die verschiedenen Programmiersprachen **miteinander** kommunizieren und Daten austauschen können. Die expliziten Regelungen hierfür werden durch das **Common Type System**, welches wir uns im Folgenden ansehen werden, festgelegt.

1.4 Das Common Type System

Es ist leider keine Ausnahme, dass in verschiedenen Programmiersprachen **dieselben** Datentypen unterschiedlich definiert sind. Stellen Sie sich bitte vor, dass etwa derselbe Integer-Datentyp in zwei verschiedenen Programmiersprachen unterschiedlich geformt ist. Ein Informationsaustausch über die Sprachgrenzen hinweg wäre damit problematisch. Das .NET Framework stellt mit dem **Common Type System** (CTS) allen Programmiersprachen ein **einheitliches Typensystem** zur Verfügung. Durch dieses für alle .NET-Sprachen verbindliche Typensystem wird sichergestellt, dass etwa der Datentyp String in Visual Basic mit einem in C# genutzten String vom Datentyp her identisch ist. Auf diese Weise ist sichergestellt, dass die in verschiedenen Sprachen entwickelten Anwendungen miteinander ohne Schwierigkeiten kommunizieren können.

Neben der durch das Common Type System hergestellten Typenverbindlichkeit wird durch die **Common Language Specification** (CLS) die so genannte **Spracheninteroperabilität** der verschiedenen .NET-Sprachen untereinander geregelt. Grundsätzlich handelt es sich bei der Spracheninteroperabilität um die Möglickeit, dass die Codes zweier verschiedener Programmiersprachen miteinander interagieren können. Des Weiteren wird durch die Regeln der Common Language Specification ermöglicht, dass beispielsweise in C# mit einer Klasse, welche sich von einer in Visual Basic entwickelten Klasse ableitet, gearbeitet werden kann. Die Common Language Specification stellt eine Einschränkung des Common Type Systems dar.

1.5 Assemblies

Bei Assemblies handelt es sich um **Softwarekomponenten**, die als **EXE-** oder **DLL-Datei** vorliegen. Um eventuellen Missverständnissen vorzubeugen, sei darauf hingewiesen, dass Sie EXE- bzw. DLL-**Assemblies** des .NET Frameworks nicht mit den gleichnamigen Dateien, die Ihnen eventuell noch aus den Visual Basic 6-Zeiten bekannt sind, verwechseln dürfen. Assemblies liegen als MSIL-Code vor und werden, anders als eine VB6-EXE-Datei, erst zur Laufzeit durch den **Jitter** zu Maschinencode kompiliert.

Darin erschöpft sich der Unterschied zwischen den »klassischen« `.exe`- und `.dll`-Dateien zu den **.NET EXE-** bzw. **DLL-Assemblies** nicht. Bei Assemblies handelt es sich um **sich selbst beschreibende Softwarekomponenten**. Neben **MSIL-Code** enthält eine Assembly eine vollständige Beschreibung, welche Ressourcen sie benötigt, um korrekt ausgeführt werden zu können. Diese in der Assembly abgelegten Informationen werden als **Metadaten** bezeichnet.

Die in einer Assembly enthaltenen Metadaten gliedern sich in die **Typmetadaten** und das **Assemblymanifest**. Typmetadaten enthalten neben einer vollständigen Auflistung der in der Anwendung genutzten Typen auch eine exakte Beschreibung, wie auf diese zugegriffen werden kann. Sie dürfen sich an dieser Stelle durch den Begriff **Typ** nicht irreführen lassen. Im Rahmen der .NET-Programmierung lassen sich alle (Daten-)**Typen** auf **Klassen** zurückführen. Durch die Typmetadaten wird die Common Language Runtime so mit allen Informationen versorgt, die sie zu einer korrekten Ausführung benötigt. Zu diesen Informationen zählen beispielsweise Methoden, Eigenschaften, Basisklassen und Sichtbarkeit der genutzten Typen.

Das **Manifest** einer Assembly stellt eine Beschreibung der Assembly-**Struktur** dar. Es gibt detailliert an, in welcher Beziehung die einzelnen Assembly-Elemente zueinander stehen. Ein Assembly-Manifest enthält unter anderem Informationen über:

▶ Name der Assembly

▶ Version der Assembly

▶ Angaben zu Ausführungsrechten (Sicherheitsrichtlinien)

▶ Auflistung aller zur Assembly gehörenden Dateien

▶ Verweise auf andere Assemblies (Referenzen)

Assemblies lassen sich nach verschiedenen Kriterien gliedern. So wird zwischen **statischen** und **dynamischen** sowie **Single-File-** und **Multi-File-Assemblies** unterschieden. Die so genannten **statischen** Assemblies liegen auf dem Rechner als **PE**-Dateien (**Portable Executable**) vor. Bei PE-Dateien handelt es sich um ausführbare Dateien, welche von Microsoft als betriebssystemübergreifende (portable) Komponenten konzipiert wurden. Statische Assemblies können als **unmittelbar ausführbare Dateien** (`.exe`, Out-Process-Assembly) oder als **Klassenbibliotheken** (`.dll`, In-Process-Assembly) vorliegen. Dynamische Assemblies dagegen existieren nicht als (physikalische) Dateien auf dem Rechner, sondern werden erst zur Laufzeit unmittelbar im Arbeitsspeicher generiert. Single-File-Assemblies bestehen aus einer einzigen Datei. Dagegen setzen sich die so genannten Multi-File-Assemblies aus einer Anzahl von Dateien zusammen.

Des Weiteren kann zwischen **privaten** und **öffentlichen Assemblies** differenziert werden. Private Assemblies liegen innerhalb derselben Verzeichnisstruktur wie die .NET-Anwendung. Sie können von außerhalb dieser Struktur liegenden Anwendungen nicht genutzt werden. Eine öffentliche Assembly (**Shared Assembly**) dagegen wird zur »freien Nutzung« an einem »allgemein zugänglichen« Ort abgelegt. In der Regel handelt es sich dabei um den **Global Assembly**

Cache (GAC). Als Ausgleich zu diesem »Wust« an Theorie möchte ich den Abschnitt über Assemblies mit einer kleinen Grafik abschließen:

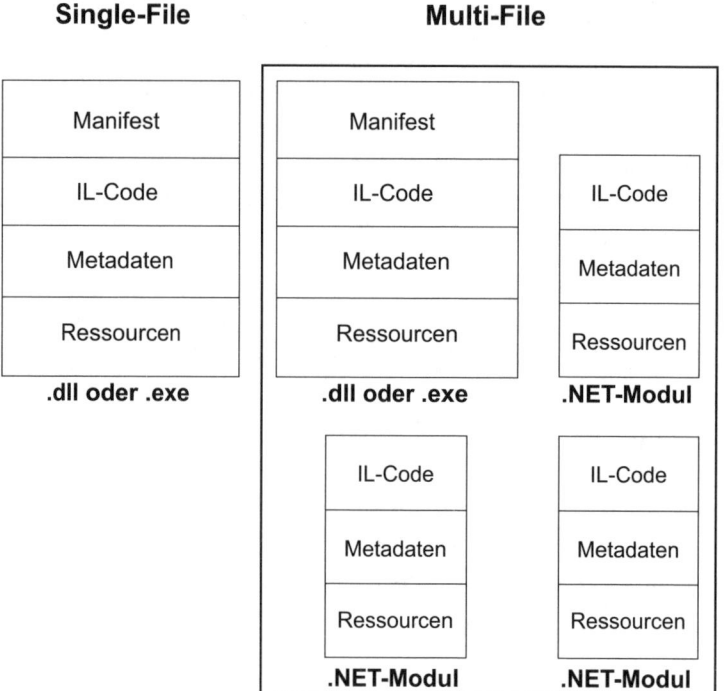

Abbildung 1.4 Aufbau von Single-File- und Multi-File-Assemblies

1.6 Die .NET-Klassenbibliotheken

.NET-Programmierung bedeutet Arbeiten mit Klassen und Objekten. Das .NET Framework stellt dem Entwickler eine schier unglaubliche, mit jeder neuen Version wachsende Zahl von Klassen zur Verfügung. Haben Sie sich erst einmal mit diesen ungeheuren Möglichkeiten der .NET-Programmierung vertraut gemacht, wird auch Sie das .NET-Fieber befallen. Es wäre allerdings ein völlig sinnloses Unterfangen, an dieser Stelle eine auch nur annähernd repräsentative Auswahl aus den .NET-Klassenbibliotheken vorzustellen. Stattdessen möchte ich Ihnen eine generelle Orientierungshilfe zu den Klassenbibliotheken geben.

Die **Framework Class Library** (FCL) bildet die Basis für jede Art der Anwendungsentwicklung auf dem .NET Framework. Dabei spielt es keine Rolle, ob Sie eine Konsolen-, eine Windows Forms- oder eine Web-Anwendung programmieren möchten. Alle hierzu notwendigen Komponenten finden Sie in den .NET-Bibliotheken. Auch für Datenbank-Anwendungen und XML-Webdienste hält die FCL die nötigen Klassen für Sie bereit. Damit Sie sich innerhalb dieser vielen tausend Klassen nicht hoffnungslos verlieren, wurden diese unter einer strengen logischen Struktur zusammengefasst. Dabei werden **thematisch** zusammengehörige Klassen in so genannten Namespaces (Namensräumen) zusammengestellt. Namensräume sind strikt hierarchisch organisiert. Aus diesem Grund können verschiedene Klassen denselben Namen tragen, sofern sie sich in unterschiedlichen Namensräumen befinden. Sie können sich die Struktur von Namensräumen analog den Verzeichnis- oder Ordnerstrukturen eines Dateisystems vorstellen. Die in einem Namensraum zusammengefassten Klassen können (physikalisch) in verschiedenen Dateien (i.d.R. DLL-Dateien) realisiert sein. Somit ist es durchaus möglich, dass innerhalb eines Namensraumes Klassen aus verschiedenen DLLs (thematisch) zusammengefasst werden. Beispielsweise werden im Namensraum `System` sowohl Komponenten aus `mscorlib.dll` wie auch `system.dll` angeboten.

Um auf eine .NET-Komponente zugreifen zu können, müssen Sie deren genauen Standort innerhalb des Frameworks angeben. Dazu gehören der Namensraum selbst sowie der genaue logische Ort der Komponente innerhalb des Namensraums. Die hierfür verwandte Syntax ist die der objektorientierten Programmierung. In den Kapiteln 3 und 4 werden wir zu Demonstrationszwecken des Öfteren mit Konsolenanwendungen arbeiten. Die hierfür benötigten Funktionen befinden sich im Namensraum `System` und werden dort durch die Klasse `Console` für uns bereitgestellt. Um mit den Methoden der einzelnen Klassen in einer Konsolenanwendung arbeiten zu können, müssen wir dem System zunächst exakte Angaben darüber machen, welche Klassen wir für unsere Arbeit benötigen. Die entsprechende programmtechnische Schreibweise hierfür lautet: `System.Console`. Dabei bildet der Punkt den Gliederungsoperator. Um auf Konsolenebene eine Ausgabe auf den Bildschirm zu »schreiben«, wenden wir die **Methode** `WriteLine()` der **Klasse** `Console` aus dem **Namensraum** `System` an. Die komplette Anweisung hierfür hat den folgenden Aufbau:

```
System.Console.WriteLine("Wer schreibt, der bleibt ;-))")
```

Wird für einen solchen Methodenaufruf der gesamte Pfad zur Klasse angegeben, beginnend beim Wurzelnamensraum, spricht man davon, dass der Klassenname **voll qualifiziert** wurde. Ein vollqualifizierter Name ist somit der Verweis auf eine Klasse inklusive der Angabe des Namespaces. Bei Methodenaufrufen von Klassen, welche sich in tieferen Hierarchiestufen der Framework-Namensräume befinden, kann ein solcher Aufruf mitunter sehr lang und umständlich werden. Abhilfe schafft hier das `Imports`-Statement. Mithilfe dieser Visual Basic-Anweisung kann der Common Language Runtime mitgeteilt werden, dass wir zukünftig die Klassen eines bestimmten Namensraumes im Programm nutzen werden. Anschließend kann die Klasse im Quelltext allein über ihren Namen (ohne Voranstellung des Namespaces) aufgerufen werden:

```
Console.WriteLine("Wer schreibt, der bleibt ;-))")
```

Um uns Entwicklern das Leben etwas zu erleichtern, sorgt das Visual Studio von Anfang an dafür, dass eine Basisauswahl an wichtigen Namensräumen für jedes neue Projekt automatisch importiert wird. Um welche es sich dabei im Einzelnen handelt, können Sie unter **Projekt · Eigenschaften · Verweise** abrufen und ändern:

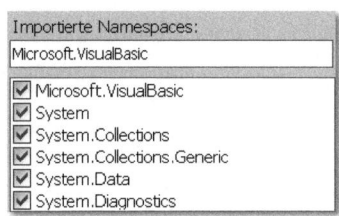

Abbildung 1.5 Durch die Entwicklungsumgebung für eine Konsolenanwendung automatisch bereitgestellte Namensräume

Die .NET-Klassenbibliothek gliedert sich in zwei Stammnamensräume: `System` und `Microsoft`. Dabei finden sich im Microsoft-Namensraum Dienste, welche sich auf spezielle Microsoft-Technologien beziehen. So enthält etwa der Namensraum `Microsoft.Win32` Klassen, welche unter anderem Methoden für Zugriffe auf die Registry enthalten. Der mächtige `System`-Namespace beinhaltet dagegen Dienste, die sich nicht auf spezielle Microsoft-Technologien beziehen. Beispielsweise finden sich unter `System.Web.Services` zahlreiche Klassen für die Programmierung von Webdiensten. Wie Sie in Kapitel 4, *Objektorientierte Programmierung*, noch im Detail sehen werden, können Sie selbstverständlich auch für Ihre selbstentwickelten Klassen eigene Namensräume prägen. Für den Fall, dass Sie an eine professionelle Entwicklung von Klassen denken, sollten Sie es Microsoft gleichtun und Ihren Firmennamen als Wurzelnamespace für alle Ihre Klassen nehmen: `Galileo.Buecher.KundenService`. Ihr Firmenname stellt nicht nur ein sinnvolles Ordnungskriterium dar, sondern ist – als Namensraum »getarnt« – gleichzeitig ein effizientes Marketinginstrument.

Mit dieser Grafik möchte ich den kurzen Überblick über das .NET Framework beenden. Im nächsten Kapitel werden wir uns zunächst mit dem Visual Studio 2005 vertraut machen, damit wir anschließend unmittelbar in die Praxis der Programmierung einsteigen können.

Struktur der .NET Framework-Klassenbibliothek

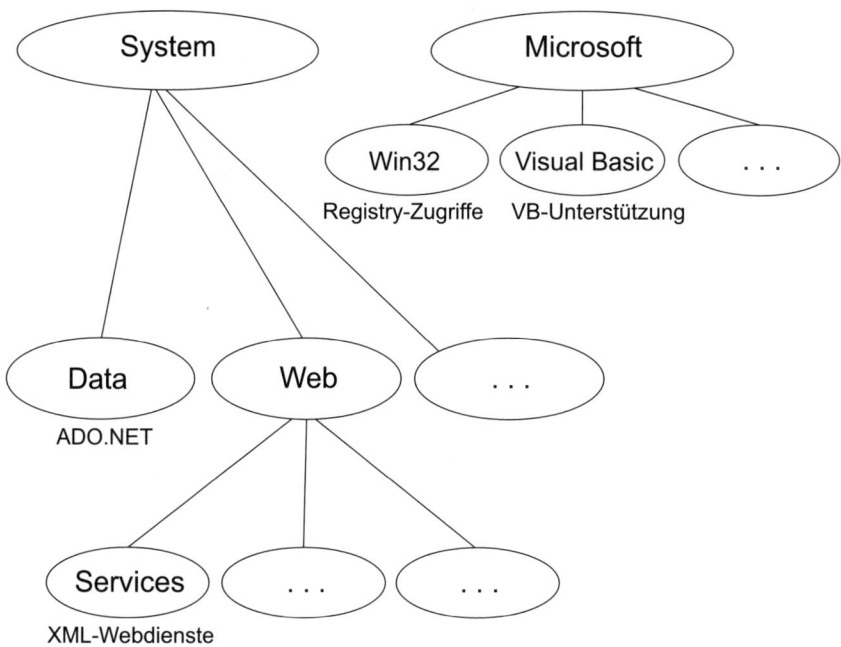

Abbildung 1.6 Aufbau der .NET Framework-Namensräume

2 Rundgang durch die Entwicklungsumgebung

2 Rundgang durch die Entwicklungsumgebung

Zu Beginn stelle ich Ihnen die Oberfläche des Visual Studios 2005 kurz vor und gebe Ihnen einen Überblick über die verschiedenen Programmversionen.

Mit dem Visual Studio 2005 stellt Microsoft eine der weltweit besten visuellen Entwicklungsumgebungen vor. **Eine Entwicklungsumgebung für alle Sprachen:** von Visual Basic über C# (CSharp), Cobol, Perl, Python bis hin zu Fortran programmieren Sie durchweg in der vertrauten Umgebung des Visual Studios. **Eine Oberfläche für alle Aufgaben:** Von der Konsolenanwendung über Windows Forms-, Web- und Datenbank-Anwendungen bis hin zu XML-Webservices lösen Sie alle Aufgaben einfach und effizient unter der homogenen Oberfläche dieser neuen, leistungsstarken Entwicklungsumgebung. Wer einmal den Komfort dieser hochproduktiven IDE (Integrated Development Environment) kennen lernen durfte, ist begeistert, wie einfach sich Anwendungsentwicklung darstellen kann. Dabei stellen Datenbindung via Drag & Drop und das Click-Once-Deployment lediglich zwei der zahlreichen famosen Features des Visual Studios 2005 dar.

2.1 Die verschiedenen Versionen des Visual Studios 2005

Das Visual Studio 2005 wird von Microsoft in fünf verschiedenen Versionen vermarktet:

Visual Studio 2005-Version	Ausrichtung
Team System	Softwareentwicklung in Teams komplexe Suite, die sich aus verschiedenen Entwicklertools zusammenstellen lässt
Professional Edition	Professionelle Entwicklung mehrschichtiger Windows- und Webanwendungen Anwendungen für mobile Geräte wie SmartPhones und Pocket PCs
Tools for the Microsoft Office System	Smart Client-Anwendungen für Office-Systeme Branchenlösungen auf der Basis von Microsoft Office

Tabelle 2.1 Übersicht über die Visual Studio 2005-Versionen

Visual Studio 2005-Version	Ausrichtung
Standard Edition	Erstellen von Windows- und Webanwendungen
	Anwendungen für »gängige« mobile Geräte
	Für Einzelentwickler konzipiert
Express Edition	Für Einsteiger und Hobbyprogrammierer

Tabelle 2.1 Übersicht über die Visual Studio 2005-Versionen (Forts.)

Die in Tabelle 2.1 gegebenen Hinweise zu den einzelnen Visual Studio-Versionen können nur stichwortartig ausfallen. Bedenken Sie, dass allein von der Team System-Version wiederum sechs verschiedene Editionen erworben werden können. Ausführliche und **aktuelle** Informationen finden Sie auf der deutschsprachigen Website des Microsoft Developer Network (MSDN) in der Rubrik Visual Studio Tools: **www.microsoft.com/germany/msdn/vstools/ default.mspx**.

Microsoft und **Galileo Press** haben diesem Buch eine **kostenlose Version** der **Visual Basic 2005 Express Edition**, welche als CD beigefügt ist, »spendiert«. Sie können somit, ohne auch nur einen zusätzlichen Cent ausgeben zu müssen, alle Programmierbeispiele unmittelbar in der IDE des Visual Studios 2005 nachvollziehen. Für die Webprogrammierung steht mittlerweile der Visual Web Developer 2005 ebenfalls als Express Edition zum kostenlosen Download auf den MSDN-Seiten zur Verfügung. Insgesamt bietet Microsoft zurzeit die folgenden Express Editionen in deutschen Versionen zum kostenlosen Download an:

▶ Visual Basic 2005 Express Edition

▶ C# 2005 Express Edition

▶ C++ 2005 Express Edition

▶ Visual Web Developer 2005 Express Edition

▶ SQL Server 2005 Express Edition

Der nun folgende »Rundgang durch die Entwicklungsumgebung« basiert auf der Microsoft Visual Basic 2005 Express Edition. Die Tools des Visual Web-Developers, die wir im Rahmen der Webentwicklung einsetzen, werden unmittelbar im dazugehörigen Abschnitt erläutert. Sollten Sie zu einem späteren Zeitpunkt auf eine der anderen Visual Studio-Versionen umsteigen wollen, so stellt dies überhaupt kein Problem dar. Es gilt: Eine Oberfläche für alle Aufgaben. Sie arbeiten mit all dem Wissen, das Sie sich angeeignet haben, souverän weiter und können sich so ganz auf die neuen Features konzentrieren, die Ihnen eine andere Version zusätzlich bietet.

2.2 Die Startseite

Unmittelbar nach Programmstart begrüßt Sie das Visual Studio mit diesem Bildschirm:

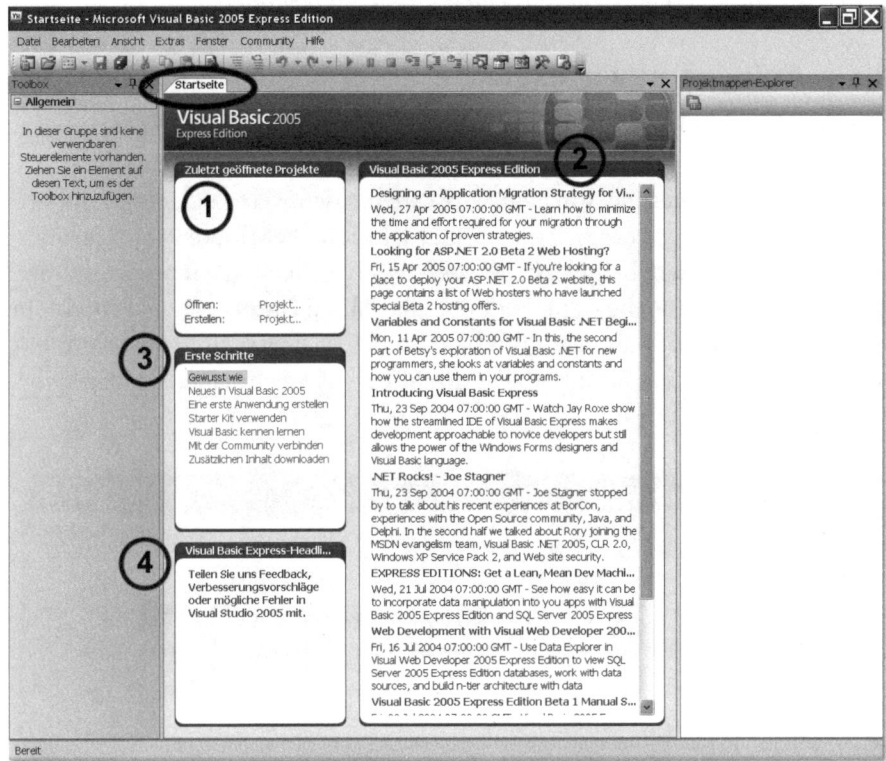

Abbildung 2.1 Startbildschirm der Visual Basic Express Edition

Neben der Toolbox, dem Projektmappen-Explorer und der Standard-Symbolleiste finden Sie dort die **Startseite** des Visual Studios. Im rechten Bereich der Startseite (**2**) werden aktuelle Meldungen des MSDN eingeblendet – ein interessanter Service, der Sie immer mit den neuesten, für Entwickler relevanten News versorgt. Für den Fall, dass Sie gerade in die Visual Basic-Programmierung einsteigen, haben Sie über die Startseite unter der Rubrik »Erste Schritte« (**3**) Zugriff auf Grundlagenwissen und ergänzende Programmressourcen wie Starter Kits, Controls, Quellcode-Beispiele etc. Über den Link »Mit der Community verbinden« gelangen Sie unmittelbar auf die Homepage des **Microsoft Visual Basic Developer Center**. Eine Seite, die Sie unbedingt besuchen sollten. Die Startseite gibt Ihnen darüber hinaus die Möglichkeit, sich mit dem **MSDN Product Feedback Center** kurzzuschließen (**4**).

Den in der alltäglichen Arbeit mit dem Visual Studio sicherlich meistgenutzten Bereich der Startseite finden Sie unter dem Titel **Zuletzt geöffnete Projekte (1)** unmittelbar in der linken oberen Ecke. Von dieser Stelle aus haben Sie nicht nur einen schnellen Zugriff auf die von Ihnen zuletzt bearbeiteten Projekte, sondern können auch die Arbeit mit neuen Projekten beginnen.

2.3 Anlegen neuer Projekte

Das Visual Studio bietet Ihnen zwei einfache Wege zum Anlegen eines neuen Visual Basic-Projekts: Zunächst können Sie, wie schon erwähnt, ein neues Projekt unmittelbar über die **Startseite** ins Leben rufen. Dazu nutzen Sie einfach den Link **Projekt**, welcher sich in der Rubrik **Zuletzt geöffnete Projekte** befindet und mit **Erstellen:** betitelt ist. Die zweite Möglichkeit, die Ihnen grundsätzlich immer zur Verfügung steht, läuft über das Menü **Datei · Neues Projekt**. In beiden Fällen stellt Ihnen das Visual Studio das Dialogfenster **Neues Projekt** zur Verfügung, in dem Sie aus einer Anzahl bereits vorinstallierter Projektvorlagen auswählen können.

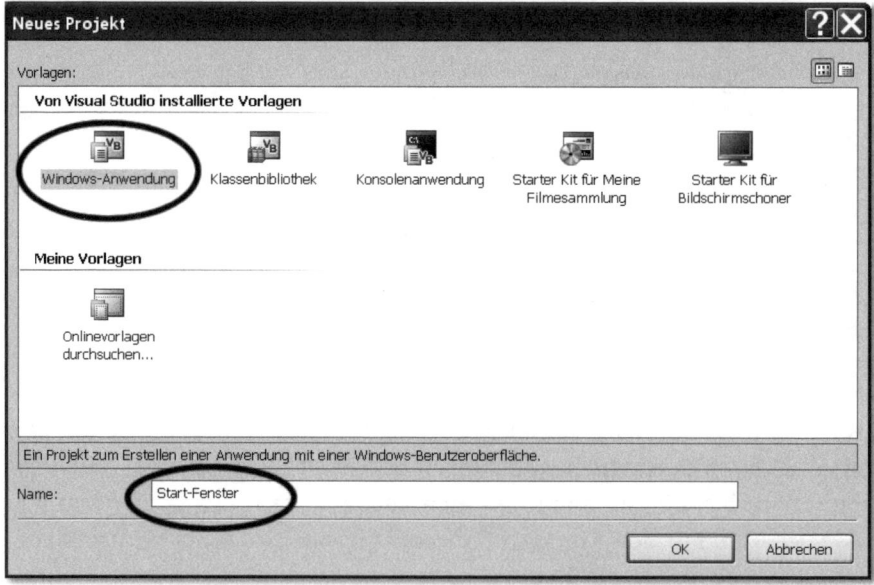

Abbildung 2.2 Dialogfenster mit den vom Visual Studio bereits vorinstallierten Projektvorlagen

In diesem Dialogfenster haben Sie auch die Möglichkeit, Ihr neues Projekt mit einem eigenen Namen zu versehen. Im Beispiel (Abbildung 2.2) wurde als Projektvorlage eine Windowsanwendung ausgewählt, die mit »Start-Fenster« benannt wurde. Nachdem Sie Ihre Wahl getroffen und Ihrem neuen Projekt einen Namen gegeben haben, können Sie den Dialog »Neues Projekt« mit der Bestätigung via OK-Button abschließen. Nun wird Ihnen vom Visual Studio die für den entsprechenden Projekttyp maßgeschneiderte Arbeitsumgebung präsentiert:

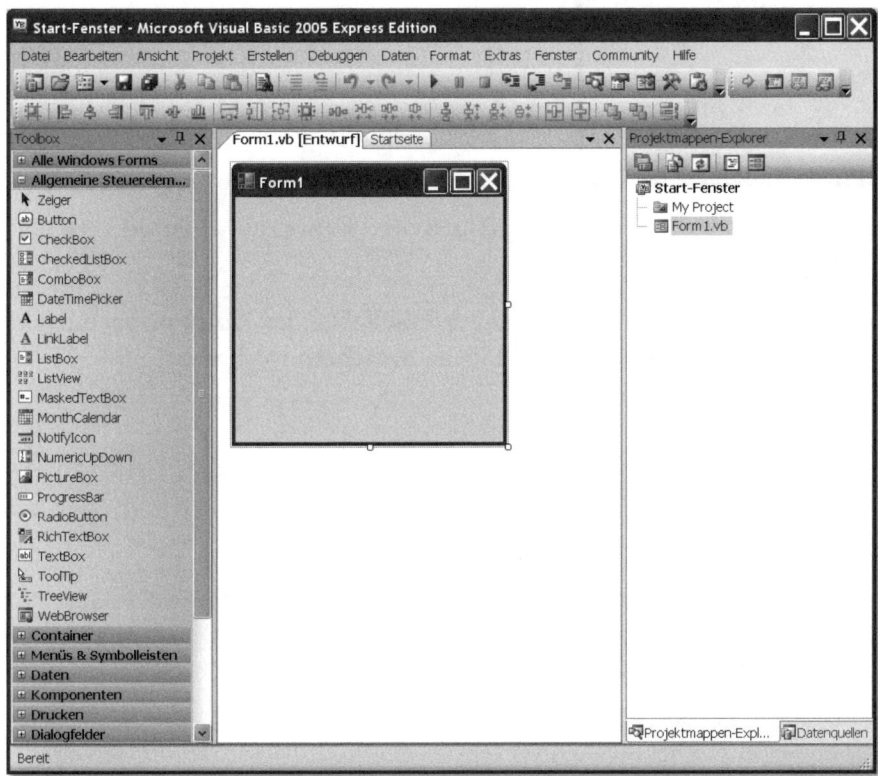

Abbildung 2.3 Arbeitsumgebung des Visual Studios 2005 für die Entwicklung von Windows Forms-Anwendungen

2.4 Der Projektmappen-Explorer

Visual Basic .NET-Projekte werden durch das Visual Studio in **Projektmappen** verwaltet, die einen vorgegebenen Verzeichnisaufbau aufweisen. Der Projektmappen-Explorer bietet Ihnen eine übersichtliche Darstellung aller im Projekt genutzten Komponenten (siehe Abbildung 2.4).

Neben der Datei Form1.vb werden im Projektmappen-Explorer auch die Verweise auf die im Projekt genutzten Systembibliotheken übersichtlich dargestellt. Über den Projektmappen-Explorer können Sie zur Entwicklungszeit schnell auf alle Projektelemente zugreifen.

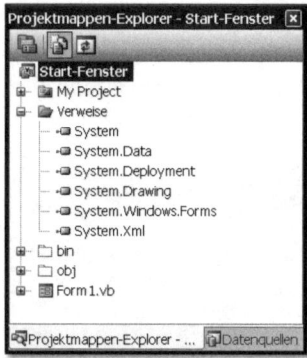

Abbildung 2.4 Projektmappen-Explorer mit den Komponenten der Windowsanwendung
»Start-Fenster«

Darüber hinaus können Sie über die **Symbolleiste** des Projektmappen-Explorers einfach zwischen den verschiedenen **Ansichten** wechseln:

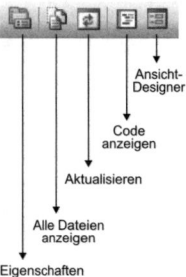

Abbildung 2.5 Symbolleiste des Projektmappen-Explorers

Dabei sollten Sie beachten, dass sich die mittels der Symbolleiste ausgewählten Ansichten immer auf das aktuelle (markierte) Objekt beziehen. Gerade in der Hektik des Alltagsgeschäftes entstehen hier oftmals Verwirrungen. Sie sollten also unbedingt darauf achten, dass, wenn Sie zum Beispiel das Eigenschaftenfenster für `Form7.vb` aufrufen wollen, auch `Form7.vb` und nicht etwa `Form3.vb` im Projektmappen-Explorer markiert ist. Insbesondere das Wechseln von der Design- in die Codeansicht (und umgekehrt) lässt sich über die Symbolleiste des Projektmappen-Explorers schnell und komfortabel bewerkstelligen. Die Dienste des Projektmappen-Explorers werden Sie in Ihrer Entwicklungspraxis häufig in Anspruch nehmen und sicherlich schnell zu schätzen wissen.

2.5　Das Eigenschaftenfenster

Das Eigenschaftenfenster unterstützt Sie dabei, die zahlreichen Eigenschaften der verschiedenen in einem Visual Basic-Projekt genutzten Elemente zur Entwurfszeit zu definieren. Sie können das Eigenschaftenfenster via Symbolleiste des Projektmappen-Explorers über das jeweilige Kontextmenü sowie das Icon in der Standard-Symbolleiste aufrufen. Da es sich beim Eigenschaftenfenster um ein äußerst häufig genutztes Feature des Visual Studios handelt, ist es lohnenswert, sich den ShortCut ⌨F4 zum Anzeigen des Eigenschaftenfensters zu merken.

Abbildung 2.6 Eigenschaftenfenster zu »Button1« auf »Form1«

Im Eigenschaftenfenster (Abbildung 2.6) von Button1 wurde die **Text-Eigenschaft** von Button1 auf **Berechnung ausführen** gesetzt. Auch das Eigenschaftenfenster wartet wieder mit einer eigenen Symbolleiste auf, über welche Sie sich die Eigenschaften etwa **nach Kategorien** oder **alphabetisch** sortiert anzeigen lassen können. Eine praktische Eigenart des Eigenschaftenfensters ist die Möglichkeit, zu einer Ansicht der **Ereignisse** des aktuellen Objekts zu wechseln:

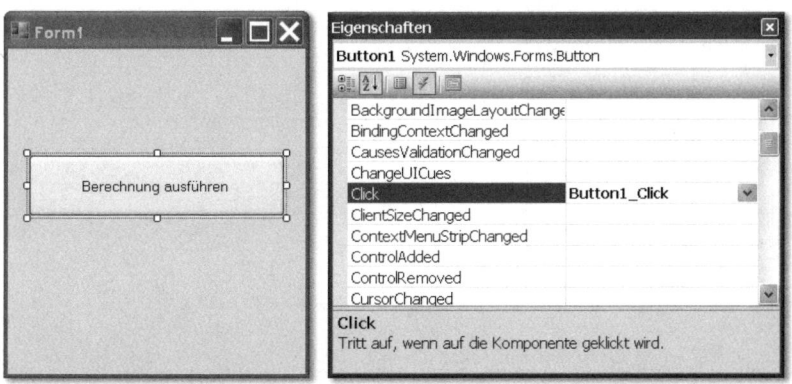

Abbildung 2.7 Auflistung der Objektereignisse von »Button1« im Eigenschaftenfenster

Sollten zum aktuellen Objekt bereits Ereignisroutinen bestehen, so werden die korrespondierenden Ereignisse durch Fettschrift hervorgehoben dargestellt. Durch einen Doppelklick auf eines der aufgelisteten Ereignisse wird automatisch der Codeeditor aufgerufen und eine entsprechende Prozedurschablone angelegt.

2.6 Die Toolbox

Über die Toolbox haben Sie Zugriff auf eine Fülle von Steuerelementen und Komponenten, die Sie im Rahmen der Projekte nutzen können. Um der enormen Anzahl der Toolbox-Elemente eine übersichtliche Struktur zu geben, wurden diese in verschiedenen Kategorien zusammengefasst.

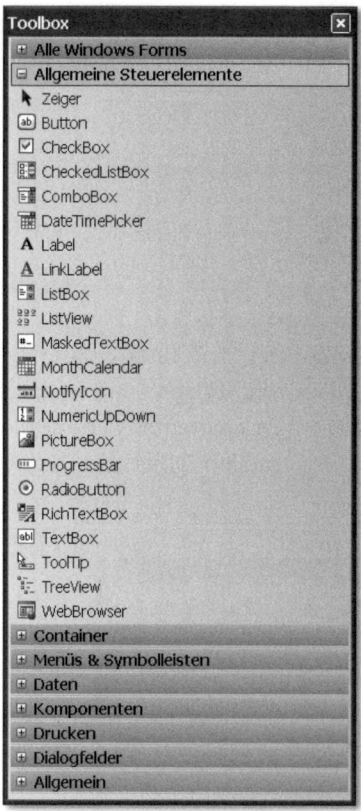

Abbildung 2.8 Die Toolbox des Visual Studios 2005

Um mit den einzelnen Toolbox-Elementen im Projekt arbeiten zu können, werden diese zunächst in der Designansicht auf das entsprechende Formular gezogen.

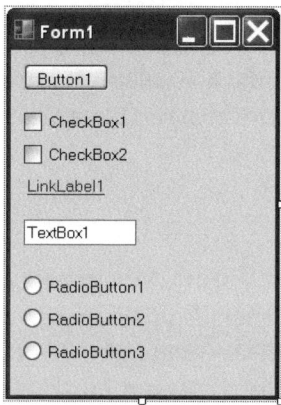

Abbildung 2.9 »Form1« mit verschiedenen Steuerelementen aus der Toolbox

Anschließend können Sie die einzelnen Steuerelemente über das Eigenschaftenfenster weiter konfigurieren und im Codeeditor mit entsprechender Funktionalität, sprich Ereignisroutinen, versehen. Um ein Steuerelement mit einer Ereignisprozedur auszustatten, klicken Sie einfach doppelt auf das entsprechende Element. Das Visual Studio ruft nun automatisch den Quellcodeeditor auf und erstellt gleichzeitig die Prozedurschablone für das jeweilige Standardereignis des aufgerufenen Steuerelements.

Abbildung 2.10 Prozedurschablonen für die Standardereignisse der Steuerelemente »Button1«, »CheckBox1«, »LinkLabel1«, »TextBox1« und »RadioButton1«

Einige Elemente der Toolbox, wie zum Beispiel das **ImageList**-Element aus der Komponentenrubrik, werden nicht unmittelbar auf der Windows-Form selbst repräsentiert, sondern im so genannten **Komponentenfach** abgelegt, das sich unterhalb der jeweiligen Form befindet. Mehr zu diesem Thema erfahren Sie in Abschnitt 5.2.2, *Erstellen von MDI-Anwendungen*.

2.7 Der Codeeditor

Im Codeeditor findet die eigentliche Programmierarbeit statt. Hier schreiben Sie die Ereignisroutinen für die einzelnen Steuerelemente, programmieren Funktionen, erstellen eigene Klassen und debuggen Ihre Anwendungen. Bei all diesen Tätigkeiten erhalten Sie eine umfangreiche Unterstützung durch die Microsoft **IntelliSense**-Technologie. Dabei reicht die Hilfestellung von sprachspezifischen Features wie **Syntaxüberprüfung** und **automatische Anweisungsvervollständigung** bis hin zur **Auflistung von gültigen Mitgliedern eines Typs oder Namensraumes**, **Parameterinformationen von Funktionen** oder dem so genannten **QuickInfo**, welches Sie unter anderem über die Deklaration einer beliebigen Variablen in Kenntnis setzt.

Sollten Sie bei der Eingabe Ihres Quellcodes Fehler machen, so werden Sie durch die automatische Syntaxüberprüfung unmittelbar bei der Quellcodeeingabe darauf hingewiesen. Dazu werden die fehlerhaften Codestellen wellenförmig unterstrichen. Wollen Sie etwa im Quellcode eine Variable `HausNummer` mittels der `Dim`-Anweisung deklarieren, so bietet Ihnen die IntelliSense-Technologie unmittelbar nach der Eingabe des Schlüsselwortes `As` eine Auswahlliste an:

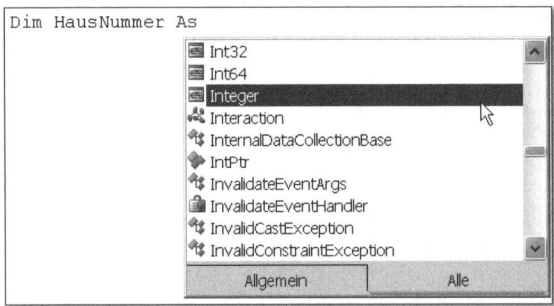

Abbildung 2.11 IntelliSense-Unterstützung bei der Variablendeklaration

Über das QuickInfo stehen Ihnen anschließend an jeder beliebigen Stelle des Codes die **Deklarationsinformationen** der Variablen zur Verfügung. Um diese sichtbar zu machen, brauchen Sie lediglich kurz mit dem Cursor über der Variablen zu verweilen:

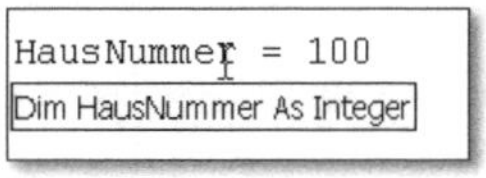

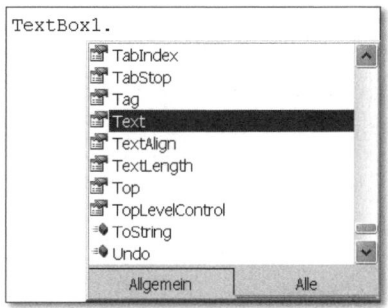

Abbildung 2.12 QuickInfo zur Variablen »HausNummer«

Befindet sich auf `Form1` beispielsweise eine TextBox (`TextBox1`), so erhalten Sie via IntelliSense nach Eingabe von `TextBox1` – gefolgt von einem **Punkt** – eine Auflistung der Methoden und Eigenschaften zu `TextBox1`:

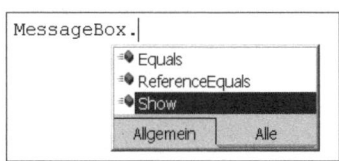

Abbildung 2.13 IntelliSense-Unterstützung zu »TextBox1«

Wie umfassend sich die Unterstützung durch die IntelliSense-Technologie darstellt, lässt sich anschaulich an folgendem Beispiel zeigen. Um auf dem Bildschirm eine beliebige Information anzeigen zu lassen, lässt sich gut die Show-Methode der MessageBox-Klasse nutzen. Dazu geben wir zunächst im Codeeditor den Klassennamen MessageBox, gefolgt von einem Punkt, ein:

Abbildung 2.14 IntelliSense-Unterstützung zur MessageBox-Klasse

Aus der durch die IntelliSense-Technologie angebotenen Auswahlliste können wir problemlos und ohne Schreibarbeit auf die Show-Methode der Message-Box-Klasse zugreifen. Nachdem wir anschließend eine öffnende Klammer für die an die Show-Methode zu übergebenden Parameter eingegeben haben, erhalten wir erneut Hilfe durch IntelliSense:

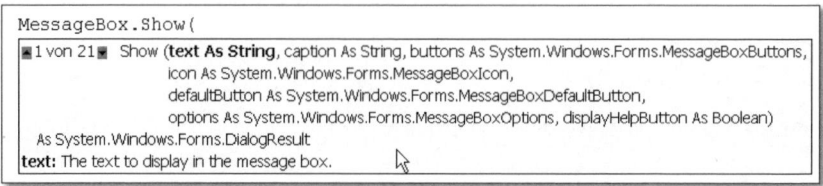

Abbildung 2.15 Parameterinformationen zur Show-Methode der MessageBox-Klasse

Die Parameterinformationen umfassen die Anzahl der Parameter, deren Namen und Typen. Dabei wird der nächste einzugebende Parameter in der Liste fett dargestellt. Bei überladenen Funktionen können über die Pfeile die alternativen Parameter der einzelnen Funktionsüberladungen abgerufen werden. Ausführliche Information zu diesem Thema erhalten Sie im Abschnitt 4.6.4, *Überladen von Methoden*.

2.8 Code Snippets

Ein weiteres hochinteressantes Feature des Visual Studios 2005 stellen die so genannten **IntelliSense-Codeausschnitte** (Code Snippets) dar. Visual Basic 2005 ist mit einer umfassenden Bibliothek von vorgefertigten Quellcode-Snippets ausgerüstet. In dieser Bibliothek finden Sie nach Kategorien sortierte Codeausschnitte für nahezu »jede Gelegenheit«. Wenn Sie im Codeeditor arbeiten, haben Sie jederzeit über die rechte Maustaste und **Ausschnitt einfügen** Zugriff auf diese vorgefertigten Codebausteine:

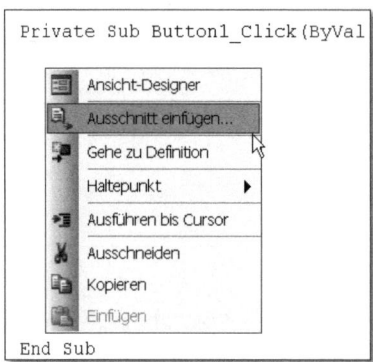

Abbildung 2.16 Kontextmenü zum Aufrufen der IntelliSense-Code Snippets

Anschließend wird Ihnen via Smart Tag der »Katalog« der zur Verfügung stehenden Codeausschnitte angezeigt:

```
     Private Sub Button1_Click(ByVal sender As System.Objec
```
Ausschnitt einfügen:

- 📁 Allgemeine Codemuster
- 📁 Auflistungen und Arrays
- 📁 Berechnungen
- 📁 Dateisystem - Verarbeiten von Laufwerken, Ordnern und Dateien
- 📁 Daten - Designerfeatures und ADO.NET
- 📁 Datentypen
- 📁 Erstellen von Windows Forms-Anwendungen
- 📁 Interagieren mit der Anwendung
- 📁 Konnektivität und Netzwerk
- 📁 XML

```
     End Sub
```

Abbildung 2.17 Auswahl der Code Snippet-Kategorien

Die konsequente Arbeit mit Code Snippets erleichtert Ihnen Ihren täglichen Entwickleralltag und führt zu einer nicht zu unterschätzenden Produktivitätssteigerung. Mittels des **Codeausschnitt-Managers**, den Sie über das Menü **Extras · Codeausschnitt-Manager** aufrufen können, haben Sie die Möglichkeit, die Code Snippets zu verwalten und durch eigenen Code sowie eigene Kategorien zu ergänzen.

2.9 Projekteinstellungen

Zugriff auf alle Möglichkeiten, Ihr Projekt zu konfigurieren, erhalten Sie unter den Projekteinstellungen. Die Projekteinstellungen erreichen Sie über das Kontextmenü im Projektmappen-Explorer oder über das Menü **Projekt · Eigenschaften:**

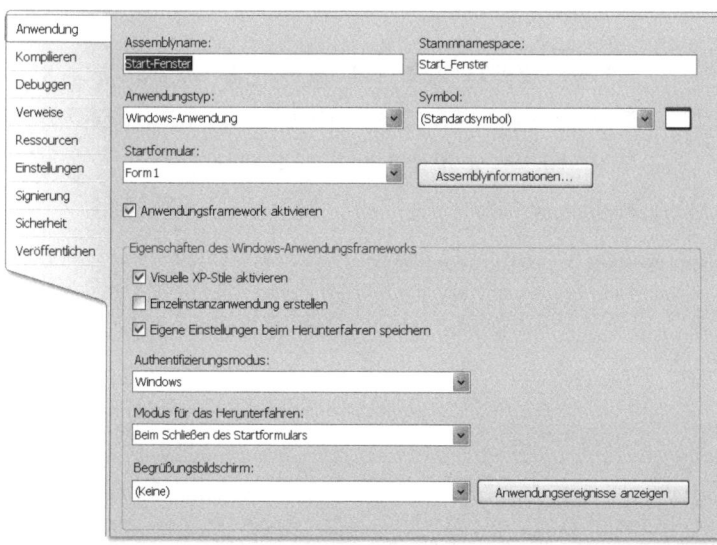

Abbildung 2.18 Fenster zur Einstellung der Projekteigenschaften

Dort finden Sie, verteilt auf die neun Themengebiete **Anwendung**, **Kompilieren**, **Debuggen**, **Verweise**, **Ressourcen**, **Einstellungen**, **Signierung**, **Sicherheit** und **Veröffentlichen**, an zentraler Stelle alle möglichen Optionen zur Projektkonfiguration zusammengefasst. So finden Sie beispielsweise die Compiler-Einstellungen **Option Explicit**, **Option Strict** und **Option Compare** unter der Rubrik **Kompilieren**. Weitere Informationen sowie detaillierte Angaben zu den einzelnen Einstellungsoptionen, wie etwa zu den drei erwähnten Compiler-Einstellungen, erhalten Sie jeweils in den entsprechenden Kapiteln im Zusammenhang mit den konkreten Programmierbeispielen.

2.10 Nützliche ShortCuts des Visual Studios 2005

Zum Abschluss unseres kleinen Rundgangs durch das Visual Studio 2005 in seiner Visual Basic Express Edition habe ich für Sie noch ein paar nützliche Tastatur-ShortCuts, welche übrigens unabhängig von den einzelnen Visual Studio-Versionen Gültigkeit haben, zusammengefasst:

ShortCut	Funktion
F1	Ruft die Online-Hilfe auf
F4	Ruft das Eigenschaftenfenster auf
F5	Startet den Debugger
F7	Ruft den Codeeditor auf
F8	Startet den Debugger im Einzelschritt-Modus
⇧ + F7	Ruft die Designansicht auf
Strg + H	Ruft das »Suchen und Ersetzen«-Fenster auf
Strg + R	Blendet den Projektmappen-Explorer ein
Strg + Z	Macht den letzten Arbeitsschritt rückgängig
Strg + Alt + X	Blendet die Toolbox ein

Tabelle 2.2 Nützliche ShortCuts des Visual Studios 2005

3 VB.NET-Sprachgrund-lagen

3 VB.NET-Sprachgrundlagen

In diesem Kapitel erfahren sie alles Wesentliche über die Grundlagen der Visual Basic .NET-Programmierung: den korrekten Umgang mit Variablen und Konstanten und das Kodieren von wieder verwertbarem Programmcode mittels Prozeduren und Funktionen sowie die verschiedenen Kontrollstrukturen, welche Visual Basic .NET für eine effiziente Programmablaufsteuerung zur Verfügung stellt.

3.1 Variablen, Konstanten und Enumerationen

3.1.1 Grundlegendes

Nach wie vor spielen Variablen in der Datenverarbeitung eine zentrale Rolle. Variablen stellen eine Art temporären Container dar, in welchem – für die Dauer des Programmlaufs – Daten abgelegt werden können. Dabei können Variablen die unterschiedlichsten Arten von Werten repräsentieren. Zu ihnen gehören Zahlen und Zeichenketten ebenso wie Eigenschaftswerte von Objekten. Selbstverständlich können auch Benutzereingaben sowie Informationen aus Dateien und Datenbanken zur weiteren Verarbeitung in Variablen eingelesen werden.

Technisch gesehen stellen Variablen einen reservierten Teil des Arbeitsspeichers dar. Über den Namen (Bezeichner) der Variablen haben Sie Zugriff auf den Inhalt des Speicherplatzes, um diesen manipulieren zu können. Damit das System für Ihre Daten den entsprechenden Platz im Arbeitsspeicher bereithält und ordnungsgemäß verwalten kann, müssen Sie ihm Ihre Anforderung an Speicherplatz zunächst bekannt geben. Dieser Vorgang wird als **Variablendeklaration** bezeichnet. Die Deklaration von Variablen ist bei weitem nicht so trivial, wie es auf den ersten Blick erscheinen mag. Grundsätzlich sollten Sie bei der Deklaration von Variablen zunächst zu fünf Bereichen Überlegungen anstellen und Festlegungen bezüglich der Variableneigenschaften treffen:

▶ Name

▶ Startwert

▶ Datentyp

▶ Lebensdauer

▶ Gültigkeitsbereich

Genau genommen sind es sechs Eigenschaften, durch die Sie das »Verhalten« einer Variablen festlegen. Nachdem Sie sich insbesondere über den Datentyp, die Lebensdauer und den Gültigkeitsbereich einer Variablen Klarheit verschafft haben, sollten Sie planen, welche Programmteile Zugriff auf die in einer Variablen gespeicherten Werte haben sollen. Die **Zugriffsdeklaration** erfolgt mittels der Visual Basic-Schlüsselwörter `Dim`, `Public`, `Protected`, `Friend`, `Protected Friend` oder `Private`. Diesem etwas komplexeren Thema werden wir uns ausführlich im Kapitel zur objektorientierten Programmierung widmen. Bevor wir uns die Variablendeklaration im Detail ansehen, möchte ich Sie noch auf die beiden **Deklarationsoptionen**, die Visual Basic für Sie bereithält, hinweisen.

3.1.2 Explizite versus implizite Deklaration

Visual Basic lässt neben der expliziten Deklaration von Variablen auch eine **implizite** Variablendeklaration zu. Bei der impliziten Deklaration von Variablen ist es nicht notwendig, den **Datentyp** der Variablen festzulegen. Sie können eine beliebige Variable – quasi ohne vorherige Ankündigung – einfach ins Programm einführen und nutzen. Dies mag auf den ersten Blick recht komfortabel erscheinen, birgt aber eine Fülle von Gefahren. Die Default-Einstellung bezüglich der Deklarationsoptionen des Visual Studios ist `Option Explicit On`. Durch diese Einstellung werden Sie gezwungen, jede Variable, die Sie im Programm verwenden möchten, vorher zu deklarieren. `Option Explicit On` unterstützt Sie dabei, von Anfang an einen »guten«, exakten Quellcode zu schreiben. In vielen Fällen kann so eine oftmals schwierige und langwierige Fehlersuche vermieden werden. Eine weitere äußerst praktische Folge von `Option Explicit On` ist, dass der Codeeditor Sie unmittelbar bei der Eingabe des Programmcodes auf Fehler hinweist. Das folgende kleine Beispiel soll veranschaulichen, wie leicht sich bei impliziter Variablendeklaration Fehler einschleichen können:

```
Preis_1 = 30
Preis_2 = 45
Preis_3 = "Rechnungssumme: "
Preis_4 = Preis_1 + Preis_3
MsgBox(Preis_3 & Preis_4)
```

Wenn Sie dieses Beispiel nachvollziehen, werden Sie feststellen, dass eine Fehlermeldung erst während des Programmablaufs generiert wird. Erst jetzt meldet der Compiler, dass er die Anweisung `Preis_4 = Preis_1 + Preis_3` nicht ausführen kann, da `Preis_3` nicht (sinnvoll) in einen Zahlenwert zu überführen ist. An diesem Beispiel lässt sich eine weitere, besonders tückische Fehlerquelle aufzeigen. Wandeln Sie das Beispiel bitte folgendermaßen ab: `Preis_4 = Preis_1 & Preis_3`. In diesem Fall generiert der Compiler nicht einmal zur Laufzeit eine Fehlermeldung, sondern beendet seine Arbeit mit folgender Ausgabe:

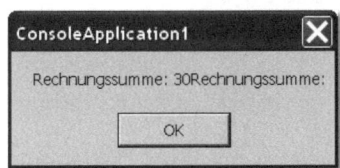

Abbildung 3.1 Anzeige von »Preis_3 & Preis_4« in einer MessageBox

Die zweite Version, in der `Preis_1` und `Preis_3` nicht addiert, sondern lediglich (wie Zeichenketten) verknüpft wurden, zeigt besonders deutlich, welche gravierenden Fehler sich bei unachtsamer Programmierung einschleichen können, wenn `Option Explicit` auf `Off` gesetzt ist. Das Programm läuft »ungehindert« weiter, obwohl der Quellcode einen völlig inhaltslosen Wert (`30Rechnungssumme:`) für `Preis_4` generiert. Bei komplexen Programmen können diese »paradoxen« Werte zu Komplikationen führen, deren Folgen kaum abschätzbar sind. Um von Anfang an einen guten Programmierstil auszubilden und um möglichst »auf der sicheren Seite« zu sein, ist `Option Explicit` **On** eine gute Wahl, die Sie ohne zwingenden Grund nicht ändern sollten.

> **Hinweis** Neben `Option Explicit` gibt es noch eine weitere Einstellung, die sich auf den Umgang des Compilers mit Daten bezieht: `Option Strict`. Anders als bei `Option Explicit` ist hier die Visual Studio-Defaulteinstellung `Option Strict` **Off**. Bei dieser Einstellung übernimmt der Compiler automatisch die Umwandlung zwischen verschiedenen Datentypen. Setzen Sie `Option Strict` auf **On**, verlangt der Compiler für die Umwandlung von einem Datentyp in einen anderen die Angabe einer **Konvertierungsfunktion**. Um Fehler möglichst schon bei der Eingabe des Quellcodes zu identifizieren und so eine langwierige (und langweilige) Fehlersuche zu vermeiden, sollten Sie beide Optionen auf **On** setzen.

Sie finden diese Konfigurationsmöglichkeiten unter den Projekteinstellungen (siehe Abschnitt 2.8). Alle an dieser Stelle von Ihnen vorgenommenen Einstellungen haben Gültigkeit für das **gesamte** Projekt.

3.1.3   Variablendeklaration mit der Dim-Anweisung

Variablen werden in Visual Basic grundsätzlich nach folgendem Schema deklariert:

`<Zugriffsmodifizierer> <Bezeichner> As <Datentyp>`

Die folgende Anweisung deklariert eine Variable vom Typ Integer:

```
Dim intAnzahlPersonen As Integer
```

Sie haben auch die Möglichkeit, einer Variablen gleich bei ihrer Deklaration einen Startwert zuzuweisen (Initialisierung):

```
Dim intAnzahlPersonen As Integer = 100
```

Wie schon in 3.1.1 erwähnt, legen Sie mit der Deklaration einer Variablen ihre wichtigsten Eigenschaften fest. Variablen, welche mit `Dim` **innerhalb einer Prozedur** deklariert werden, bezeichnet man als **lokale Variablen**. Lokale Variablen haben nur **innerhalb** der sie **umgebenden** Prozedur Gültigkeit, was zweierlei Konsequenzen hat:

1. Programmteile außerhalb der Prozedur haben keine Kenntnis von dieser Variablen. Sie ist für diese quasi unsichtbar und somit nicht existent. Sie könnten also, wovon ich allerdings dringend abraten möchte, denselben Variablennamen in einer anderen Prozedur erneut verwenden.

2. Mit Beendigung der Prozedur endet auch die Lebensdauer der Variablen. Die Variable wird gelöscht und der reservierte Speicherplatz im Arbeitsspeicher wieder freigegeben.

An diesem Beispiel sehen Sie deutlich, dass insbesondere für den Gültigkeitsbereich (Scope) einer Variablen der Ort der Deklaration eine entscheidende Rolle spielt. Schauen wir uns dazu einmal nachstehenden Quellcode an:

```
Module Module1
Dim intAnzahlPersonen As Integer = 100
    Sub Main()
        Dim intAnzahlWohnungen As Integer = 50
        MsgBox(intAnzahlPersonen)
        Test()
    End Sub
    Sub Test()
        MsgBox(intAnzahlPersonen)
'Die folgende Anweisung ist nicht korrekt, da intAnzahlWohnungen
'in Sub Test() nicht "bekannt" ist.
```

```
        MsgBox(intAnzahlWohnungen)
    End Sub
End Module
```

Listing 3.1 Durch das oben stehende Listing wird eine Fehlermeldung generiert, da »intAnzahl-Wohnungen« lediglich in »Sub Main()« bekannt ist.

Das Beispiel setzt sich aus einem Modul (`Module1`) und den beiden Prozeduren `Main()` und `Test()` zusammen. Auf **Modulebene** wird die Variable `intAnzahlPersonen` deklariert und mit dem Startwert 100 initialisiert. Innerhalb von `Main()` wird eine weitere Variable `intAnzahlWohnungen` deklariert und mit dem Wert 50 initialisiert. Wenn Sie dieses Beispiel nachvollziehen, werden Sie feststellen, dass die Anweisungen `MsgBox(intAnzahlPersonen)` sowohl in `Main()` als auch in `Test()` problemlos sind, da in beiden Prozeduren `intAnzahlPersonen` bekannt ist.

Demgegenüber ist die Anweisung `MsgBox(intAnzahlWohnungen)` innerhalb von `Test()` fehlerhaft, da `intAnzahlWohnungen` lediglich innerhalb von `Main()` bekannt ist. Auf diesen Fehler werden Sie übrigens direkt bei der Eingabe des Quellcodes vom Codeeditor mit der Bemerkung, dass `intAnzahlWohnungen` innerhalb von `Test()` nicht deklariert ist, hingewiesen.

> **Hinweis** Ein Modul können Sie über das Menü **Datei · Neues Projekt** erstellen.

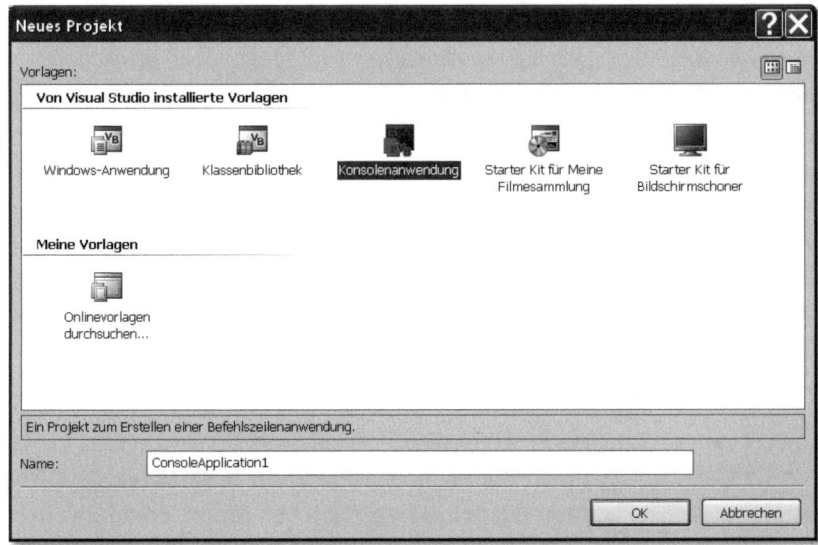

Abbildung 3.2 Visual Basic, Projektvorlagen für Konsolenanwendungen

Für ein so erstelltes Modul bildet Sub Main() den Einstiegspunkt in den Programmablauf. Nach Abarbeiten von Sub Main() wird der Programmlauf beendet. Um die Prozedur Test() auszuführen, muss sie innerhalb von Main() aufgerufen werden.

Dieses Beispiel zeigt deutlich, dass neben dem Zugriffsmodifizierer insbesondere der Ort (Klasse, Modul, Prozedur etc.) der Variablendeklaration im Quelltext eine entscheidende Rolle spielt. Eine kleine Vorschau auf die Wirkungsweise unterschiedlicher Zugriffsmodifizierer gibt Ihnen dieses Beispiel:

```
Module Module1
Public strOrt_1 As String = "Hier ist strOrt_1 aus Modul 1!"
    Sub Main()
        Module2.Test()
    End Sub
End Module
Module  Module2
    Sub Test()
        MsgBox(strOrt_1)
    End Sub
End Module
```

Listing 3.2 MessageBox-Ausgabe von »Hier ist strOrt_1 aus Modul 1!« via MsgBox-Anweisung in Module2

Hinweis Sollten Sie nach dem Start einer Konsolenanwendung die Bildschirmanzeige der MessageBoxen vermissen, so sehen Sie doch einfach einmal »hinter« dem Konsolenfenster nach.

In diesem Fall wurde im Deklarationsteil des ersten Moduls (Module1) die String-Variable strOrt_1 deklariert und mit **»Hier ist strOrt_1 aus Modul 1.«** **initialisiert**. Allerdings wurde dieses Mal als Zugriffsmodifizierer (alternativ zu Dim) Public gewählt. Der Gültigkeitsbereich von strOrt_1 erstreckt sich auf Module1. Aus diesem Grund kann strOrt_1 problemlos in der MsgBox()-Funktion **innerhalb** von Sub Main() genutzt werden. Dies wäre – wie wir im vorherigen Beispiel schon gesehen haben – mit Dim als Zugriffsmodifizierer nicht anders.

Der Zugriff auf strOrt_1 durch die MsgBox()-Funktion in Module2 ist allerdings erst durch die Deklaration mit Public ermöglicht worden. Erst durch den Zugriffsmodifizierer Public wird **strOrt_1** auch außerhalb des Moduls

`Module1` sichtbar. Wenn Sie dieses Beispiel im Visual Studio nachvollziehen, werden Sie sehen, dass erst bei der `Public`-Deklaration von `strOrt_1` die IntelliSense-Technologie der Entwicklungsumgebung, nach Eingabe des Punktes hinter `MsgBox(Module1`, die Variable `strOrt_1` »sichtbar« macht.

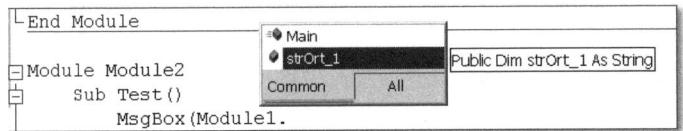

Abbildung 3.3 Die IntelliSense-Technologie des Codeeditors bietet die mit »Public« deklarierte String-Variable »strOrt_1« zur Auswahl an.

Der nachfolgenden Liste können Sie die Bedeutung der Zugriffsmodifizierer auf **Modulebene** entnehmen:

Zugriffsmodifizierer	Bedeutung
Public	Ist nur auf Modulebene zulässig. Deklarationen mit `Public` innerhalb von Prozeduren sind somit **nicht** möglich. Eine mit `Public` deklarierte Variable ist in der ganzen Anwendung sichtbar.
Private	Auch eine Deklaration mit `Private` ist nur auf Modulebene und nicht innerhalb von Prozeduren möglich. Die Variable ist nur innerhalb des Moduls, in welchem sie deklariert wurde, sichtbar.
Dim	Die Deklaration einer Variablen mit `Dim` auf Modulebene entspricht einer Deklaration mit `Private`. Wird eine Variable mit `Dim` innerhalb einer Prozedur deklariert, ist sie nur innerhalb dieser Prozedur sichtbar. Ihre Lebensdauer endet mit der Prozedur.
Static	Mit `Static` werden **lokale** Prozedur-Variablen, deren Sichtbarkeit sich auf eben diese Prozedur beschränkt, deklariert. Anders als bei der Deklaration mit `Dim` innerhalb einer Prozedur endet die **Lebensdauer** einer mit `Static` deklarierten Variablen **nicht** mit der Prozedur. Bei einem erneuten Aufruf der Prozedur steht der letzte Wert der Variablen wieder zur Verfügung.

Tabelle 3.1 Visual Basic-Zugriffsmodifizierer und deren Bedeutung

Wie Sie gesehen haben, ist das Thema Variablendeklaration lange nicht so banal wie häufig vermutet und wird uns insbesondere im Kapitel zur objektorientierten Programmierung noch weiter beschäftigen. Bevor Sie nun zum nächsten Kapitel übergehen, sollten Sie sich mit den Eigenarten der unterschiedlichen

Zugriffsmodifizierer etwas vertraut machen. Nehmen Sie sich zwei oder drei Module, ein paar Variablen und los geht's.

Um bei der Deklaration von Variablen den **Datentyp** sinnvoll wählen zu können, ist es notwendig zu wissen, welcher **Datentyp** welche **Daten** in welchem **Umfang** aufnehmen kann. Eine praktische Übersicht dazu enthält Tabelle 3.2:

Datentyp	Speicherbedarf	Wertebereich
Boolean	2 Bytes	True oder False
Byte	1 Byte	Ganze Zahl (ohne Vorzeichen) zwischen 0 und 255
Char	2 Bytes	Einzelnes Unicode-Zeichen
Date	8 Bytes	Datumswert im Bereich vom 01.01.0001 bis 31.12.9999
Decimal	16 Bytes	Fließkommazahl zwischen $-7,9 \times 10^{28}$ und $+7,9 \times 10^{28}$
Double	8 Bytes	Fließkommazahl mit doppelter Genauigkeit im Bereich von $-1,7 \times 10^{308}$ bis $+1,7 \times 10^{308}$
Integer	4 Bytes	Ganze Zahl zwischen $-2.147.483.648$ und $+2.147.483.647$
Long	8 Bytes	Ganze Zahl zwischen $-9.223.372.036.854.775.808$ und $+9.223.372.036.854.775.807$
Object	4 Bytes	Kann jeden Datentyp aufnehmen
SByte *	1 Byte	Ganze Zahl (mit Vorzeichen) im Bereich von -128 bis $+127$
Short	2 Bytes	Ganze Zahl zwischen -32.768 und $+32.767$
Single	4 Bytes	Fließkommazahl mit einfacher Genauigkeit zwischen $-3,4 \times 10^{38}$ und $+3,4 \times 10^{38}$
String	2 Byte	Zeichenkette 0 bis ca. 2 Milliarden Unicode-Zeichen
UInteger *	4 Bytes	Positive ganze Zahl im Bereich von 0 bis 4.294.967.295
Ulong *	8 Bytes	Positive ganze Zahl im Bereich von 0 bis 18.446.744.073.709.551.615
UShort *	2 Bytes	Positive ganze Zahl im Bereich von 0 bis 65.535

Tabelle 3.2 Die Visual Basic .NET- Datentypen und deren Wertebereiche

Bei den in Tabelle 3.2 mit einem ***** gekennzeichneten Datentypen handelt es sich um die mit dem Visual Studio 2005 neu eingeführten Datentypen `UInteger`, `Ulong`, `Ushort` und `SByte`. Dabei stellen die vorzeichenlosen (unsigned) Datentypen `UInteger`, `Ulong`, `Ushort` **performante Varianten** von `Integer`, `Long` und `Short` dar. `SByte` tritt an die Seite von `Byte`, wobei es sich diesmal um die vorzeichenbehaftete (**s**igned) Variante handelt. Durch die Einführung dieser neuen Datentypen lassen sich Deklarationen nun weitaus enger fassen, wodurch nicht zuletzt wertvoller Arbeitsspeicher eingespart werden kann.

3.1.4 Variablendeklaration mit Typkennzeichen

Visual Basic hält für Sie noch eine weitere Variante bereit, Variablen **mit Angabe des Datentyps** zu deklarieren. Durch Anhängen eines (Daten-)Typkennzeichens an den Variablennamen wird, genau wie durch die `As <Datentyp>`- Anweisung, der Variablen ein spezieller Datentyp zugewiesen. Sowohl das Visual Basic-Statement

```
Dim strRechnungsText As String
```

als auch

```
Dim strRechnungsText$,
```

definieren `strRechnungsText` als **String**-Variable.

Die Regeln für die Deklaration von Variablen via Typkennzeichen sind recht einfach:

1. Das Typkennzeichen muss unmittelbar dem Varaiblennamen folgen. Zwischen Typkennzeichen und Variablennamen darf weder ein Leerzeichen noch irgendein anderes Zeichen stehen.

2. Das Typkennzeichen ist nicht Bestandteil des Variablennamens.

3. Eine mit einem Typkennzeichen deklarierte Variable kann unter ihrem Namen **ohne** das Typkennzeichen angesprochen werden.

Tabelle 3.3 gibt Ihnen eine Übersicht über die Typkennzeichen, die Visual Basic bereitstellt:

Typkennzeichen	Datentyp	Beispiel
%	Integer	`Dim intBetrag%`
&	Long	`Static lngWert&`

Tabelle 3.3 Visual Basic-Typkennzeichen

Typkennzeichen	Datentyp	Beispiel
@	Decimal	`Public decKaufPreis@`
!	Single	`Private sngMeter!`
#	Double	`Dim dblEntfernung#`
$	String	`Public strMeldung$`

Tabelle 3.3 Visual Basic-Typkennzeichen (Forts.)

Eine beliebige Kombination beider Deklarationsformen ist **nicht zulässig**. Beim vermischten Einsatz der Deklarationsformen müssen Sie genau auf die Reihenfolge achten. Während die Mischform

```
Dim intTest_1, intTest_2 As Integer, decTest_3@, decTest_4@
```

durchaus gestattet ist, produziert die Kombination

```
Dim decTest_3@, decTest_4@, intTest_1, intTest_2 As Decimal
```

eine Fehlermeldung. Es ist nicht immer sinnvoll, alle angebotenen Features einer Programmiersprache auch einzusetzen. Sicherlich sprechen manche Autoren von einer Zeitersparnis beim »Eintippen des Codes«, andere wieder von einer »Platzersparnis bei der Parameter-Deklaration«, welche dann der Übersichtlichkeit zugute kommen soll. Man befindet sich hier sehr schnell im Bereich der persönlichen Vorlieben und des individuellen Programmierstils. Letztendlich entscheiden bei größeren Projekten die Entwicklungsrichtlinien darüber, wie Variablen zu benennen und zu deklarieren sind. Meiner Meinung nach vermindert die Variablendeklaration über die Typkennzeichen erheblich die Lesbarkeit des Programmcodes und ist aus diesem Grund nicht zu empfehlen.

3.1.5 Variablennamen

Für die Benennung von Variablennamen gibt es in Visual Basic einige einfache Regeln:

1. Der Variablenname muss mit einem alphabetischen Zeichen oder einem Unterstrich beginnen.
2. Im Namen der Variablen dürfen keine Visual Basic-Schlüsselwörter, wie zum Beispiel `Case`, `Else`, `Loop` oder `Then`, enthalten sein.
3. Des Weiteren dürfen im Variablennamen keine Leerzeichen, Klammern oder andere Sonderzeichen (§, $, %, &, /, \ usw.) vorkommen.

Im Gegensatz zu anderen Programmiersprachen ist Visual Basic **nicht case-sensitiv**. Eine Unterscheidung von Variablennamen bezüglich ihrer Groß- und Kleinschreibung wird somit nicht getroffen. So sind beispielsweise die Variablennamen `strMeinText` und `STRmeinTEXT` für Visual Basic unterschiedslos.

Bei der Bildung von Variablennamen sind Sie, bis auf die aufgeführten Regeln, grundsätzlich nicht in Ihrer Kreativität eingeschränkt. Allerdings haben sich in der Programmierung einige Standards herausgebildet, die Sie für eine **systematische** Bildung von Variablennamen einsetzen können:

Methode	Bildungsregel	Beispiel
Ungarische Notation	Der Variablenname beginnt mit einem kleingeschriebenen Präfix, welches den Datentyp näher kennzeichnet. Der »eigentliche« Variablenname folgt den Regeln des Pascal Casings.	`strMeinText`
Pascal Casing	Der erste Buchstabe jedes im Variablennamen vorkommenden Wortes wird großgeschrieben.	`MeineKlasse`
Camel Casing	Das erste Wort wird klein-geschrieben. Danach wird der erste Buchstabe jedes folgenden Wortes großgeschrieben.	`rechnungsSumme`

Tabelle 3.4 Notationen für Variablennamen und deren Bildungsregeln

Sie sollten Variablennamen möglichst »sprechend« bilden. Wählen Sie für eine Variable, welche zum Beispiel den Betrag einer Rechnungssumme aufnehmen soll, besser die Bezeichnung `RechnungsSumme` als etwa `RS`. In der Dokumentation zum Visual Studio unterbreitet Microsoft zu allen wichtigen Programmiergebieten Benennungsempfehlungen. So wird für die Bezeichnung von **Klassen** ausdrücklich das **Pascal Casing** empfohlen. Dagegen schlägt Microsoft für das Benennen von **Parametern** das **Camel Casing** vor.

In bestimmten Fällen wird von der Nutzung der ungarischen Notation ausdrücklich abgeraten, so etwa bei der Benennung von Methoden. Bei der ungarischen Notation wird das **Präfix** häufig genutzt, um den **Datentyp** einer Variablen bereits im Namen selbst deutlich zu machen. So könnte der Name einer Integervariablen, der ungarischen Notation folgend, folgende Ausprägung aufweisen: `intAnzahlMitarbeiter`. Da es keine ausdrückliche Empfehlung gibt, die ungarische Notation bei Variablennamen nicht zu nutzen, spricht nichts gegen ihren Einsatz. Zudem ist sie ein Kind des ehemaligen (in Ungarn geborenen) Microsoft-Entwicklers Dr. Charles Simonyi und wurde unter anderem bei der Windows-Entwicklung genutzt.

In der Dokumentation zum .NET Framework weist Microsoft allerdings zu Recht darauf hin, dass es eigentlich zu den Aufgaben des Entwicklungstools gehört, dem Programmierer zu jeder Zeit des Kodierungsprozesses, alle nötigen Informationen über den Datentyp einer Variablen zur Verfügung zu stellen. Nun, das Visual Studio leistet in dieser Hinsicht sicherlich Vorbildliches.

> **Hinweis**   Unter **http://www.xoc.net/standards/reddickdotnetconventions.asp** finden Sie die **Reddick .NET Conventions**. Diese von Greg Reddick (auch ein ehemaliger Microsoft-Mitarbeiter) entwickelten Konventionen werden von zahlreichen Entwicklern weltweit genutzt.

Sollten Sie sich entschließen, Variablennamen mit einem Typkennzeichen zu versehen, finden Sie in Tabelle 3.5 eine Liste der für diesen Zweck gebräuchlichen Präfixe:

Datentyp	Präfix
Boolean	bool
Byte	byte
Char	char
Date	date
Decimal	dec
Double	dbl
Integer	int
Short	srt
Single	sng
String	str

Tabelle 3.5 Präfixe zur Typkennzeichnung von Variablennamen

Letztendlich bleibt es Ihnen überlassen, nach welchem Muster Sie Ihre Variablennamen bilden. Empfehlenswert ist allerdings, eine einmal gewählte Systematik konsequent beizubehalten. Sollten Sie sich Ihr Entwicklerleben etwas unkomplizierter gestalten wollen, schauen Sie einfach gelegentlich bei Greg Reddick vorbei.

3.1.6 Initialisieren von Variablen und Defaultwerte

Das Zuweisen des ersten Wertes (Startwert) an eine Variable, wird als Initialisieren bezeichnet. In Visual Basic gibt es für eine Variable zwei Möglichkeiten, einen Startwert zu erhalten:

1. Die Variable erhält bei der Deklaration ihren ersten Wert:

```
Dim intHausNummer As Integer = 54
```

Das ausdrückliche Zuweisen eines Startwertes an eine Variable unmittelbar bei der Deklaration wird als explizites Initialisieren bezeichnet.

2. Die Variable wird nicht initialisiert. In diesem Fall wird ihr ein für ihren Datentyp festgelegter **Defaultwert** zugewiesen (**implizites Initialisieren**).

Sie müssen darauf achten, dass eine explizite Initialisierung nicht zulässig ist, wenn mehrere Variablen in einer Programmzeile deklariert werden:

▶ **Dim** A, B, C **As** Integer ist eine korrekte Deklaration.

▶ **Dim** A = 10, B = 20, C = 30 **As** Integer ist dagegen **nicht zulässig**.

Um diesen Fehler zu umgehen, haben Sie verschiedene Möglichkeiten:

▶ Sie können die Variablen in einer Zeile deklarieren und anschließend einzeln initialisieren:

```
Sub Main()
    Dim A, B, C As Integer
    A = 10
    B = 20
    C = 30
End Sub
```

▶ Eine weitere Möglichkeit ist folgende:

```
Sub Main()
    Dim A, B, C As Integer
    A = 10 : B = 20 : C = 30
End Sub
```

Der Doppelpunkt lässt Visual Basic die nachfolgende Initialisierung behandeln, als wäre sie in eine neue Programmzeile geschrieben worden. Neben den angeführten Kurzformen lässt Visual Basic auch diese Form des gleichzeitigen Deklarierens und Initialisierens in einer Programmzeile zu:

```
Dim A As Integer = 10, B As Integer = 20, C As Integer = 30
Dim D As String = "Hallo", E As Boolean = True
```

Unzulässig ist dagegen in jedem Fall das wiederholte Aufführen von `Dim` in einer Programmzeile, da der Zugriffsmodifizierer grundsätzlich nur zu Beginn einer Deklarationszeile stehen darf:

`Dim F As Integer, Dim G As String` ist **unzulässig!**

Welchen Weg Sie bei der Initialisierung Ihrer Programmvariablen gehen, bleibt Ihnen überlassen. Ein recht übersichtliches Verfahren ist, die Variablen zunächst zu deklarieren und in einem zweiten Schritt zu initialisieren. Sollten Sie sich, aus welchen Gründen auch immer, dazu entschließen, Ihre Variablen nicht explizit zu initialisieren, übernimmt Visual Basic diese Aufgabe für Sie. Wie schon erwähnt, erhalten die Variablen dann einen durch das System definierten Startwert. Tabelle 3.6 listet die jeweiligen Defaultwerte für die unterschiedlichen Datentypen auf:

Datentyp	Initialisierungs-Wert
Alle numerischen Variablen	0
Boolean	False
Char	0
Date	01.01.0001 00:00:00
String	Nothing
Object	Nothing

Tabelle 3.6 Defaultwerte für nicht initialisierte Variablen

In der umfangreichen Literatur zu Visual Basic werden Sie für String-Variablen Angaben wie »leere Zeichenkette« oder »leer« (»«) finden. Auch diese Angaben haben ihre Berechtigung, da die Visual Basic .NET-Runtime eine nicht initialisierte String-Variable als leere Zeichenkette interpretiert. Durch ein paar simple Codezeilen lassen sich die getroffenen Aussagen gut veranschaulichen:

```
Module Module1
Dim strTest As String
Dim boolAusgabe_1 As Boolean
Dim boolAusgabe_2 As Boolean
    Sub Main()
        'Das Ergebnis der Abfrage auf Nothing
        'wird an boolAusgabe_1 übergeben
```

```
        boolAusgabe_1 = IsNothing(strTest)
        'Das Ergebnis der Abfrage auf ein Leerzeichen
        'wird an boolAusgabe_1 übergeben
        boolAusgabe_2 = strTest = ""
        MsgBox("Abfrage auf Nothing: " & boolAusgabe_1)
        MsgBox("Abfrage auf Leerzeichen: " & boolAusgabe_2)
    End Sub
End Module
```

Listing 3.3 Dieser Quelltext sorgt für zwei MessageBox-Ausgaben (s. Abbildung 3.4)

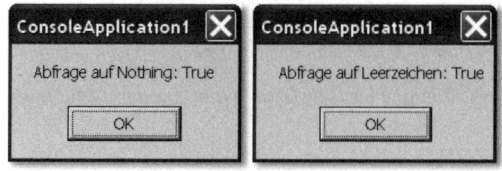

Abbildung 3.4 MessageBox-Ausgaben zu den Abfragen auf Nothing und Leerzeichen bei einer Stringvariablen mit Defaultwert

Ähnliches gilt für nicht initialisierte Char-Variablen. Char-Variablen enthalten Zahlenwerte, welche jeweils ein bestimmtes Zeichen aus dem **Unicode** repräsentieren. Der Startwert 0 steht somit für das Zeichen mit der **Position** 0 im Unicode. Auch dies lässt sich anhand eines kleinen Beispiels gut demonstrieren:

```
Module Module1
Dim charTest As Char
Dim boolAusgabe_1 As Boolean
Dim boolAusgabe_2 As Boolean
Dim intAusgabe_3 As Integer
    Sub Main()
        'Das Ergebnis der Abfrage auf Nothing
        'wird an boolAusgabe_1 übergeben
        boolAusgabe_1 = IsNothing(charTest)
        'Das Ergebnis der Abfrage auf ein Leerzeichen
        'wird an boolAusgabe_2 übergeben
        boolAusgabe_2 = charTest = ""
        'Es wird der Zahlenwert zu charTest aus dem Unicode
        'ermittelt und an intAusgabe_3 übergeben.
        IntAusgabe_3 = _
        Microsoft.VisualBasic.AscW(charTest)
        MsgBox("Abfrage auf Nothing: " & boolAusgabe_1)
        MsgBox("Abfrage auf Leerzeichen: " & boolAusgabe_2)
```

```
    MsgBox("Zeichenposition im Unicode: " & intAusgabe_3)
  End Sub
End Module
```

Listing 3.4 Anzeige von drei MessageBoxen (s. Abbildung 3.5)

Diese MessageBox-Ausgaben sind das Ergebnis:

Abbildung 3.5 MessageBox-Anzeigen zu den Abfragen auf den Defaultwert einer implizit initialisierten Char-Variablen

Sie sehen, Char-Werte werden tatsächlich mit 0, dem Codepunkt für das entsprechende Unicode-Zeichen, und nicht mit einem Leerzeichen initialisiert.

> **Hinweis** Sie können in Ihren Programmcode Kommentare einfügen. Text, welcher als Kommentar gekennzeichnet ist, wird vom Compiler nicht beachtet und bei der Verarbeitung nicht berücksichtigt. Sie leiten einen Kommentar mit einem einfachen Anführungszeichen oder mit dem Schlüsselwort REM ein. Kommentare können an beliebiger Stelle im Quellcode stehen und enden mit dem Zeilenende. Im Codeeditor werden Kommentare grün hervorgehoben.

Der sichere Weg ist in jedem Fall, das Initialisieren einer Variablen unmittelbar nach ihrer Deklaration selbst vorzunehmen. Nur so können Sie sicherstellen, dass auch der Startwert einer Variablen zu jeder Zeit einen für die Programmlogik konsistenten Wert hält.

3.1.7   Konstanten

Anders als Variablen behalten Konstanten während des gesamten Programmlaufs ihren einmal definierten Wert. Durch einen gut geplanten Einsatz von Konstanten erhöhen Sie nicht nur die Lesbarkeit des Quellcodes, sondern erleichtern auch spätere Programmanpassungen.

Wie bei Variablennamen sollten Sie auch bei der Verwendung von Konstanten auf leicht zugängliche, sprechende Bezeichnungen achten. Selbstverständlich gehören auch Konstanten in Ihre – hoffentlich vorhandene ;-) – Dokumentation, in welche alle Variablen und Konstanten unter ihrem Namen mit Datentyp und Verwendungszweck etc. aufgenommen werden. Vor der Deklaration einer Konstanten sollten Sie sich überlegen, an welcher Stelle diese im Programm eingeführt werden soll. Konstanten unterliegen bezüglich ihres Gültigkeitsbereichs ähnlichen Regeln wie Variablen. Aber noch aus einem anderen Grund sollten Sie den Ort der Deklaration mit Bedacht wählen.

Grundsätzlich kann zwischen zwei Arten von Konstanten unterschieden werden: Technisch-naturwissenschaftliche Konstanten, wie etwa die Kreiskonstante π-= 3,1415..., werden auch in späteren Programmversionen kaum andere Werte annehmen. Die zweite Art von »Konstanten« halten Werte, die sich zwar im Programmablauf nicht verändern, die jedoch von Zeit zu Zeit ein »Update« benötigen. Solche »veränderlichen« Konstanten werden zum Beispiel durch den Einkommensteuer- oder den Mehrwertsteuersatz repräsentiert, aber auch Zinssätze sind typische Beispiele für diese spezielle Art von Konstanten. Hier ist es Ihre Aufgabe, diese Konstanten so »veränderungsfreundlich« wie möglich im Code zu platzieren.

Eine Konstante wird mit der `Const`-Anweisung deklariert. Bezüglich des Namens, des Startwertes, der Lebensdauer, der Gültigkeit und des Zugriffs gelten die gleichen Regeln wie für Variablen. Allerdings können Sie eine Konstante nicht deklarieren, ohne diese auch gleichzeitig zu initialisieren. Konstantendeklarationen mit der `Const`-Anweisung **erwarten** einen »Startwert«. Mit `Option Explicit On` ist auch der Datentyp zwingend anzugeben. Bei `Option Explicit Off` wird der Datentyp (wie bei Variablen auch) vom Compiler zugewiesen. Hier einige Beispiele für gültige Konstanten-Deklarationen:

```
Public Const decMehrwertSteuer As Decimal = 10
Const strRechnungsText As String = "Rechnungssumme: "
Const decZins As Decimal = 6, intTageJahr As Integer = 365
Private Const decLohnSatz As Decimal = 16.8
```

Hinweis Wie in der Bemerkung zur Mehrwertsteuer und den Zinssätzen bereits angedeutet, existiert eine Reihe von als Konstanten »getarnte« Variablen. Bei diesen Werten scheint es sich auf den ersten Blick eindeutig um Konstanten zu handeln. Sie sollten aber daran denken, dass Daten wie zum Beispiel Lohnsätze, Inflationsraten, Werte aus Mietspiegeln etc. doch relativ häufigen Anpassungen unterliegen. Für solche Werte bleibt eine Variablenstruktur sinnvoll, da diese Ihnen die Möglichkeit eröffnet, Ihre Anwendungen ohne großen Aufwand mit Customizing-Modulen – für eben diese Werte – auszustatten.

Damit geben Sie Ihrem Kunden oder zumindest einem Servicemitarbeiter (SAP lässt grüßen) die Möglichkeit, diese Anpassungen selbst vorzunehmen. Im einfachsten Fall könnten die Werte aus einer Textdatei stammen (ini-Dateien). Bei komplexeren Customizing-Modulen sollte eine Datenbanklösung bevorzugt werden. In diesem Fall könnte das Modul etwa aus einem einfache Front-End für diese Datenbank bestehen. Mehr zur Datenbankprogrammierung erfahren Sie übrigens in Kapitel 6, *Datenbankanwendungen mit ADO.NET.*

Denken Sie bitte daran, dass Konstanten ihren einmal definierten Wert für die gesamte Laufzeit des Programms beibehalten und nicht verändert werden können. Mehr über eine besondere Art von Konstanten, die Enumerationen, erfahren Sie im nachfolgenden Abschnitt.

3.1.8 Enumerationen

Bei **Enumerationen** handelt es sich um eine **Auflistung von Konstanten**, welche unter einem Namen zusammengefasst werden. Eine Enumeration wird in Visual Basic mit der Enum- und der End Enum-Anweisung festgelegt:

```
Enum enmMeineWoche As Byte
    KeinTag
    Montag
    Dienstag
    Mittwoch
    Donnerstag
    Freitag
    Samstag
    Sonntag
    AlleTage
End Enum
```

Auch Enum-Auflistungen ist, bei Option Explizit On, ein Datentyp zuzuweisen. Für Enumerationen stehen nur die ganzzahligen Datentypen Byte, Integer, Long, SByte, Short, UInteger, ULong und UShort zur Auswahl. Eine Enum-Auflistung kann somit sowohl vorzeichenlose als auch vorzeichenbehaftete Ganzzahlen aufnehmen. Wird dem einzelnen **Member** (Mitglied, Element) der Auflistung kein Startwert zugewiesen, so erhält das erste aufgeführte Mitglied den Wert 0. Dem zweiten Mitglied würde dann 1, dem dritten 2 usw. zugewiesen. Sollten Sie eine Enumeration nicht initialisieren, müssen Sie daran denken, dass der **erste Wert 0** und nicht 1 ist. Dies führt häufig zu Missverständnissen. Falls Sie schon mit Datenfeldern (Arrays, siehe Abschnitt 3.5) gearbeitet haben, wird Ihnen diese Fehlerquelle bekannt sein. Im Beispiel haben wir die Problematik umgangen, indem das **Enum**-Member **KeinTag** an die erste Stelle gesetzt wurde. Damit hat der Wochenanfang (Montag) automatisch den »sinnvollen« Wert 1 erhalten. Auch bei Enumerationen empfehle ich dringend, die Member-Initialisierung durch eine einfache Wertzuweisung – aus den bekannten Gründen – selbst vorzunehmen:

```
Enum enmGeschwingikeitsBegrenzungen As Integer
    Stadt = 50
    LandStrasse = 70
    GefahrenZonen = 30
End Enum
```

Enumerationen sind ein Konstrukt für Konstanten, die eine logische Einheit bilden. Ist eine Enumeration einmal definiert, erleichtert der Codeeditor des Visual Studios den Umgang mit der jeweiligen Auflistung immens. Nach Eingabe des Punktes nach dem Bezeichnernamen **enmMeineWoche.** werden alle **Enum**-Member vom Codeeditor aufgelistet:

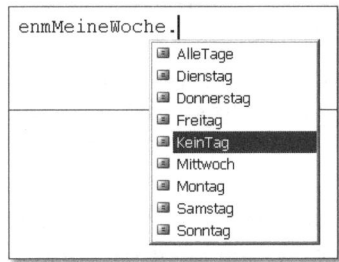

Abbildung 3.6 Die IntelliSense-Technologie des Codeeditors sorgt für eine Auflistung aller Mitglieder der selbst gebildeten Enumeration »enmMeineWoche«.

Auch hier ist die IntelliSense-Technologie wieder ein nützliches »Helferlein«. Ich möchte Sie noch darauf hinweisen, dass – wie bei »einfachen« Konstanten auch – eine Enumeration zur Laufzeit nicht mehr verändert werden kann. Für die Namensgebung empfiehlt Microsoft ausdrücklich das Pascal Casing.

3.1.9 Datentypen konvertieren

Bei der Wertübergabe von einer Variablen an eine andere ist darauf zu achten, dass keine Informationen (Daten) verloren gehen. Ist der Schalter `Option Strict` auf `Off` gesetzt, wird die Konvertierung automatisch durch den Compiler vorgenommen. Sollte die Konvertierung nicht ohne Datenverlust möglich sein, löst dies einen **Laufzeitfehler** aus. Sehen wir uns dazu die folgenden Codezeilen an:

```
Module Module1
Dim byteZahl_1 As Byte = 100
Dim sbyteZahl_2 As SByte = -100
    Sub Main()
'Die folgende Zeile verursacht einen Laufzeitfehler:
        byteZahl_1 = sbyteZahl_2
        MsgBox(byteZahl_1)
    End Sub
End Module
```

Listing 3.5 Der oben stehende Quellcode erzeugt aufgrund der »fehlerhaften« Zuweisung »byteZahl_1 = sbyteZahl_2« einen Laufzeitfehler.

Auf Modulebene werden zwei Zahlen mit unterschiedlichen Datentypen deklariert, wobei die eine Zahl byteZahl_1 nur positive, ganzzahlige Werte aufnehmen kann. Dagegen kann sbyteZahl_2 auch negative Werte enthalten. Die Datentypen dieser Variablen passen somit nicht zusammen. Will man nun, wie in Sub Main(), den Wert von sbyteZahl_2 an byteZahl_1 übergeben (Zuweisungen erfolgen immer von rechts nach links), würde dies zum Verlust der Vorzeicheninformation führen. Das Statement **byteZahl_1 = sbyteZahl_2 verursacht einen Laufzeitfehler**. Wird Option Strict auf On gesetzt, zeigt der Codeeditor unmittelbar an, dass der Compiler eine Umwandlung von **SByte** in **Byte** nicht akzeptiert. Sollten Sie in Ihren Programmen Datenkonvertierungen vornehmen wollen, ist es sinnvoll, diese »von Hand«, mittels der Visual Basic Konvertierungsfunktionen, vorzunehmen. Dadurch bleiben Sie in jedem Fall »Herr der Lage« und erleben keine unerfreulichen Überraschungen, welche durch automatische Umwandlungen durch den Compiler entstehen könnten.

```
Module Module1
Dim meinDoubleWert As Double = 250.124547853289
Dim meinByteWert As Byte = 0
    Sub Main()
        meinByteWert = CByte(meinDoubleWert)
        'meinByteWert hat jetzt den Wert 250
        MsgBox(meinByteWert)
    End Sub
End Module
```

Listing 3.6 MessageBox-Ausgabe des Wertes von »meinDoubleWert« unter Einsatz der Funktion »CByte«

In oben aufgeführtem Beispiel wird eine Zahl mit einer Reihe von Nachkommastellen, also eine Zahl mit hoher Genauigkeit, in eine Ganzzahl **ohne** Nachkommastellen überführt. Die Funktion `CByte()` ist für die Umwandlung verantwortlich, wobei sie die Nachkommastellen rundet. Ein solches Beispiel würde Sinn ergeben, wenn Sie für weitere Berechnungen keine hohe Genauigkeit benötigten und Ihnen die Stellen vor dem Komma für weitere Rechenoperationen ausreichten.

Mit `CByte()` können Sie diese Transformation bewusst und gezielt durchführen. Da beide Datentypen nicht grundsätzlich unvereinbar sind, würde bei `Option Strict` `Off` der Compiler die Konvertierung ebenfalls automatisch durchführen (implizites Konvertieren). Allerdings würde er die Operation auch dann durchführen, wenn sie von Ihnen **nicht** beabsichtigt wäre. In einem solchen Falle gingen Informationen verloren, ohne dass Sie als Entwickler Kenntnis davon erhielten. Um solche Fehler zu vermeiden, sollten Sie `Option Strict` »scharf« geschaltet lassen und alle Datenkonvertierungen selbst programmieren. Wie Sie die Konvertierungsfunktionen noch einsetzen können, zeigen die beiden nachfolgenden Beispiele:

Beispiel 1:

```
Module Module1
Dim decKaufPreis_1 As Decimal = 53
Dim decKaufPreis_2 As Decimal = 53
Dim booleanVergleich As Boolean = False
    Sub Main()
'booleanVergleich hat nach Zuweisung von
'CBool(decKaufPreis_1 = decKaufPreis_2) den Wert TRUE)
        booleanVergleich = _
        CBool(decKaufPreis_1 = decKaufPreis_2)
        MsgBox(booleanVergleich)
    End Sub
End Module
```

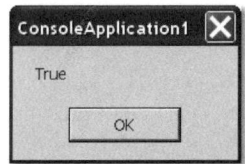

Abbildung 3.7 MessageBox-Ausgabe zu »CBool(decKaufPreis_1 = decKaufPreis_2)«

Beispiel 2:

```
Module Module1
Dim strMeinText As String = "Hallo, Herr Watermann."
Dim charMeinZeichen As Char = ""
    Sub Main()
        charMeinZeichen = CChar(strMeinText)
        MsgBox(charMeinZeichen)
    End Sub
End Module
```

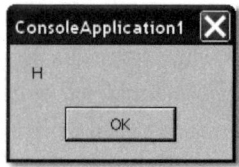

Abbildung 3.8 MessageBox-Ausgabe zu »CChar(strMeinText)«

Bei der Umwandlung einer Zeichenkette in den Datentyp `Char` bleibt vom Inhalt der String-Variablen nur das erste Zeichen erhalten. Wie Sie an der MessageBox-Ausgabe gesehen haben, bleibt von den freundlichen Grüßen an Herrn Watermann leider nur das H erhalten. Die Konvertierungsfunktion `Char()` akzeptiert als Argument nur **String**-Werte. Die nachfolgende Liste gibt Ihnen einen Überblick über die Visual Basic-Konvertierungsfunktionen:

Konvertierungsfunktion	Rückgabe-Typ	Bemerkung
`CBool()`	Boolean	Die Zahl 0 sowie eine leere Zeichenkette werden zu False konvertiert. Bei jeder anderen Zahl oder Zeichenkette wird True als Wert zurückgegeben.
`CByte()`	Byte	Es können positive Zahlen zwischen 0 und 255 konvertiert werden, dabei werden die Nachkommastellen gerundet.
`CChar()`	Char	Bei der Konvertierung wird das **erste** Zeichen einer beliebigen Zeichenkette zurückgegeben.
`CDate()`	Date	Zeichenketten, welche eine beliebig gültige Darstellung eines Datums (»dd.mm.yyyy«) und/oder einer Uhrzeit (»hh.mm.ss«) enthalten, können konvertiert werden.

Tabelle 3.7 Visual Basic-Konvertierungsfunktionen

Konvertierungsfunktion	Rückgabe-Typ	Bemerkung
CDbl()	Double	Zahlen im Bereich von $-1{,}7 \times 10^{306}$ bis $+1{,}7 \times 10^{306}$ können in Double umgewandelt werden.
CDec()	Decimal	Zahlen im Bereich von $-7{,}9 \times 10^{28}$ bis $+7{,}9 \times 10^{28}$ können konvertiert werden.
CInt()	Integer	Zahlen im Bereich von –2.147.483.647 bis +2.147.483.647 können in Integer konvertiert werden.
CLng()	Long	Zahlen im Bereich von –9.223.372.036.854.775.807 bis +9.223.372.036.854.775.807 können konvertiert werden.
CObj()	Object	Ein beliebig gültiger Ausdruck kann konvertiert werden.
CShort()	Short	Zahlen im Bereich von –32.767 bis +2.147.483.647 können konvertiert werden.
CSng()	Single	Zahlen im Bereich von -3.4×10^{38} bis $+3.4 \times 10^{38}$ können konvertiert werden.
CStr()	String	Konvertiert beliebige Zahlen in eine Zeichenkette.

Tabelle 3.7 Visual Basic-Konvertierungsfunktionen (Forts.)

Bevor wir den Abschnitt *Variablen, Konstanten und Enumerationen* schließen, möchte ich das bis hierher Gesagte mit Abschnitt 3.1.10, *Werttypen, Referenztypen und Effizienz*, um ein paar Basisinformationen zu den .NET-Datentypen ergänzen. Dabei werden die grundlegenden Informationen zum .NET Framework sowie die Speicherverwaltung der Common Language Runtime aus Kapitel 1, *Das .NET Framework*, als bekannt vorausgesetzt.

3.1.10 Werttypen, Referenztypen und Effizienz

Wie wir gesehen haben, hält Visual Basic die verschiedensten Datentypen für den Anwendungsentwickler bereit. Dabei können letztendlich alle Datentypen auf den Basistyp **Object** zurückgeführt werden. Mit anderen Worten heißt das: Jede Visual Basic-Variable ist ein Objekt. Was dies im Einzelnen für Konsequenzen hat, werden wir uns im Kapitel zur objektorientierten Programmierung im Detail ansehen.

Für die Verwaltung von Objekten ist allerdings ein gewisser Aufwand zu betreiben, der sich auf die Performance einer Anwendung auswirken kann. Um einen Performance-Verlust zu vermeiden, der durch den Verwaltungs-Overhead der **einfachen** Datentypen entstehen könnte, werden die Datentypen in zwei Kategorien eingeteilt, die vom .NET-Laufzeitsystem unterschiedlich verwaltet werden. Diese beiden Datentypen werden als **Werttypen** (Value Types) und **Referenztypen** (Reference Types) bezeichnet. Zu den Werttypen zählen die elementaren Datentypen wie Integer, Byte, Single etc., ferner auch die Enum-Auflistungen.

Alle Werttypen sind von der Klasse **System.ValueType** abgeleitet. Ein wesentliches Merkmal der Werttypen ist ihre Verarbeitung in einem bestimmten Bereich des Arbeitsspeichers, dem **Stack**. Referenztypen, die sich von der Klasse **System.Object** ableiten, werden dagegen auf dem **Heap** abgelegt. Grundsätzlich muss die Common Language Runtime für einen Referenztypen, der nicht die Variablenwerte selbst, sondern lediglich einen Verweis auf ein Objekt enthält, mehr Verwaltungsaufwand betreiben. Aus diesem Grund ist es unter Performance-Gesichtspunkten günstiger, mit Werttypen zu arbeiten.

Durch diese unterschiedliche Behandlung von Werttypen und Referenztypen durch die CLR können Geschwindigkeitseinbußen bei den elementaren Datentypen (obwohl es sich um Objekte handelt) vermieden werden. Durch dieses Konstrukt konnte die Konsistenz der .NET Framework-Datentypen als Objekte sichergestellt werden, ohne unverhältnismäßig hohe Performance-Einbußen bei den elementaren Datentypen in Kauf nehmen zu müssen.

3.2 Ausdrücke und Operatoren

Auch die Pflichtübungen der Programmierung gehören, wie der Umgang mit Ausdrücken und Operatoren, zu der soliden Ausbildung eines Anwendungsentwicklers. Vielleicht bietet dieses Thema doch die eine oder andere Überraschung für Sie.

Die nachfolgende Visual Basic-Programmzeile setzt sich aus den drei Elementen – Variable (decGewinn), Zuweisungsoperator (=) und Ausdruck (8 - 6) – zusammen:

```
decGewinn = 8 - 6
```

Die Variable decGewinn enthält nach Auswertung des Ausdrucks (8 - 6) und Zuweisung durch = den Wert 2. Zuweisungen erfolgen in Visual Basic immer von rechts nach links. Als **Ausdruck** werden Elemente bezeichnet, die mit Operatoren verbunden sind, um einen neuen Wert zu liefern. Soviel zunächst zu den Begrifflichkeiten. Visual Basic unterscheidet 5 Kategorien von Operatoren:

1. Arithmetische Operatoren

2. Zuweisungsoperatoren

3. Vergleichsoperatoren

4. Verkettungsoperatoren

5. Logische Operatoren

Beginnen wir unsere Betrachtung mit den arithmethischen Operatoren.

3.2.1 Arithmetische Operatoren

Mit den arithmetischen Operatoren werden Rechenausdrücke gebildet. Visual Basic kennt folgende arithmethische Operatoren:

Operator	Funktion
+	Addiert zwei Zahlen. Zum Verbinden von Zeichenketten nutzen Sie besser den &-Operator.
-	Subtrahiert zwei Zahlen oder kennzeichnet eine Zahl als negativ.
*	Multipliziert zwei Zahlen miteinander.
/	Dividiert zwei Zahlen.
^	Dient der Potenzierung.
\	Dividiert zwei Zahlen. Als Ergebnis wird eine **ganze Zahl** zurückgegeben (Integerdivision).
Mod	Dividiert zwei Zahlen und gibt (nur) den **Rest** des Divisionsergebnisses zurück (Modulo-Division).

Tabelle 3.8 Liste der arithmetischen Visual Basic-Operatoren und ihrer Funktionen

Da der Umgang mit den meisten Operatoren mehr oder weniger selbsterklärend ist, werden wir uns an dieser Stelle nur zwei ausgewählte Beispiele ansehen. Die **Modulo-Division** und die **Integer-Division** stellen praktisch zwei Seiten einer Medaille dar:

```
Dim dblTeil_1 As Double
Dim dblTeil_2 As Double
dblTeil_1 = 13 Mod 3
'dblTeil_1 hat nach der Modulo-Operation den Wert 1
dblTeil_2 = 13 \ 3
'dblTeil_2 hat nach der Integer-Division den Wert 4
```

Die simple Division **13 durch 3** wird auf zweierlei Weisen ausgewertet:

1. Modulo-Division: 4 x 3 = 12. Der Rest beträgt 1 (Modulo-Wert).

2. Integer-Division: 4 x 3 = 12. Ergebniswert der Integer-Division ist **4**.

Ist eine der beiden Modulo-Zahlen (oder sind beide) eine Gleitkommazahl, so wird als Ergebnis ebenfalls eine Gleitkommazahl zurückgegeben:

```
Dim dblTeil_1 As Double
Dim dblTeil_2 As Double
dblTeil_1 = 5.3 Mod 3
'dblTeil_1 erhält den Wert 2,3
dblTeil_2 = 5.3 \ 3
'dblTeil_2 erhält den Wert 1
```

3.2.2 Zuweisungsoperatoren

Visual Basic .NET bietet eine Reihe (neuer) kombinierter Zuweisungsoperatoren, welche Ihnen die Schreibarbeit etwas erleichtern können. Wir werden uns deren Wirkungsweise an zwei Beispielen ansehen. Eine vollständige Auflistung der kombinierten Zuweisungsoperatoren finden Sie in Tabelle 3.9.

Bis zur Einführung der neuen Operatoren gemeinsam mit dem .NET Framework mussten Visual Basic-Programmierer eine Variable, die zum Beispiel innerhalb einer Schleife als Zähler dienen sollte, mit folgender Anweisung »hochzählen«:

```
intZähler = intZähler + 1
'entspricht n = n +1
```

Durch diese Anweisung wurde bei jedem Aufruf von intZähler der aktuelle Wert um 1 erhöht. Dieselbe Wirkung erzielen Sie nun mit dieser Anweisung:

```
intZähler +=1
'entspricht ebenfalls n = n +1
```

Für die Multiplikation und die String-Verkettung könnte ein Beispiel etwa so aussehen:

```
Dim intWert_1 As Integer = 25
Dim intWert_2 As Integer = 5
intWert_1 *= intWert_2
'intWert_1 hat nun den Wert 125.
Dim strText_1 As String = "Galileo "
Dim strText_2 As String = "Computing"
```

```
strText_1 &= strText_2
'strText_1 enthält "Galileo Computing"
```

Denken Sie bitte daran, dass Zuweisungen in Visual Basic immer von links nach rechts erfolgen. Aus diesem Grund steht das »Rechenergebnis« immer in der Variablen links vom Zuweisungsoperator. Ansonsten bergen die (neuen) Operatoren keine großen Geheimnisse. Ob Sie sich mit ihnen aus Effizienzgründen vertraut machen wollen, bleibt völlig Ihnen überlassen.

Operator	Funktion
=	Weist einer Variablen oder einer Eigenschaft eine Wert zu.
^=	Potenzieren und Zuweisung
*=	Multiplizieren und Zuweisung
/=	Dividieren und Zuweisung
\=	Integerdivision und Zuweisung
+=	Addition und Zuweisung
-=	Subtraktion und Zuweisung
&=	String-Verkettung und Zuweisung

Tabelle 3.9 Die (neuen) kombinierten Visual Basic .NET-Zuweisungsoperatoren

3.2.3 Vergleichsoperatoren

Um zu ermitteln, in welcher **Relation** zwei Ausdrücke zueinander stehen (größer, kleiner, gleich usw.), stellt Visual Basic eine breite Palette an Vergleichsoperatoren bereit. Je nach Abfrage und Ergebnis der Vergleichsoperation erhalten Sie als Rückgabewert `True` oder `False`. Da Vergleichsoperatoren die Grundlage für Entscheidungen im Programmfluss sind, werden sie uns insbesondere in Abschnitt 3.3, *Programmablaufsteuerung*, begegnen. Die nachfolgende Tabelle gibt Ihnen eine Übersicht über die Visual Basic-Vergleichsoperatoren sowie die Bedingungen für die `True`- und `False`-Ausgänge der Vergleichsoperationen:

Vergleichsoperator	Ergebnis ist True	Ergebnis ist False
< (Kleiner als)	*Ausdruck1 < Ausdruck2*	*Ausdruck1 >= Ausdruck2*
<= (Kleiner oder gleich)	*Ausdruck1 <= Ausdruck2*	*Ausdruck1 > Ausdruck2*
> (Größer als)	*Ausdruck1 > Ausdruck2*	*Ausdruck1 <= Ausdruck2*

Tabelle 3.10 Übersicht der Visual Basic-Vergleichsoperatoren

Vergleichsoperator	Ergebnis ist True	Ergebnis ist False
>= (Größer oder gleich)	*Ausdruck1 >= Ausdruck2*	*Ausdruck1 < expression2*
= (Gleich)	*Ausdruck1 = Ausdruck2*	*Ausdruck1 <> Ausdruck2*
<> (Ungleich)	*Ausdruck1 <> Ausdruck2*	*Ausdruck1 = Ausdruck2*

Tabelle 3.10 Übersicht der Visual Basic-Vergleichsoperatoren (Forts.)

Hier wieder exemplarisch ein paar Beispiele:

```
Dim boolErgebnis As Boolean
boolErgebnis = 414 = 414
'Gibt True zurück.
boolErgebnis = 5 <> 4
'Gibt True zurück.
boolErgebnis = 130 < 110
'Gibt False zurück.
boolErgebnis = "VB OK!" = "VB OK!"
'Gibt True zurück.
boolErgebnis = "A" < "B"
'Gibt True zurück.
boolErgebnis = "A" = "a"
'Gibt False zurück.
boolErgebnis = "A" = "A"
'Gibt True zurück.
boolErgebnis = "A" < "a"
'Gibt True zurück.
```

Zu kommentieren bleiben nur die Besonderheiten, die es in der Anwendung der Vergleichsoperatoren auf Zeichenketten zu beachten gilt. Dass Sie Zeichenketten nicht nur auf Gleichheit der in ihnen enthaltenen Zeichen prüfen können, sondern auch Größer- oder Kleiner-Vergleiche durchführen können, liegt darin begründet, dass Zeichenketten anhand ihrer alphabetischen Sortierreihenfolge verglichen werden. Die Defaulteinstellung für den Vergleich von Zeichenketten ist eine Sortierreihenfolge nach diesem Muster:

A < B < D < Z < a < b < d < z

Aus diesem Grund ergibt die Auswertung von "A" < "a" als Ergebnis True. Die Einstellung für die Sortierreihenfolge wird, wie die Einstellungen für Option Explicit und Option Strict, unter den Compiler-Einstellungen vorgenommen. Für die Sortierreihenfolge ist hier die Einstellung Option Compare verantwortlich. Ist diese auf Binary gesetzt, so werden die Zeichenketten auf der

Basis ihrer internen binären Darstellung verglichen. Wird `Option Compare` auf `Text` gesetzt, verändert sich die Sortierreihenfolge folgendermaßen:

(A=a) < (B=b) < (D=d) < (Z= z)

In diesem Falle würde der Vergleich "A" < "a" als Ergebnis `False` liefern. Der Vergleich "A" = "a" würde nun `True` zurückgeben.

In diesem Zusammenhang ist es sinnvoll, einen kurzen Blick auf den `Like`-Operator zu werfen, der ebenfalls zum Vergleich von Zeichenketten herangezogen werden kann und mit nachfolgender Syntax arbeitet:

```
Ergebnis = Zeichenkette Like Vergleichs-Muster
```

Da das Ergebnis eines Mustervergleichs mittels `Like` ein boolescher Ausdruck ist, sollten Sie daran denken, der Ergebnisvariablen den entsprechenden Datentyp zuzuweisen. Eine der interessanten Eigenschaften eines Mustervergleichs mit `Like` ist, dass Sie im **Vergleichsmuster**, dem **Pattern**, mit **Wildcarts** (Platzhaltern) arbeiten können. Im Pattern können also einzelne Zeichen oder eine Anzahl von Zeichen durch Platzhalter ersetzt werden. Da alle Theorie grau ist, hier einige Beispiele zum Umgang mit dem `Like`-Operator:

```
Dim boolErgebnis As Boolean
boolErgebnis = "Galileo Computing" Like "Galileo Computing"
'Ergibt True
boolErgebnis = "Galileo Computing" Like "GalileoComputing"
'Ergibt False, da Pattern kein Leerzeichen zwischen den
' Wörtern enthält.
boolErgebnis = "Galileo Computing" Like "Galileo*"
'Ergibt True. Der Stern steht für beliebige Zeichen nach
'Computing.
boolErgebnis = "www. Galileo-Press.de" Like _
"www.galileo-press.de"
'Ergibt False. Beim Mustervergleich wird zwischen Groß- und
'Kleinschreibung unterschieden.
boolErgebnis = "www.Galileo-Press.de" Like _
"www.Galileo-Pr?ss.de"
'Ergibt True. Das Fragezeichen steht für genau ein beliebiges
'Zeichen.
boolErgebnis = "Tel: (0228)421500" Like _
"Tel: (0228)4##500"
'Ergibt True. Das Nummernzeichen steht für eine beliebige
'einstellige Ziffer von 0 - 9.
```

Eine weitere nützliche Vergleichsoption bietet der `Like`-Operator mit [char-list] und **[!charist]**:

```
Dim boolErgebnis As Boolean
boolErgebnis = "ABCY" Like "ABC[D-Z]"
'Ergibt True. Der Ausdruck in der eckigen Klammer repräsentiert
'ein beliebiges Zeichen aus der Liste [charlist] D bis Z.
```

Der `Like`-Operator akzeptiert auch eine Variante mit **negierter** Zeichenliste:

```
boolErgebnis = "AXYZ" Like "AX[!A-X]Z"
'Ergibt True. AX sind in Pattern enthalten. Das Ausrufungszeichen
'vor der Zeichenliste besagt: Alle Zeichen, welche nicht in der
'Liste A bis X enthalten sind, sind als Treffer zu werten.
'Y liegt außerhalb von A - X und ist somit als Treffer zu werten.
'Z ist wieder ganz "normal" im Vergleichsmuster aufgeführt.
```

Sie sehen, der `Like`-Operator birgt einige interessante Möglichkeiten. So ist er für das Entwickeln einfacher Suchfunktionen eine gute Wahl. Konzentrieren wir uns nun auf die Verkettungsoperatoren.

3.2.4 Verkettungsoperatoren

Visual Basic kennt zwei Verkettungsoperatoren. Das &-Zeichen (Ampersand-Zeichen, kaufmännisches Und) und das +-Zeichen. Mit beiden Operatoren können Sie Zeichenketten miteinander verbinden. Es ist allerdings wenig empfehlenswert, das `Plus`-Zeichen sowohl für arithmetische als auch für Verkettungsoperationen einzusetzen. Um Ihren Quelltext eindeutig zu halten, sollten Sie bei der Verkettung von String-Werten (concatenation) ausschließlich mit dem &-Operator arbeiten, was im Übrigen auch der Microsoft-Kodierungsempfehlung entspricht. Nachfolgend finden Sie zwei Beispiele zu diesem Thema:

```
Dim strMeinText As String
strMeinText = "Galileo " & "Press"
'strMeinText enthält: "Galileo Press"
strMeinText = "Galileo " & "Press" & " Bonn"
'strMeinText enthält: "Galileo Press Bonn"
```

> **Hinweis** Sie können Textausgaben in MessageBoxen durch erzwungene Zeilenumbrüche übersichtlicher gestalten. Um einen Zeilenumbruch zu erreichen, können Sie mit der Visual Basic-Konstante **vbCr** (Carriage return = Wagenrücklauf) arbeiten. Dasselbe Ergebnis erzielen Sie mit Chr(13):

```
Module Module1
    Sub Main()
        Dim strMeinText As String
        strMeinText = "Galileo Press GmbH" & vbCr _
        & "Rheinwerkallee 4" & Chr(13) _
        & "53227 Bonn"
        MsgBox(strMeinText)
    End Sub
End Module
```

Abbildung 3.9 MessageBox-Anzeige mit »wohlgeformter« Anschrift von Galileo Press Bonn :-)

3.2.5 Logische Operatoren

Logische (boolesche) Operatoren werden häufig im Bereich der Programmablaufsteuerung eingesetzt. In der Regel werden boolesche Operatoren gemeinsam mit Vergleichsoperatoren genutzt. Als Ergebnis der Auswertung eines logischen Ausdrucks wird True oder False als Wert zurückgegeben. Folgende boolesche Operatoren stehen in VB.NET zur Verfügung:

Boolescher Operator	Wirkungsweise
And	Zwei Ausdrücke werden über das logische **Und** miteinander verbunden (logische Konjunktion). Der Rückgabewert ist dann – und nur dann – True, wenn beide Ausdrücke für sich True ergeben.
AndAlso (.NET)	Arbeitet ähnlich wie And, allerdings wird bei AndAlso zunächst der linke der beiden logischen Ausdrücke ausgewertet. Produziert dieser bereits False als Rückgabewert, wird der rechte Ausdruck **nicht** mehr ausgewertet. AndAlso wird auch als Short-circuiting-Operator bezeichnet.
Or	Verbindet zwei Audrücke über das logische **Oder**. Um True als Rückgabewert zu erhalten, genügt es, wenn einer der beiden logischen Ausdrücke True ist. Es muss der eine **oder** der andere Ausdruck wahr sein.

Tabelle 3.11 Die logischen Operatoren und ihre Wirkungsweisen

Boolescher Operator	Wirkungsweise
OrElse (.NET)	Arbeitet wie `Or`, nutzt allerdings wie `AndAlso` ein Short-circuit-Verhalten. Das bedeutet für `OrElse`, dass der zweite Ausdruck nur für den Fall ausgewertet wird, dass Ausdruck 1 `False` ergibt.
Xor	Bei `Xor` handelt es sich um das **auschließendeOder**. `Xor` führt einen so genannten **logischen Ausschluss** für zwei Ausdrücke aus. `True` wird somit nur für den Fall zurückgegeben, dass **einer der Werte False** ist. Sind beide Werte `False`, gibt `Xor` ebenfalls `False` zurück.
Not	Der Operator `Not` kehrt den Wahrheitswert eines Ausdrucks um **(logische Negation)**.

Tabelle 3.11 Die logischen Operatoren und ihre Wirkungsweisen (Forts.)

Die in der Tabelle mit (.NET) gekennzeichneten Operatoren `AndAlso` und `OrElse` wurden bei der Umstellung auf Visual Basic .NET in das Visual Basic-Sprachkonzept aufgenommen. Ich möchte die – sicherlich etwas trockene – Auflistung aus Tabelle 3.11 durch einige Beispiele mit etwas Leben füllen:

```
Dim boolWahrheitsWert As Boolean = False
'=== And ===
boolWahrheitsWert = (5 < 10) And (10 < 20)
'Ergibt True.
boolWahrheitsWert = (5 < 10) And (10 > 20)
'Ergibt False.
boolWahrheitsWert = (2 < 5) And (6 < 8) And (9 < 10)
'Ergibt True.
'=== Or ===
boolWahrheitsWert = (3 < 7) Or (4 < 2)
'Ergibt True.
boolWahrheitsWert = (5 < 8) Or (4 < 5)
'Ergibt True.
boolWahrheitsWert = (3 < 2) Or (4 < 3)
'Ergibt False.
boolWahrheitsWert = (3 < 2) Or (4 < 5) Or (5 < 6)
'Ergibt True.
'=== Xor === exklusives Oder
boolWahrheitsWert = (3 < 5) Xor (40 < 80)
'Ergibt False. Obwohl beide Ausdrücke für sich True ergeben!
boolWahrheitsWert = (100 < 200) Xor (200 < 100)
'Ergibt True. Nur einer der Ausdrücke ist True.
boolWahrheitsWert = (100 > 200) Xor (200 < 100)
```

```
'Ergibt False. Beide Ausdrücke sind False.
boolWahrheitsWert = (10 > 20) Xor (20 < 10) Xor (5 < 10)
'Ergibt True. Einer der Ausdrücke (5 < 10) ist True.
```

Sie sollten sich die Beispiele in Ruhe ansehen und im Visual Studio nachstellen. Versuchen Sie auch einmal, die logischen Operatoren mit einzelnen Zeichen oder Zeichenketten auszutesten. Auf diesem Wege bekommen Sie – wie sagt man doch so schön – ein »Feeling für das Handling« von logischen Operatoren. Nachfolgend möchte ich noch einige Anmerkungen zu den Operatoren AndAlso und OrElse machen.

Durch das **Short-circuit**-Verhalten (»Kurzschlussverhalten«, »Bypass-Verhalten«) dieser beiden Operatoren besteht grundsätzlich die Möglichkeit, dass der rechte der beiden Ausdrücke aus einer weiteren Bearbeitung durch die CLR herausfällt. Wie Sie bereits der Tabelle entnehmen konnten, wird die Auswertung der Programmzeile sofort abgebrochen, falls der linke von zwei Ausdrücken bereits den False-Wert zurückgibt. Dies führt zu einer insgesamt schnelleren Codeausführung. Was aber geschiet, wenn es sich bei dem zweiten, dem rechten Ausdruck um einen Funktionsaufruf handelt? Wird dieser ebenfalls komplett außen vorgelassen und nicht ausgeführt? Sehen wir uns dazu ein kleines Beispiel an:

```
Module Module1
    Sub Main()
        Dim boolWahrheitsWert As Boolean = False
        boolWahrheitsWert = (5 < 8) AndAlso BedingungZwei()
        MsgBox(boolWahrheitsWert)
    End Sub
     Public Function BedingungZwei() As Boolean
        MsgBox("Hier ist BedingungZwei!")
        Return True
    End Function
End Module
```

Listing 3.7 Es werden zwei MessageBoxen mit den Ausgaben »Hier ist BedingungZwei!« und »True« erzeugt.

Der erste Ausdruck (5 < 8) liefert True. Damit wird auch der zweite Ausdruck, der Funktionsaufruf BedingungZwei(), ordnungsgemäß abgearbeitet. Da die Funktion als Rückgabewert ebenfalls True liefert, wird die Variable boolWahrheitswert auf True gesetzt.

Der wesentliche Punkt in diesem Beispiel ist, dass die Funktion **BeispielZwei()** **aufgerufen** und abgearbeitet wird. Würden wir das Beispiel dahingehend verändern, dass der erste Ausdruck als booleschen Wert `False` lieferte (5 > 8), würde durch den `AndAlso`-Operator eine weitere Bearbeitung unmittelbar nach Auswertung von (5 > 8) eingestellt. Als Folge dieses Verhaltens wird der Funktionsaufruf `BedingungZwei()` **nicht** mehr getätigt. In unserem Beispiel ist diese Vorgehensweise zunächst unproblematisch, da die aufzurufende Funktion keine weiteren Aufgaben als das Liefern des `True`-Wertes hat. Würde in `BedingungZwei()` jedoch Programmcode stehen, der – aus welchen Gründen auch immer – zur Ausführung gebracht werden sollte, würde dieser in diesem Beispiel unberücksichtigt bleiben.

Bei Programmierung mit dem `AndAlso`-Operator ist somit zu bedenken, dass zwingend nur der links stehende Ausdruck ausgewertet wird. Falls dieser bereits `False` liefert, wird eine weitere Bearbeitung abgebrochen. Beim (einfachen) `And`-Operator werden dagegen in jedem Falle beide Ausdrücke ausgewertet und somit auch `BedingungZwei()` immer aufgerufen und abgearbeitet. Für den `OrElse`-Operator gilt das hier Beschriebene analog.

Der letzte logische Operator aus Tabelle 3.11 ist der `Not`-Operator. Er sorgt für die **logische Negation** (Umkehrung) des Wahrheitswertes eines beliebigen Ausdrucks. Da auch dieser Operator kein wirkliches Geheimnis birgt, möchte ich seine Wirkungsweise durch ein paar einfache Codezeilen veranschaulichen:

```
Dim boolWahrheitswert As Boolean = False
boolWahrheitswert = Not (10 < 20)
'Ergibt False.
boolWahrheitswert = Not (10 < 20) And (200 < 300)
'Ergibt False.
boolWahrheitswert = (10 < 20) Or Not (200 > 300)
'Ergibt True.
```

Mit diesen Beispielen zur logischen Negation möchte ich die Betrachtungen über die Visual Basic .NET-Operatoren abschließen. Im folgenden Abschnitt zur *Programmablaufsteuerung* werden wir auf die soeben über die Operatoren erworbenen Kenntnisse sicherlich zurückgreifen.

3.3 Programmablaufsteuerung

Thematisch umfasst die Programmablaufsteuerung zwei Bereiche. Bei diesen Bereichen handelt es sich zum einen um die **Verzweigung** oder Auswahl und zum anderen um die **Schleife** oder Wiederholung. Grundsätzlich dienen die Möglichkeiten der Programmablaufsteuerung dazu, den sequenziellen Programmfluss zu unterbrechen, um, in Abhängigkeit von einer bestimmten Bedingung, zu anderen Programmteilen zu verzweigen (Verzweigung) bzw.

einen bestimmten Codeblock wiederholt zu durchlaufen (Schleife). Im Folgenden werden wir uns zunächst mit der **Verzweigung** und im Anschluss daran mit der **Schleifenprogrammierung** befassen.

3.3.1 Programm-Verzweigungen

Die Programmablaufsteuerung durch die **Verzweigung** ist unter anderem wesentlicher Bestandteil der **ereignisgesteuerten Programmierung**. Immer dann, wenn dem Benutzer einer Anwendung eine **Auswahlmöglichkeit** angeboten wird, wird diese im Quellcode durch eine der Visual Basic-Kontrollstrukturen entgegengenommen und verarbeitet.

Das »Abfangen« und Verarbeiten von Benutzereingaben stellt ein wesentliches Einsatzgebiet von Verzweigungen dar. Jedoch können nicht nur Anwender mit Programmen interagieren, auch **Programme** können **mit** anderen **Programmen** kommunizieren. Wir sprechen hier von Nachrichten, welche Anwendungen untereinander austauschen. Denken Sie etwa an einen Scheduler, der zu einem bestimmten Zeitpunkt ein Backup-Programm starten soll. Dieser wird an das entsprechende Backup-Programm eine Start-Nachricht senden. Geht die Nachricht beim Backup-Programm ein, wird dort zunächst das Ereignis **Eingehende Nachricht** ausgelöst. Das Backup-Programm hat nun eine Entscheidung zu treffen, wie es mit der eingegangenen »Start-Nachricht« umgehen will. Programmtechnisch wird diese Entscheidungsaufgabe mithilfe einer Verzweigungsstruktur (Auswahl) gelöst.

Die Art der im Quellcode zu implementierenden Verzweigung folgt dabei der Struktur des zu verarbeitenden Entscheidungsproblems. Visual Basic .NET stellt für die Programmierung von Entscheidungsproblemen grundsätzlich drei Verzweigungs-**Typen** zur Verfügung: Die `If`-**Verzweigung**, das `Select Case`-Konstrukt und die einzeiligen Entscheidungsfunktionen `IIF`, `Choose` und `Switch`. Mit allen drei Verzweigungstypen werden wir uns nun in genannter Reihenfolge eingehend beschäftigen.

3.3.2 Die If ... Then ... Else-Anweisung

Die `If ... Then ... Else`-Anweisung weist folgenden Aufbau auf:

```
If <Bedingung> Then
    Anweisungen für TRUE
Else
    Anweisungen für FALSE
End If
```

Unmittelbar in der ersten Programmzeile wird die Bedingung auf ihren Wahrheitswert überprüft. Ergibt die Überprüfung **TRUE**, werden die **Anweisungen für TRUE** ausgeführt. Sollte die **Bedingung nicht erfüllt** werden und die Überprüfung **FALSE** ergeben, so werden die Programmzeilen mit den Anweisungen für den TRUE-Fall **übersprungen** und die **Anweisungen für FALSE** ausgeführt. Sehen wir uns dazu ein kleines Beispiel an:

```
Module Module1
    Sub Main()
    Dim strPassWort As String
    strPassWort = InputBox("Eingabe Passwort:")
        If strPassWort = "Galileo" Then
            MsgBox("Herzlich willkommen bei Galileo Press")
        Else
            MsgBox("Kein gültiges Passwort!")
        End If
    End Sub
End Module
```

Listing 3.8 Passwortabfrage mithilfe der InputBox-Funktion

Das Listing bewirkt zunächst die Ausgabe einer InputBox, in welche ein Passwort zur weiteren Überprüfung eingegeben werden kann. Bei Eingabe des korrekten Passwortes erscheint ein Begrüßungstext. Ansonsten wird mittels einer MessageBox auf das fehlerhafte Kennwort hingewiesen.

In diesem Beispiel wird mittels der InputBox-Funktion ein Passwort abgefragt. Der vom Anwender in die InputBox eingegebene Text wird von der als String deklarierten Variablen `strPassWort` aufgenommen. Mit `If strPassWort = "Galileo"` wird die Bedingung für TRUE auf den Wert (Zeichenkette) `Galileo` gesetzt. Daraus folgt, dass nur bei Eingabe des gültigen Kennwortes **Galileo** der Begrüßungstext durch die MessageBox angezeigt wird. In **jedem** anderen Fall, bei Eingabe eines falschen Kennwortes **und bei Anklicken des Abbrechen-Buttons,** wird die MessageBox-Funktion im `Else`-Zweig ausgeführt.

Der `Else`-Zweig einer `If`-Anweisung stellt somit sicher, dass **jeder** denkbare Abfrage-Ausgang durch eine **definierte** Programmanweisung »aufgefangen« wird – ein Punkt, den Sie für das Schreiben Ihres Quellcodes immer im Auge behalten sollten, damit der von Ihnen entwickelte Programmcode keine »Lücken« aufweist. Auf unser Beispiel bezogen bedeutet dies, dass Sie auch für den Fall, dass der Anwender **keine** Eingabe macht bzw. den Vorgang mit »Abbrechen« beendet, im Quellcode Vorsorge treffen müssen. Nur auf diese Weise können Sie sicherstellen, dass Ihr Programm in jedem Fall in den von

Ihnen gewünschten »Bahnen« läuft und nicht unkontrolliert aus der Spur gerät. Sollten Sie mit der If-Then-Anweisung arbeiten, ist der Else-Zweig in jedem Fall ratsam. Welche **speziellen** Methoden zur Fehlerbehandlung Visual Basic kennt, erfahren Sie in Kapitel 9, *Fehlerbehandlung und systematisches Debuggen*.

Einfache Wenn-Dann-Probleme lassen sich mit der oben beschriebenen Version der If-Anweisung gut nachbilden. Sind jedoch mehrere Möglichkeiten mithilfe der If-Anweisung zu überprüfen, stellt die nachfolgende Variante eine effizientere Wahl dar:

```
Module Module1
    Sub Main()
        If <Bedingung_1> Then
            Anweisungen
        ElseIf <Bedingung_2> Then
            Anweisungen
        ElseIf <Bedingung_3> Then
            Anweisungen
        ElseIf <Bedingung_2> Then
            Anweisungen
        Else
            Anweisungen
        End If
    End Sub
End Module
```

Stellen Sie sich vor, es sollen die Personalkosten für die Abteilungen Einkauf, Marketing, Logistik und Rechnungswesen ermittelt werden. Dazu ist zunächst zu überprüfen, ob die folgenden Daten auch tatsächlich aus einer der genannten Abteilungen stammen:

```
Module Module1
    Sub Main()
    Dim strAbteilung As String
    strAbteilung = InputBox(„Abteilungsbezeichnung:")
        If strAbteilung = "Einkauf" Then
        MsgBox("OK! Geben Sie bitte die Personalkosten ein.")
        ElseIf strAbteilung = "Marketing" Then
            MsgBox("Geben Sie bitte die Personalkosten ein.")
        ElseIf strAbteilung = "Logistik" Then
            MsgBox("Geben Sie bitte die Personalkosten ein.")
        ElseIf strAbteilung = "Rechnungswesen" Then
            MsgBox("Geben Sie bitte die Personalkosten ein.")
```

```
    Else
        MsgBox("Überprüfen Sie die Abteilungsangabe!")
    End If
    End Sub
End Module
```

Listing 3.9 Authentifizierungsabfrage mithilfe der InputBox-Funktion

Die Konsolenanwendung stellt dem Anwender im ersten Schritt eine InputBox
zur Authentifizierung der Abteilung zur Verfügung. Wird eine »existierende«
Abteilung angegeben, kann mit der Eingabe der entsprechenden Personalkosten fortgefahren werden. Andernfalls wird via MessageBox folgender Hinweis
ausgegeben: »Überprüfen Sie die Abteilungsangabe!«

Im obigen Beispiel wird zunächst geprüft, ob der in die InputBox eingegebene
String der Vorgabe »Einkauf« entspricht. Ist dies der Fall, erfolgt die MsgBox-
Ausgabe und der Programmfluss wird unmittelbar nach **End If** fortgesetzt. Ist
der Wert von **strAbteilung** **nicht** gleich »Einkauf«, geht die Prüfung zum ersten **ElseIf**-Zweig über. Dieses Verfahren dauert so lange an, bis alle kodierten
ElseIf-Zweige abgearbeitet worden sind. Befand sich unter ihnen kein Treffer,
werden die Anweisungen des **Else**-Zweigs ausgeführt.

Unser Beispiel zeigt recht anschaulich, dass auch ein **If ... Then ... Else**-
Statement **sequenziell** abgearbeitet wird. In den Fällen, in welchen bestimmte
Eingaben mit signifikant größerer Häufigkeit als andere vorgenommen werden, ist es sinnvoll, diese in der **Reihenfolge ihrer Gewichtung** abzuprüfen.
Kämen etwa 80 Prozent der Eingaben aus der Abteilung Logistik, ist es unter
Performance-Gesichtspunkten sinnvoll, die entsprechende Abfrage als erste zu
tätigen. Diese Aussage gilt so auch für die **Select Case**-Anweisung, welche wir
anschließend behandeln werden. Für einfache Abfragen kann die If-Anweisung
auch als »single-line«-Statement, als **einzeilige** Anweisung, eingesetzt werden:

```
If ⟨Bedingung⟩ Then Anweisungen
```

In dieser Form ist es **nicht** notwendig, die If-Anweisung durch ein entsprechendes **End If** abzuschließen, wie nachstehendes Beispiel zeigt:

```
Module Module1
    Sub Main()
        Dim decUmsatz As Decimal
        decUmsatz = 100
        If decUmsatz < 2000 Then MsgBox("Zu geringer Umsatz!")
'Die einzeilige If-Anweisung muss nicht durch ein End If
'abgeschlossen werden.
```

```
      End Sub
End Module
```

Listing 3.10 Das Programm zeigt eine MessageBox, welche auf einen »zu geringen Umsatz« hinweist, an.

Auch bei dieser Kurzform der If-Anweisung ist es erlaubt, mehrere auszuführende Anweisungen anzugeben. Dazu schreiben Sie die einzelnen Anweisungen, jeweils durch einen Doppelpunkt getrennt, hintereinander in die If-Zeile. Diese Notationsform dürfte Ihnen bereits von der Variableninitialisierung her bekannt sein:

```
If decUmsatz < 2000 Then decPreis = 50 : intMenge = 250
If C > 30 Then B = 10 : G = Y - G : n = n-1 : z +=1
```

Die einzeilige Variante der If-Anweisung sollten Sie mit Bedacht einsetzen. In der Regel ist die mehrzeilige Variante, die durch das If eingeleitet und das End If abgeschlossen wird, zu bevorzugen. Sie bietet eine klare Struktur, welche die Lesbarkeit, das Debugging und die Wartung des Programmcodes wesentlich erleichtert. Zum Einsatz der If-Anweisung mit mehreren ElseIf-Zweigen möchte ich schon an dieser Stelle anmerken, dass in vielen Fällen die Select Case-Anweisung ein weitaus ökonomischeres Instrument darstellt. If ... Then ... Else-Anweisungen können beliebig **verschachtelt** werden:

```
Module Module1
    Sub Main()
        Dim strProdukt As String
        Dim strWare As String
        strWare = ""
        strProdukt = InputBox("Eingabe Artikel:")
        If strProdukt = "Kaffee" Then
            strWare = "Lebensmittel"
        Else
            If strProdukt = "Milch" Then
                strWare = "Lebensmittel"
            Else
                If strProdukt = "Druckerpapier" Then
                    strWare = "Kein Lebensmittel"
                Else
                    strWare = "Keine Angabe"
                End If
            End If
        End If
```

```
        MsgBox(strWare)
    End Sub
End Module
```

Listing 3.11 Produktüberprüfung mithilfe der If ... Then ... Else-Anweisung

Die Konsolenanwendung nimmt über eine InputBox die Eingabe eines Produktes (Kaffee, Milch, Druckerpapier) entgegen. Ist das Produkt dem Programm »bekannt«, erfolgt eine Information darüber, ob es sich um einen Food- oder Non-Food-Artikel handelt. Schauen Sie sich das Beispiel einmal ganz in Ruhe an. Hier werden **lediglich drei** Fallunterscheidungen geprüft. Handelt es sich bei dem verkauften Produkt um Kaffee, Milch oder Druckerpapier? Letztendlich geht es um die Differenzierung nach **Food-** und **Non-Food-Artikeln**.

Wie Sie sich sicherlich schon denken werden, ist das Verschachteln von If-Anweisungen zwar syntaktisch erlaubt, jedoch in den meisten Fällen wenig sinnvoll, da Visual Basic, insbesondere für den oben dargestellten Fall, wesentlich effizientere Codestrukturen bereitstellt. Für das obige Beispiel würde sich eine Select Case-Lösung geradezu aufdrängen. Sicherlich ist nicht immer unmittelbar ersichtlich, wann welches Verzweigungs-Konstrukt das effizienteste darstellt. Grundsätzlich können Sie davon ausgehen, dass mehrfach geschachtelte If-Anweisungen meist keine guten Lösungen darstellen und sich in der Regel einfacher abbilden lassen.

> **Hinweis** Kontrollstrukturen lassen sich sehr gut durch **Nassi-Schneidermann-Diagramme** visualisieren. Die grafische Darstellung verschafft Ihnen schnell Klarheit über die Programmstruktur und erleichtert das Planen ungemein. Die Notation des von Dr. Ike Nassi und Dr. Ben Schneidermann konzipierten Diagramms (NS-Diagramm) ist in DIN 66261 geregelt. Ein weiteres nützliches Instrument zur Darstellung und Strukturierung von Programmabläufen ist der **Programmablaufplan** (PAP, DIN 66001).
>
> Sie können sicher sein, dass sich die Zeit, welche Sie in die sorgfältige Entwicklung Ihrer Programmstrukturen und Algorithmen investieren, in jedem Falle durch gut modularisierten (wiederverwertbaren) Programmcode, fehlertolerante und performante Anwendungen sowie mehr Freizeit bezahlt machen wird. ;-)

Nachdem wir uns in diesem Abschnitt ausführlich mit den Variationen der `If ... Then ... Else`-Anweisung beschäftigt haben, befasst sich der nächste Abschnitt mit der nun schon wiederholt angeführten `Select Case`-Anweisung.

3.3.3 Die Select Case-Anweisung

Bei der `Select Case`-Anweisung wird der Programmfluss über den Einsatz einer **Schlüsselvariablen** gesteuert. Der Programmfluss hängt somit **nicht** davon ab, ob ein Ausdruck die booleschen Werte TRUE oder FALSE annimmt, sondern vom **Inhalt** (Wert) **der Schlüsselvariablen**. Da die Schlüsselvariable für die Selektion (Auswahl) des auszuführenden Codeblocks verantwortlich ist, wird sie auch als **Selektor** bezeichnet.

Im Gegensatz zur `If ... Then ... Else`-Anweisung, welche in jeder einzelnen Anweisung verschiedene Ausdrücke auswerten kann, wird bei der `Select Case`-Anweisung stets der Selektor zum Vergleich mit den einzelnen Case-Konstanten herangezogen. Für den Fall, dass **keiner** der Case-Werte zu einer Übereinstimmung mit dem Selektor führt, sollte die `Select Case`-Anweisung stets auch einen `Case Else`-Zweig aufweisen. Eine `Select Case`-Anweisung ist durch nachstehende Syntax charakterisiert:

```
Select Case <Schlüssevariable>
    Case <Wert 1>
        Anweisungen
    Case <Wert 2>
        Anweisungen
    Case <Wert 3>
        Anweisungen
    Case <Wert 4>
        Anweisungen
    Case Else
End Select
```

Die nachfolgenden Beispiele werden die Einsatzmöglichkeiten der Select Case-Anweisung verdeutlichen. Wir beginnen mit einem Klassiker unter den Select Case-Beispielen:

> **Hinweis** Um die nachfolgenden Beispiele übersichtlich zu halten, werden im Folgenden nur die für den Sachverhalt unmittelbar relevanten Programmzeilen aufgelistet. Die Einbettung des Quellcodes in die Funktion **Sub Main()** eines Moduls wird zukünftig nur dann vorgenommen, wenn sich ein Sachverhalt so besser darstellen lässt. Letztendlich benötigen Sie zum Testen der Beispiele lediglich einen entsprechenden »Ausführungsrahmen« und ein »Initial-Ereignis«.

Zurzeit arbeiten wir im Rahmen von Konsolenanwendungen, also Anwendungen ohne grafische Benutzeroberfläche, und nutzen Sub Main() zum Starten unseres Quellcodes. Die hier vorgestellten Beispiele könnten genauso gut durch ein Click-Ereignis eines sich auf einer Windows-Form befindenden Buttons ausgelöst werden. Mehr hierzu im Kapitel 5, *Windowsprogrammierung*.

Im Rahmen von Konsolenanwendungen stellen die Funktionen **MsgBox()** und **InputBox()** schnell und unkompliziert einsetzbare Instrumente dar. Selbstverständlich werden Sie an geeigneter Stelle die **.NET**-Variante der MsgBox()-Funktion, die **MessageBox-Klasse** mit ihrer **Show()-Methode** sowie weitere (professionellere) Möglichkeiten für die Entgegennahme von Benutzereingaben kennen lernen.

```
Dim intNote As Integer
Select Case intNote
    Case 1
        MsgBox("Sehr gut")
    Case 2
        MsgBox("Gut")
    Case 3
        MsgBox("Befriedigend")
    Case 4
        MsgBox("Ausreichend")
    Case 5
        MsgBox("Mangelhaft")
    Case 6
        MsgBox("Ungenügend")
    Case Else
        MsgBox("Klausur nicht mitgeschrieben!")
End Select
```

Auch wenn bei diesem Beispiel unliebsame Erinnerungen wach werden sollten, verdeutlicht es den Auswahlprozess einer `Select Case`-Struktur recht gut. Zunächst wurde der Selektor als Integerwert deklariert. Anschließend wird der Wert von `intNote` mit den einzelnen Vergleichswerten der Case-Zweige abgeglichen. Ist der Variableninhalt von `intNote` mit einer der Case-Konstanten identisch, werden die im entsprechenden Case-Zweig kodierten Anweisungen ausgeführt. Wandeln wir das Beispiel einmal in die folgende Form ab:

```
Dim intNote As Integer
intNote = InputBox("Eingabe Note:")
Select Case intNote
    Case 1
        MsgBox("Sehr gut")
'Alle 6 Case-Konstanten werden auf denselben Wert 1 gesetzt!
    Case 1
        MsgBox("Gut")
    Case 1
        MsgBox("Befriedigend")
    Case 1
        MsgBox("Ausreichend")
    Case 1
        MsgBox("Mangelhaft")
    Case 1
        MsgBox("Ungenügend")
    Case Else
        MsgBox("Klausur nicht mitgeschrieben!")
End Select
MsgBox("Hier ist wieder Sub Main()!")
```

Geben Sie beim Testen bitte in die InputBox als Note die 1 ein. Zunächst wird sich die MessageBox aus dem ersten Case-Zweig mit dem Text »Sehr gut« melden. Unmittelbar danach erscheint auf dem Bildschirm die Meldung »Hier ist wieder Sub Main()!«, die durch die MsgBox-Funktion generiert wird, welche schon **außerhalb** der Select Case-Struktur liegt ,. Wie dieses Beispiel verdeutlicht, führt die Select Case-Anweisung einen Vergleich zwischen den Case-Konstanten und dem Selektor nur bis zum ersten **Matching** (Treffer) durch. Wurde die erste Übereinstimmung festgestellt, wird der Programmfluss nach End Select weiter fortgeführt, wobei alle anderen Case-Zweige unberücksichtigt bleiben.

> **Hinweis** Experimentieren Sie bei dieser Gelegenheit einmal mit Ihren Eingaben in die InputBox und beobachten Sie hierbei das Compiler-Verhalten! Was geschieht, wenn Sie zum Beispiel irrtümlich einen String eingeben? Bedenken Sie, **intNote** ist als Integer-Wert deklariert! Welche Ergebnisse erhalten Sie bei der Eingabe von 5.5 oder 5.7? Oft sind es die kleinen »Experimente«, die unsere Kenntnisse erweitern.

Bis zu dieser Stelle haben wir die Select Case-Anweisung lediglich mit einfachen Zahlenwerten genutzt. Dass dieses Auswahlinstrument wesentlich leistungsstärker ist, werden Sie jetzt sehen:

```
Dim intTest As Integer
Dim intOberGrenze As Integer = 300
intTest = InputBox("Eingabe Vergleichswert:")
    Select Case intTest
        Case 0 To 10
            MsgBox("Zahl liegt im Bereich 0 bis 10!")
        Case 20 To 25, 30 To 40, 66, 77
            MsgBox("Zahl liegt zwischen 20 und 25, " _
            & Chr(13) & "30 und 40 oder ist 66 oder 77!")
        Case Is > intOberGrenze
            MsgBox("Wert liegt oberhalb von 300!")
        Case Else
            MsgBox("Kein Treffer!")
End Select
```

Innerhalb der Select Case-Anweisung können Sie durchaus mit **Auflistungen** und **Bereichsangaben** in **einer** Case-Zeile arbeiten. Bereichsangaben werden mit dem Schlüsselwort To angegeben, wobei Sie darauf achten sollten, dass der zweite Wert nicht kleiner als der zuerst angegebene ist. Eine Bereichsangabe 100 To 200 ist ein korrekter Ausdruck. Dagegen würde die Formulierung 200 To 150 bei der Eingabe von zum Beispiel 199 zu keinem Treffer führen. Darauf sollten Sie achten, da Sie bei der zweiten, unkorrekten, Schreibweise keine Fehlermeldung erhalten, jedoch auch kein Matching erzielt wird.

Mit dem Is-Operator in Kombination mit einem Vergleichsoperator (=, <, >, <>, <=, oder >=) können (Bereichs-)Einschränkungen für die Vergleichsoperationen definiert werden, wie das oben stehende Beispiel (Is > intOberGrenze) zeigt. Die Ausführungen zur Select Case-Anweisung möchte ich mit einem kleinen Beispiel zum Umgang mit Zeichenketten abschließen:

```
Dim strZeichen As String
strZeichen = InputBox("Eingabe Zeichenkette:")
Select Case strZeichen
    Case "Hund", "Katze", "Maus"
        MsgBox("Hund, Katze oder Maus.")
    Case "Fenster" To "Grafik"
        MsgBox("Text liegt zwischen Fenster und Grafik!")
    Case Is < "D"
        MsgBox("Zeichenkette liegt im Alphabet vor D.")
```

```
Case Else
    MsgBox("Hier ist ELSE.")
End Select
```

Beim Arbeiten mit **String**-Vergleichen innerhalb einer Select Case-Struktur sollten Sie sich zunächst über die Compiler-Einstellung zu **Option Compare** Klarheit verschaffen. Bei **Option Compare = Text** wird auch im Select-Case-Vergleich nicht zwischen »Hund« und »hund« differenziert. Bei **Option Compare = Binary** wird der Vergleich **case-sensitiv** durchgeführt, woraus folgt, dass der Abgleich der Schlüsselvariablen mit dem Inhalt »katze« mit einer Case-Konstanten »Katze« **keinen** Treffer ergeben würde. Der Code im entsprechenden Case-Zweig (siehe Beispiel) würde in diesem Fall nicht ausgeführt.

Erwähnenswert ist die Programmzeile **Case »Fenster« To »Grafik«.** Hier wird jede Zeichenkette, welche im Alphabet zwischen Fenster und Grafik liegt, als Treffer gewertet. Jeder Begriff, der zum Beispiel im Duden zwischen »Fenster« und »Fahrrad« aufgelistet ist, wird als Übereinstimmung gewertet. Mit diesem letzten Beispiel haben wir die Select Case-Anweisung, so denke ich, ausreichend gewürdigt und können zum nächsten Thema, den **einzeiligen Entscheidungsanweisungen**, übergehen.

3.3.4 IIf, Choose und Switch

Die IIf-Funktion

Mit der `IIf`-Funktion hält Visual Basic, neben der `If`-Anweisung, ein weiteres Instrument für einfache Fallunterscheidungen bereit. Die `IIf`-**Funktion** ermittelt, ob ein ihr übergebener Ausdruck `True` oder `False` ergibt. In Abhängigkeit des ermittelten Ergebnisses wird von `IIf()` ein bestimmter Wert zurückgegeben. Für die `IIf`-Funktion benötigen Sie somit einen auswertbaren booleschen Ausdruck, einen Rückgabewert für den `True`- und einen für den `False`-Fall:

```
IIf(<boolescher Ausdruck>, <Wert für True>, <Wert für False>)
```

Als Anwendungsbeispiel wäre beispielsweise eine simple Abfrage auf einen erreichten Umsatzbereich denkbar:

```
Dim decUmsatz As Decimal
Dim strUmsatz_1 As String = "Ihr Umsatz ist ausreichend!"
Dim strUmsatz_2 As String = _
"Geben Sie sich bitte etwas mehr Mühe :-))"
Dim strAnzeige As String
decUmsatz = InputBox("Eingabe des Quartal-Umsatzes:")
strAnzeige = IIf(decUmsatz > 500, strUmsatz_1, strUmsatz_2)
MsgBox(strAnzeige, MsgBoxStyle.Information, "Umsatz zählt!")
```

Die Argumente der IIf-Funktion können auch aus Funktionsaufrufen bestehen. So könnte die Umsatzberechnung in eine eigene Funktion ausgelagert
werden. Für die Eingabe in die MessageBox würde dann entsprechend kein
Umsatzwert, sondern eine **Stückzahl** erwartet. Die Berechnung des Umsatzes
nach der Formel **Umsatz = Preis × Menge** wird im folgenden Beispiel von der
Funktion Umsatz(), welche sich zusammen mit Sub Main() in Module 1 befindet, übernommen.

```
Module Module1
    Sub Main()
        Dim intAnzahl As Integer
        Dim strUmsatz_1 As String = _
        "Ihr Umsatz ist ausreichend!"
        Dim strUmsatz_2 As String = _
        "Geben Sie sich bitte etwas mehr Mühe :-))"
        Dim strAnzeige As String
        intAnzahl = InputBox("Eingabe verkaufte Stückzahl:")
'Aufruf der Funktion "Umsatz()" mit intAnzahl als Parameter,
'dessen Wert in "Umsatz()" zur weiteren Berechnung benötigt wird.
        strAnzeige = IIf(Umsatz(intAnzahl) > 300, _
        strUmsatz_1, strUmsatz_2)
        MsgBox(strAnzeige, MsgBoxStyle.Information, _
        "Umsatz zählt!")
    End Sub
    Function Umsatz(ByVal intAnzahl As Integer) As Decimal
        Dim decPreis As Decimal = 1.5
        Dim intMenge As Integer = intAnzahl
        Dim decUmsatz As Decimal = 0
'Umsatzberechnung aus Preis x Menge (Parameter-Wert)
        decUmsatz = decPreis * intMenge
        MsgBox("Hier ist Function Umsatz: " & decUmsatz)
'Der berechnete Umsatzwert wird zurückgegeben.
        Return decUmsatz
    End Function
End Module
```

Listing 3.12 Umsatzberechnung mithilfe einer eigenen Funktion Umsatz()

Das Programm überprüft auf Basis einer verkauften **Stückzahl**, ob ein ausreichender oder nicht ausreichender **Umsatz** erzielt wurde. Dabei wird die ver-
kaufte Stückzahl an die **Umsatzfunktion** übergeben, welche – durch eine

Bewertung des Produktes mit seinem Preis – die Umsatzberechnung vornimmt und den so berechneten Wert an das Hauptprogramm zurückgibt.

Bei Aufrufen innerhalb einer `IIf`-Funktion ist zu beachten, dass grundsätzlich **alle** angegebenen Funktionsaufrufe durch den Visual Basic-Compiler ausgeführt werden. Sie können mithin **nicht** davon ausgehen, dass nach Auswertung des booleschen Ausdrucks mit dem Ergebnis `True` ein Funktionsaufruf im `False`-Zweig unberücksichtigt bleibt. Bereits im nächsten Abschnitt werden wir uns ausführlich mit Prozeduren und Funktionen beschäftigen. Zunächst möchte ich jedoch mit der Beschreibung der zweiten einzeiligen Entscheidungsanweisung, der `Choose`-Funktion, fortfahren.

Die Choose-Funktion

`Choose()` ist syntaktisch ähnlich aufgebaut wie die `IIf`-Funktion, nutzt für die Auswahlentscheidung jedoch nicht einen booleschen Ausdruck, sondern einen **Indexwert**. Durch den im ersten Teil der `Choose`-Funktion angegebenen Wert wird festgelegt, welches Element der im zweiten Funktionsteil angegebenen Liste ausgewählt und zurückgegeben werden soll. Der formale Aufbau einer `Choose`-Funktion lässt sich somit folgendermaßen beschreiben:

`Choose(<Indexwert>, <Aufzählung>)`

Zur Veranschaulichung folgen ein paar kleinere Codebeispiele:

```
Choose(3, "Peter", "Paul", "Andrea", "Jürgen", "Judith")
'Rückgabewert ist Andrea
Choose(1.7, "Herr", "Frau", "Dr.")
'Rückgabewert ist Herr
Choose(2.9, "Arbeitstag", "Samstag", "Sonntag")
'Rückgabewert ist Samstag
Choose(0, "Tarif 01", " Tarif 02", " Tarif 03")
'Rückgabewert ist Nothing
Choose(5, "Frühling", "Sommer", "Herbst", "Winter")
'Rückgabewert ist Nothing
```

Sollte der angegebene Indexwert, wie in den beiden letzten Beispielen, außerhalb des Listenbereichs liegen, gibt die `Choose`-Funktion `Nothing` zurück. Wie bei der `IIf`-Funktion, können auch bei der `Choose`-Funktion Ausdrücke der Argumentenliste aus Funktionsaufrufen bestehen.

Die Switch-Funktion

Mit der `Switch`-Funktion lässt sich eine beliebige Anzahl boolescher Ausdrücke, welche der Funktion in Listenform übergeben werden, überprüfen. Die

Prüfung wird dabei der Reihe nach von links nach rechts vorgenommen. Die Besonderheit der dritten hier vorgestellten einzeiligen Entscheidungsfunktion ist, dass jedem booleschen Ausdruck ein eigener Rückgabewert zugeordnet ist. Die Switch-Liste setzt sich somit immer aus den Paaren »boolescher Ausdruck« und »zugeordneter Rückgabewert« zusammen.

Eine weitere Besonderheit der Switch-Funktion stellt ihr Aufruf dar. Ein einfaches Ansprechen der Funktion in der Art dummy = Switch() ist in diesem Fall nicht ausreichend. Der Aufruf muss unter Angabe des **Ortes** erfolgen, an dem die Funktion im .NET Framework zu finden ist. Die genaue Angabe der Position eines Elements im Framework wird als »Qualifizieren« bezeichnet. Da die Switch-Funktion sich im Namensraum (Namespace) Microsoft.VisualBasic befindet, hat ein korrekter Aufruf folgenden Aufbau:

```
Microsoft.VisualBasic.Switch(<Argumenten-Paar 1>, _
                             <Argumenten-Paar 2>, _
                             <Argumenten-Paar 3>, _
                                       ...
                             <Argumenten-Paar n>)
```

Vor einem abschließenden Beispiel bleibt eigentlich nur noch zu erwähnen, dass auch die Switch-Funktion Funktionsaufrufe in ihrer Argumentenliste verarbeiten kann.

```
Dim strAbteilung As String = "Einkauf"
Microsoft.VisualBasic.Switch( _
    strAbteilung = "Einkauf", "Herr Müller", _
    strAbteilung = "Marketing", "Frau Kramer", _
    strAbteilung = "Rechnungswesen", "Frau Ehm")
'Rückgabewert ist Herr Müller
```

Mit diesem Beispiel zur dritten einzeiligen Entscheidungsanweisung möchte ich das Themengebiet der Programm-Verzweigungen verlassen und zum nächsten größeren Themenblock, der **Schleifenprogrammierung**, überleiten.

3.3.5 Schleifenprogrammierung

Eine in der Programmierung recht häufig auftretende Aufgabenstellung ist das wiederholte Ausführen einzelner Anweisungen oder kompletter Codeblöcke. Grundsätzlich können hier zwei Fallunterscheidungen angeführt werden. Im ersten Fall ist die **Anzahl** der durchzuführenden Wiederholungen von vornherein **bekannt**, sodass diese als fester Wert im Quellcode angegeben werden kann. Im zweiten Fall hängt die **Anzahl der Iterationen** (Wiederholungen) vom Eintreffen einer bestimmten **Bedingung** ab. Für beide Aufgabenstellungen stellt Ihnen Visual Basic .NET äußerst effektive Schleifenstrukturen zur Verfügung.

Schleifenstrukturen werden aus einem **Schleifenkopf**, einem **Schleifenfuß** und einem **Schleifenkörper** gebildet, wobei die **Schleifensteuerung**, welche die Anzahl der Durchläufe bestimmt, im Kopf bzw. Fuß der Schleife angesiedelt ist. Die Codezeilen, die wiederholt ausgeführt werden sollen, bilden den Schleifenkörper. Grundsätzlich kann bei Schleifen, welche über die Auswertung eines booleschen Ausdrucks gesteuert werden (bedingte Wiederholung), zwischen zwei Arten unterschieden werden: den **kopf-** und den **fußgesteuerten Schleifen**. Das Charakteristikum der kopfgesteuerten Schleifen ist die Auswertung der Bedingung **vor** dem Eintritt in den Schleifenkörper. Sollte die Auswertung `False` ergeben, werden die Anweisungen, welche sich im Schleifenkörper befinden, **nicht** ausgeführt. Diese Art der Schleifenstruktur wird auch als **abweisende Schleife** bezeichnet.

Beim Pendant zur abweisenden Schleife, der **fußgesteuerten Schleife**, wird die **Überprüfung** des booleschen Ausdrucks erst am **Schleifenende** vorgenommen. Als Konsequenz wird der Schleifenkörper **mindestens einmal** durchlaufen, sodass jede der im Schleifenkörper programmierten Anweisungen in jedem Fall einmal zur Ausführung gebracht wird.

Wir werden uns nun zunächst mit der Visual Basic-Variante einer Schleifenstruktur mit **feststehender Anzahl von Iterationen**, der For ... Next-Schleife befassen. Anschließend sehen wir uns das kopfgesteuerte Schleifenkonstrukt While an. Im letzten Abschnitt zur Programmablaufsteuerung geht es um die Do ... Loop-Schleife, die sich in verschiedenen Varianten kodieren lässt, unter denen sich sowohl kopfgesteuerte als auch fußgesteuerte Konstrukte befinden.

3.3.6 For ... Next

Wie bereits erwähnt, sind zählergesteuerte Schleifen wie For ... Next stets dann gut geeignet, wenn **bekannt** ist, **wie oft** bestimmte Anweisungen zu wiederholen sind. Eine For ... Next-Schleife benötigt somit eine Zähl-**Variable** (Counter), welche die Anzahl der Schleifendurchläufe dokumentieren kann. Des Weiteren benötigt die For ... Next-Schleife, neben einem **Start-** und **Endwert**, eine Angabe darüber, in welchem Maß sich die Zähl-Variable bei jedem Durchlauf verändern soll. Hat sie zum Beispiel einen Startwert von 1, muss geklärt sein, ob sie nach dem ersten Durchlauf auf 2 oder etwa auf 11 erhöht werden soll. Im ersten Fall würde die Zähl-Variable um 1 erhöht, im zweiten dagegen um 10.

Den Wert, um welchen die Zähl-Variable bei jedem Schleifendurchlauf erhöht wird, bezeichnet man als **Schrittweite** (Step). Es ist erkennbar, dass bei gegebenem Start- und Endwert die Anzahl der Schleifendurchläufe durch die Schrittweite definiert wird. Die Angabe der Schrittweite ist bei einer `For ...Next`-Schleife optional. Wird keine Angabe gemacht, setzt der Compiler `Step` auf den **Defaultwert 1**. Es erscheint selbsterklärend, dass es sich bei der Zähl-Variablen um einen **numerischen Datentyp** handeln muss. In der Regel wird die Zähl-Variable als Integer-Wert deklariert. Nach diesem recht ausführlichen »Vorspann« folgt nachstehend die »Kurzfassung«:

```
For <Zähler> = <Startwert> To <Endwert> <Step Schrittweite>
    Anweisungen
Next <Zähler>
```

Die nachfolgenden Beispiele werden die Arbeitsweise der `For ...Next`-Schleife veranschaulichen:

```
Dim intZaehler As Integer = 0
Dim strTag As String = "Wochentag"
For intZaehler = 1 To 7 Step 1
    MsgBox("Wochentag  " & intZaehler)
'Die Angabe von intZaehler ist optional.
Next intZaehler
'Um nach dem Verlassen der Schleife die korrekte' Anzahl
'der Schleifendurchläufe zu erhalten, müssen Sie von
'intZaehler 1 abziehen, da intZaehler die Schleife
'mit dem Wert 8 verlässt.
MsgBox("Es waren genau " & intZaehler - 1 _
        & " Schleifendurchläufe!")
```

> Es ist übrigens **nicht** empfehlenswert, dieses Beispiel mit seiner Message-Box-Ausgabe **innerhalb** der Schleife für eine größere Anzahl von Durchläufen abzuwandeln. ;-)

Das nächste Beispiel mag Ihnen auf den ersten Blick etwas komplex erscheinen, ist jedoch, wie Sie schnell bemerken werden, im Kern eine simple `For ...Next`-Schleife. Die Aufgabe, die hier gelöst wurde, ist eine klassische Zinseszinsberechnung für ein vorgegebenes Kapital, einen konstanten Zinssatz und eine festgelegte Laufzeit, wobei die Laufzeit gleichzeitig den Schleifen-Counter darstellt.

Dieses Mal werden die Berechnungsergebnisse nicht mittels einer MessageBox präsentiert, sondern – nervenschonend – unmittelbar an der Konsole ausgegeben. Um die Berechnung möglichst flexibel zu halten, sollen die Werte für den Zinssatz, das eingesetzte Kapital sowie die Laufzeit vom Benutzer eingegeben werden können. Auch diese Eingaben sollen im Konsolenfenster erfolgen.

Die Benutzereingaben werden durch die Methode `Console.ReadLine()` entgegengenommen, die die Werte unmittelbar den entsprechenden Variablen zuweist. Da wir diese Werte für unsere Berechnungen nur einmal benötigen, werden sie in `Sub Main()` **außerhalb** der Schleife abgefragt. Die Ausgaben für die einzelnen Jahre werden, da diese sich von Jahr zu Jahr erhöhen (wie ich doch hoffe), **innerhalb** der Schleife ausgegeben.

Die übrigen `WriteLine`-Anweisungen dienen lediglich der Ausgabenformatierung. Hinweisen möchte ich ausdrücklich auf die Anweisung `Console.ReadLine()` nach `Next`. Wie Sie inzwischen erfahren haben, wartet die Konsole nach der Anweisung `Console.ReadLine()` auf eine Eingabe. Dieses `ReadLine` soll lediglich verhindern, dass sich das Konsolenfenster unmittelbar nach Abarbeitung der Schleife wieder schließt. In diesem Fall bekämen wir unser Kapital inklusive der Zinsen kaum noch zu Gesicht.

```
Module Module1
    Sub Main()
    Dim decZinsSatz As Decimal = 0
    Dim decZinsen As Decimal = 0
    Dim intLaufZeit As Integer = 0
    Dim decKapital As Decimal = 0
    Dim decKapitalNeu As Decimal = 0
'Als Variablenbezeichnung für Zähler werden in der
'Programmierung häufig einzelne Buchstaben
'wie i, k, n oder z benutzt.
    Dim i As Integer
    Console.WriteLine("Eingabe des Zinssatzes in Prozent:")
    decZinsSatz = Console.ReadLine()
    Console.WriteLine("Eingabe der Laufzeit in Jahren:")
    intLaufZeit = Console.ReadLine()
    Console.WriteLine("Was möchten Sie denn anlegen?")
    decKapital = Console.ReadLine()
    Console.WriteLine()
    Console.WriteLine()
    For i = 1 To intLaufZeit Step 1
        decZinsen = (decKapital * decZinsSatz / 100)
```

```
        decKapital = decKapital + decZinsen
        Console.WriteLine("=================================")
        Console.WriteLine("Jahr " & i)
        Console.WriteLine("=================================")
        Console.WriteLine("Zinsen:               " & decZinsen)
        Console.WriteLine("Neuer Kapitalstand:   " & _
                        decKapital)
    Next
    Console.ReadLine()
    End Sub
End Module
```

Listing 3.13 Zinseszinsberechnung

Mithilfe dieser Konsolenanwendung lassen sich die Zinsen und Zinseszinsen sowie der jeweils neue Kapitalstand für ein beliebiges Kapital, eine beliebige Laufzeit und einen frei wählbaren Zinssatz berechnen und am Bildschirm ausgeben.

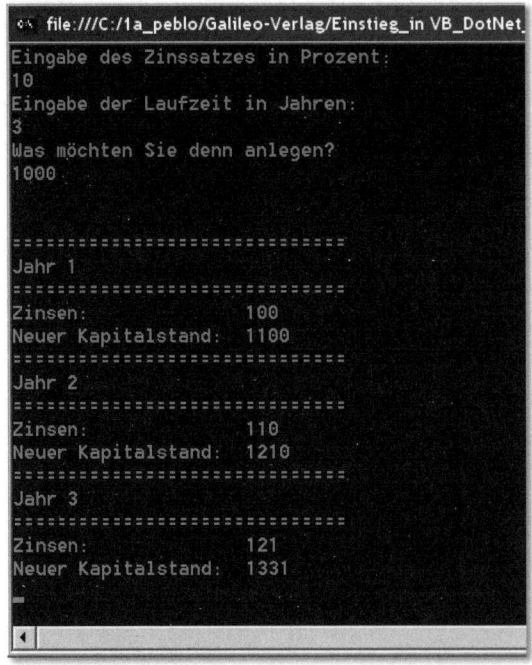

Abbildung 3.10 Formatierte Ausgabe der Zinseszinsberechnung im Konsolenfenster

Am Beispiel zur Zinseszinsberechnung lässt sich die Arbeitsweise der `For ...`
`Next`-Schleife deutlich ablesen. Für alle Programmieraufgaben, die eine ähnliche Struktur aufweisen, sollte eine Lösung mittels eines `For ... Next`-Konstrukts in jedem Fall geprüft werden. Denken Sie bitte auch an meinen Hinweis, sich den Programmverlauf einmal anhand eines Struktogramms »aufzuzeichnen«. Diese Vorgehensweise schafft gedankliche Klarheit und fördert den Aufbau von effizienten Programmstrukturen.

3.3.7 While

Die Behandlung der `While`-Schleife möchte ich recht kurz gestalten, da sie einen nahezu identischen Aufbau wie die **kopfgesteuerte** `Do ... While`-Schleife aufweist, die wir im nächsten Abschnitt ausführlich besprechen werden.

Bei der `While`-Schleife handelt es sich um eine der kopfgesteuerten Schleifenstrukturen. Die Bedingung, die den Schleifendurchlauf steuert, wird somit **vor** Eintritt in den Schleifenkörper abgeprüft. Liefert die Prüfung `False`, wird die Schleife **nicht** durchlaufen. Bei einer `While`-Schleife gibt es somit keine »Garantie«, dass die innerhalb der Schleife programmierten Anweisungen zumindest einmal ausgeführt werden. Die `While`-Schleife ist durch nachstehende Syntax beschrieben:

```
While <Bedingung>
   Anweisungen
End While
```

Im Folgenden sehen Sie zwei Beispiele. Beispiel 1 zeigt eine `While`-Schleife, die überhaupt nicht ausgeführt wird, da schon die erste Überprüfung der Eintrittsbedingung `False` ergibt:

```
Dim n As Integer = 0
While n > 0
'Anders als bei der For ... Next-Schleife, müssen Sie den
'Schleifen-Zähler bei der While-Schleife "per Hand" hochzählen.
   n += 1
   MsgBox("Hallo, hier ist der Schleifenkörper." & _
   Chr(13) & Chr(13) & "n hat jetzt den Wert: " & n)
End While
```

> **Hinweis** Überlegen Sie einmal, wie die Schleife sich verhalten würde, wenn Sie die `Dim`-Anweisung folgendermaßen abwandeln würden:
>
> ```
> Dim n As Integer = 1
> ```

In diesem Fall hätten Sie eine »prima« Endlosschleife programmiert. Achten Sie also immer darauf, dass – und dieser Hinweis gilt grundsätzlich für alle Schleifenkonstrukte – die Schleife nach einer endlichen Anzahl von Durchläufen beendet wird. Der Hinweis mag an dieser Stelle vielleicht trivial klingen, ist es aber nicht. So manches Programm wurde schon durch schlecht programmierte Schleifen zum Absturz gebracht. Zur Schleifenprogrammierung gehört somit stets ein **sicher eintretendes Abbruch-Ereignis**.

Das zweite Beispiel zeigt eine `While`-Schleife, die exakt **zweimal** durchlaufen wird:

```
Dim n As Integer = 0
While n < 2
    n += 1
    MsgBox("Hallo, hier ist der Schleifenkörper." & _
    Chr(13) & Chr(13) & "n hat jetzt den Wert: " & n)
End While
```

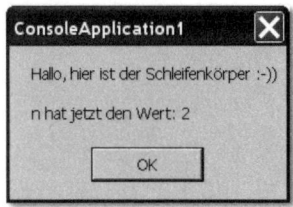

Abbildung 3.11 MsgBox-Ausgabe nach dem zweiten und letzten Schleifendurchlauf

3.3.8 Do ... Loop

Visual Basic kennt vier Varianten von `Do ... Loop`-Schleifen, hiervon gehören zwei zu den kopf- und zwei zu den fußgesteuerten Konstrukten. Beginnen wir unsere Betrachtung mit den **kopfgesteuerten** Varianten `Do Until` und `Do While`.

Die Do Until-Schleife (kopfgesteuert)

```
Do Until <Bedingung>
    Anweisungen
Loop
```

Stellen Sie sich bitte gedanklich darauf ein, dass der Bedingungsausdruck im Schleifenkopf `False` ergeben muss, damit die Schleife durchlaufen wird. Sobald er `True` ergibt, wird das Programm von der Schleife abgewiesen, und ein weiterer Schleifendurchlauf findet nicht mehr statt. Ergibt der boolesche Ausdruck im **Schleifen**kopf schon bei der **ersten** Prüfung `True`, wird die Schleife **gar nicht** durchlaufen. Im nachfolgenden Beispiel wird die Schleife exakt **11 mal** durchlaufen:

```
Module Module1
    Sub Main()
    Dim i As Integer
    Do Until i > 10
        Console.WriteLine(i)
        i += 1
    Loop
    Console.ReadLine()
    End Sub
End Module
```

Listing 3.14 Erzeugt eine Konsolenausgabe der Zahlen 0–10

An dieser Stelle ein kleines Beispiel für eine Schleife, die **nicht** durchlaufen wird:

```
Module Module1
    Sub Main()
    Dim k As Integer
    Do Until k < 3
        Console.WriteLine(k)
        k += 1
    Loop
    Console.WriteLine( _
    "Eintrittsbedingung wurde nicht erfüllt!")
    Console.ReadLine()
    End Sub
End Module
```

Listing 3.15 Da die Eintrittsbedingung »Do Until k < 3« nicht erfüllt wird, wird »k« nicht im Konsolenfenster angezeigt.

Die Do While-Schleife (kopfgesteuert)

Die Do While-Schleife ist die zweite Visual Basic-Variante der kopfgesteuerten Schleifen und weist eine ähnliche Syntax wie die Do Until-Schleife auf:

```
Do While <Bedingung>
    Anweisungen
Loop
```

Allerdings ist bei der `Do While`-Schleife zu beachten, dass hier der **Schleifen-durchlauf** exakt dann **abgebrochen** wird, wenn der boolesche Ausdruck `False` ergibt. Auch hier gilt: Ergibt der Bedingungsausdruck (im Schleifenkopf) bereits bei der ersten Prüfung `False`, so wird die Schleife **keinmal durchlau-fen**. Zunächst wieder ein Beispiel für eine Schleife, welche durchlaufen wird:

```
Module Module1
Sub Main()
    Dim z As Integer = 0
    Do While z < 7
        Console.WriteLine(z)
        z += 1
    Loop
    Console.ReadLine()
    End Sub
End Module
```

Listing 3.16 Anzeige der Werte 0–6 im Konsolenfenster

Da die Anweisung im Schleifenkopf lautet »Führe die Schleife so lange aus, **wie z noch kleiner als 7** ist« und `z` bei der ersten Prüfung den Wert 0 hat, tritt das Programm zunächst in die Schleife ein, die dann insgesamt **siebenmal** durch-laufen wird. Würde in der `Dim`-Anweisung die Zähler-Variable `z` nicht mit 0, sondern etwa mit **8** initialisiert, hätten Sie schon das Beispiel für eine Schleife, welche **nicht** durchlaufen würde, da der Bedingungsausdruck im Schleifenkopf in diesem Fall den Wert `False` annehmen würde.

Nach diesen Ausführungen zu den kopfgesteuerten Schleifenvarianten wenden wir uns nun den fußgesteuerten Schleifen `Do Loop ... Until` und `Do Loop ... While` zu.

Die Do Loop ... Until-Schleife (fußgesteuert)

Sowohl für die `Loop ... Until`- als auch für die `Loop ... While`-Schleife ist zu bemerken, dass ihr Schleifenkörper – anders als bei den kopfgesteuerten Schlei-fen – in jedem Fall mindestens einmal durchlaufen wird. Dies liegt an deren Eigenart, dass die »Eintritts«-Bedingung erst am Schleifen**ende** geprüft wird. Hier zunächst wieder der formelle Aufbau der `Loop ... Until`-Variante, gefolgt von einem kleinen, etwas ungewöhnlichen Beispiel:

```
Do
    Anweisungen
Loop Until <Bedingung>
Module Module1
```

```
  Sub Main()
    Dim strBuchstabe As String = ""
'Die Zähler-Variable z wir auf 65 gesetzt, da dies
'dem ASCII-Wert für das Zeichen "A" entspricht.
    Dim z As Integer = 65
    Do
'Die Funktion Chr() wandelt einen bestimmten ASCII-Code in
'einen Buchstaben um. Da z in der ersten Schleifenrund den durch
'die Initialisierung den Wert 65 hat, gibr Chr(z) gibt
'dementsprechen "A" (als String) zurück. In der nächsten Runde
'hat sich der Wert von z auf 66 erhöht, was der ASCII-Codierung
'von "B" entspricht.
        strBuchstabe = Chr(z)
        Console.WriteLine(strBuchstabe)
        z += 1
    Loop Until strBuchstabe = "C"
    Console.ReadLine()
    End Sub
End Module
```

Listing 3.17 Das Programm bewirkt die Ausgabe der Großbuchstaben A, B und C im Konsolen-fenster.

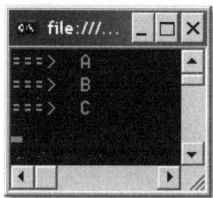

Abbildung 3.12 Konsolenausgabe zum »Do Loop … Until«-Beispiel

Die Do Loop … While-Schleife (fußgesteuert)

Zur Erläuterung der Do Loop … While-Schleife möchte ich analog zu den Aus-führungen zur Do Loop … Until-Schleife vorgehen. Hier also zunächst die Syntax dieser Schleife, gefolgt von einem Beispiel:

```
Do
    Anweisungen
Loop While <Bedingung>
Module Module1
    Sub Main()
    Dim strBuchstabe As String = ""
```

```
      Dim z As Integer = 65
      Do
         strBuchstabe = Chr(z)
         Console.WriteLine("===>  " & strBuchstabe)
         z += 1
      Loop While strBuchstabe < "Z"
      Console.ReadLine()
      End Sub
End Module
```

Listing 3.18 Das oben stehende Konsolenprogramm erzeugt die Ausgabe der Großbuchstaben A–Z im Konsolenfenster.

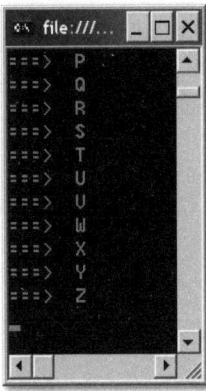

Abbildung 3.13 Konsolenausgabe zum »Loop While«-Beispiel

Oben stehendes Beispiel generiert, wie es die Bildschirmfotografie im Ausschnitt anzeigt, die Ausgabe der Buchstaben A bis Z im Konsolenfenster. Mit diesem letzten Beispiel möchte ich das Gebiet der Schleifenprogrammierung, bis auf die ergänzenden Anmerkungen des nächsten Abschnitts, gerne abschließen.

3.3.9 Hinweise zur Schleifenprogrammierung

Wie ich denke, haben wir die Schleifenprogrammierung mit ihren unterschiedlichen Facetten recht gut »ausgeleuchtet«. An dieser Stelle möchte ich dennoch gerne einige kürzere Ergänzungen nachtragen.

Die Anweisung Exit Do

Wie Sie bereits gesehen haben, müssen Schleifen derart kodiert sein, dass sie unter allen denkbaren Umständen zu einem definierten Ende finden und anschließend die Programmsteuerung wieder an das »Hauptprogramm« abgeben. Geschieht dies nicht, bleibt die Anwendung in einer Endlos-Schleife stecken. Mit der `Exit Do`-Anweisung können Sie eine weitere Abbruchbedingung **innerhalb** des Schleifenkörpers implementieren. Dieses Instrument eignet sich insbesondere für Testzwecke gut, d. h. wenn das Laufverhalten von Schleifenkonstrukten ausgetestet werden soll. Denkbar wäre beispielsweise eine `Exit Do`-Formulierung, welche sicherstellt, dass die Schleife in jedem Fall nach zum Beispiel 500 Durchläufen verlassen wird:

```
If n = 500 Then Exit Do
```

Das `Exit Do`-Statement können Sie in allen vier Varianten des `Do ... Loop`-Schleifentyps einsetzen.

Die Anweisung Exit For

Auch die `Exit For`-Anweisung veranlasst das Verlassen einer Schleife noch vor Erreichen der »eigentlichen« Abbruchbedingung. Allerdings ist das Einsatzgebiet dieser Anweisung die `For ... Next`-Schleife. Stellen Sie sich eine Schleife vor, innerhalb welcher eine Benutzereingabe entgegengenommen werden soll. Eingegeben werden sollen, zum Beispiel die Namen aller hundert Mitarbeiter eines kleinen Produktionsbetriebes. Läuft alles plangemäß, würde die Schleife nach Eingabe des letzten Namens ordnungsgemäß verlassen. Da Sie als Programmierer jedoch ein Herz für die Mitarbeiter dieser Firma haben, insbesondere für den Kollegen, welcher die hundert Namen eingeben muss, schmuggeln Sie die folgende Zeile in den Quellcode:

```
If strEingabe = "Pause" Then Exit For
```

Sie sehen, nicht nur für Testzwecke machen `Exit For` und `Exit Do` Sinn, sondern auch bei der Verarbeitung von Benutzereingaben innerhalb von Schleifen stellen sie ein nützliches Instrument dar.

Die Anweisung For ... Each

Die `For ... Each`-Schleife möchte ich an dieser Stelle nur der Vollständigkeit halber erwähnen. Mit diesem speziellen Schleifentyp können alle Elemente eines Arrays (Datenfeldes) oder einer Auflistung der Reihe nach angesprochen werden, ohne dass die Anzahl der Felder- bzw. Auflistungselemente bekannt sein muss. Aus diesem Grund sollte die `For ... Each`-Schleife nicht mit der `For ... Next`-Schleife verwechselt werden. Die `For ... Each`-Schleife erweist unter anderem gute Dienste in der Windowsprogrammierung, zum Beispiel bei der Validierung von Werten auf Form-Ebene.

Das Timer-Steuerelement

Mit einer kleinen Anmerkung zum Timer-Steuerelement möchte ich meine ergänzenden Bemerkunken zu den Visual Basic .NET-Schleifenkonstrukten endgültig abschließen. Letztendlich handelt es sich bei dem Timer-Steuerelement auch um eine Schleifenstruktur. Allerdings, wie der Name bereits ankündigt, handelt es sich hier um ein Visual Basic-**Steuerelement**, welches die Arbeit des Entwicklers erheblich vereinfacht. Wie alle Steuerelemente verfügt auch das Timer-Objekt über eine bestimmte Funktionalität, die Sie als Entwickler nicht eigens programmieren müssen. Das Timer-Steuerelement »konfigurieren« und nutzen Sie über seine Eigenschaften und Methoden. Weitere Details hierzu im Kapitel zur Windowsprogrammierung.

3.4   Prozeduren und Funktionen

Mit diesem Abschnitt nähern wir uns einen guten Schritt der objektorientierten Programmierung. Thematisch sind Prozeduren und Funktionen zwar in den Bereich der **prozeduralen** Programmierung einzuordnen, sie weisen jedoch enge Bezüge zur objektorientierten Programmierung auf.

Der Fokus liegt hier auf der Programmierung von **Unterprogrammen**. In der Programmierung sind oftmals wiederkehrende Aufgaben zu lösen. Wenn Sie zur Bearbeitung einer dieser Aufgaben einmal einen guten Algorithmus entwickelt haben, könnten Sie diesen »unbekümmert« via »copy and paste« in andere Programme einfügen. Weitaus sinnvoller ist es allerdings, wiederkehrende Aufgaben in Unterprogramme auszulagern und diese anschließend bei Bedarf vom Hauptprogramm aus aufzurufen. Diese Vorgehensweise wird in der Informatik unter dem Stichwort »Modularisieren« geführt.

Das Arbeiten mit Unterprogrammen bietet zahlreiche Vorteile. Die in ein Unterprogramm ausgelagerten Routinen werden einmal programmiert und in der Folge lediglich von unterschiedlichen Stellen innerhalb eines Programms aus aufgerufen. Wie Sie in Kürze sehen werden, können Unterprogramme auch derart gestaltet werden, dass sie von »fremden« Anwendungen aus ebenfalls aufgerufen werden können. Dies vereinfacht die Programmpflege ungemein, da ein Großteil der Änderungen lediglich in den entsprechenden Unterprogrammen – somit an **einer** »zentralen« Stelle – vorzunehmen ist und dennoch im gesamten Programm wirksam wird. Ein gutes Beispiel für ein derartiges Unterprogramm ist eine Druck-Routine.

Im Gegensatz zu »copy and paste« bieten Unterprogramme noch einen weiteren Vorteil. Beim simplen Kopieren von Programmcode arbeiten Sie stets mit exakt **demselben Code** und **denselben Daten**. Setzen Sie die Unterprogramm-

Technik ein, nutzen Sie zwar immer denselben Lösungsalgorithmus, können diesem aber von Mal zu Mal andere Daten übergeben. Die Datenübergabe vom Hauptprogramm an das aufgerufene Unterprogramm erfolgt über die **Proze-dur-** bzw. **Funktions-Parameter**.

In Visual Basic .NET werden Unterprogramme durch Prozeduren und Funktio-nen realisiert. Wie ich zuvor erwähnte, nähern wir uns mit diesem Abschnitt bereits der objektorientierten Programmierung. Die objektorientierte Program-mierung ist quasi die »nächste Modularisierungsstufe« und baut unmittelbar auf der Unterprogramm-Technik auf. So werden etwa die Objekt**methoden** in der OOP durch **Prozeduren** oder **Funktionen** implementiert. Letztendlich können wir konstatieren, dass es sich bei einer (Objekt-)Methode um eine Pro-zedur oder Funktion handelt, die innerhalb einer Klasse programmiert ist. Hierzu an anderer Stelle mehr.

Bevor wir uns den Prozeduren und anschließend den Funktionen en détail zuwenden, hier einige kurze Anmerkungen zu den **Unterschieden** zwischen diesen beiden Instrumenten. Grundsätzlich sind Prozeduren und Funktionen sowohl strukturell als auch syntaktisch ähnlich aufgebaut, jedoch unterschei-den sie sich in einigen wesentlichen Punkten, die ich Ihnen in der folgenden Liste kurz skizziert habe:

▶ Funktionen geben einen Wert an das aufrufende Programm zurück, Prozedu-ren liefern keinen Rückgabewert.

▶ Funktionen können in Wertzuweisungen und arithmetischen Ausdrücken eingesetzt werden, Prozeduren nicht, da sie keinen Wert zurückgeben.

▶ Sie können Funktionen innerhalb von booleschen Ausdrücken verwenden; auch dies funktioniert mit Prozeduren wegen des fehlenden Rückgabewertes nicht.

3.4.1 Prozeduren

Sub-Prozeduren werden in Visual Basic durch folgende Syntax beschrieben:

```
Sub <Prozedurname>()
   Anweisungen
End Sub
```

Das Aufrufen einer Visual Basic-Prozedur erfolgt durch einfache Angabe ihres Namens. Optional kann sie auch mit `Call <Prozedurname>()` aufgerufen wer-den.

```
Module Module1
   Sub Main()
      UnterProgramm1()
      Call UnterProgramm2()
   End Sub
   Sub UnterProgramm1()
      MsgBox("Hier ist die Prozedur: UnterProgramm1")
   End Sub
   Sub UnterProgramm2()
      MsgBox("Hier ist die Prozedur: UnterProgramm2")
   End Sub
End Module
```

Listing 3.19 Aufruf von Unterprogrammen

Das Programm ruft mit **unterschiedlichen** VB-Statements die Unterprogramme »**UnterProgramm1**« und »**UnterProgramm2**« auf. Beide Unterprogramme melden sich mit einer MessageBox.

An Prozeduren **kann** beim Aufruf eine **Parameterliste** übergeben werden. Nach Aufruf werden die innerhalb der Prozedur programmierten Anweisungen Zeile für Zeile abgearbeitet. Mit Erreichen von End Sub wird die Prozedur wieder verlassen. Soll die Prozedur bereits vor End Sub verlassen werden, kann dieses durch die **optionalen** Anweisungen Return oder Exit Sub bewirkt werden. Sehen Sie sich bitte das folgende Beispiel zunächst in Ruhe an. Die Erläuterungen hierzu finden Sie im Anschluss.

```
Module Module1
   Sub Main()
      Dim decPreis As Decimal = 10.51
      Dim decMenge As Decimal = 150
      Dim strText As String = "Die Reise zur Sub"
      TextAusgabe(strText)
      Rechnung(decPreis, decMenge)
   End Sub
   Sub TextAusgabe(ByVal strAnkommenderText As String)
      MsgBox(strAnkommenderText)
   Exit Sub
      MsgBox("Dieser Text ist uninteressant!")
      MsgBox("Dieser noch viel mehr!!")
   End Sub
```

```
Sub Rechnung(ByVal decA As Decimal, _
             ByVal decB As Decimal)
    Dim decRechnungsSumme As Decimal
    decRechnungsSumme = decA * decB
    MsgBox("Ihre Rechnung beläuft sich auf " & _
           decRechnungsSumme & " Euro")
    End Sub
End Module
```

Listing 3.20 Parameterübergabe bei Prozeduren

Das oben stehende Programm bedient sich zweier Unterprogramme, an welche Daten mittels **Parameterübergabe** weitergegeben werden. In Sub Main() des obigen Beispieles werden zwei Sub-Prozeduren aufgerufen: TextAusgabe() und Rechnung(). Beide Aufrufe erfolgen **mit Parameterangabe**. Sehen wir uns zunächst den Aufruf von TextAusgabe() an.

TextAusgabe() produziert letztlich kein anderes Ergebnis als eine einfache Textausgabe mittels der MsgBox-Funktion. Eine Besonderheit stellt in diesem Falle lediglich die Tatsache dar, dass der auszugebende Text aus Sub Main() kommt. Der in strText hinterlegte String »Die Reise zur Sub« wird dem Prozeduraufruf »mit auf den Weg« gegeben. Damit das Unterprogramm Sub Text-Ausgabe() diesen Wert entgegennehmen kann, muss vorher vereinbart werden, wie viele Parameter an TextAusgabe() übergeben werden können und in welcher Form dies erfolgen soll. Diese Angaben werden im Prozedurkopf festgelegt. Hierzu werden sämtliche möglichen Parameter aufgelistet und, wie bei Variablen, der Datentyp durch die Deklaration festgelegt.

Im Falle von TextAusgabe() haben wir es nur mit einer, als Zeichenkette deklarieren, Parameterangabe zu tun. Beachten Sie bitte, dass die Variablennamen im Prozeduraufruf und in der Prozedur selbst **nicht** identisch zu sein brauchen. Bei der Übergabe von mehreren Parametern ist jedoch die **Reihenfolge** von Bedeutung. Sie werden feststellen, dass der Quellcode-Editor die Parameterdeklaration automatisch um die Angabe ByVal ergänzt. Sie bezieht sich auf die Art, in der Parameter an Unterprogramme übergeben werden, und ist für Prozeduren wie Funktionen gleichermaßen bedeutsam. Aus diesem Grund werden wir das Thema der Übergabe von Daten als **Referenz**- oder **Wertparameter** gesondert erörtern, nachdem wir uns mit der Arbeitsweise von Visual Basic-Funktionen beschäftigt haben. Abschließend bleibt zu erwähnen, dass die Anzeige der – offensichtlich nicht wirklich spannenden – letzten beiden Msg-Box-Ausgaben durch ein »rechtzeitiges« Verlassen des Unterprogramms mithilfe von Exit Sub erfolgreich verhindert werden konnte.

Werfen wir noch einen kurzen Blick auf `Sub Rechnung()`: Bis auf die Tatsache, dass `Rechnung()` mit einer Liste von zwei Parametern ausgestattet ist, gibt es keinen wesentlichen Unterschied zu `TextAusgabe()`. Die aus `Sub Main()` durch den Aufruf `Rechnung(decPreis, decMenge)` übergebenen Werte werden von `decA` und `decB` aufgenommen. Hierbei nimmt `decA decPreis = 3000` und `decB decMenge = 150` auf. Als Rechenergebnis würde durch MessageBox ein Stückpreis von 10,00 € ausgegeben. Würden im Prozeduraufruf die Parameter umgestellt, sodass nun `decMenge` an erster und `decPreis` an zweiter Stelle stünde, so hätte dies unmittelbar Auswirkung auf die **Inhalte** der Parameter `decA` und `decB` in `Sub Rechnung()` und damit auf das **Ergebnis** der Berechnung `decStückPreis = decA / dec`. Im ersten Fall erhalten Sie einen Stückpreis von **20,00 €**. Mit vertauschten Parametern `decPreis` und `decMenge` wird ein Preis von nur noch **0,05 €** pro Stück berechnet. Ihr Kunde würde sich bedanken! Wie dieses Beispiel zeigt, ist die Reihenfolge, in welcher die Parameter an ein Unterprogramm übergeben werden, **nicht** beliebig. Zumindest im Bereich der verwendeten Datentypen unterstützt Sie auch hier wieder die IntelliSense-Technologie des Codeeditors:

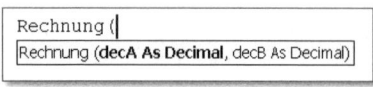

Abbildung 3.14 Anzeige der erforderlichen Datentypen durch die Microsoft IntelliSense-Technologie

3.4.2 Funktionen

Wie bereits angedeutet, weisen Visual Basic-Prozeduren und -Funktionen eine nahezu identische Syntax auf, die sich für Funktionen wie folgt darstellen lässt:

```
Function <Funktionsname>()
    Anweisungen
End Function
```

Auch Funktionen werden über ihren Namen aufgerufen. Allerdings ist zu beachten, dass Sie für den Fall, dass der Rückgabewert der aufgerufenen Funktion weiterverarbeitet werden soll, eine Variable bereitstellen müssen, die in der Lage ist, diesen aufzunehmen. Da Funktionen, genau wie Variablen, auch einen Datentyp aufweisen, sollte die Variable, die den Rückgabewert aufnehmen soll, denselben Datentyp wie die aufgerufene Funktion aufweisen. Wie das nachstehende Beispiel verdeutlicht, erhält eine Funktion ihren Datentyp über die `As`-Klausel der Funktionsanweisung:

```
Function Zinsen() As Decimal
   Anweisungen
End Function
```

Sie haben grundsätzlich zwei Möglichkeiten, den Rückgabewert zu definieren. Der zurückzugebende Wert kann als Parameter an Return übergeben oder schlicht dem **Funktionsnamen** zugewiesen werden:

```
Module Module1
  Sub Main()
   Dim decZinsWert As Decimal
'Die Variable decZinsWert, wird mit demselben Datentyp
'(Decimal) wie die Funktion Prozent() versehen.
      decZinsWert = Prozent()
      MsgBox(decZinsWert)
    End Sub
   Function Prozent() As Decimal
      Dim decWert As Decimal
      Dim decKapital As Decimal = 1000
      Dim sngProzent As Single = 10.5
      decWert = decKapital * sngProzent / 100
'An dieser Stelle wird der Rückgabewert von Function Prozent()
'mittels Return auf decWert gesetzt.
        Return decWert
   End Function
End Module
```

Listing 3.21 Rückgabewert definieren

Im Hauptprogramm wird die Funktion »**Prozent()**« aufgerufen, die von einem gegebenen Kapitalwert (hier 1000) den entsprechenden Zinswert zunächst berechnet und dann an das Hauptprogramm zurückgibt. Die Rückgabe wird in diesem Beispiel mittels »**Return**« eingeleitet. Alternativ hierzu kann der Rückgabewert an den Funktionsnamen gebunden werden. Hierzu ersetzen Sie lediglich die Anweisung Return decWert durch Prozent = decWert.

Wie Sie selbst schon bei der Arbeit mit der MsgBox-Funktion festgestellt haben, können auch Funktionen mit einer Parameterliste aufgerufen werden. So ist es möglich, wie eingangs geschildert, zwar immer denselben »Algorithmus« zu verwenden, diesen aber mit von Aufruf zu Aufruf unterschiedlichen Daten zu nutzen. Die Parameterübergabe an Funktionen erfolgt analog der bei Prozeduren und soll wieder durch ein Beispiel dargestellt werden. Um Langeweile zu vermeiden, habe ich einige der bereits vorgestellten Programmiertechniken in mein Beispiel aufgenommen:

```vb
Module Module1
  Sub Main()
    Dim strDatum As String = ""
'Beginn der Do-Schleife
    Do
        Console.WriteLine()
        Console.WriteLine("=================================")
        Console.WriteLine( _
        "Geben Sie bitte das Ziel-Datum ein: ")
        Console.WriteLine("=================================")
        strDatum = Console.ReadLine()
        Console.WriteLine("=================================")
'Beginn von Select Case mit Funktionsaufruf
        Select Case DatumsDifferenz(strDatum)
            Case Is < 0
                Console.WriteLine( _
                "Das eingegebenen Datum liegt in der " & _
                "Vergangenheit!")
            Case Is = 0
                Console.WriteLine("Sie haben entweder " & _
                "keinen korrekten Datumswert oder " & _
                "das heutige Datum eingegeben!")
            Case Is > 0
                Console.WriteLine("Heute:      " & Today)
                Console.WriteLine("Ziel-Datum: " & strDatum)
                Console.WriteLine("========================")
                Console.WriteLine("Differenz in Tagen: " & _
                " ===>   " & DatumsDifferenz(strDatum))
                Console.ReadLine()
            Case Else
                Console.WriteLine("Hier ist der Else-Zweig!")
        End Select
'Prüfung im Schleifenfuß mit Funktionsaufruf. Die Schleife wird
'somit mindestens einmal durchlaufen.
        Loop Until DatumsDifferenz(strDatum) > 0
    End Sub
    Function DatumsDifferenz(ByVal strDatum As String) _
    As Long
        Dim dateDatum As Date
        Dim dateHeute As Date = Today
        Dim lngDifferenz As Long
```

```
      If IsDate(strDatum) = False Then Exit Function
      dateDatum = CDate(strDatum)
      lngDifferenz = DateDiff(DateInterval.Day, _
      dateHeute, dateDatum)
      Return lngDifferenz
   End Function
End Module
```

Listing 3.22 Funktion zur Berechnung beliebiger Datumsdifferenzen

Mit diesem kleinen Programm lässt sich, ausgehend vom aktuellen Datum, die Differenz in Tagen zu einem beliebigen Datum in der Zukunft berechnen. Bei der Eingabe eines Datums, das in der Vergangenheit liegt, erfolgt ein Benutzerhinweis.

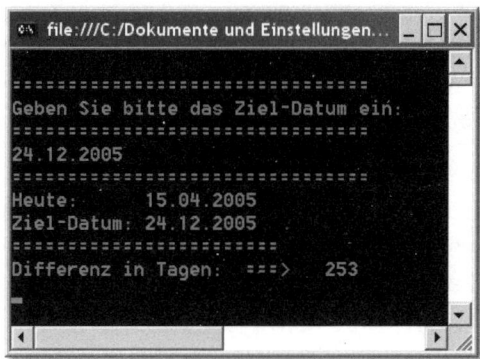

Abbildung 3.15 Konsolenausgabe der Berechnung der Tage vom 15.04.2005 bis Weihnachten mittels der Funktion »DatumsDifferenz()«

Im obigen Beispiel habe ich für Sie einige der bis hierher vorgestellten Programmiertechniken zusammengefasst. Im Kern löst das Programm folgende Aufgabe: Es nimmt eine beliebige Datumsangabe am Konsolenprompt entgegen und berechnet, ausgehend vom aktuellen Tagesdatum, die Differenz bis zu diesem Datum in Tagen. Die Bildschirmfotografie zeigt das Berechnungsergebnis für die Anzahl der Tage von HEUTE = 15.04.2005 bis WEIHNACHTEN = 24.12.2005. Die eigentliche Berechnung wurde dabei in die Funktion DatumsDifferenz() ausgelagert.

Damit das Programm nicht unmittelbar nach jeder »fehlerhaften« Eingabe abgebrochen wird, wurde die Eingabe in eine **fußgesteuerte** Do-Schleife eingebettet. Innerhalb der Schleife wiederum wird mittels einer Select Case-Struktur die Eingabe auf Plausibilität geprüft. Derartige Problemstellungen finden Sie in der Praxis grundsätzlich, wenn Sie Benutzereingaben entgegennehmen müssen. Aus diesem Grund wird uns dieses Thema insbesondere bei der Windows- und Webprogrammierung wieder begegnen.

Der eingegebene Wert wird an `DatumsDifferenz()` durch den Parameter `strDatum` übergeben. Beachten Sie bitte, dass `strDatum` als String-Variable deklariert ist, was für die Entgegennahme der Benutzereingabe am Konsolen- prompt Sinn macht. Dieses hat allerdings zur Folge, dass der Stringwert, bevor er der Funktion `DateDiff()` übergeben werden kann, in einen Datumswert zu konvertieren ist. Diese Aufgabe wird im Beispiel durch die Konvertierungsfunk- tion `CDate()` übernommen.

Beachten Sie weiterhin, dass die Funktion `DatumsDiffrenz()` durch `As Long` beschrieben wird, was zur Folge hat, dass der **Rückgabewert** (die Differenz in Tagen) vom Typ `Long` ist. Hinweisen möchte ich Sie ferner auf die `Exit Func`- `tion`-Anweisung, mit der Funktionen noch vor dem `End Function`-Statement verlassen werden können. Im Beispiel stellt die `Exit Function`-Anweisung den `True`-Zweig einer **einzeiligen** `If`-Abfrage dar. Mit dieser Überprüfung wird ver- hindert, dass eine Eingabe, die sich nicht in das Datumsformat konvertieren lässt (nächste Programmzeile), zu einem unkontrollierten Programmabbruch führt.

Lassen Sie sich bitte durch den »Umfang« des Quelltextes nicht irritieren. Im Beispiel sind lediglich die Konvertierungsfunktion `CDate()` und die Funktion `DateDiff()`, welche die eigentliche Berechnung durchführt, neu. Wenn Sie bei Ihrer Analyse systematisch und völlig in Ruhe vorgehen, werden Sie schnell feststellen, dass ein nicht unbeträchtlicher Teil des Textes »lediglich« forma- tierte Ausgaben produziert. Damit diese einer korrekten Visual Basic-Syntax entsprechen, wurden sie im Buch auf mehrere Zeilen verteilt. Ansonsten birgt das Beispiel, bis auf die zuvor erwähnte Tatsache, dass hier einige Programmier- techniken kombiniert wurden, keine großen Neuheiten für Sie.

Ergänzend ein kleiner Tipp: Sehen Sie in der Hilfe doch einmal unter `CDate()` und `DateDiff()` nach. Sie werden feststellen, dass die Visual Basic-Hilfe, wenn Sie sich einmal an sie gewöhnt haben, ein äußerst nützliches Tool darstellt.

3.4.3 Zugriffsmodifizierer

Auch hier lässt sich wieder die Ähnlichkeit zwischen Prozeduren und Funktio- nen konstatieren. Grundsätzlich gelten für Prozeduren und Funktionen die glei- chen Zugriffsmodifizierer.

Mit `Public` deklarierte Prozeduren oder Funktionen haben keine Zugriffsbe- schränkung. Derart deklarierte Prozeduren und Funktionen können aus dem **gesamten Projekt** heraus aufgerufen werden. Wird als Zugriffsmodifizierer dagegen `Friend` genutzt, können die so deklarierten Prozeduren und Funktionen zwar immer noch **anwendungsweit** genutzt werden, jedoch **nicht** mehr **von außerhalb der Anwendung** angesprochen werden. Als `Private` deklarierte Prozeduren und Funktionen sind nur im eigenen Modul sichtbar und können auch nur von innerhalb dieses Moduls liegenden Prozeduren oder Funktionen aufgerufen werden.

Die **Defaulteinstellung** für Prozeduren und Funktionen ist `Public`. Fehlt also die Angabe eines Zugriffsmodifizierers, so wird die Prozedur oder Funktion als `Public` eingestuft.

3.4.4 Übergabe ByVal oder ByRef

Wie Sie in unseren Beispielen gesehen haben, können an Prozeduren und Funktionen Parameter übergeben werden. Vielleicht ist Ihnen aufgefallen, dass beim Programmieren eigener Prozeduren und Funktionen mit Parametern der Codeeditor automatisch das Visual Basic-Schlüsselwort `ByVal` jeweils vor die entsprechende Parameter-Variable setzt. Visual Basic ermöglicht es Ihnen, Parameter auf zwei verschiedene Arten an Prozeduren und Funktionen zu übergeben, wobei diese sich grundlegend unterscheiden. Bei den genannten Arten handelt es sich um die Parameterübergabe als **Wert** (`ByVal`) auf der einen und um die Übergabe als **Referenz** (`ByRef`) auf der anderen Seite. Mit diesen beiden Übergabe-Optionen werden wir uns im Folgenden beschäftigen.

Eine Variable, welche `ByVal` an eine Prozedur oder eine Funktion übergeben wird, kann durch diese **nicht** verändert werden. Zwar können Sie den Wert, welcher an das Unterprogramm übergeben wurde, innerhalb der aufgerufenen Prozedur oder Funktion manipulieren, die Variable im aufrufenden Hauptprogramm bleibt hiervon jedoch in jedem Fall unbetroffen. Um diese etwas abstrakte Erläuterung transparenter zu gestalten und Missverständnissen vorzubeugen, die sich an dieser Stelle gerne einschleichen, hier ein kleines Beispiel:

```
Module Module1
    Sub Main()
        Dim intHauptProg As Integer = 100
        Dim intUnterProg As Integer = 0
        intUnterProg = Test(intHauptProg)
        MsgBox("Wert von intUnterProg: " & intUnterProg & _
        Chr(13) & Chr(13) & "Wert von intHauptProg: " & _
        intHauptProg, MsgBoxStyle.Information, _
        "Parameterübergabe ByVal")
    End Sub
```

```
Function Test(ByVal intHauptProg As Integer) As Integer
    intHauptProg += 1000
    Return intHauptProg
End Function
End Module
```

Listing 3.23 Die oben stehende Konsolenanwendung dient der Veranschaulichung einer Parameterübergabe »byVal«.

Abbildung 3.16 MessageBox-Ausgabe mit Parameterübergabe »ByVal«

Im Beispiel werden in `Sub Main()` die beiden Integer-Variablen `intHauptProg` und `intUnterProg` deklariert. Die Funktion `Test()` hat nur eine Aufgabe: Sie erhöht die funktionsinterne Variable `intHauptProg` um `1000`. Der so veränderte Wert ist zugleich der **Rückgabewert** von `Test()`. In `Sub Main()` wird nun eine MessageBox-Ausgabe erzeugt, welche die aktuellen Werte der beiden Sub Main()-Variablen `intHauptProg` und `intUnterProg` anzeigen wird. Wie Ihnen die MessageBox deutlich zeigt, hat die Variable `intHauptProg` ihren Wert von `100` beibehalten. Die Manipulation innerhalb von `Test()` hatte somit keine Auswirkung auf den aktuellen Wert dieser Sub Main()-Variablen. Dies ist, wie eingangs erwähnt, eine unmittelbare Folge der Parameterübergabe `ByVal`.

Ich möchte Sie nun bitten, den Quelltext des Beispiels dahingehend zu verändern, dass die Parameterübergabe auf ByRef gesetzt wird. Hierzu ist es lediglich notwendig, im Funktionskopf ByVal durch ByRef zu ersetzen:

```
Function Test(ByRef intHauptProg As Integer) As Integer
```

Das Ausgabeergebnis der MessageBox wird sich folgendermaßen verändern:

Abbildung 3.17 MessageBox-Ausgabe mit Parameterübergabe »ByRef«

Bei einer `ByRef`-Übergabe wird offensichtlich der Wert der Variablen `int-HauptProg` im Hauptprogramm selbst verändert. Im ersten Fall, der Übergabe `ByVal`, wurde an das Unterprogramm lediglich eine **Kopie** der »echten« Variablen übergeben. Innerhalb von `Test()` wurde im Folgenden mit dieser Kopie als **lokaler Variable** weitergearbeitet. Da Veränderungen sich lediglich lokal auf die Kopie auswirken, blieb im ersten Fall die Hauptprogramm-Variable unverändert. Die Parameterübergabe `ByVal` bewirkt somit eine Weiterverarbeitung der übergebenen Variablenwerte als Kopie mit **lokaler Gültigkeit**.

Anders gestaltet sich die Übergabe `ByRef`. In diesem zweiten Fall wird keine Kopie, sondern eine **Referenz** übergeben, also ein **Zeiger** auf die »echte« Variable im Hauptprogramm. Mittels der Referenz kann das Unterprogramm unmittelbar auf die »Original«-Variable `intHauptProg` selbst zugreifen. Somit werden Veränderungen, die das Unterprogramm vornimmt, unmittelbar an der Hauptprogramm-Variablen selbst wirksam. Technisch gesehen wird bei einem »**Call-by-Reference**« die **Speicheradresse** der Hauptprogramm-Variablen an die Prozedur oder die Funktion übergeben. Die Variable bleibt somit »einmalig« und wird nun sowohl vom Hauptprogramm als auch vom Unterprogramm unter seiner Adresse im Arbeitsspeicher (Bezeichner) angesprochen. Somit können das Hauptprogramm **und** das Unterprogramm unmittelbar auf diese Speicheradresse zugreifen und deren Inhalt, sprich den Wert der Variablen, nach Belieben manipulieren.

Bei Ihrer Programmplanung sollten Sie überlegen, in welchen Fällen Sie mit welcher Übergabeoption arbeiten. Die Option `ByRef` sollten Sie grundsätzlich mit Bedacht nutzen. Durch diese Art der Parameter-Übergabe erhöht sich im Quellcode die Anzahl der Stellen, an denen Variableninhalte manipuliert werden können. Dieses kann den Quellcode verkomplizieren und folglich insbesondere Programmänderungen und Fehlersuche erheblich erschweren. Andererseits kann der Einsatz von `ByRef` äußerst praktisch sein, wenn Sie beispielsweise an die Überprüfung von Benutzereingaben denken, die an ein Unterprogramm delegiert werden soll. So könnten diese Eingaben mit bereits vorhandenen Daten abgeglichen und fehlerhafte Werte vom Unterprogramm automatisch korrigiert werden, wobei die geänderten Werte unmittelbar im Hauptprogramm zur Verfügung stünden. In Ihrer täglichen Arbeit werden Sie die effektivste Art der Übergabe für die jeweilige Aufgabenstellung problemlos identifizieren. Wichtig ist lediglich, dass Sie in jedem Fall den Unterschied zwischen einem `ByVal`- und `ByRef`-Aufruf präsent haben.

3.4.5 Überladen von Prozeduren und Funktionen

Bei der Technik des **Überladens (Overloading)** von Prozeduren und Funktionen handelt es sich um das Entwickeln von mehreren Prozeduren oder Funktionen unter demselben Namen. Hierbei unterscheiden sich die einzelnen Varianten allerdings durch ihre unterschiedlichen Parameterlisten. Die Eindeutigkeit der einzelnen Prozeduren bzw. Funktionen, welche normalerweise über die Namensgebung hergestellt wird, bleibt beim Überladen vollständig erhalten. Visual Basic unterscheidet die Prozeduren und Funktionen im Fall des Overloadings anhand der Parameterlisten und wählt bei Aufruf, gesteuert über diese, jeweils die richtige Prozedur- oder Funktionsvariante aus. Haben Sie eine Prozedur oder Funktion einmal in verschiedenen Varianten programmiert, werden Sie von nun an durch die IntelliSense-Technologie des Codeeditors unterstützt.

Im folgenden Beispiel wurde die Funktion `BetriebsErgebnis()` zunächst mit zwei Parametern erstellt. Anschließend wurde die zweite, überladene Variante mit **drei** Parametern programmiert. Bei der Eingabe des Funktionsnamens im Codeeditor werden Ihnen unmittelbar nach Eingabe der ersten Funktionsklammer beide Varianten von `BetriebsErgebnis()` zur Auswahl angeboten:

```
▪1 of 2▪  BetriebsErgebnis (decPreis As Decimal, intMenge As Integer) As Decimal
```

Abbildung 3.18 Anzeige der Funktion »BetriebsErgebnis()« durch die IntelliSense-Technologie des Codeeditors mit Auswahlmöglichkeit der beiden Funktions-Varianten

Inhaltlich unterscheiden sich die Funktionsvarianten durch den jeweiligen Rückgabewert. Die **Zwei**-Parameter-Variante gibt eine aus den beiden Parametern `decPreis` und `decMenge` errechnete **Umsatz**größe zurück. Bei der **Drei**-Parameter-Variante werden vom Umsatz die Kosten `decKosten` subtrahiert, sodass sich eine **Gewinn**größe als Rückgabewert errechnet.

```
Module Module1
    Sub Main()
        Dim decVKPreis As Decimal = 10.5
        Dim intVKMenge As Integer = 150
        Dim decProdKosten As Decimal = 500.0
'Aufruf der Funktions-Variante mit zwei Parametern.
'Diese Variante berechnet den Umsatz.
        MsgBox("Der Umsatz beträgt: " & _
        BetriebsErgebnis(decVKPreis, intVKMenge) & _
        " Euro")
'Aufruf der Funktions-Variante mit drei Parametern.
'Diese Variante berechnet den Gewinn.
        MsgBox("Der Gewinn beträgt: " & _
        BetriebsErgebnis(decVKPreis, intVKMenge, _
        decProdKosten) & " Euro")
```

```
      End Sub
'Funktions-Variante zur Umsatzberechnung.
   Function BetriebsErgebnis(ByVal decPreis _
   As Decimal, ByVal intMenge As Integer) As Decimal
      BetriebsErgebnis = decPreis * intMenge
   End Function
'Überladene Variante zur Gewinnberechnung
   Function BetriebsErgebnis(ByVal decPreis _
   As Decimal, ByVal intMenge As Integer, ByVal _
   decKosten As Decimal) As Decimal
      BetriebsErgebnis = decPreis * intMenge _
      - decKosten
   End Function
End Module
```

Listing 3.24 Beispielprogramm zum Thema »Überladen von Funktionen«

Abbildung 3.19 MsgBox-Ausgaben der Zwei- und Drei-Parameter-Variante der Funktion »BetriebsErgebnis()«

Mit diesem Beispiel zum Thema »Überladen von Prozeduren und Funktionen« möchte ich Abschnitt 3.4, *Prozeduren und Funktionen*, nun vollständig verlassen und zum letzten Thema unseres Grundlagenkapitels, den komplexen Datentypen, übergehen.

3.5 Komplexe Datentypen

Unter der Überschrift »komplexe Datentypen« werden wir uns mit Datenfeldern **(Arrays)** und den »benutzerdefinierten« Datentypen (Strukturen) beschäftigen. Die Enumerationen, welche in einem Teil der Visual Basic-Literatur ebenfalls zu den komplexen Datentypen gezählt werden, waren schon Thema des gleichnamigen Abschnitts 3.1.8 dieses Buches.

3.5.1 Eindimensionale Datenfelder

Datenfelder sind ein ideales Instrument zur effizienten Verwaltung einer größeren Anzahl **gleichartiger** Daten. Mit einem Array haben Sie die Möglichkeit, verschiedene Daten über einen **gemeinsamen Namen** und einen **Index** anzusprechen. Bei einem **Datenfeld** handelt es sich um **eine Variable, die eine Gruppe von Werten enthalten kann.** Auch Datenfelder müssen deklariert werden, wobei im Prinzip die gleichen Regeln wie für die Variablendeklaration gelten. Allerdings ist bei einer Felddeklaration hinter den Bezeichner eine **Klammer** zu setzen:

```
Dim intFeld() As Integer
```

Mit dieser Deklaration wird ein eindimensionales Feld erzeugt, dessen Anzahl an Elementen noch nicht festgelegt ist. Wollen Sie ein Feld mit einer definierten Anzahl von Elementen deklarieren, so wird die entsprechende Angabe einfach in die Klammer gesetzt. Ein eindimensionales Feld mit beispielsweise fünf Stringwerten würde folgendermaßen deklariert:

```
Dim strFinger(4) As String
```

Die einzelnen Feldelemente werden unmittelbar über ihren Indexwert angesprochen, wobei darauf zu achten ist, dass der **erste Indexwert** eines Feldes die **0** und nicht die 1 ist. Dieses führt häufig zu Verwechslungen. Das oben deklarierte Feld kann somit fünf Elemente mit den dazugehörigen Indexwerten 0, 1, 2, 3 und 4 aufnehmen. Eine Wertzuweisung erfolgt unter Angabe der Indexwerte:

```
Dim strHand(4) As String
strHand(0) = "Daumen"
strHand(1) = "Zeigefinger"
strHand(2) = "Mittelfinger"
strHand(3) = "Ringfinger"
strHand(4) = "kleiner Finger"
```

Grundsätzlich ist eine Wertzuweisung auch unmittelbar bei der Deklaration eines Feldes zulässig, wobei Sie allerdings darauf achten müssen, dass dies bei Feldern, welche **explizit** deklariert wurden, **nicht** funktioniert. »Explizite Deklaration« bedeutet in diesem Zusammenhang die Festlegung der Feldgröße direkt bei der Deklaration, wie im Beispiel `strHand(4)`. Eine Variante einer Feldinitialisierung unmittelbar bei Deklaration sehen Sie im Folgenden:

```
Dim strAmpel() As String = {"Rot", "Gelb", "Grün"}
```

Das Zugreifen auf die einzelnen Feldelemente erfolgt ebenfalls über den **Feldnamen** in Kombination mit dem entsprechenden **Indexwert**, wie nachfolgende Codezeilen verdeutlichen:

```
Dim strAmpel() As String = {"Rot", "Gelb", "Grün"}
MsgBox(strAmpel(0))
```

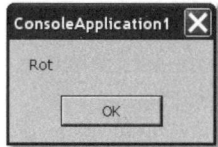

Abbildung 3.20 Anzeige des ersten Elements aus dem Datenfeld »strAmpel()«

An der MessageBox-Ausgabe ist nochmals gut zu erkennen, dass der Indexwert **0** (und nicht 1) das **erste** Element aus dem Array `strAmpel()` repräsentiert. Zur Ansprache **aller** Elemente eines Datenfeldes sind die Ihnen mittlerweile bekannten Schleifenkonstrukte aus den Abschnitten 3.3.5 ff. (Schleifenprogrammierung) besonders geeignet. Hierbei lassen sich die Feldinhalte von Arrays mit **bekannter** Größe effizient durch eine `For ... Next`-Schleife einzeln ansprechen und auflisten:

```
Module Module1
    Sub Main()
        Dim i As Integer = 0
        Dim strHand(4) As String
        strHand(0) = "Daumen"
        strHand(1) = "Zeigefinger"
        strHand(2) = "Mittelfinger"
        strHand(3) = "Ringfinger"
        strHand(4) = "kleiner Finger"
        For i = 0 To 4 Step 1
            Console.WriteLine(strHand(i))
        Next
        Console.ReadLine()
    End Sub
End Module
```

Listing 3.25 Ausgabe von Feldinhalten mittels einer »For ... Next«-Schleife

Abbildung 3.21 Konsolenausgabe der einzelnen Feldelemente von »strHand(4)« mittels einer »For ... Next«-Schleife

3.5.2 Mehrdimensionale Datenfelder

Sie können in Visual Basic auch mit mehrdimensionalen Datenfeldern arbeiten. Theoretisch können Sie Felder bis zu einer Größe von 32 Dimensionen generieren, in der Praxis werden Sie allerdings selten Arrays mit mehr als drei Dimensionen antreffen. Zweidimensionale Datenfelder, die sich vom Aufbau her mit Tabellen oder Matrizen vergleichen lassen, deren Elemente durch ihre Zeilen- und Spaltenkoordinaten eindeutig bestimmt sind, stellen einen recht häufigen Anwendungsfall der Array-Programmierung dar. Das folgende Beispiel zeigt die Deklaration eines solchen Feldes und produziert die Ausgabe der einzelnen Feldelemente am Konsolenprompt mithilfe zweier verschachtelter For ... Next-Schleifen:

```
Module Module1
    Sub Main()
        Dim i As Integer = 0
        Dim n As Integer = 0
'Deklaration des zweidimensionalen Arrays intTabelle(3, 2)
        Dim intTabelle(3, 2) As Integer
'intTabelle(3, 2) wird mit zwölf Werten gefüllt.
        intTabelle(0, 0) = 1
        intTabelle(0, 1) = 2
        intTabelle(0, 2) = 3
        intTabelle(1, 0) = 4
        intTabelle(1, 1) = 5
        intTabelle(1, 2) = 6
        intTabelle(2, 0) = 7
        intTabelle(2, 1) = 8
        intTabelle(2, 2) = 9
        intTabelle(3, 0) = 10
        intTabelle(3, 1) = 11
        intTabelle(3, 2) = 12
'Ausgabe der einzelnen Elemente von intTabelle(3, 2) mittels
'zweier For ... Next-Schleifen am Konsolenprompt.
        For i = 0 To 3 Step 1
            For n = 0 To 2 Step 1
                Console.WriteLine(intTabelle(i, n))
            Next n
        Next i
            Console.ReadLine()
```

```
        End Sub
End Module
```

Listing 3.26 Beispiel zu mehrdimensionalen Datenfeldern und verschachtelten Schleifen

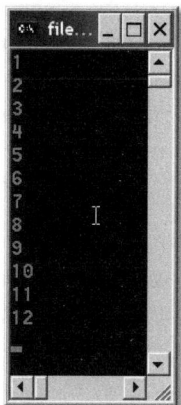

Abbildung 3.22 Ausgabe der Elemente von »intTabelle(3, 2)« am Konsolenprompt

3.5.3 Benutzerdefinierte Datentypen

Visual Basic .NET bietet dem Entwickler die Möglichkeit, eigene Datentypen zu implementieren. Allerdings sollten Sie sich von der Bezeichnung »benutzerde-finierte« Datentypen nicht in die Irre leiten lassen, denn letztendlich werden die »User-Defined Types« (UDTs) aus einer Zusammenstellung der »klassischen« Visual Basic-Datentypen gebildet. Benutzerdefinierte Datentypen werden in Visual Basic über das Instrument der **Struktur** im Programmcode abgebildet. Visual Basic .NET-Strukturen weisen gegenüber anderen Variablen einige Besonderheiten auf.

Strukturen können Eigenschaften, Methoden und Ereignisse beinhalten sowie Schnittstellen implementieren. Strukturen weisen somit einen engen Bezug zur objektorientierten Programmierung auf und unterscheiden sich grundsätzlich nur in geringem Maße von Klassen. Sowohl Klassen als auch Strukturen gehö-ren zu den **Container**typen, welche sich aus anderen Datentypen zusammen-setzen. Sie können Konstruktoren, Methoden, Eigenschaften, Felder, Konstan-ten, Enumerationen, Ereignisse und Ereignishandler als Member (Mitglieder) aufweisen. Ein wesentlicher Unterschied, der an dieser Stelle schon benannt und im Kapitel zur OOP anschließend näher erläutert werden wird, besteht darin, dass Strukturen zu den **Werttypen** und Klassen zu den **Verweistypen** gehören. Eine ähnliche Unterscheidung ist uns schon bei der Besprechung von Prozeduren und Funktionen begegnet.

Strukturen lassen sich stets in den Fällen, in denen eine Variable verschiedene, jedoch inhaltlich zusammenhörige Informationen aufnehmen soll, sinnvoll einsetzen. Das »klassische« Beispiel für Daten, welche sinnvoll durch eine Struktur abgebildet werden können, sind Mitarbeiterdaten. Stellen Sie sich vor, Sie möchten den Namen, Vornamen, die Abteilung und das monatliche Gehalt eines Mitarbeiters in einer Variablen festhalten. Stellen Sie sich nun weiterhin vor, dass es sich nicht nur um einen Mitarbeiter, sondern vielleicht um 500 Mitarbeiter handelt. In diesem Fall ergibt die Entwicklung einer Struktur, die Sie im Folgenden auf alle Mitarbeiter einheitlich anwenden können, durchaus Sinn.

Da sich Strukturen, wie erwähnt, aus den Ihnen bereits bekannten Datentypen zusammensetzen, wird Ihnen der Umgang mit dieser neuen Entwicklungsmöglichkeit sicherlich keine Mühe bereiten. Bei der nun folgenden Deklaration einer Struktur werden zunächst jene Aspekte, welche tiefer in den Bereich der OOP hineinreichen, wie etwa das Implementieren von Interfaces, vernachlässigt.

```
Structure 〈Name〉
    Variablendeklaration
End Structure
```

Selbstverständlich können auch Strukturen mit entsprechenden Zugriffsmodifizierern wie `Public`, `Friend`, `Private` etc. versehen werden. Auch hierzu erfahren Sie im OOP-Kapitel weitere Details. Beenden möchte ich unseren kleinen Exkurs zu den benutzerdefinierten Datentypen mit dem bereits erwähnten »klassischen« Beispiel:

```
Module Module1
    Public Structure Mitarbeiter
        Dim strName As String
        Dim strVorname As String
        Dim strAbteilung As String
        Dim strGehalt As Decimal
    End Structure
    Sub Main()
        Dim Mitarbeiter01 As Mitarbeiter
        Mitarbeiter01.strName = "Müller"
        Mitarbeiter01.strVorname = "Jürgen"
        Mitarbeiter01.strAbteilung = "Marketing"
        Mitarbeiter01.strGehalt = 3500.0
        Dim Mitarbeiter02 As Mitarbeiter
```

```
        Mitarbeiter02.strName = "Meier"
        Mitarbeiter02.strVorname = "Paul"
        Mitarbeiter02.strAbteilung = "Controlling"
        Mitarbeiter02.strGehalt = 9999.0
        Call AusgabeMitarbeiterDaten(Mitarbeiter02)
    End Sub
    Sub AusgabeMitarbeiterDaten(ByVal Mitarbeiter _
    As Mitarbeiter)
        If Mitarbeiter.strName = "Meier" And _
        Mitarbeiter.strGehalt > 4500 Then
            MsgBox("Vorsicht! Überberbezahlter Controller!", _
            MsgBoxStyle.Exclamation, _
            "Meldung an die Geschäftsführung")
        Else
            MsgBox("Die Daten stammen nicht von Herrn Meier.", _
            MsgBoxStyle.Information)
        End If
    End Sub
End Module
```

Listing 3.27 Beispiel zu benutzerdefinierten Datentypen (Strukturen)

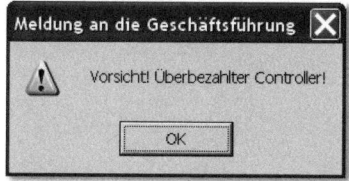

Abbildung 3.23 MessageBox-Ausgabe zum oben stehenden Beispiel »Structure Mitarbeiter«

4 Objektorientierte Programmierung

4 Objektorientierte Programmierung

Mit dem .NET Framework hielt die objektorientierte Programmierung Einzug in die Welt von Visual Basic. In diesem Kapitel erfahren Sie alles Wissenswerte über diese „neue" Art der Visual Basic-Programmierung.

Mit dem Schritt in die .NET-Welt hat Visual Basic sich endlich zu einer echten, hundertprozentig objektorientierten Programmiersprache entwickelt. Dieses Kapitel nimmt Sie mit auf eine spannende Reise in die »neue« Welt der objektorientierten Visual Basic-Programmierung. Auf unserer Reise lernen Sie die Welt der objektorientierten Programmierung (OOP) in Theorie und Praxis kennen. Freuen Sie sich auf eine Fülle wichtiger Hintergrundinformationen und – wie gewohnt – auf zahlreiche praktische Beispiele zum Thema.

4.1 Visual Basic .NET und Objektorientierung

Mit dem Umstieg von Visual Basic. 6 auf Visual Basic .NET (2003) hat Microsoft nicht lediglich einen einfachen Versionssprung mit einigen zusätzlichen Programmier-Features realisiert, sondern ein wirklich komplett neues Visual Basic vorgestellt. Visual Basic .NET hat zwar die »alte« Visual Basic-Syntax im Wesentlichen beibehalten, ist aber substanziell eine neu entwickelte Programmiersprache. Wie in Kapitel 1, *Das .NET Framework*, bereits geschildert, hat Microsoft Visual Basic als hundertprozentige **.NET-Sprache** konzipiert. Die Entwicklungsplattform für das »neue« Visual Basic ist somit, wie für alle anderen .NET-Sprachen auch, das **.NET Framework**.

Neben C# dürfte es sich bei Visual Basic wohl um die zurzeit meistgenutzte .NET-Sprache handeln. Die Resonanz auf diese Entwicklung war ganz unterschiedlich. Ein Teil der Entwickler sah keinen zwingenden Grund, »wieder« einmal etwas Neues zu lernen. Ein anderer Teil war begeistert von den neuen Möglichkeiten und der Tatsache, dass Visual Basic sich nun zu einer echten, »ausgewachsenen« **OOP**-Sprache entwickelt hat. Mittlerweile ist auch die erstgenannte Gruppe von Visual Basic .NET und dem .NET Framework begeistert, denn als .NET Framework-Sprache bietet Visual Basic sämtliche OOP-Features, welche auch einem C#-Entwickler zur Verfügung stehen. Da sich offensichtlich die .NET-Technologie – wie könnte es auch bei einer von Microsoft gepushten Technologie anders sein – zusehends verbreitet und Visual Basic immer noch eine der meistgenutzten Programmiersprachen weltweit ist, wird sich Ihre Investition in das neue Visual Basic .NET sicherlich schnell amortisieren. In den nächsten Abschnitten werden Sie erleben, dass der Um- oder Einstieg in die objektorientierte Visual Basic-Programmierung ausgesprochen interessant ist.

4.2 Konzepte der objektorientierten Programmierung

Mit der objektorientierten Programmierung werden, gegenüber der rein prozedural angelegten Anwendungsentwicklung, neue Konzepte für die Entwicklung modularer Softwaresysteme bereitgestellt. Von diesen Konzepten, Verfahren und Prinzipien der OOP handeln die nächsten Abschnitte dieses Buches.

4.2.1 Objekte und Klassen

Das Herz der objektorientierten Programmierung bilden Objekte und Klassen. In der objektorientierten Anwendungsentwicklung bilden die Objekte den Brückenschlag zur »wirklichen« Welt, für die der Entwickler softwarebasierte Problemlösungen – sprich Programme – fertigen soll. Dabei bedient er sich der **objektorientierten** (Problem-)**Analyse** (OOA), welche sich zunächst nicht mit den Abläufen, sondern mit Modellen der in die Abläufe eingebundenen Objekte beschäftigt. Im ersten Schritt der objektorientierten Analyse werden zunächst alle involvierten realen Objekte gewissermaßen EDV-technisch nachgebildet.

Stellen Sie sich bitte vor, Sie wären an der Entwicklung einer Software für Architekten, die sich auf den Bau von Häusern spezialisiert haben, beteiligt. Ihr erster Blick würde sich in diesem Fall auf die zentralen **Objekte**, die Häuser, richten. Diese gilt es so »nachzubilden«, dass wir die so gewonnenen Quellcodemodule anschließend als Software-Bausteine in unsere Programme integrieren können. Dazu benötigen wir, ebenso wie die Architekten, zunächst einen ordentlichen Bauplan der Häuser. Die Aufgabe eines solchen Bauplanes wird in der objektorientierten Programmierung von den **Klassen** übernommen.

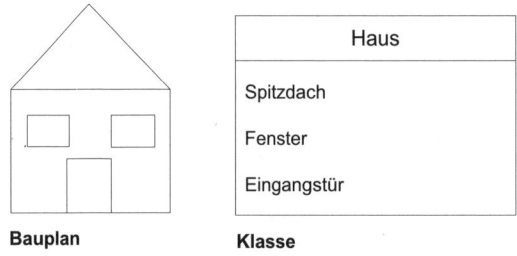

Bauplan   Klasse

Abbildung 4.1 Klassen als Objektbaupläne

Das Haus wird auf der Grundlage des Bauplanes fertig gestellt, wobei dieser auch bestimmte **Regeln** für die Erstellung des Hauses enthält. So sind dort etwa Angaben zur Statik des Hauses vermerkt, die zu beachten sind. In der objektorientierten Programmierung wird der Bauplan durch die **Klasse** und das »reale« Haus durch ein **Objekt** abgebildet.

Den Bauprozess selbst bezeichnet man als **Instanzieren**. Wollen Sie in einem Programm mit einem Objekt arbeiten, für welches bereits eine Klasse existiert, müssen Sie dieses Objekt durch das so genannte Instanzieren zunächst »fertig stellen«. Durch diesen Prozess wird im Arbeitsspeicher das entsprechende Objekt angelegt, auf das Sie anschließend – für die Dauer seiner »Lebenszeit« – Zugriff haben. Grundsätzlich können von einer Klasse mehrere Objekte instanziert werden. Die so erzeugten Objekte werden auch als **Objektinstanzen** – oder kurz **Instanzen** – bezeichnet.

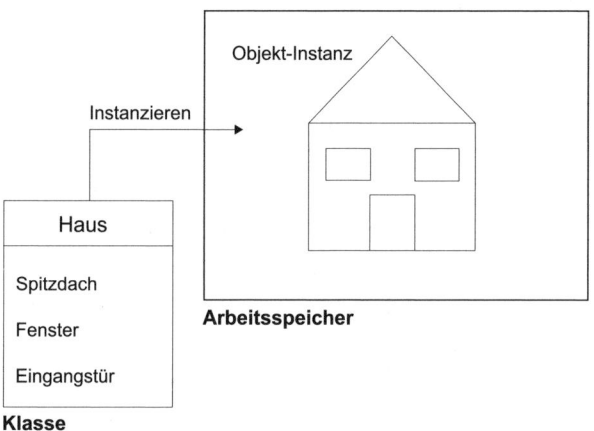

Abbildung 4.2 Eine im Arbeitsspeicher angelegte Instanz der Klasse »Haus«

Welche Möglichkeiten der Klassenkodierung es in Visual Basic gibt, erfahren Sie in Abschnitt 4.3, *Klassen und Strukturen*. Mit Details zum Thema »Objekte und Instanzen« werden wir uns anschließend im gleichnamigen Abschnitt 4.4 beschäftigen.

4.2.2 Daten

Auch im Bereich der Verwaltung und Manipulation von Daten werden in der objektorientierten Programmierung neue Wege beschritten. Bis zur Einführung objektorientierter Konzepte wurden Daten und die auf sie anzuwendenden Operationen als voneinander getrennte »Programmier-Bausteine« angesehen. Im Rahmen einer objektorientierten Betrachtungsweise werden jedoch Daten und die mit ihnen verbundenen Operationen in der **Klasse** zusammengeführt. Dabei lässt sich vereinfacht sagen, dass es sich bei diesen Daten um nichts anderes als um Objektvariablen handelt, welche die Eigenschaftswerte der Objekte aufnehmen. Die Operationen, welche auf die Daten anwendbar sind, werden in einer Klasse durch deren **Methoden** abgebildet. Grundsätzlich lässt sich somit festhalten, dass in der OOP Daten (Eigenschaften, Attribute) und Operationen (Methoden) nicht mehr getrennt voneinander betrachtet, sondern in den Objekten – bzw. den Klassen – zusammengeführt werden.

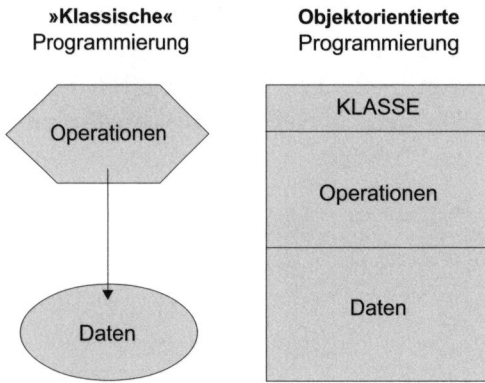

Abbildung 4.3 Blick auf Daten und Operationen aus Sicht der »klassischen« Programmierung und aus OOP-Sicht

In diesem Zusammenhang markiert die **Kapselung** von Daten ein zentrales Konzept der objektorientierten Programmierung. Stellen Sie sich als Objekt bitte ein Sparbuch vor, das zunächst nur die Eigenschaften Inhaber und Saldo aufweist. Des Weiteren existieren nur drei mögliche Veränderungen, welche an dem Sparbuch vorgenommen werden können: Eingabe/Änderung des Inhabers, Vornehmen einer Einzahlung sowie das Abheben im Rahmen des bestehenden Guthabens. Alle drei Operationen würden in der objektorientierten Programmierung über die Objektmethoden realisiert, wobei der letzte der drei genannten Punkte, das Abheben vom Sparbuch, uns unmittelbar zum Konzept der Datenkapselung führt. Der Zugriff auf die Daten unseres Sparbuch-Objekts wird lediglich in eingeschränkter Form zugelassen.

Ein Sparbuch ist von Haus aus ein Guthaben-Konto und kann somit grundsätzlich keinen Soll-Saldo (kein Minus) aufweisen. Um sicherzustellen, dass durch eine »unbedachte« Buchung kein Soll-Saldo entsteht, schützt unser Sparbuch-Objekt seine Daten gegen willkürliche, ungeregelte Zugriffe von außen. Der Zugriff auf die Eigenschaften wird ausschließlich über die Objektmethoden geregelt. Dabei würde eine Methode `GeldAbheben()` prüfen, ob der angeforderte Betrag auch tatsächlich auf dem Konto vorhanden ist. Wäre dies nicht der Fall, würde der Zugriff auf die Daten des Sparbuchs nicht zugelassen. Dieses Konstrukt eines geregelten Zugriffs auf die Objektdaten wird als **Datenkapselung** bezeichnet.

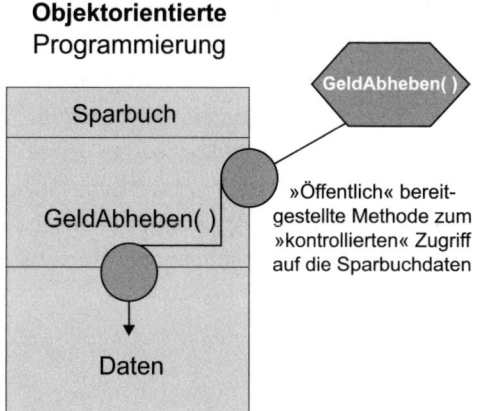

Objektorientierte Programmierung

Sparbuch

GeldAbheben( )

GeldAbheben( )

»Öffentlich« bereit-
gestellte Methode zum
»kontrollierten« Zugriff
auf die Sparbuchdaten

Daten

Abbildung 4.4 Datenkapselung bei der Klasse »Sparbuch«, welche den Zugriff auf ihre Daten ausschließlich über die Methode »GeldAbheben()« gestattet

In unserem Beispiel sind wir davon ausgegangen, dass eine öffentliche Methode `GeldAbheben()` für unser Sparbuch existiert. **Öffentliche** Objektmethoden sind die Schnittstelle der Objekte nach außen. Für die »Außenwelt« bleiben die internen Abläufe des Objekts, wie in einer »Black Box«, verborgen. Wir werden uns in den folgenden Abschnitten ebenso ausführlich wie praktisch mit dieser Thematik beschäftigen.

4.2.3 Operationen

Wie wir in Abschnitt 4.2.2, *Daten*, bereits gesehen haben, können die Eigenschaften von Objekten über die Objektmethoden verändert (eingestellt) werden. Grundsätzlich verhält es sich bei Methoden ähnlich wie bei Objektdaten. Ein Objekt muss nicht zwangsläufig alle Methoden offen legen. Wie wir bereits bei unseren Betrachtungen zu Prozeduren und Funktionen gesehen haben, kann durch eine entsprechende Deklaration exakt geregelt werden, ob Zugriffe auch von außen oder nur innerhalb einer Klasse zulässig sind. So lässt sich über die verschiedenen Zugriffsmodifizierer einer Klasse ebenfalls definieren, ob sie nur innerhalb der aktuellen Anwendung instanziert werden kann oder ob sie ferner von »fremden« Anwendungen aus aufrufbar sein soll. Auch hierzu erfahren Sie wieder alle Details in den nachfolgenden Abschnitten.

4.2.4 Vererbung

Auf den ersten Blick mag der Begriff »Vererbung« in einem Buch über eine Programmiersprache ein wenig seltsam anmuten. Allerdings beschreibt dieser der Biologie entliehene Begriff ausgesprochen gut den Sachverhalt, welcher im Folgenden im Mittelpunkt steht.

In der OOP kann eine Klasse die Eigenschaften und Methoden einer anderen Klasse automatisch übernehmen. Man spricht hierbei von der **vererbenden** oder der **Basisklasse** auf der einen und der **erbenden** oder **abgeleiteten Klasse** auf der anderen Seite. Grundsätzlich können Klassen per Default vererbt werden. Will man die Vererbung unterbinden, müssen Klassen zu diesem Zweck mit dem Schlüsselwort `NotInheritable` gekennzeichnet werden. Visual Basic .NET unterstützt – im Unterschied zu anderen Programmiersprachen – nicht die Mehrfachvererbung, sozusagen eine Vererbung über mehrere Generationen hinweg.

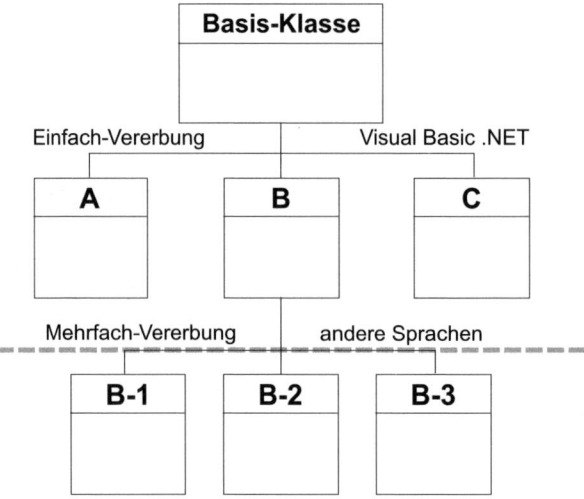

Abbildung 4.5 Einfach- und Mehrfachvererbung

Wie wir später noch genauer sehen werden, handelt es sich bei der Vererbung um ein äußerst rationelles Entwicklungsinstrument der objektorientierten Programmierung.

4.2.5 Polymorphie

Die Polymorphie gehört sicherlich zu den komplexeren Themen der objektorientierten Programmierung; sie demonstriert die enorme Leistungsfähigkeit dieser »neuen« Programmierungsart. **Polymorphie** ist ein aus dem Griechischen stammender Begriff und bedeutet soviel wie **Vielgestaltigkeit**. Durch diese simple Begriffsklärung haben wir uns dem Thema bereits ein gutes Stück inhaltlich genähert.

Grundsätzlich erlaubt Polymorphie, mehrere Klassen mit unterschiedlichen Methoden zu definieren, während der Laufzeit – je nach Anforderung – wechselweise aufgerufen werden können. Dabei sind die Methoden einheitlich benannt, da sie die identisch benannten abstrakten (implementierungslosen) Methoden der ebenfalls implementierungslos bleibenden Basisklasse über-schreiben. **Polymorphie** bedeutet somit den **Aufruf** ein und **derselben Methode** über die **Instanzen verschiedener Klassen**. An anderer Stelle wer-den wir noch sehen, dass sich polymorphes Verhalten in Visual Basic auch über Schnittstellen implementieren lässt. Zunächst wollen wir jedoch bei der auf Vererbung basierenden Lösung verbleiben.

Ausgehen möchte ich von einer Basisklasse, die als `GeometrischeFigur` bezeichnet werden soll. Von dieser leiten wir zwei Unterklassen `Kreis` und `Quadrat` ab. In unserer Basisklasse `GeometrischeFigur` wird die **abstrakte** Methode `BerechneFlaeche` kodiert. Da die Berechnungen einer Kreis- bzw. einer Quadratfläche unterschiedlich sind, benötigen wir hierzu zwei verschie-dene Rechenverfahren. Diese beiden verschiedenen Berechnungsmethoden werden wir jeweils in der entsprechenden, von unserer Basisklasse abgeleiteten Klasse `Kreis` bzw. `Quadrat` implementieren.

Wird nun im Programm die Methode `BerechneFlaeche` aufgerufen, so wird, vermittelt über die Objektreferenz, stets die Methode aus der korrekten Objektinstanz `Kreis` bzw. `Rechteck` zur Berechnung herangezogen. Sicherlich stellt sich dieses Verfahren an dieser Stelle für Sie zunächst etwas theoretisch dar, Sie können jedoch sicher sein, dass Sie das »Geheimnis Polymorphismus«, insbesondere durch die Beispiele des Abschnitts 4.9, *Vererbung und Polymor-phismus*, vollends enträtseln werden. Seien Sie zuversichtlich. ;-)

4.2.6 Resümee

Sicherlich stellt die objektorientierte Programmierung mit ihren Konzepten für die meisten Anwendungsentwickler zunächst eine neue Herausforderung dar. Allerdings konnte ich bei den meisten Kollegen, wie im Übrigen auch bei mir selbst, die Erfahrung machen, dass mit wachsendem Verständnis der OOP-Kon-zepte die Begeisterung für diese Art der Programmierung schnell wuchs. In meinen Seminaren bemerkte ich, dass sich gerade bei Programmiereinsteigern, deren Blick noch nicht durch jahrelange Übung prozeduraler Programmiertech-niken geprägt war, eine äußerst steile Lernkurve und eine ebenso große Begeis-terung für die objektorientierte Progarmmierung entwickelten.

Die Grundlagen-Features der OOP, wie Klassen, Datenkapselung, Vererbung und Polymorphie, machen sie zu einem wirklich »mächtigen« Entwicklungs-werkzeug. Insbesondere die so gegebenen effizienten Modularisierungsmög-lichkeiten und die damit verbundene Programmierung von »wiederverwert-baren« Quellcodes und Algorithmen ökonomisieren die Anwendungsentwick-lung ungemein. Programme lassen sich nun praktisch, wie uns das .NET

Framework eindruckvoll zeigt, nach dem Baukastenprinzip zusammenstellen. Darüber hinaus vermindert sich auf diese Weise erheblich der Pflegeaufwand für Programme. Insbesondere das Konstrukt der Datenkapselung trägt erheblich dazu bei, die Fehleranfälligkeit der Anwendungen zu reduzieren und so für eine sichere und stabile Performance zu sorgen.

Insgesamt lässt sich feststellen, dass die objektorientierte Programmierung sowohl für Anwendungsentwickler als auch für Softwarearchitekten ein reichhaltiges Spektrum an neuen Entwicklungstools bereitstellt. Für den ambitionierten Visual Basic-Programmierer bilden die objektorientierten Konzepte gleichzeitig eine nun leicht begehbare Brücke zu den anderen .NET-Sprachen wie etwa C# und Java#, aber auch zu den Klassikern wie C und Java selbst. Diese Möglichkeiten sollte sich kein Entwickler entgehen lassen, sondern mit Freude und Power in die OOP-Welt, welche ich Ihnen in den nachfolgenden Abschnitten detailliert präsentieren werde, eintauchen. Viel Spaß hierbei!

4.3 Klassen und Strukturen

Mit diesem Abschnitt steigen wir nun endlich in die Praxis der objektorientierten Programmierung ein. In diesem Zusammenhang werden wir uns mit Klassen und Strukturen zu beschäftigen haben. Dabei weisen Klassen und Strukturen viele Gemeinsamkeiten auf, unterscheiden sich allerdings auch in einigen wesentlichen Punkten. Die Unterschiede zwischen Klassen und Strukturen sind **konzeptioneller** Natur, was bedeutet, dass sie verschiedene »Einsatzgebiete« haben. Die Details hierzu werden wir uns jeweils in den Unterabschnitten zu Klassen und Strukturen in Ruhe ansehen. Da es sich bei den Klassen um das »übergeordnete«, das allgemeinere Konstrukt handelt, werden wir uns diese zuerst ansehen. Unsere Betrachtung folgt somit dem Grundsatz: »Vom Allgemeinen zum Speziellen«. Im Anschluss an unsere »Klassen-Betrachtung« wenden wir uns dem etwas spezialisierteren Instrument, den Strukturen, zu.

4.3.1 Klassen

Dass es sich bei Klassen um die Konstruktionspläne von Objekten handelt, haben wir bereits erörtert. Bevor wir uns mit der Programmierung von Klassen ganz praktisch beschäftigen, hier noch ein paar grundlegende Informationen.

Klassen zählen zu den so genannten **Containertypen,** was bedeutet, dass sie verschiedene Members (Mitglieder) enthalten können. Dieses Prinzip ist Ihnen inzwischen bereits von den benutzerdefinierten Datentypen bekannt. Als weitere Member können Klassen **Konstruktoren**, **Methoden**, **Eigenschaften**, **Ereignisse** und **Ereignishandler** aufweisen. Dies alles unterscheidet eine

Klasse jedoch noch nicht von einer Struktur. Ein gewichtiger Unterschied zu den Strukturen besteht in der Eigenschaft der **Vererbbarkeit**.

Wie Sie bereits im Abschnitt zu den Konzepten der objektorientierten Programmierung gesehen haben, sind Klassen **vererbbar**. Strukturen weisen diese Eigenschaft **nicht** auf. Der zweite Unterschied, den ich an dieser Stelle beschreiben möchte, ist folgender: Klassen sind **Referenztypen**, die von der Common Language Runtime anders verwaltet werden als Strukturen. Klassen werden während der Laufzeit eines Programms in einem ganz speziellen Bereich des Arbeitsspeichers, dem **Heap**, abgelegt.

Als Visual Basic-Programmierer brauchen Sie sich um die eigentliche Objektverwaltung nicht zu sorgen. Diese Aufgabe wird von der Common Language Runtime übernommen. So entfernt der **Garbage Collector** nicht mehr benötigte Objekte aus dem Arbeitsspeicher und gibt den zuvor belegten Platz wieder frei. Die Verwaltung von Referenztypen stellt sich somit aus Sicht der Common Language Runtime etwas aufwendiger als die Verwaltung von Werttypen dar. Eine Empfehlung, aus Performancegründen Werttypen, sprich Strukturen, generell zu bevorzugen, möchte ich jedoch bewusst nicht aussprechen, da Referenztypen den Strukturen in vielerlei Hinsicht überlegen sind. Außerdem werden von der Common Language Runtime in einigen Situationen Werttypen automatisch in Referenztypen umgewandelt. Dieser Prozess, den man als **Boxing** bezeichnet, wirkt sich ebenfalls negativ auf die Programmperformance aus.

In Visual Basic .NET wird die Deklaration einer Klasse mit dem Schlüsselwort `Class` eingeleitet und mit `End Class` abgeschlossen:

```
Class <Name>
    Anweisungen
End Class
```

Bei der Planung einer Klasse müssen Sie bedenken, welche Elemente der Klasse nur innerhalb der Klasse selbst bzw. auch von außerhalb erreichbar sein sollen. Die Sichtbarkeit einzelner Klassenelemente, wie die der Klasse selbst, wird über die verschiedenen Zugriffsmodifizierer gesteuert, wie nachstehendes Beispiel zeigt:

```
Public Class PoorTrainer
'Deklaration der öffentlichen Klassenvariablen
    Public strName As String
    Public strVorName As String
'Deklaration der nicht öffentlichen Klassenvariablen
    Private decStundenSatz As Decimal = 20.0
```

```
'An dieser Stelle wird die Klasse mit der Methode Honorar,
'welche das Dozentenhonorar auf Basis der geleisteten Stunden
'zurückgibt, versehen.
   Public Function Honorar(ByVal intStunden As Integer) _
   As Decimal
      Return decStundenSatz * intStunden
   End Function
End Class
```

Listing 4.1 Deklaration der Klasse PoorTrainer

Mit oben stehendem Quelltext wird eine Klasse »PoorTrainer« deklariert, in welcher der Stundensatz für einen Trainer mithilfe einer **nichtöffentlichen** Klassenvariablen auf 20.0 (€) festgelegt wird. Die PoorTrainer-Klasse ist auch mit einer Methode zur Honorarberechnung ausgestattet.

In diesem Beispiel wird zunächst die **öffentliche** Klasse `PoorTrainer` deklariert. Die Klassenvariablen (Eigenschaften) `strName` und `strVorname` sind ebenfalls als öffentliche Variablen deklariert. Dagegen ist die Variable `decStundensatz` durch ihre `Private`-Deklaration ausschließlich innerhalb der Klasse sichtbar. Von außerhalb der Klasse kann somit der Wert dieser Klassenvariablen **nicht** manipuliert werden. Unsere Klasse `PoorTrainer` wurde mit einer als öffentlich deklarierten **Funktion**, die als Wert das Dozentenhonorar zurückgibt, ausgestattet. Dazu benötigt sie als Angabe lediglich die Anzahl der vom Dozenten abgehaltenen Unterrichtsstunden. Um das Beispiel zu komplettieren, zeigen Ihnen die nachstehenden Codezeilen die Klasse `PoorTrainer` »at Work«:

```
Module Module1
'An dieser Stelle muss die Klasse PoorTrainer eingefügt werden!
   Sub Main()
'Um mit der Klasse PoorTrainer arbeiten zu können, muss diese
'zunächst instanziert werden. Dieses erfolgt durch die
'nachfolgende Anweisung. Näheres zu diesem Thema erfahren Sie
'in Abschnitt 4.4, "Objekte und Instanzen".
      Dim PoorTrainer As PoorTrainer = New PoorTrainer()
      Dim intStunden As Integer = 15
'Über den Punktoperator erhalten wir Zugriff auf die einzelnen
'Klassenelemente, wie Eigenschaften und Methoden.
      PoorTrainer.strVorName = "Bill"
      PoorTrainer.strName = "Linux"
      Console.WriteLine("Vorname:   " _
      & PoorTrainer.strVorName)
```

```
        Console.WriteLine("Nachname:  " & PoorTrainer.strName)
        Console.WriteLine("Verdienst: " _
        & PoorTrainer.Honorar(intStunden) & " Euro")
        Console.ReadLine()
    End Sub
End Module
```

Listing 4.2 Honorarberechnung mithilfe der PoorTrainer-Klasse

Das oben stehende Programm nutzt die PoorTrainer-Klasse zur Honorarberechnung für »Bill Linux«. Das Ergebnis wird am Konsolenprompt angezeigt.

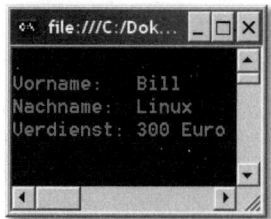

Abbildung 4.6 Konsolenausgabe zum Listing 4.2

Die Konsole gibt die PoorTrainer-Klasseneigenschaften »strVorname« und »strName« sowie den über die Methode »Honorar()« zurückgegebenen »Verdienst« unseres armen Dozenten für **15** harte Tainingsstunden aus.

> **Hinweis** Sie werden feststellen, dass Ihnen, nachdem Sie die Klasse Poor-Trainer kodiert haben, wieder die Unterstützung der Microsoft Intelli-Sense-Technologie zur Verfügung steht. Nach Eingabe des Klassennamens, gefolgt vom **Punktoperator**, erhalten Sie die Übersicht aus Abbildung 4.7.

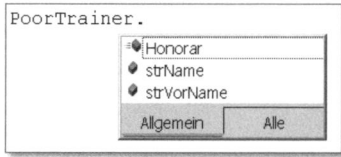

Abbildung 4.7 Auflistung der Klassenmethoden und -eigenschaften der Klasse »PoorTrainer« durch die IntelliSense-Technologie des Codeeditors

Nachdem wir die Klasse PoorTrainer im Einsatz beobachten konnten und Sie nun wissen, wie eine Klasse in Visual Basic .NET deklariert wird, werden wir uns im nächsten Abschnitt mit dem »kleinen Bruder« der Klasse, der **Struktur,** beschäftigen.

4.3.2 Strukturen

Die enge Verwandtschaft von Strukturen und Klassen spiegelt sich unter anderem in ihrem Aufbau wider. Aus diesem Grund unterscheidet sich die Deklaration einer Struktur grundsätzlich nicht von der einer Klasse:

```
Structure <Name>
   Anweisungen
End Structure
```

Da es sich bei Strukturen, ebenso wie bei Klassen, um **Containertypen** handelt, können sie gleichermaßen Konstruktoren, Methoden, Eigenschaften, Ereignisse und Eventhandler als Member enthalten. Im Gegensatz zu Klassen sind Strukturen Werttypen, die von der Common Language Runtime nicht im Heap, sondern auf dem **Stack** verwaltet werden. Der Stack ist zwar ebenso wie der Heap im Arbeitsspeicher angesiedelt, arbeitet aber in einer Weise, die weniger Verwaltungs-Overhead erfordert als eine Speicherallokation auf dem Heap durch einen Referenztyp. Aus diesem Grund sind Werttypen, wie schon in Abschnitt 3.1.10, *Werttypen, Referenztypen und Effizienz*, erwähnt, von der Anlage her performanter als Referenztypen.

In anderer Hinsicht sind Strukturen allerdings in ihrem Leistungsspektrum gegenüber den Klassen erheblich eingeschränkt. Insbesondere können Sie von anderen Klassen oder Strukturen weder Eigenschaften noch Methoden erben. Auch können sie anderen Strukturen oder Klassen keine ihrer »guten Gaben« im Rahmen der Erbfolge »hinterlassen«. Strukturen können somit weder erben noch vererben, was sie, neben der Eigenschaft ein »schneller« (Wert-)Typ zu sein, doch erheblich von den Klassen unterscheidet. Lediglich in einem Fall bilden Strukturen eine Ausnahme, was das Erben anbelangt: Sie selbst sind von der Klasse System.ValueType abgeleitet. Wenn Sie mit Strukturen arbeiten, ist es folglich nicht erforderlich, diese zu instanzieren. Der **Zugriff** auf die **Member** einer **Struktur** erfolgt, analog zu den Klassen, über den **Punktoperator**:

```
Module Module1
   Structure Tisch
   Dim intArtikelNr As Integer
      Function Preis(ByVal intArtikelNr As Integer) _
      As Decimal
         Select Case intArtikelNr
            Case 111
               Preis = 132.23
            Case 222
               Preis = 347.04
            Case 333
```

```
                    Preis = 214.46
                Case Else
                    Preis = 0
            End Select
        End Function
    End Structure
    Sub Main()
```
'Sie können mit der Struktur Tisch arbeiten, ohne dies
'instanzieren zu müssen. Eine simple Variablendeklaration
'reicht aus, um via Punktoperator auf die einzelnen Member
'von Tisch zugreifen zu können.
```
        Dim MeinTisch As Tisch
        MeinTisch.intArtikelNr = _
        InputBox("Eingabe Artikel-Nr.:")
            Select Case MeinTisch.intArtikelNr
                Case 0
                    MsgBox("Artikel nicht vorhanden!", _
                    MsgBoxStyle.Exclamation, "Lager-Meldung")
                Case 111
```
'In der nächsten Zeile (und den folgenden) wird wieder ohne
'vorheriges Instanzieren auf die Methode Preis der Tisch-
'Struktur (innerhalb der MsgBox-Anweisung) zugegriffen.
```
                    MsgBox("Preis in Euro: " & _
                    MeinTisch.Preis(MeinTisch.intArtikelNr), _
                    MsgBoxStyle.Information, "Lager-Meldung")
                Case 222
                    MsgBox("Preis in Euro: " & _
                    MeinTisch.Preis(MeinTisch.intArtikelNr), _
                    MsgBoxStyle.Information, "Lager-Meldung")
                Case 333
                    MsgBox("Preis in Euro: " & _
                    MeinTisch.Preis(MeinTisch.intArtikelNr), _
                    MsgBoxStyle.Information, "Lager-Meldung")
                Case Else
                    MsgBox("Artikel nicht vorhanden!", _
                    MsgBoxStyle.Exclamation, "Lager-Meldung")
            End Select
    End Sub
End Module
```

Listing 4.3 Zugriff auf die Member einer Struktur über den Punktoperator

Das Programm nimmt über eine MessageBox eine Artikelnummer (111, 222, oder 333) entgegen. Anschließend wird in einer MessageBox der Preis für den entsprechenden Artikel ausgegeben. Bei den Artikeln handelt es sich um die Varianten 111, 222 und 333 des Basisartikels »Tisch«.

Bei der Eingabe in die InputBox sollten Sie darauf achten, dass Sie **Integerwerte** verwenden. Laufzeitfehler, welche durch »falsche« Benutzereingaben – in diesem Fall insbesondere durch die Eingabe von Strings – entstehen könnten, werden durch diese Programmversion **nicht** abgefangen. Wie Sie fehlertolerante Programme entwickeln, erfahren Sie in Kapitel 9, *Fehlerbehandlung und systematisches Debuggen*. Nachstehend sehen Sie die MsgBox-Ausgaben, welche die Konsolenanwendung für die Eingabe der Artikelnummer **222** und die nicht vorhandene Artikelnummer **0** generiert, wobei der Artikelpreis über die Strukturmethode »Preis()« ermittelt wird:

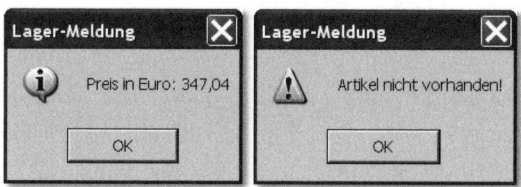

Abbildung 4.8 MsgBox-Ausgaben zum Listing 4.3

Mit diesem Beispiel verlassen wir den Abschnitt 4.3, *Klassen und Strukturen*, und wenden uns dem Thema *Objekte und Instanzen* zu.

4.4 Objekte und Instanzen

4.4.1 Begriffsklärung

Es ist nicht immer einfach, sich von Anfang an in der Begriffswelt der objektorientierten Programmierung zurechtzufinden. Wie wir schon gesehen haben, handelt es sich bei einer Klasse um die Konstruktionsbeschreibung für ein konkretes Objekt. In der Programmierung bedeutet »konkret« ein im Arbeitsspeicher eines Rechners »existierendes« Objekt, welches auch als **Instanz** bezeichnet wird. Die Begriffe **Objekt** und **Instanz** werden somit in der OOP-Welt **synonym** verwendet. Aus diesem Grund wird der Vorgang, aus einer Klasse ein reales Objekt im Arbeitsspeicher zu generieren, auch als **Instanzieren** bezeichnet.

Beim Instanzieren wird die **Instanz einer Klasse** erzeugt und einer **Objektvariablen,** die von diesem Zeitpunkt an eine **Referenz** auf das im Arbeitsspeicher angelegte Objekt (Instanz) enthält, zugewiesen. An dieser Stelle möchte ich nochmals kurz in Erinnerung rufen, dass die Objektvariable **nicht** die erzeugte Instanz aufnimmt, sondern »lediglich« einen **Pointer** (Zeiger), welcher auf den für die Instanz im Arbeitsspeicher reservierten Speicherplatz verweist. Die Objektvariable enthält somit die so genannte **Referenz** auf die Klasseninstanz. Dieser Zusammenhang verdeutlicht nochmals, weshalb Klassen, im Gegensatz zu Strukturen (Werttypen), als Referenztypen bezeichnet werden.

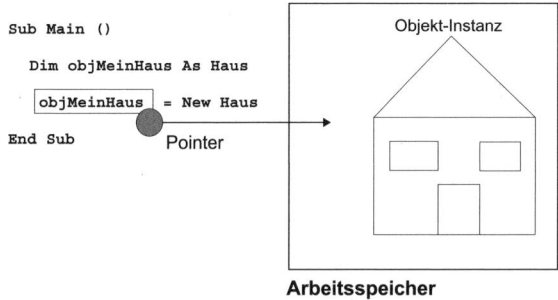

Abbildung 4.9 Die Variable »objMeinHaus« enthält den Pointer, welcher auf die Haus-Instanz im Arbeitsspeicher verweist.

4.4.2 Erzeugen von Instanzen

Eine Klasseninstanz erzeugen Sie in Visual Basic .NET mithilfe des Schlüsselwortes New. Die Objektvariable, welche Sie benötigen, erhält den Datentyp des zu erzeugenden Objekts. Nehmen wir als Beispiel eine Mini-Klasse mit nur einer Eigenschaft:

```
Class Episode_II
    Dim strName As String = "SkyWalker"
End Class
```

Um eine Instanz der Klasse Episode_II zu erzeugen, deklarieren Sie im ersten Schritt beispielsweise folgende Objektvariable:

```
Dim objStarWars As Episode_II()
```

Im nächsten Schritt erzeugen Sie, unter Verwendung des New-Schlüsselwortes, eine **Instanz** von Episode_II und weisen diese der Objektvariablen zu:

```
objStarWars = New Episode_II()
```

Visual Basic .NET lässt neben der oben vorgestellten Möglichkeit, eine Klasseninstanz zu erstellen, auch die folgenden Möglichkeiten zu:

```
Dim objStarWars As Episode_II = New Episode_II()
Dim objStarWars As New Episode_II()
```

Für welche der StarWars-Episoden Sie sich entscheiden, bleibt Ihnen überlassen. Sie können auch mehre Variablen eines Objekttyps in einer Programmzeile **deklarieren** und gleichzeitig **initialisieren**:

```
Dim objWagen_1, objWagen_2, objWagen_3 As New FahrZeuge()
```

Wie die oben stehenden Anweisungszeilen zeigen, können Sie von **einer** Klasse **mehrere** Objekte erstellen. Jedes einzelne dieser Objekte wird in **seiner** Objektvariablen **separat** verwaltet und kann dementsprechend unterschiedliche Eigenschaften aufweisen, wie nachfolgendes Beispiel veranschaulicht:

```
Module Module1
    Class Ampel
        Public strFarbe As String
    End Class
    Sub Main()
    Dim objAmpel_1 As New Ampel()
    Dim objAmpel_2 As New Ampel()
    Dim objAmpel_3 As New Ampel()
    objAmpel_1.strFarbe = "Rot"
    objAmpel_2.strFarbe = "Gelb"
    objAmpel_3.strFarbe = "Grün"
    MsgBox("Die erste Ampel zeigt: " & objAmpel_1.strFarbe _
    & Chr(13) & Chr(13) & "Die zweite Ampel zeigt: " _
    & objAmpel_2.strFarbe & Chr(13) & Chr(13) _
    & "Die dritte Ampel zeigt: " & objAmpel_3.strFarbe)
    End Sub
End Module
```

Listing 4.4 Zusammenhang von Klasse, Instanz und Objekteigenschaften

Oben stehendes Programm erzeugt drei **Instanzen** der Ampel-**Klasse**. Jedem Ampel-Objekt werden unterschiedliche Farbwerte (**Rot**, **Gelb**, **Grün**) zugewiesen. Die »Ampel-Anzeigen« werden mittels einer MessageBox dargestellt.

Abbildung 4.10 Die MessageBox-Ausgabe zeigt die drei unterschiedlichen Zustände von »strFarbe« innerhalb der drei verschiedenen Instanzen der Ampel-Klasse.

Mit diesen Zeilen verlassen wir das Thema »Objekte und Instanzen« und gehen zu Abschnitt 4.5, *Eigenschaften*, über.

4.5 Eigenschaften

In der Programmierung gehören Eigenschaften zu den integralen Bestandteilen eines Objekts. So wie in der realen Welt Gegenstände durch ihre charakteristischen Merkmale beschrieben werden, so beschreiben Eigenschaften in der OOP die Merkmale und Zustände von »Programm«-Objekten. Dass »echte« Eigenschaften mehr sind als eine triviale Ansammlung von Variablen oder einfachen Datenfeldern, ist Thema dieses Abschnitts.

4.5.1 Eigenschaften und Datenkapselung

Eigenschaften sind Ihnen schon aus unseren vorherigen Programmierbeispielen bekannt. Dabei handelte es sich um Variablen, welche innerhalb einer Klasse deklariert wurden und auf die wir von außerhalb der Klasse zugegriffen haben. Derart konzipierte Objekteigenschaften gestatten es grundsätzlich, sie in jeden Zustand zu versetzen, der dem deklarierten Datentypen nicht widerspricht. So hätten wir bei unserer Ampelklasse durchaus die Möglichkeit gehabt, eines der Ampel-Objekte beispielsweise in einem wunderschönen Blau erstrahlen zu lassen. Dass dies **von der Sache her** keinen Sinn ergibt, braucht nicht weiter erläutert zu werden. Vor derartigen fehlerhaften (unzulässigen) Eingriffen in die Daten eines Objekts muss dieses geschützt werden. Dies wird in der objektorientierten Programmierung über die **Kapselung** der Objektdaten erreicht.

Im Kern werden die Eigenschaften eines Objekts nach wie vor in Variablen festgehalten. Bei der Datenkapselung treten allerdings an die Seite der Variablen die so genannten **Accessoren**. Bei Accessoren handelt es sich um Anweisungen, welche den Schreib- und den Lesezugriff auf eine Objektvariable regeln. Wird im Rahmen der objektorientierten Programmierung von Eigenschaften gesprochen, so ist in der Regel diese Kombination von Variablen, welche mit Accessoren ausgestattet sind, gemeint, wobei die Accessoren dafür Sorge tragen, dass ausschließlich ein geregelter Zugriff auf die Eigenschaften eines Objekts zugelassen wird. Die Begriffe zu diesem Thema werden in der Literatur allerdings nicht einheitlich verwendet. Wird im weiteren Verlauf dieses Buches von Eigenschaften gesprochen, sind damit die oben beschriebenen gemeint. Diese Verwendung entspricht im Übrigen auch der Microsoft Nomenklatur, welcher sich die Visual Studio .NET 2005 Dokumentation bedient.

4.5.2 Implementieren von Eigenschaften

Im Folgenden werden wir uns damit beschäftigen, wie wir Klassen mit Eigenschaften versehen können, welche beim Zugriff auf eine Klasseninstanz automatisch den »Datenverkehr« zwischen Objekt und dem »Rest der Welt« regeln. Dabei können zwei Fälle unterschieden werden: Die Objekteigenschaften sollen eingestellt werden **(Schreibzugriff)** oder es erfolgt eine Abfrage der Eigenschaften **(Lesezugriff)**. Für beide Fälle stellt Visual Basic .NET einen Accessor zur Verfügung. Bevor wir uns wieder einigen Beispielen zu dieser Thematik zuwenden, zunächst noch eine Übersicht über den Aufbau einer solchen Property-Prozedur:

```
<Zugriffsmodifizierer> Property <Name>()
    Get
        Anweisungen
        Return <Rückgabewert>
'Sie können den Rückgabewert auch an den Namen der Property-
'Prozedur binden: Name = Rückgabewert.
    End Get
    Set()
        Anweisungen
    End Set
End Property
```

Für unsere Ampelklasse könnte eine Property-Prozedur etwa folgendermaßen aussehen:

```
Module Module1
    Class Ampel
'Durch die Deklaration von strStatus als Private kann nun von
'innerhalb der Klasse auf die Variable zugegriffen werden.
        Private strStatus As String
        Public Property AmpelStatus() As String
            Get
                Return strStatus
            End Get
            Set(ByVal strAmpelFarbe As String)
'Die Funktion StrConv( ... , VbStrConv.UpperCase) sorgt durch
'das Argument VbStrConv.UpperCase für die Umwandlung aller in
'strAmpelFarbe enthaltenen Zeichen in Großbuchstaben. So wird
'erreicht, dass Groß-/Kleinschreibung bei der Eingabe in die
'InputBox für den Abgleich mit Select Case unerheblich wird.
                Select Case StrConv(strAmpelFarbe, _
```

```
            VbStrConv.UpperCase)
            Case "ROT"
                strStatus = "Warten!"
            Case "GELB"
                strStatus = "Bereit halten!"
            Case "GRÜN"
                strStatus = "Fahren!"
            Case Else
                strStatus = "Ungültiger Wert!
            End Select
        End Set
    End Property
End Class
Sub Main()
Dim objAmpel As New Ampel()
objAmpel.AmpelStatus = InputBox( _
"Ampel auf welche Farbe Schalten?")
        MsgBox(objAmpel.AmpelStatus)
    End Sub
End Module
```

Listing 4.5 Aufbau einer Property-Prozedur

Mit dem oben stehenden Programm können Sie über die Eingabe in eine Input-Box den Ampelstatus (Rot, Gelb, Grün) festlegen. Dabei wird der Zugriff auf die Daten der Ampelklasse durch eine Property-Prozedur reglementiert. Anschließend erscheint eine MessageBox mit einem entsprechenden Hinweis (»Warten!«; »Bereit halten!«; »Fahren!«).

An der oben stehenden, modifizierten Ampelklasse lässt sich die Wirkung der Datenkapselung recht anschaulich darstellen. Durch die Deklaration der Klassenvariablen strStatus als Private kann auf diese nur noch von innerhalb der Klasse zugegriffen werden. strSatus ist somit »gekapselt«. Ein Setzen der »Ampel-Eigenschaften« auf die Farben Rot, Gelb und Grün ist nur über den **Set-Accessor** der Ampelklasse möglich. Innerhalb der Set-Prozedur sorgt die Select Case-Struktur dafür, dass unsere Ampel tatsächlich nur in den klassischen drei Ampelfarben erstrahlen kann. Für den Lesezugriff zeichnet der **Get-Accessor** verantwortlich. Der Zugriff von außerhalb der Klasse auf strStatus ist somit ausschließlich über die Prozeduren Set() und Get der Ampelklasse möglich. Der Zugriff auf die Objektvariable strStatus entspricht somit den Anforderungen einer konsequenten Datenkapselung.

Hinweis Bei der Entwicklung von Klassen sollten Sie immer im Blick haben, dass Sie sich im Bereich der **modularen** Anwendungsentwicklung bewegen. Klassen, welche von Ihnen entwickelt werden, können auch für Entwicklerkollegen nützliche Bausteine darstellen. Denken Sie nur an die Fülle von Klassen, die Ihnen das .NET Framework bereits jetzt zur Verfügung stellt. Konstruieren Sie Ihre Klassen so »robust« wie möglich. Fehler (Ausnahmen), die möglicherweise auftreten könnten, sollten so strukturiert wie möglich abgefangen werden. An einer solchen strukturierten Fehlerbehandlung, mangelt es bei unserer Ampelklasse zurzeit noch. Wie Sie Ihre Programme durch das Implementieren einer systematischen Ausnahmebehandlung stabil bekommen, sehen wir uns in Kapitel 9, *Fehlerbehandlung und systematisches Debuggen*, an.

Die Funktion StrConv() befindet sich im Namensraum (Namespace) **Microsoft.VisualBasic** und hält neben dem Argument vbUpperCase einige weitere interessante VB-Konstanten für den Umgang mit Zeichenketten bereit.

4.5.3 Eingeschränkte Eigenschaften

Klasseneigenschaften lassen sich sowohl schreibgeschützt als auch lesegeschützt implementieren. Des Weiteren ist es möglich, sie als Konstanten oder Standardeigenschaften zu formulieren. Mit allen vier Varianten werden wir uns nun beschäftigen.

Schreibgeschützte Eigenschaften

Eine schreibgeschützte Klasseneigenschaft erhalten Sie, wenn die korrespondierende Property-Prozedur als ReadOnly deklariert wird. Innerhalb einer mit ReadOnly deklarierten Property-Prozedur ist es nicht gestattet, eine Set-Methode zu implementieren. Auf diese Weise lassen sich Klasseneigenschaften, auf welche von außerhalb der Klasse **nur lesend** und nicht schreibend zugegriffen werden kann, einfach kodieren.

```
Module Module1
    Class Konto
'Bitte beachten Sie die Deklaration von intKontoNr an dieser
'Stelle als Private.
        Private intKontoNr As Integer = 10102103
        ReadOnly Property KontoNummer() As Integer
            Get
'Rückgabe des Eigenschaftswertes über den Prozedurnamen.
                KontoNummer = intKontoNr
            End Get
```

```
        End Property
    End Class
    Sub Main()
        Dim MeinKonto As New Konto()
        MsgBox(MeinKonto.KontoNummer)
    End Sub
End Module
```

Listing 4.6 Klasseneigenschaft kodieren

Die kleine Konsolenanwendung erzeugt eine Instanz der Klasse »Konto« und zeigt anschließend die Kontonummer am Bildschirm an. Dabei kann auf die Kontonummer der Klasse **nur lesend** zugegriffen werden. Bei der Verwendung der Property-Prozedur KontoNummer() der Kontoklasse werden Sie bei der Programmierung durch den Codeeditor unterstützt, der Ihnen die aktuellen Prozedur**eigenschaften** anzeigt:

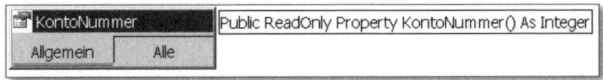

Abbildung 4.11 Anzeige der »ReadOnly«-Eigenschaft von »KontoNummer()«

Die Deklaration von intKontoNr als Private hat zwei unmittelbare Konsequenzen. Erstens bewirkt sie die Kapselung von intKontoNr. Zweitens gestattet die Private-Deklaration es den Prozeduren, die innerhalb der Klasse kodiert worden sind, auf die Variable schreibend zuzugreifen. Sehen wir uns hierzu ein weiteres Beispiel an:

```
Module Module1
    Class Kalender
'Die Private Deklaration von intMonat kapselt die Variable
'gegenüber Zugriffen von außerhalb der Klasse, gewährt
'klasseninternen Prozeduren - wie Get - jedoch einen Zugriff.
        Private intMonat As Integer
        Public ReadOnly Property MonatsNummer() As Integer
            Get
'An dieser Stelle wird in intMonat die "Monatsnummer", basierend
'auf dem aktuellen Systemdatum geschrieben.
                intMonat = Today.Month
            MonatsNummer = intMonat
        End Get
        End Property
    End Class
```

```
    Sub Main()
        Dim MeinKalender As New Kalender()
        MsgBox(MeinKalender.MonatsNummer)
    End Sub
End Module
```

Listing 4.7 Das Programm zeigt mithilfe der Klasse »Kalender« den aktuellen Monat am Bildschirm an.

Dieser Vorgang ist längst nicht so banal, wie es auf den ersten Blick erscheinen mag. Die Alternative zur `Private`-Deklaration von `intMonat` wäre eine Deklaration mit `ReadOnly`. Eine `ReadOnly`-Deklaration von Klassenvariablen, auf die von außerhalb der Klasse nur lesend zugegriffen werden soll, ist durchaus nicht ungewöhnlich. Als Entwickler müssen Sie sich allerdings darüber im Klaren sein, dass eine derart deklarierte Variable auch **innerhalb** der Klasse vor Schreibzugriffen geschützt wird. Im Beispiel **verändert** sich der Rückgabewert der `Get`-Prozedur in Abhängigkeit vom **aktuellen Monat**. `intMonat` muss somit wechselnde Werte von `Today.Month` aufnehmen können, was nicht funktioniert, wenn die Variable für einen klasseninternen Schreibzugriff gesperrt ist. Für all die Fälle, in welchen Sie mit »berechneten« (dynamischen) Rückgabewerten innerhalb einer `Property`-Prozedur arbeiten, klassen**externe** Schreibzugriffe jedoch gleichzeitig ausgeschlossen werden sollen, stellt eine `Private`-Deklaration die richtige Wahl dar.

Lesegeschützte Eigenschaften

Eine lesegeschützte Eigenschaft wird analog zu einer schreibgeschützten gebildet. Als Zugriffsmodifizierer dient in diesem Fall `WriteOnly`. Bei der lesegeschützten Variante **entfällt** innerhalb der `Property`-Prozedur der `Get`-Teil. Da wir uns ausführlich mit der schreibgeschützen Eigenschaft beschäftigt haben und `WriteOnly`-Beispiele weniger gebräuchlich sind, lassen sich sinnvolle Beispiele für eine lesegeschützte Eigenschaft nicht ganz einfach »konstruieren«. Denn praktisch bedeutet dieses Konstrukt, dass ein Programm zwar eine Eigenschaft setzen (schreiben), jedoch den selbstgesetzten Variablenwert nicht sehen darf. Bei diesen grundsätzlichen Hinweisen möchte ich es bewenden lassen.

Konstante Eigenschaften

Auch bei Eigenschaften besteht die Möglichkeit, diese als konstante Werte anzulegen. Dazu ist es lediglich erforderlich, die entsprechenden Klassenvariablen mit dem `Const`-Modifizierer zu versehen. Der Variablenwert würde unmittelbar bei der Deklaration zugewiesen und könnte dann nicht mehr verändert werden:

```
Public Const decSteuerSatz As Decimal = 16.0
```

Würden Sie nun versuchen, der Variablen `decSteuerSatz` innerhalb einer `Set()`-Prozedur einen Wert zuzuweisen, würde Sie der Compiler freundlich darüber informieren, dass »Konstanten nicht das Ziel von Zuweisung sein können«.

4.5.4 Parameterisierte Eigenschaften

Die Eigenschaften, welche wir bislang entwickelt haben, schreiben oder lesen alle einen einzelnen Wert. Mit Visual Basic .NET können weitergefasste, so genannte **parameterisierte** Eigenschaften programmiert werden. Diese Eigenschaften akzeptieren Parameter**listen** und arbeiten mit Daten**feldern** für deren effiziente Verwaltung. Parameterisierte Eigenschaften bilden auch die Basis der Standardeigenschaften, mit welchen wir uns im anschließenden Abschnitt beschäftigen werden. Nachfolgend sehen Sie die Klasse `MeinTelefonBuch`, welche mit einer parameterisierten Eigenschaft ausgestattet ist:

```
Module Module1
    Public Class MeinTelefonBuch
'Deklaration der "privaten" Klassenvariablen strEintrag(3)als
'eindimensionales Feld mit 4 Elementen.
        Private strEintrag(3) As String
        Property TelefonBuchEintrag(ByVal intZaehler _
        As Integer) As String
            Get
                Return strEintrag(intZaehler)
            End Get
            Set(ByVal strWert As String)
                strEintrag(intZaehler) = strWert
            End Set
        End Property
    End Class
    Sub main()
        Dim TBuch As New MeinTelefonBuch()
'Der Schreib-Zugriff auf die Objekteigenschaft erfolgt, da
'diese als Array angelegt ist, über den Feldindex.
        TBuch.TelefonBuchEintrag(0) = "Kästner
        TBuch.TelefonBuchEintrag(1) = "Erich"
        TBuch.TelefonBuchEintrag(2) = "(0209) 1068033"
        TBuch.TelefonBuchEintrag(3) = "(0171) 3214892"
```

```
'Der Lese-Zugriff - zur Ausgabe der Objekteigenschaft(en) in der
'MessageBox - benötigt ebenfalls die entsprechende Indexangabe.
    MsgBox("Privat: " & TBuch.TelefonBuchEintrag(2) _
    & Chr(13) & Chr(13) & "Handy: " _
    & TBuch.TelefonBuchEintrag(3), _
    MsgBoxStyle.Information, TBuch.TelefonBuchEintrag(1) _
    & " " & TBuch.TelefonBuchEintrag(0))
  End Sub
End Module
```

Listing 4.8 Parameterisierte Eigenschaften

Das Programm generiert zunächst ein Objekt »TBuch« der Klasse »MeinTelefon-Buch«. Anschließend werden verschiedene Einträge, welche in einem Array als Eigenschaftswerte von »TBuch« festgehalten werden, in das Telefonbuch vorgenommen. Über eine MessageBox werden die eingegebenen Werte nochmals (zur Kontrolle) am Bildschirm angezeigt.

Abbildung 4.12 MessageBox-Ausgabe der in einem Array gehaltenen Eigenschaftswerte der Klasse »MeinTelefonBuch«

> **Hinweis** Vor- und Zuname unseres »Handybesitzers« werden im oben stehenden Beispiel in der Titelleiste der MessageBox ausgegeben. Ihnen ist vielleicht aufgefallen, dass für den Fall, dass das Title-Argument der Message-Box-Funktion nicht mit einem String belegt wird, automatisch der Anwendungsname (wie z. B. Console1) in der Titelleiste angezeigt wird.

Programmtechnisch birgt die Klasse MeinTelefonbuch keine neuen Herausforderungen. Alle dort genutzten Visual Basic-Sprachkonstrukte, wie Arrays und Prozeduren, sind Ihnen mittlerweile bekannt. Sinnvoll ist es, parameterisierte Eigenschaften für die Fälle, in welchen eine Eigenschaft in verschiedene, zusammengehörige Informationen gegliedert ist, zu programmieren. Sie können sich auch einfach die Frage stellen, ob die Möglichkeiten, welche Ihnen von einer als Datenfeld deklarierten Klasseneigenschaft geboten werden, benötigt werden oder nicht. Grundsätzlich müssen Sie bei der Arbeit mit parameterisierten Eigenschaften immer darauf achten, dass die Zugriffssyntax der von Feldern entspricht.

4.5.5 Standardeigenschaften

Mit Visual Basic .NET können für Objekte Standardeigenschaften (Default-Eigenschaften) implementiert werden. Für den Aufruf einer Standardeigenschaft gelten vereinfachte syntaktische Regeln, was zu einem kompakteren Quellcode beitragen kann. Eine Standardeigenschaft erscheint nach außen wie eine »native« Objekteigenschaft.

Wollen Sie etwa bei einem bestimmten Objekt eine Eigenschaft setzen und geben nur den Objektnamen, nicht aber die konkrete Eigenschaft an, so wird der von Ihnen übergebene Wert automatisch der Standardeigenschaft zugewiesen. Aus diesem Sachverhalt lässt sich leicht ablesen, dass Standardeigenschaften **mindestens ein Argument** akzeptieren müssen und **nicht** als Private deklariert werden dürfen. Des Weiteren ist nur **eine Standardeigenschaft pro Objekt** zulässig. Darüber hinaus ist eine Shared-Deklaration ebenfalls ausgeschlossen.

Bei Standardeigenschaften handelt es sich **um parameterisierte** Eigenschaften (siehe Abschnitt 4.5.4), weshalb bei der Parameterübergabe ein Indexwert erwartet wird. Um eine Klasseneigenschaft zur Standardeigenschaft zu erklären, wird diese als Default deklariert. Auch zum Thema Standardeigenschaften ein kleines Beispiel:

```
Module Module1
    Public Class FilialMitarbeiter
        Private strName(0) As String
        Private strFiliale As String
'Deklaration der Klasseneigenschaft MitarbeiterName als
'Standardeigenschaft
        Default Property MitarbeiterName(ByVal intZaehler _
        As Integer) As String
            Get
                Return strName(intZaehler)
            End Get
            Set(ByVal strWert As String)
                strName(intZaehler) = strWert
            End Set
        End Property
```

```vb
'An dieser Stelle wird der Klasse FilialMitarbeiter eine
'zweite Eigenschaftsprozedur hinzugefügt.
      Public Property Filiale() As String
         Get
            Return strFiliale
         End Get
         Set(ByVal strFilWert As String)
            strFiliale = strFilWert
         End Set
      End Property
   End Class
   Sub main()
      Dim NeuerMitarbeiter As New FilialMitarbeiter()
'Nachfolgend wird nur über den Objektnamen ein Eigenschaftswert
'an das Objekt übergeben. Dabei wurde die Eigenschaft, welcher
'der Wert zugeschrieben werden soll, nicht näher spezifiziert.
'In solch einem Fall, wird dieser Wert an die Standardeigen-
'schaft übergeben, auch wenn noch weitere Eigenschaften
'innerhalb derselben Klasse implementiert sind.
      NeuerMitarbeiter(0) = "Ochmonek"
      NeuerMitarbeiter.Filiale = "Los Angeles"
      MsgBox("Mitarbeiter: " & NeuerMitarbeiter(0) _
      & Chr(13) & "Filiale: " & NeuerMitarbeiter.Filiale)
   End Sub
End Module
```

Listing 4.9 Standardeigenschaften deklarieren

Das Programm deklariert in der Klasse »FilialMitarbeiter« eine Default-Eigenschaft »MitarbeiterName«. Dieser Eigenschaft können **allein unter Verwendung des Objektnamens** Werte zugewiesen werden. Der zugewiesene Wert wird anschließend in einer MessageBox angezeigt.

Das obige Beispiel zeigt, dass Standardeigenschaften ohne eine genaue Spezifizierung über den Punktoperator aufgerufen werden können. Im »Normalfall« dagegen ist eine explizite Auswahl einer der Objekteigenschaften über den Punktoperator erforderlich. Da es sich bei einer Standardeigenschaft um eine parameterisierte Eigenschaft handelt, ist zu beachten, dass beim Aufruf ein Indexwert erwartet wird.

4.6 Methoden

4.6.1 Methoden als Dienstleister

Ein wesentlicher Vorteil der modularen Programmierung ist die Möglichkeit, Anwendungen überwiegend aus fertigen Bausteinen zusammenzufügen. Insbesondere bei der Produktion komplexer Systemlösungen können durch den Einsatz fertiger Programmmodule erstaunliche Effizienzzuwächse verzeichnet werden. Die objektorientierte Programmierung liefert genau diese Bausteine, aus welchen sich einfach und schnell die genannten komplexen Systemlösungen konstruieren lassen.

Damit die Objekte (Klassen) die von ihnen geforderten Aufgaben erfüllen können, müssen sie als Programmbausteine dem Anwendungsentwickler oder Softwarearchitekten ein breites Leistungsspektrum bereitstellen. Objekte repräsentieren gewissermaßen eine Art Dienstleister, welcher seine Leistungen (mehr oder weniger) öffentlich zur Verfügung stellt. Da diese Dienstleistungen innerhalb der Klassen (Objekte) kodiert sind, müssen sie über eine Service-Schnittstelle für die »Außenwelt« abrufbar gemacht werden. Diese »Service-Schnittstellen« der Objekte werden in der objektorientierten Programmierung als **Methoden** oder Objektmethoden bezeichnet.

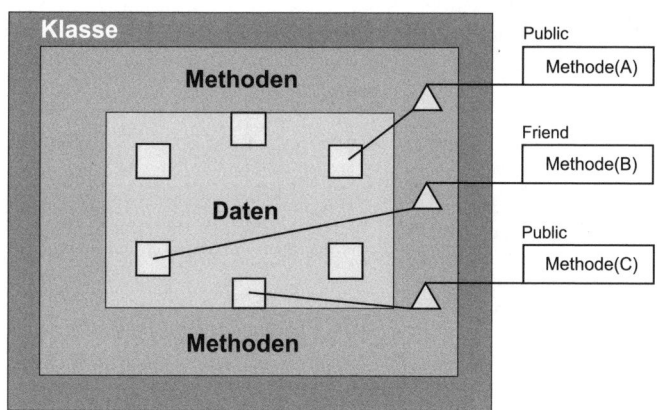

Abbildung 4.13 Über Methoden kann auf die Daten (Datenkapselung) und weitere »Dienstleistungen« eines Objekts zugegriffen werden.

Die Grafik verdeutlicht nochmals den Zusammenhang zwischen Objektmethoden und (gekapselten) Daten. Wie Sie deutlich erkennen können, erfolgt ein Zugriff auf die Objektdaten (kleine Rechtecke) von außerhalb der Klasse, ausschließlich über die Objektmethoden (kleine Dreiecke). Wie das Schaubild darüber hinaus zeigt, werden Methoden immer **innerhalb** einer Klasse kodiert.

4.6.2 Methoden mit und ohne Rückgabewert

Grundsätzlich können zwei Methodentypen unterschieden werden. Der erste Typ gibt an den aufrufenden Code eine Information bzw. einen Wert zurück. Der zweite Typ führt nach Aufruf eine Anzahl von definierten Anweisungen aus, ohne jedoch einen Wert an das aufrufende Programm zurückzugeben. Im Amerikanischen werden die beschriebenen Methodentypen mit den treffenden Begriffen »**interrogative** methods« (für den ersten Typ) und »**imperative** methods« (für den zweiten Typ) beschrieben. Die Implementierung dieser Methodentypen in eine Klasse wird in Visual Basic .NET über **Prozeduren** und **Funktionen** realisiert, wobei wir bereits in Abschnitt 3.4, *Prozeduren und Funktionen*, die Unterschiede zwischen diesen beiden Unterprogramm-Konstrukten kennen gelernt haben.

Zusammenfassend können wir an dieser Stelle somit sagen, dass es sich bei Methoden um innerhalb einer Klasse kodierte Prozeduren oder Funktionen handelt, wobei Visual Basic .NET die »interrogativen« Methoden durch Prozeduren (Sub) und die »imperativen« durch Funktionen (Function) abbildet.

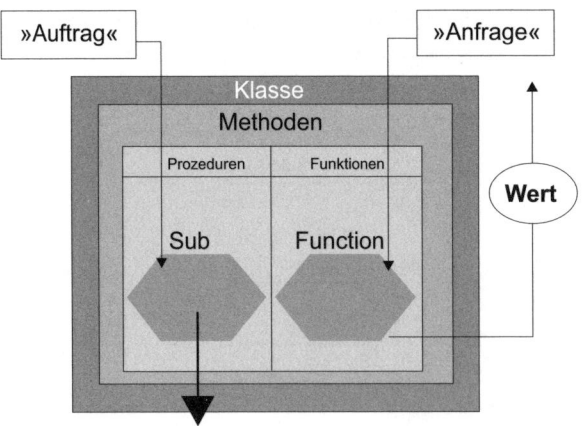

Abbildung 4.14 Prozeduren und Funktionen nehmen innerhalb einer Klasse unterschiedliche Aufgaben wahr.

Die nachstehenden zwei Beispiele zeigen zunächst eine **Prozedur**, welche eine »Dienstleistung« zur Verfügung stellt, ohne dabei einen Wert an das aufrufende Programm zurückzugeben. Das zweite Beispiel demonstriert die Arbeitsweise einer **Funktion**, die an den aufrufenden Quellcode einen Wert zurückgibt.

Beispiel 1:

```
Module Module1
   Class DateiDienst
```

```
    Public Sub Schreiben(ByVal strMeinText As String)
'Öffnen der Datei "1a_VisualBasic.txt" zum Schreiben.
        FileOpen(1, "c:\1a_VisualBasic.txt", _
        OpenMode.Output)
'Schreiben in die zuvor geöffnete Datei.
        Print(1, strMeinText)
    End Sub
  End Class
  Sub Main()
    Dim objMeinText As New DateiDienst()
    objMeinText.Schreiben(InputBox("Notiz eingeben:"))
  End Sub
End Module
```

Listing 4.10 Anlegen einer Textdatei mithilfe einer Prozedur

Dieses kleine Programm nimmt mittels einer InputBox einen Text entgegen, der anschließend in einer Textdatei auf der lokalen Festplatte gespeichert wird. Die etwas hochtrabend benannte Klasse DateiDienst stellt als Serviceleistung das Schreiben eines Textes in eine Datei zur Verfügung. Der Text kann dabei über die Methode Schreiben() an die Klasse übergeben werden. Wenn Sie die kleine Konsolenanwendung ausgeführt haben, sollten Sie anschließend unmittelbar im Wurzelverzeichnis Ihrer Festplatte *C:* eine Textdatei mit dem Namen **1a_VisualBasic.txt** vorfinden. Der Dateiinhalt sollte Ihrer InputBox-Eingabe entsprechen.

> **Hinweis** Soll mit FileOpen eine Datei, welche nicht existiert, geöffnet werden, wird diese automatisch angelegt. Dazu benötigt FileOpen (bzw. die Konsolenanwendung) die entsprechenden Rechte auf dem System.

Obwohl es sich hier um eine recht triviale Anwendung handelt, können wir an ihr gut die Arbeitsweise einer »imperativen« Methode ablesen. Die Prozedur nimmt einen Text entgegen, der in eine Datei geschrieben werden soll. Nachdem ihr der Text übergeben wurde, wird der Auftrag erledigt, ohne dass das aufrufende Programm weiter behelligt wird. Rückmeldungen sollten, falls erforderlich, nur über Fehlerbehandlungsroutinen erfolgen, die das Hauptprogramm von einem eventuellen »Scheitern« der Prozedur unterrichten. Für als Prozeduren implementierte Methoden sind zahlreiche Beispiele denkbar, wie eine Druckausgabe, die im Hintergrund einer Anwendung realisiert werden soll. Das .NET Framework enthält eine leistungsstarke PrintDocument-Klasse, welche das alte Visual Basic 6.0 Printer-Objekt ersetzt.

Beispiel 2:

```
Module Module1
    Public Class Kapital
        Public Function ZinsesZins(ByVal dblSatz As Double, _
        ByVal dblKapital As Double, ByVal intLaufzeit _
        As Integer) As Double
            Dim dblEndKapital As Double = _
            dblKapital * ((1 + dblSatz / 100) ^ intLaufzeit)
            Return dblEndKapital
        End Function
    End Class
    Sub Main()
        Dim objMeinKapital As New Kapital()
        Dim dblZinsSatz As Double = 10.0
        Dim dblMeinGeld As Double = 1000.0
        Dim intJahre As Integer = 3
        MsgBox("Ihr Eigenkapital beträgt nach " & intJahre & _
        " Jahren: " & objMeinKapital.ZinsesZins(dblZinsSatz, _
        dblMeinGeld, intJahre) & " Euro!", _
        MsgBoxStyle.Information, "Kapital-Info")
    End Sub
End Module
```

Listing 4.11 Die Funktion ZinsesZins () gibt einen Wert an den aufrufenden Quellcode zurück.

Mithilfe der Klasse »Kapital« wird das Endkapital einer dreijährigen Kapitalverzinsung (inkl. Zins und Zinseszins) berechnet und am Bildschirm ausgegeben. Beispiel zwei zeigt die Arbeitsweise der Funktion ZinsesZins() der Klasse Kapital. Die Funktion berechnet aus den Werten Zinssatz, angelegtes Kapital und Laufzeit (Jahre) den Kapitalstand zum Ende der Laufzeit. Dabei werden von ZinsesZins() korrekt die Zinseszinsen berechnet und den jeweiligen Kapitalständen hinzugeschlagen. Für ein Kreditinstitut wäre etwa eine **Klasse** Kapital sinnvoll, in der alle wichtigen Berechnungen rund um Spareinlagen, Kreditvergaben etc. zusammengefasst wären und über **Funktionen** aufrufbar sind.

Für die Übergabe der Funktionsparameter lassen sich entsprechende Eingabeoberflächen (siehe Kapitel 5, *Windowsprogrammierung*), die von den Anwendern intuitiv nutzbar sind, erstellen. Die Berechnungsergebnisse lassen sich als schnelle Pop-up-Infos, zum Beispiel via MessageBoxen (siehe Abbildung 4.17), oder als Druckausgaben realisieren.

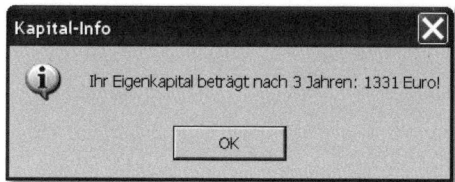

Abbildung 4.15 MessageBox-Ausgabe des Berechnungsergebnisses (Rückgabewert) der Methode »ZinsesZins()« der Klasse »Kapital«

4.6.3 Sichtbarkeit von Methoden (Scope)

Die Sichtbarkeit von Methoden lässt sich, analog zu der von Prozeduren und Funktionen, über die Visual Basic-Zugriffsmodifizierer einstellen. Die nachfolgende Tabelle listet die Modifizierer mit einer kurzen Erläuterung bezüglich ihrer Wirkung auf die Methoden auf. Der Zugriffsmodifizierer `Protected` wird in Abschnitt 4.9, *Vererbung und Polymorphismus*, behandelt.

Zugriffsmodifizierer	Bedeutung
Public	Auf die Methode kann von außerhalb der Klasse und, durch Referenzieren, auch von außerhalb des aktuellen Projekts zugegriffen werden.
Friend	Ein Zugriff ist von außerhalb der Klasse, jedoch nicht von Anwendungen außerhalb des aktuellen Projekts möglich.
Private	Die Methode ist nur innerhalb der Klasse sichtbar.

Tabelle 4.1 Sichtbarkeit von Klassenmethoden

4.6.4 Überladen von Methoden

Auch bei diesem Thema macht sich unsere solide Vorarbeit aus Abschnitt 3.4, *Prozeduren und Funktionen*, bezahlt, da das Überladen von Methoden, wie sollte es auch anders sein, analog zu kodieren ist. Beim Überladen von Methoden werden somit wieder verschiedene **Varianten** einer Methode programmiert, welche sich lediglich in ihrer Signatur, also in den Prozedur- oder Funktionsargumenten unterscheiden. Auch hierzu ein Beispiel.

```
Module Module1
    Public Class Preis
        Public Function Preis(ByVal intProduktNummer _
        As Integer) As Decimal
            Select Case intProduktNummer
                Case 111
                    Return 15.0
```

```
                 Case 222
                     Return 20.0
                 Case 333
                     Return 25.0
                 Case Else
                     Return 0
             End Select
         End Function
         Public Function Preis(ByVal intProduktNummer _
         As Integer, ByVal strKategorie As String) As Decimal
         Dim dblRabatt As Double = 0.1
             If strKategorie = "A" Then
                 Select Case intProduktNummer
                     Case 111
                         Return 15.0 * dblRabatt
                     Case 222
                         Return 20.0 * dblRabatt
                     Case 333
                         Return 25.0 * dblRabatt
                     Case Else
                         Return 0
                  End Select
             Else
                 Select Case intProduktNummer
                     Case 111
                         Return 15.0
                     Case 222
                         Return 20.0
                     Case 333
                         Return 25.0
                     Case Else
                         Return 0
                  End Select
              End If
           End Function
    End Class
    Sub Main()
    Dim objArtikelPreis As New Preis()
        Console.WriteLine("Katalog-Preis:")
        Console.WriteLine(objArtikelPreis.Preis(333) _
        & "   Euro/Stck.")
```

```
        Console.WriteLine()
        Console.WriteLine("Preis für A-Kunden:")
        Console.WriteLine(objArtikelPreis.Preis(333, "A") _
        & "  Euro/Stck.")
        Console.ReadLine()
    End Sub
End Module
```

Listing 4.12 Verschiedene Varianten einer Methode erzeugen

Das Programm trifft eine Preisentscheidung für unterschiedliche Kundengruppen. Einfache Kunden zahlen den normalen Katalogpreis. Gute Kunden (»A«-Kunden) erhalten einen besonderen Rabatt. Die zwei Varianten der überladenen Klassenmethode Preis() werden dazu genutzt, eine Preisdifferenzierung für gute Kunden (A-Kunden) zu realisieren. Hierbei werden für A-Kunden, falls der Preis-Methode als zweiter Parameter der Wert »A« übergeben wird, ein Rabatt von 10 % auf den Katalogpreis gewährt.

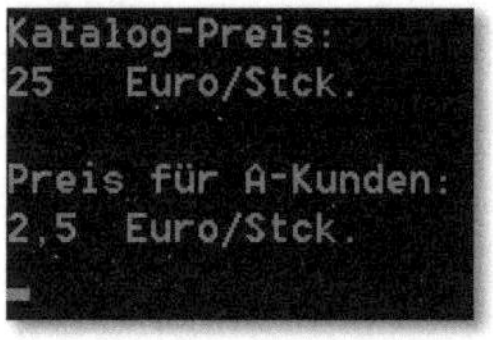

Abbildung 4.16 Ausgabe der unterschiedlichen Rückgabewerte der überladenen Methode »Preis()« bei Übergabe von einem Parameter und von zwei Parametern im Konsolenfenster

Mit diesem Beispiel verlassen wir den Themenbereich Methoden und wenden uns im Folgenden zunächst den Konstruktoren und Destruktoren zu.

4.7   Konstruktoren und Destruktoren

4.7.1   Konstruktoren

Die erste Methode, die bei der Instanzbildung eines Objekts aufgerufen wird, bezeichnet man als Konstruktor. Grundsätzlich wird bei jeder Instanzbildung immer ein Konstruktor aufgerufen. Enthält eine Klasse keinen speziellen (»eigenen«) Konstruktor, ruft der Visual Basic-Compiler automatisch einen parameterlosen Standardkonstruktor auf. Da der Konstruktor immer vor allen anderen Objektmethoden aufgerufen wird, ist er der ideale Ort, um zum Beispiel bestimmte Objekteigenschaften zu initialisieren. So könnte etwa unmittelbar beim Instanzieren einer Klasse »Sparbuch« das neue Sparbuch-Objekt etwa mit der Kontonummer und dem Namen des Konteninhabers initialisiert werden.

Formal handelt es sich bei einem Konstruktor um nichts anderes als eine Prozedur ohne Rückgabewert (Sub), welche durch das Visual Basic .NET-Schlüsselwort New() gekennzeichnet ist. Wie wir noch sehen werden, können Konstruktoren sowohl überladen werden als auch Parameter an das instanzierte Objekt übergeben. Beginnen wir mit einem einfachen Beispiel zur Initialisierung von Objekteigenschaften durch einen »klasseneigenen« Konstruktor:

```
Module Module1
    Class Sparbuch
'Die Klassenvariablen werden als öffentlich deklariert!
        Public strVorname As String
        Public strName As String
        Public Sub New()
            strVorname = "Linus"
            strName = "Thorwald"
        End Sub
    End Class
    Sub Main()
        Dim objMeinSparbuch As New Sparbuch
        MsgBox(objMeinSparbuch.strVorname & Chr(13) & _
        objMeinSparbuch.strName)
    End Sub
End Module
```

Der Konstruktor Public Sub New() sorgt dafür, dass bereits beim Instanzieren von objMeinSparbuch die Klassenvariablen strName und strVorname mit Daten versorgt werden. Aus diesem Grund ist es uns möglich, die Objekteigenschaften Name und Vorname über den Punktoperator abzurufen, da sie zu diesem Zeitpunkt bereits Werte beinhalten. Die Klassenvariablen wurden als öffentlich deklariert. Damit genügen sie nicht den OOP-Ansprüchen der Datenkapselung. Das nächste Beispiel zeigt eine Sparbuch-Klasse mit eigenem Konstruktor und Property-Prozeduren:

```
Module Module1
    Class Sparbuch
'Private-Deklaration der Klassenvariablen!
        Private strVorname As String
        Private strName As String
        Public Sub New()
'Auch der Konstruktor kann auf die Klassenvariablen über
'die Property-Prozeduren zugreifen.
'Zugriff über die Property-Prozedur VorName()
```

```
        Me.VorName = "Linus"
'Direkter Zugriff auf die Klassenvariable
        strName = "Thorwald"
    End Sub
    Public Property VorName() As String
        Get
            Return strVorname
        End Get
        Set(ByVal strVorN As String)
            strVorname = strVorN
        End Set
    End Property
    Public Property NachName() As String
        Get
            Return strName
        End Get
        Set(ByVal strNachN As String)
            strName = strNachN
        End Set
    End Property
End Class
Sub Main()
    Dim objMeinSparbuch As New Sparbuch
    MsgBox(objMeinSparbuch.VorName & Chr(13) & _
        objMeinSparbuch.NachName)
End Sub
End Module
```

Listing 4.13 Initialisierung von Objekteigenschaften durch einen »klasseneigenen« Konstruktor

Die Sparbuch-Klasse aus dem Beispiel verfügt über einen **eigenen Konstruktor**, welcher den Namen und Vornamen des Sparbuchinhabers bereits festlegt. Diese müssen somit beim Instanzieren nicht mehr angegeben werden. Nach der Deklaration der Klassenvariablen `strVorname` und `strNachname` als `Private` ist ein Zugriff auf sie von außerhalb der Klasse nur noch über die implementierten Objektmethoden möglich. Dieses drückt sich in der Programmzeile mit der MessageBox aus, da nun der Lesezugriff mit der Kodierung `objMeinSparbuch.VorName` und `objMeinSparbuch.NachName` über die `Property`-Prozeduren erfolgt. Ein Zugriff mit `objMeinSparbuch.strVorname` und `objMeinSparbuch.strName` direkt über die Klassenvariablen ist nicht mehr möglich, da diese durch die `Private`-Deklaration außerhalb der Klasse nicht mehr sichtbar sind.

Der Konstruktor kann, da er sich innerhalb der Klasse befindet, sowohl direkt als auch über die Property-Methoden auf die Variablen zugreifen. Das im zweiten Beispiel genutzte Visual Basic-Schlüsselwort Me ist eine Referenz auf die aktuelle Objektinstanz. Mit Me wird ein **Objekt-Pointer**, welcher auf das Objekt selbst verweist, generiert. Beim Anlegen einer Instanz wird Me durch den Visual Basic-Compiler automatisch hergestellt und verhält sich wie eine Objektvariable, welche auf die aktuelle Instanz verweist. Wenn Sie mit Me arbeiten, erhalten Sie praktischerweise die Unterstützung der IntelliSense-Technologie. Nach Eingabe des Punktoperators hinter Me zeigt die IntelliSense-Technologie des Codeeditors sämtliche Property-Prozeduren, die Private-Variablen und den Klassenkonstruktor an.

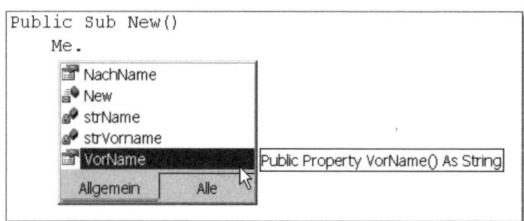

Abbildung 4.17 Objekt-Pointer mit »Me« erzeugen

Wir sind nun in der Lage, unsere Klassen mit selbstprogrammierten Konstruktoren zu versehen, welche direkt beim Instanzieren das aktuelle Objekt in einer bestimmten Weise »konfigurieren«. Dieses geschieht bei der Deklaration einer neuen Objektvariablen ohne unser weiteres Zutun. Damit haben wir, sind die Aufgaben des Konstruktors einmal definiert, auf den Initialisierungsprozess keinen Einfluss mehr. In unseren Beispielen würde ein neues Sparbuch somit immer für Herrn »Thorwald« angelegt werden. Diese Art Konstruktor erweist sich als nicht besonders flexibel. In vielen Situationen ist es jedoch wünschenswert, einen Konstruktor zu verwenden, den man bei Aufruf sozusagen »feintunen« kann. Konstruktoren, denen bei Aufruf Werte für die Objektkonfiguration »mitgegeben« werden können, werden als »parameterisierte Konstruktoren« bezeichnet und sind Gegenstand des anschließenden Abschnitts.

4.7.2 Parameterisierte Konstruktoren

Um zu erreichen, dass wir bei der Instanzbildung eines neuen Sparbuchs durch den implementierten Klassenkonstruktor nicht immer dieselben Einstellungen erhalten, müssen wir einen Weg finden, die einzustellenden Werte unmittelbar bei Deklaration der Objektvariablen dem Konstruktor mitzuteilen. Da es sich beim Konstruktor im Kern um eine völlig triviale Prozedur handelt, welche lediglich den Standardnamen New trägt, werden die Informationen über die

Prozedurparameter an den Konstruktor weitergeleitet. Dazu müssen wir für das Sparbuch-Beispiel lediglich einen Klassenkonstruktor **mit Parametern** konstruieren:

```
Module Module1
    Class Sparbuch
        Private strVorname As String
        Private strName As String
        Public Sub New(ByVal strVorname As String, _
        ByVal strName As String)
            Me.VorName = strVorname
            Me.NachName = strName
        End Sub
        Public Property VorName() As String
            Get
                Return strVorname
            End Get
            Set(ByVal strVorN As String)
                strVorname = strVorN
            End Set
        End Property
        Public Property NachName() As String
            Get
                Return strName
            End Get
            Set(ByVal strNachN As String)
                strName = strNachN
            End Set
        End Property
    End Class
    Sub Main()
        Dim objMeinSparbuch As New Sparbuch("Steve", _
        "Ballmore")
        MsgBox(objMeinSparbuch.VorName & Chr(13) & _
        objMeinSparbuch.NachName)
    End Sub
End Module
```

Listing 4.14 Klassenkonstruktor mit Parametern konstruieren

Im obigen Quellcode wurde ein Sparbuch-**Konstruktor mit Parametern** implementiert. Dieser nimmt nun beim Instanzieren Daten entgegen, sodass Sparbücher für verschiedene Personen angelegt werden können. Wie die Message-Box-Ausgabe beweist, hat nun auch Herr Ballmore ein eigenes Sparbuch.

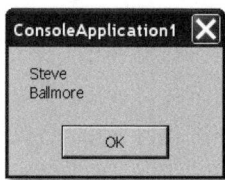

Abbildung 4.18 Ausgabe der Objekteigenschaften, welche über die Parameter des Sparbuch-Konstruktors dem Objekt beim Instanzieren zugewiesen wurden

Parameterisierte Konstruktoren bieten bereits ein gutes Maß an Flexibilität und werden aus diesem Grund in der objektorientierten Programmierung gerne und zahlreich eingesetzt. Allerdings birgt auch die soeben vorgestellte Konstruktor-Variante weiterhin einen erheblichen Nachteil. Unser parameterisierter Sparbuch-Konstruktor erwartet **zwingend** die Angabe der entsprechenden Prozedur-Argumente. Ideal wäre ein anpassungsfähiger Konstruktor, welchem wir nur für den Fall, dass wir die Defaulteinstellungen verändern wollen, Werte übergeben müssten. Wie ein solcher anpassungsfähiger Konstruktor aufgebaut ist, werden wir uns im folgenden Abschnitt ansehen.

4.7.3 Konstruktoren mit optionalen Parametern

Ein parameterisierter Konstruktor, wie der unserer Sparbuchklasse, kann **nicht** ohne die Angabe der dazugehörigen Parameter aufgerufen werden. In unserem Beispiel wäre die Deklaration

```
Dim objMeinSparbuch As New Sparbuch()
```

daher **unzulässig**, worauf Sie bereits bei Eingabe dieser Programmzeile durch den Codeeditor hingewiesen würden.

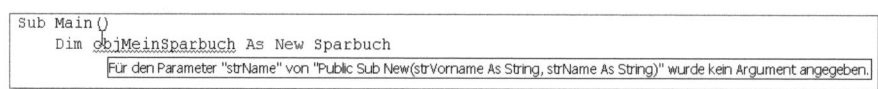

```
Sub Main()
    Dim objMeinSparbuch As New Sparbuch
        Für den Parameter "strName" von "Public Sub New(strVorname As String, strName As String)" wurde kein Argument angegeben.
```

Abbildung 4.19 Der Codeeditor weist darauf hin, dass der Aufruf eines parameterisierten Konstruktors ohne Parameter nicht zulässig ist.

Um zu erreichen, dass die Angabe der Parameter **optional** ist, benötigt der Konstruktor einzig die Festlegung von Defaultwerten, auf welche er zurückgreifen kann, falls keine Parameter übergeben werden. Um dies zu demonstrieren, wurde unsere Sparbuchklasse um die Eigenschaft einer **Kontonummer** erweitert. Der Konstruktor wird zu diesem Zweck dahingehend modifiziert, dass die

Eingabe der Kontonummer zwingend ist, denn durch sie ist ein Bankkonto immer eindeutig zu identifizieren, was bei Vornamen und Namen nicht unbedingt der Fall ist. Vorname und Name **können** dem Konstruktor für das Instanzieren des Objekts übergeben werden, sind aber als Angaben **nicht zwingend**. Bei der Konstruktion von optionalen Parametern müssen Sie drei Dinge beachten:

▶ Optionale Parameter werden durch das Visual Basic-Schlüsselwort `Optional` gekennzeichnet.

▶ Sie stehen immer am Ende der Parameterliste.

▶ Ihnen muss zwingend ein Defaultwert zugewiesen werden.

Das **erweiterte** Sparbuch-Beispiel verdeutlicht die beschriebene Vorgehensweise:

```
Module Module1
    Class Sparbuch
        Private strVorname As String
        Private strName As String
        Private intKontoNummer As Integer
        Public Sub New(ByVal intKontoNummer As Integer, _
        Optional ByVal strVorname As String = "Brian", _
        Optional ByVal strName As String = "Tanner")
            Me.KontoNummer = intKontoNummer
            Me.VorName = strVorname
            Me.NachName = strName
        End Sub
        Public Property VorName() As String
            Get
                Return strVorname
            End Get
            Set(ByVal strVorN As String)
                strVorname = strVorN
            End Set
        End Property
        Public Property NachName() As String
            Get
                Return strName
            End Get
            Set(ByVal strNachN As String)
                strName = strNachN
            End Set
```

```
        End Property
        Public Property KontoNummer() As Integer
            Get
                Return intKontoNummer
            End Get
            Set(ByVal intKNum As Integer)
                intKontoNummer = intKNum
            End Set
        End Property
    End Class
    Sub Main()
        Dim objMeinSparbuch As New Sparbuch(102103104)
        MsgBox(objMeinSparbuch.VorName & Chr(13) & _
        objMeinSparbuch.NachName & Chr(13) & _
        objMeinSparbuch.KontoNummer)
    End Sub
End Module
```

Listing 4.15 Konstruktion von optionalen Parametern

Dies ist ein Beispiel für eine Sparbuch-Klasse mit zwei **optionalen Parametern**
(Name, Vorname). Werden diese beim Instanzieren nicht angegeben, wird ein
in der Klasse festzulegender Standardwert für sie eingesetzt. In der MessageBox
werden sowohl die als Parameter übergebene Kontonummer als auch die
Defaultwerte des Konstruktors für die Eigenschaften »Vorname« und »Nachname« angezeigt.

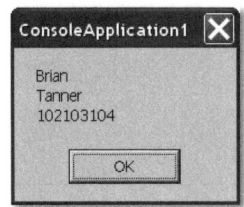

Abbildung 4.20 Ausgabe der Parameter

Eine weitere Möglichkeit, parameterisierte Konstruktoren möglichst anwen-
derfreundlich zu gestalten, stellt die Technik des Überladens dar. Mit dieser uns
im Wesentlichen schon vertrauten Methode (siehe Abschnitt 4.6.4, *Überladen
von Methoden*) beschäftigt sich der folgende Abschnitt.

4.7.4 Überladen von Konstruktoren

Zur Veranschaulichung, wie ein mehrfach überladener Instanzkonstruktor konstruiert werden kann, werden wir uns ein neues Klassenbeispiel mit dem Titel `ReiseBuchung` ansehen:

```
Module Module1
   Class ReiseBuchung
      Private strLand As String
      Private intMonat As Integer
      Private intPersonen As Integer
      Private decPreis As Decimal
      Public Sub New(ByVal strLand As String)
         Me.Land() = strLand
      End Sub
      Public Sub New(ByVal strLand As String, _
      ByVal intMonat As Integer)
         Me.Land() = strLand
         Me.Monat() = intMonat
      End Sub
      Public Sub New(ByVal strLand As String, _
      ByVal intMonat As Integer, _
      ByVal intPersonen As Integer)
         Me.Land() = strLand
         Me.Monat() = intMonat
         Me.Personen() = intPersonen
      End Sub
      Public Sub New(ByVal strLand As String, _
      ByVal intMonat As Integer, _
      ByVal intPersonen As Integer, _
      ByVal decPreis As Decimal)
         Me.Land() = strLand
         Me.Monat() = intMonat
         Me.Personen() = intPersonen
         Me.Preis() = decPreis
      End Sub
      Public Property Land() As String
         Get
            Return strLand
         End Get
         Set(ByVal strPLand As String)
            strLand = strPLand
```

```
        End Set
    End Property
    Public Property Monat() As Integer
        Get
            Return intMonat
        End Get
        Set(ByVal intPMonat As Integer)
            intMonat = intPMonat
        End Set
    End Property
    Public Property Personen() As Integer
        Get
            Return intPersonen
        End Get
        Set(ByVal intPPersonen As Integer)
            intPersonen = intPPersonen
        End Set
    End Property
    Public Property Preis() As Decimal
        Get
            Return decPreis
        End Get
        Set(ByVal decPPreis As Decimal)
            Select Case Me.Monat
                Case 1 To 4
                    Me.decPreis = decPPreis - _
                    (decPPreis * 0.05)
                Case 5 To 8
                    Me.decPreis = decPPreis + _
                    (decPPreis * 0.15)
                Case 9 To 12
                    Me.decPreis = decPPreis - _
                    (decPPreis * 0.1)
                Case Else
                    Me.decPreis = decPPreis
            End Select
        End Set
    End Property
End Class
Sub Main()
    Dim strSaison As String
```

```
      Dim objMeinUrlaub As New ReiseBuchung("Schottland", _
      7, 2, 1000)
      Select Case objMeinUrlaub.Monat
         Case 1 To 4
            strSaison = "Vorsaison"
         Case 5 To 8
            strSaison = "Hauptsaison"
         Case 9 To 12
            strSaison = "Nachsaison"
         Case Else
            strSaison = "Ist das Ihr Ernst!?"
      End Select
      Console.WriteLine()
      Console.WriteLine(" Reiseland:      " & _
      objMeinUrlaub.Land)
      Console.WriteLine( _
      " ===============================")
      Console.WriteLine(" Preiskategorie: " & strSaison)
      Console.WriteLine( _
      " ===============================")
      Console.WriteLine(" Preis:          " & _
      objMeinUrlaub.Preis & " Euro")
      Console.WriteLine( _
      " ===============================")
      Console.WriteLine(" Personen:       " & _
      objMeinUrlaub.Personen)
      Console.ReadLine()
   End Sub
End Module
```

Listing 4.16 Reisepreisberechnung in Abhängigkeit vom Reisemonat

Zunächst werden innerhalb der Klasse ReiseBuchung vier **nicht** öffentliche Klassenvariablen deklariert, auf welche, den Maximen der OOP folgend, der Zugriff über die entsprechend korrelierenden Property-Methoden Land(), Monat(), Personen() und Preis() geregelt ist. Anschließend können wir den ersten Konstruktor, welchen wir ausschließlich für die Klassenvariable strLand konzipieren, kodieren. Die Technik des Überladens von Prozeduren ist uns bereits bekannt, aus diesem Grund gestalten sich die weiteren Schritte recht einfach. Nacheinander nehmen wir die noch fehlenden drei Konstruktoren in unsere Klasse auf, wobei die Parametersignatur jeweils um ein weiteres Argument **erweitert** wird. Der erste Konstruktor hat also einen, der zweite zwei usw. Parameter, welche er beim Instanzieren entgegennehmen kann. Denken Sie bitte daran, dass die Wertzuweisungen an die »privaten« Klassenvariablen ebenfalls innerhalb des Konstruktors zu programmieren sind. Beinhaltet der erste Konstruktor zu diesem Zweck die Anweisung `Me.Land() = strLand`, muss der zweite Konstruktor bereits `Me.Land() = strLand` und `Me.Monat() = int-Monat` enthalten.

Sie sollten vielleicht noch Ihr Augenmerk auf die `Set()`-Prozedur der `Preis`-Property richten. Die darin enthaltene `Select Case`-Struktur sorgt für einen modifizierten Rückgabewert (`decPreis`), welcher in Abhängigkeit der unterschiedlichen Reisemonate berechnet wird. Eine ähnliche `Select Case`-Anweisung ermöglicht in `Sub Main()` die Ausgabe der Preiskategorien im Klartext als »Vorsaison«, »Hauptsaison« und »Nachsaison«, wie in der Konsolenausgabe zu sehen:

Abbildung 4.21 Konsolenausgabe zum Beispiel »ReiseBuchung« mit mehrfach überladenem Konstruktor

Ansonsten birgt der Quellcode unserer Klasse `ReiseBuchung` keine echten Geheimnisse, ist jedoch ein gutes Beispiel für einen auf den ersten Blick recht »kompliziert« wirkenden Quelltext, der sich bei ruhiger und systematischer Betrachtung allerdings schnell »entschlüsselt«. Sie sollten bei der Sichtung von umfangreichen Programmcodes immer Schritt für Schritt vorgehen. Nutzen Sie Ihre bereits erworbenen Kenntnisse und analysieren Sie in Ruhe Baustein für Baustein. Auf diese Weise werden sich Ihnen selbst komplexe Programmstrukturen rasch erschließen. Darüber hinaus trainieren Sie Ihr analytisches Verständnis, dieses wird Ihnen unter anderem beim systematischen Debugging enorm hilfreich sein. Mit diesen »weisen« Worten möchte ich den Abschnitt zu den Konstruktoren abschließen und zum nächsten Thema, den Destruktoren, überleiten.

4.7.5 Destruktoren

Mit den Destruktoren begeben wir uns auf ein recht anspruchsvolles Gebiet der Visual Basic .NET-Programmierung. Anspruchsvoll deshalb, weil selbstprogrammierte Destruktoren in die Speicherverwaltung eingreifen, mit welcher der Visual Basic-Entwickler im Regelfall nicht in Berührung kommt, da diese vollkommen der Common Language Runtime anvertraut ist. Für die »Aufräumarbeiten« zeichnet dabei der schon des Öfteren erwähnte Garbage Collector verantwortlich. Genau genommen bezeichnet der Begriff Destruktor das Gegenstück zum Konstruktor und stellt wie dieser eine Objekt**methode** dar. Wir haben gesehen, dass beim Instanzieren einer Klasse automatisch die Methode `New()` aufgerufen wird, ein Prozess, welchen wir uns zunutze gemacht haben, indem wir `New()`-Parameter zur Objektkonfiguration übergeben haben. Dieser Vorgang ist zu verzeichnen, wenn ein Objekt auf dem Heap des Arbeitsspeichers angelegt wird. Wird ein Objekt nicht mehr benötigt und vom Heap entfernt, ruft der Garbage Collector unmittelbar vor der Terminierung des Objekts dessen `Finalize()`-Methode auf. Innerhalb der Prozedur `Finalize()` können entsprechende Anweisungen, welche vor Entfernung der Objektinstanz unbedingt ausgeführt werden sollen, platziert werden.

Wenn alle wesentlichen Aspekte der Speicherverwaltung bereits durch den Garbage Collector betreut werden, in welchen Fällen ist es dann überhaupt sinnvoll, innerhalb der Finalize-Methode eigene Anweisungen zu implementieren? Denkbar sind Situationen, in denen durch ein Objekt Verbindungen zu entfernten Ressourcen wie Dateien, Datenbanken oder beliebigen anderen Netzwerkressourcen eröffnet wurden. Da der Garbage Collector lediglich Kontrolle über die Prozesse des **lokalen** Arbeitsspeichers hat, stehen ihm weder die Rechte noch die Möglichkeiten zur Verfügung, auf »entfernte« Speicherressourcen einzuwirken. Wurde durch ein Objekt etwa die Verbindung zu einer Datenbank aufgebaut, hält der entsprechende Datenbankserver für diese Verbindung die benötigten Kapazitäten bereit.

Bei der Entfernung des Objekts vom Heap wird durch den Garbage Collector der durch das Objekt belegte Speicher wieder freigegeben, der Datenbankserver wird jedoch nicht zwangsläufig darüber informiert, dass seine Dienste von nun an nicht mehr benötigt werden. Sollte der Datenbankserver den Datenverkehr nicht permanent selbsttätig überwachen und nicht mehr benötigte »Dienste« und »Kanäle« über ein Timeout terminieren, würde er in diesem Fall unnötig Ressourcen vorhalten. Dieses könnte sich negativ auf seine Performance auswirken. In einem solchen Beispiel wäre es eine freundliche Geste der Objektinstanz, dem Datenbankserver eine kurze Mitteilung darüber zu senden, dass seine Dienste von nun an nicht mehr benötigt werden. Derartige Mitteilungen sind innerhalb einer `Finalize()`-Prozedur richtig platziert.

Die Deklaration eines Destruktors weist die folgende Syntax auf:

```
Protected Overrides Sub Finalize()
    Anweisungen
    MyBase.Finalize()
End Sub
```

Dabei wird durch den Modifizierer Protected sichergestellt, dass der Destruktor nicht von außerhalb der Klasse aufgerufen werden kann, abgeleitete Klassen ihn jedoch nutzen können. Mit der Finalize()-Methode wird eine Methode der der .NET Framework-Klasse System.Objekt genutzt. Soll die in System.Objekt implementierte Finalize()-Methode überschrieben werden, muss dieses mittels des Modifizierers Overrides kenntlich gemacht werden. Die Anweisung MyBase.Finalize() ist immer die letzte Anweisung der Finalize()-Methode, wobei MyBase die Referenz auf die Basisklasse, deren Methode überschrieben wurde, darstellt.

Sie sollten mit dem Einsatz eigener Destruktoren äußerst sorgsam – und sparsam – umgehen. Überschreiben Sie die Finalize()-Methode von System.Objekt nur in Fällen, in denen Sie es für unumgänglich halten. Das Verhalten des Garbage Collectors ist von Ihnen nicht beeinflussbar. Sie können somit nicht wissen, wann ein Objekt aus dem Arbeitsspeicher entfernt wird, was auch bedeutet, dass Sie als Visual Basic-Programmierer keine Kenntnis davon haben, zu welchem Zeitpunkt des Programmlaufs (oder sogar erst danach?) die von Ihnen entwickelte Finalize()-Prozedur aufgerufen wird. Gehen Sie somit behutsam mit diesem Instrument um und achten Sie insbesondere genau darauf, welche Anweisungen Sie innerhalb einer Finalize()-Prozedur platzieren.

4.8 Statische Klassenkomponenten

Im Regelfall sind die Eigenschaften und die Methoden eines Objekts unmittelbar mit dem instanzierten Objekt verbunden. Um diese ansprechen zu können, ist es erforderlich, zunächst eine Objektinstanz auf Basis der entsprechenden Klasse zu erstellen. Genauso sind wir bisher vorgegangen. Zunächst wurde mittels des New-Operators aus einer Klasse eine neue, eigenständige Objektinstanz erstellt. Da wir aus **einer** Klasse gleichzeitig **mehrere** verschiedene Instanzen erzeugen können, gehören die Daten unmittelbar zu den Instanzen, charakterisieren diese und sind sozusagen »einmalig«. Denken Sie beispielsweise an eine Klasse Auto, aus welcher wir drei Objektinstanzen mit den Farbeigenschaften Rot, Braun und Silber erzeugen. Bei dieser Vorgehensweise existieren für die generierten Instanzen keine Klassendaten, auf welche sie gemeinsam, etwa im Sinne von anwendungsglobalen Variablen, zugreifen könnten. Klassenvariablen, welche der Klasse selbst zuzuordnen sind und nicht den konkreten Objektinstanzen, könnten einen solchen »Datenpool«, welchen sich alle Objektinstanzen teilen, zur Verfügung stellen. Derartige, für alle Instanzen gemeinsam verfügbare Variablen und Methoden werden als »Shared-Member« oder »statische Klassenkomponenten« bezeichnet. Auf welche Weise diese in Klassen zu implementieren sind, erfahren Sie in den nächsten Abschnitten.

4.8.1 Statische Klasseneigenschaften

Zunächst werden wir uns damit beschäftigen, auf welche Weise Klassen**eigenschaften** als Shared-Member in einer Klasse realisiert werden können und welche Konsequenzen sich daraus ergeben. Konstruieren wir zunächst die bereits erwähnte Klasse Auto mit den uns zur Verfügung stehenden Mitteln:

```
Module Module1
    Public Class Auto
'Deklaration der Klassenvariablen als nicht öffentlich.
        Private strModell As String
        Private strFarbe As String
        Private decPreisNetto As Decimal
'Deklaration der Konstruktoren
        Public Sub New(ByVal strModell As String)
            Modell() = strModell
        End Sub
        Public Sub New(ByVal strModell As String, _
        ByVal strFarbe As String)
            Modell() = strModell
            Farbe() = strFarbe
        End Sub
        Public Sub New(ByVal strModell As String, _
        ByVal strFarbe As String, _
        ByVal decPreisNetto As Decimal)
            Modell() = strModell
            Farbe() = strFarbe
            Preis() = decPreisNetto
        End Sub
'Hier beginnen die Property-Prozeduren.
        Public Property Modell() As String
            Get
                Return strModell
            End Get
            Set(ByVal strPModell As String)
```

```vbnet
                strModell = strPModell
            End Set
        End Property
        Public Property Farbe() As String
            Get
                Return strFarbe
            End Get
            Set(ByVal strPFarbe As String)
                strFarbe = strPFarbe
            End Set
        End Property
        Public Property Preis() As Decimal
            Get
                Return decPreisNetto
            End Get
            Set(ByVal decPPreis As Decimal)
                decPreisNetto = decPPreis
            End Set
        End Property
    End Class
    Sub Main()
        Dim objAuto_1 As New Auto("Golf", "Rot", 22300)
        Dim objAuto_2 As New Auto("Beetle", "Schwarz", 25200)
        Console.WriteLine(objAuto_1.Modell)
        Console.WriteLine(objAuto_1.Farbe)
        Console.WriteLine(objAuto_1.Preis & " Euro" & _
        " (netto)")
        Console.WriteLine("===================")
        Console.WriteLine(objAuto_2.Modell)
        Console.WriteLine(objAuto_2.Farbe)
        Console.WriteLine(objAuto_2.Preis & " Euro" & _
        " (netto)")
        Console.ReadLine()
    End Sub
End Module
```

Listing 4.17 Über zwei Instanzen der Auto-Klasse werden die Informationen zu zwei Fahrzeug-typen am Bildschirm angezeigt.

Zunächst haben wir die Klasse `Auto` mit den gekapselten Klassenvariablen `strModell`, `strFarbe` und **decPreisNetto** erstellt. Anschließend wurde die Klasse um drei Konstruktoren für die genannten Eigenschaften sowie die entsprechenden Property-Prozeduren erweitert. In `Sub Main()` werden zuerst die Objektinstanzen erzeugt, wobei diesen über Parameter unmittelbar Eigenschaftswerte zugeschrieben werden. Da dem Konstruktor für die Instanzen `objAuto_1` und `objAuto_2` jeweils unterschiedliche Werte übergeben wurden, unterscheiden sich die Objekte in ihren Eigenschaften deutlich, wie es die Konsolenausgabe zeigt:

```
Preis-Info-System
====================
Golf
Rot
22300 Euro (netto)
====================
Beetle
Schwarz
25200 Euro (netto)
```

Abbildung 4.22 Durch die Übergabe unterschiedlicher Parameter an den Konstruktor wurden »Auto-Objekte« mit verschiedenen Eigenschaften erzeugt.

Im nächsten Schritt werden wir eine statische Klassenvariable, auf deren Wert alle Objektinstanzen zugreifen können, deklarieren. Dabei ist zu bemerken, dass dieses Shared-Member nur **einen** Speicherplatz, auf den **alle** Instanzen gemeinsam zugreifen, belegt. Der Inhalt dieser statischen Variablen ist somit stets für alle Objektinstanzen identisch. Um dieses zu erreichen, müssen wir unsere `Auto`-Klasse zunächst um die folgende Programmzeile erweitern:

```
Public Shared decMwSt As Double = 16.0
```

Mit dieser Anweisung haben wir die Variable `decMwSt` als gemeinsame Variable für alle Objektinstanzen unserer `Auto`-Klasse definiert. Fügen wir die entsprechende `ReadOnly`-Property-Prozedur hinzu, die es ermöglicht, auf den Variableninhalt lesend zuzugreifen, würden wir die Property-Prozedur, wie im Normalfall üblich, auch mit einer Set-Prozedur ausstatten. Dieses wäre nicht ganz unproblematisch, denn nun könnte jede Objektinstanz schreibend auf die Variable zugreifen und sie nach Belieben ändern. Die Idee war jedoch, an zentraler Stelle einen Wert bereitzustellen, der von allen Instanzen abgerufen werden kann und auch für alle Instanzen gleichermaßen »verbindlich« ist, wie etwa der angegebene Mehrwertsteuersatz. Ansonsten wäre die folgende Codezeile in `Sub Main()` denkbar:

```
objAuto_1.MWST = 10
```

Dieses würde für **alle** Instanzen bedeuten, dass mit einem falschen Steuersatz gerechnet wird. Um diese Art von willkürlichen Zugriffen zu verhindern, wird die statische Klassenvariable mit einer `ReadOnly`-Property gekapselt.

```
Public ReadOnly Property MWST() As Decimal
    Get
        Return decMwSt
    End Get
End Property
```

Die beiden letzten zu ergänzenden Zeilen sind eher trivialer Natur und bewirken die Ausgabe des Steuersatzes am Konsolenprompt, wobei die entsprechende Methode `MWST` genutzt wird:

```
Console.WriteLine(" zuzüglich " & objAuto_1.MWST & _
" % Mehrwertsteuer")
Console.WriteLine(" zuzüglich " & objAuto_1.MWST & _
" % Mehrwertsteuer")
```

Listing 4.18 Ausgabe des Mehrwertsteuersatzes

Oben stehendes Programm nutzt eine **statische Klassenvariable** zur Anzeige des Mehrwertsteuersatzes. Da dieser für **alle Instanzen** gleichermaßen zur Verfügung steht, wird seine Integrität durch einen ausschließlichen ReadOnly-Zugriff geschützt. Für die Ausgabe der 16 % Mehrwertsteuer zeichnet die statische Klassenvariable `decMwSt` verantwortlich, welche durch eine ReadOnly-Property vor willkürlichen Zugriffen gekapselt wurde:

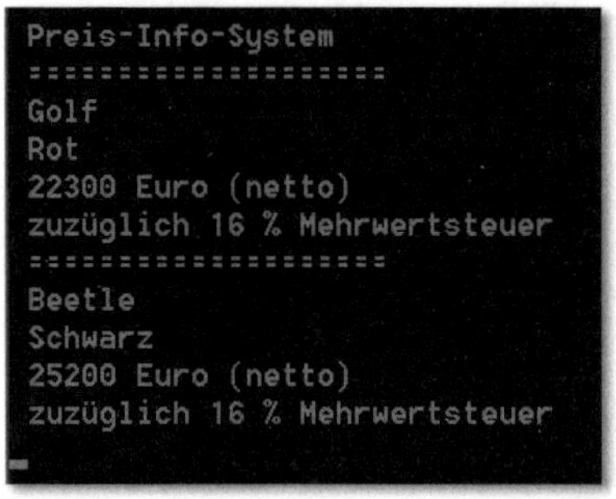

Abbildung 4.23 Ausgabe der Mehrwertsteuer mittels »decMwSt«

Wie Sie gesehen haben, ist es nicht sonderlich kompliziert, eine Klasse mit einer statischen Eigenschaft auszustatten. Zahlreiche Anwendungsbeispiele hierzu werden Ihnen sicherlich aus eigener Praxis bekannt sein. Bevor wir nun dazu übergehen, unsere Klasse weiter zu »verfeinern«, indem wir sie mit statischen Klassenmethoden ausstatten, möchte ich sie nochmals darauf hinweisen, dass statische Klassenmitglieder nicht instanziert werden müssen, um auf diese zugreifen zu können. Sie könnten also innerhalb von `Sub Main()` durchaus auf decMwSt zugreifen, ohne vorher eine Instanz wie etwa `objAuto_1` erstellt zu haben. Nach Eingabe des Punktoperators hinter dem Klassennamen Auto erhalten Sie hierbei sogar die Hilfe des Codeeditors:

Abbildung 4.24 Die IntelliSense-Technologie zeigt das statische Klassen-Member »decMwSt« an.

4.8.2 Statische Klassenmethoden

Statische Klassenmethoden eignen sich ausgezeichnet dazu, einem Projekt »globale« Funktionen hinzuzufügen, die in verschiedenen Programmteilen häufig Anwendung finden. Das .NET Framework arbeitet an vielen Stellen mit statischen Klassenmethoden. Ein ebenso gutes wie häufig zitiertes Beispiel stellt die Klasse Math dar, welche eine Fülle von trigonometrischen, logarithmischen und zahlreichen anderen mathematischen Funktionen bereitstellt. Der Vorteil einer statischen Methode ist, dass sie, analog zu den statischen Eigenschaften, genutzt werden kann, ohne eine vorherige Objektinstanz zu bilden. Als kleines Beispiel sei hier die Methode Round() der Math-Klasse angeführt:

```
Module Module1
    Sub Main()
        Dim decPreis_1 As Decimal = 132.23651234679
        Dim decPreis_2 As Decimal = 132.23551234679
        Dim decPreis_3 As Decimal = 132.23451234679
'Aufruf der Round()-Methode, ohne vorheriges Instanzieren
        Console.WriteLine(Math.Round(decPreis_1, 2))
        Console.WriteLine(Math.Round(decPreis_2, 2))
        Console.WriteLine(Math.Round(decPreis_3, 2))
        Console.ReadLine()
    End Sub
End Module
```

Listing 4.19 Direkter Zugriff auf eine statische Methode

Hier wird von der Möglichkeit eines direkten Zugriffs (ohne vorheriges Instanzieren) auf die **statische Methode »Round«** der Klasse »Math« Gebrauch gemacht. Das Ergebnis der Rundungsoperationen wird am Konsolenprompt ausgegeben.

Abbildung 4.25 Ausgabe der mithilfe von »Math.Round()« gerundeten Zahlen im Konsolenfenster

Wie die Ausgabe am Konsolenprompt zeigt, übernimmt die Round-Methode der Math-Klasse das kaufmännische Runden auf zwei Stellen nach dem Komma. Sollten Sie in einem Ihrer Projekte vor ähnlichen Aufgabenstellungen stehen und mit Algorithmen von allgemeinerer Natur arbeiten, bietet es sich an, eine eigene Klasse mit statischen Methoden zur Lösung dieser Berechnungen (Aufgaben) zu entwickeln. Wir werden beispielhaft eine Klasse mit zwei einfachen Methoden programmieren.

Die erste Aufgabe, die es zu lösen gilt, besteht darin, aus einem vorgegebenen Verkaufspreis, welcher die Umsatzsteuer bereits enthält, die Umsatzsteuer wieder herauszurechnen, sodass sie gesondert ausgewiesen werden kann. Die zweite Aufgabe verlangt von uns, zwei gegebene Werte so ins Verhältnis zueinander zu setzen, dass angegeben werden kann, um wieviel Prozent der zweite Wert vom ersten, dem Basiswert, abweicht. So lässt sich zum Beispiel die Umsatzveränderung von einem Jahr zum nächsten in Prozent berechnen. Der nachfolgende Quellcode wird anschließend wieder erläutert, wobei allerdings davon ausgegangen wird, dass die Rechenoperationen selbsterklärend sind.

```
Module Module1
    Public Class MeineFunktionen
        Public Shared Function Steuer(ByVal decKaufPreis As _
        Decimal) As Decimal
            Steuer = decKaufPreis - decKaufPreis / 116 * 100
        End Function
        Public Shared Function Anteil(ByVal decBasis As _
        Double, ByVal decWert As Double) As Double
            If decWert < decBasis Then
                Anteil = (100 - Math.Round(decWert / decBasis _
                * 100, 2)) * (-1)
            Else
                Anteil = (100 - Math.Round(decWert / decBasis _
                * 100, 2))
            End If
        End Function
    End Class
```

```
Sub Main()
    Dim decRechnungsSumme As Decimal = 1160
    Dim decUmsatzJahr_1 As Decimal = 200000
    Dim decUmsatzJahr_2 As Decimal = 150000
    MsgBox("Der Steueranteil beträgt: " & _
    MeineFunktionen.Steuer(decRechnungsSumme) & _
    " Euro", MsgBoxStyle.Information, "Preis-Info-Dienst")
    If MeineFunktionen.Anteil(decUmsatzJahr_1, _
    decUmsatzJahr_2) < 0 Then
        MsgBox("Der Umsatzrückgang beträgt: " & _
        MeineFunktionen.Anteil(decUmsatzJahr_1, _
        decUmsatzJahr_2) & " %", MsgBoxStyle.Information, _
        "Controlling-Meldung")
    Else
        MsgBox("Umsatzplus gegenüber dem Vorjahr um: " & _
        MeineFunktionen.Anteil(decUmsatzJahr_1, _
        decUmsatzJahr_2) & " %", MsgBoxStyle.Information, _
        "Controlling-Meldung")
    End If
    End Sub
End Module
```

Listing 4.20 Entwicklung einer eigenen Klasse mit statischen Methoden

Oben stehendes Programm rechnet zunächst aus einem gegebenen Preis den Anteil der Umsatzsteuer heraus. Des Weiteren berechnet es die Veränderung der Umsatzwerte zweier aufeinander folgender Jahre in Prozent. Beide Aufgaben wurden in der Klasse `MeineFunktionen` durch **statische Methoden** gelöst.

Als erste statische Methode wird innerhalb der Klasse `MeineFunktionen` die Funktion `Steuer()` kodiert. Um `Steuer()` als Shared-Member auch von außerhalb der Klasse ansprechen zu können, wird sie mit den beiden Modifizierern `Public` und `Shared` deklariert, wobei in diesem Fall der Modifizierer `Public` nicht zwingend ist. Der Rückgabewert der Funktion wird an den Funktionsnamen gebunden. Der Rechenausdruck rechts vom Gleichheitszeichen sorgt dafür, dass aus dem Wert `decKaufPreis` (Preis inkl. MwSt) 16 Prozent Mehrwertsteuer herausgerechnet werden.

Unmittelbar nach `Steuer()` führen wir in den Quellcode die Funktion `Anteil()` ein. Der Funktion müssen zwei Argumente, mit denen die »Anteilsberechnung« vorgenommen wird, übergeben werden. Bei den Werten, welche die Funktion benötigt, handelt es sich um einen **Basis-** und einen **Veränderungswert**. Dabei berechnet die Funktion, in welchem Verhältnis der Verände-

rungswert zum Basiswert steht. Im Beispiel beträgt der Basiswert 200.000,-
Euro (decUmsatzJahr_1). Der Veränderungswert beträgt 150.000,- Euro
(decUmsatzJahr_2). Die Funktion berechnet daraus die prozentuale Veränderung. Da der erste Wert die Berechnungs**basis** darstellt, ergibt sich ein Umsatzrückgang von (-) 25 %. Die If-Anweisung versorgt das Rechenergebnis lediglich
mit einem negativen Vorzeichen, falls der Basiswert **größer** als der Veränderungswert ist. Prinzipiell können mit dieser Funktion beliebige »Veränderungs-
rechnungen« (in Prozent) wie etwa bei Preisänderungen, Mengenänderungen,
Veränderungen der Arbeitslosenzahlen, Veränderungen im Krankenstand etc.
vorgenommen werden. Wichtig ist allein, in welcher Reihenfolge die beiden
Werte der Funktion übergeben werden, da der erste Wert immer als Berech-
nungsbasis dient.

Wie Sie in Sub Main() sehen, wird die Klassenmethode Steuer() lediglich
unter Angabe der Klasse MeineFunktionen.Steuer() aufgerufen. Zur Nutzung der Funktion ist es nicht erforderlich, zunächst eine Objektinstanz zu
erstellen. Der Aufruf der statischen Klassenkomponente Anteil() erfolgt analog. Die If-Anweisung dient lediglich dazu, den Ausgabetext der MessageBox
zu steuern. Ein Umsatzzuwachs würde eine andere Ausgabe veranlassen als ein
Umsatzrückgang, welcher zur zweiten der nachfolgenden MessageBoxen führt.

Abbildung 4.26 MessageBox-Ausgaben der Berechnungsergebnisse der statischen Objektmethoden »Steuer()« und »Anteil()«

Mit diesem Beispiel werden wir nun das Themengebiet der statischen Klassenkomponenten verlassen und uns zwei zentralen Gebieten der objektorientierten Programmierung, der Vererbung und dem Polymorphismus, zuwenden.

4.9 Vererbung und Polymorphismus

Neben der Datenkapselung stellen Vererbung und Polymorphismus zwei weitere wesentliche Aspekte der objektorientierten Programmierung dar. In
diesem Abschnitt werden Sie mit den genannten OOP-Techniken in aller Aus-
führlichkeit bekannt gemacht. Dabei werden wir uns zunächst mit den Möglichkeiten, welche Visual Basic zum Thema Vererbung bereithält, beschäftigen.
Im Anschluss daran werden wir uns mit dem Konzept der Polymorphie auseinander setzen.

4.9.1 Grundlagen der Vererbung

Ein Kerngedanke der objektorientierten Programmierung besteht in der Modularisierung von Programmcode. Wie uns bereits bekannt ist, können Klassen als »Programmbausteine«, welche ein ganz spezielles Leistungsspektrum aufweisen, interpretiert werden. Die Möglichkeit einer Klasse, ihre »Fähigkeiten« an andere Klassen weiterzugeben, stellt die eine Seite der Vererbung dar. Das Pendant hierzu bilden diejenigen Klassen, welche in der Lage sind, diese »Fähigkeiten« automatisch zu übernehmen. In der OOP-Terminologie wird die vererbende Klasse als **Basisklasse**, die erbende als **abgeleitete Klasse** bezeichnet. Dabei übernehmen (erben) die abgeleiteten Klassen die Methoden, Eigenschaften, Ereignisse und Datenfelder der jeweiligen Basisklasse.

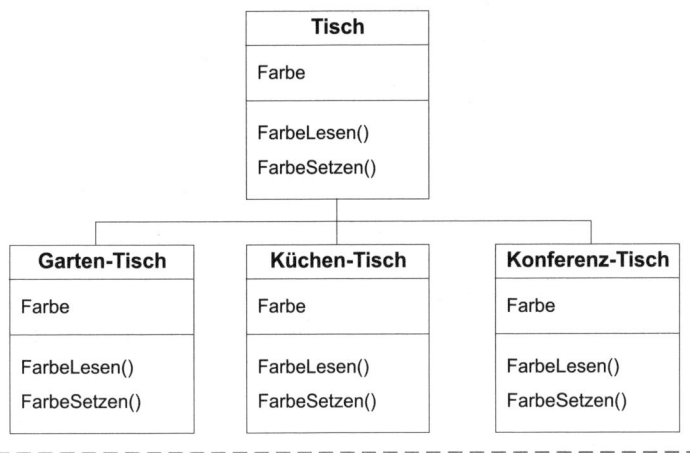

Abbildung 4.27 Vererbung der Eigenschaften und Methoden der Basisklasse »Tisch« an die drei abgeleiteten Klassen »Garten-Tisch«, »Küchen-Tisch« und »Konferenz-Tisch«

Die Grafik zeigt noch einmal den Zusammenhang von Basisklasse und abgeleiteten Klassen. Die drei abgeleiteten Klassen »Garten-Tisch«, »Küchen-Tisch« und »Konferenz-Tisch« erben die Eigenschaft Farbe und die entsprechenden Property-Methoden. An diesem Beispiel wird nochmals deutlich, dass es sich bei der Vererbung um ein äußerst effizientes Verfahren der objektorientierten Programmierung handelt. Die genannten Klassenmethoden zum Setzen und Lesen der Farbeigenschaften wurden nur **einmal** innerhalb der Basisklasse kodiert und stehen den abgeleiteten Klassen uneingeschränkt zur Verfügung. Die gestrichelte Linie soll erneut darauf aufmerksam machen, dass an dieser Stelle die »Erblinie« in Visual Basic beendet ist. Eine Mehrfachvererbung wie in anderen Programmiersprachen ist in Visual Basic .NET nicht zu realisieren. Die abgeleiteten Klassen (Unterklassen) sind darüber hinaus berechtigt, die ererbten Fähigkeiten der Basisklasse zu erweitern.

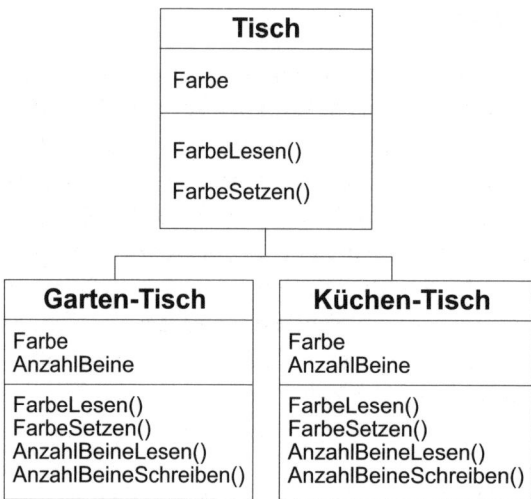

Abbildung 4.28 Die abgeleiteten Klassen »Garten-Tisch« und »Küchen-Tisch« wurden um eine Eigenschaft inklusive dazugehöriger Property-Methoden erweitert.

Wie die Grafik deutlich macht, wurden die abgeleiteten Klassen »Garten-Tisch« und »Küchen-Tisch« um die Eigenschaft AnzahlBeine und die dazugehörigen Property-Methoden zum Lesen und Schreiben der Eigenschaft ergänzt. Mit diesem Konzept können in den abgeleiteten Klassen notwendige Erweiterungen, welche dem »Erbverfahren« ein hohes Maß an Flexibilität verleihen, implementiert werden.

Grundsätzlich sind alle Klassen per Default vererbbar. Soll eine Basisklasse davor »geschützt« werden, als Vorlage für andere Klassen zu fungieren, so kann dies mit dem Modifizierer NotInheritable erreicht werden. Klassen, welche mit NotInheritable deklariert sind, können nicht als Basisklasse zum Ableiten von Unterklassen genutzt werden.

Nach diesen zunächst grundlegenden Überlegungen werden wir uns nun der praktischen Seite, dem Ableiten von Klassen, zuwenden.

4.9.2 Arbeiten mit vererbten Klassen

In diesem Abschnitt werden wir uns auf die Ableitung von Klassen aus einer Basisklasse konzentrieren. Zu diesem Zweck greifen wir auf die allseits beliebte Klasse Produkt zurück:

```
Public Class Produkt
    Private strProdName As String
    Private strProdNummer As String
    Property ProdName() As String
```

```
        Get
            Return strProdName
        End Get
        Set(ByVal strProdNamePA As String)
            strProdName = strProdNamePA
        End Set
    End Property
    Property ProdNummer() As String
        Get
            Return strProdNummer
        End Get
        Set(ByVal strProdNummerPA As String)
            strProdNummer = strProdNummerPA
        End Set
    End Property
End Class
```

Im zweiten Schritt werden wir aus der Klasse `Produkt` eine Klasse `Buch` ableiten. Hierzu wird unmittelbar nach der `Class`-Definition, somit in der zweiten
Zeile, das `Inherits`-Statement in die neue Klasse eingefügt:

```
Class Buch
    Inherits Produkt
End Class
```

Durch die Anweisung `Inherits Produkt` erbt die Klasse `Buch` alle Eigenschaften und Methoden der Basisklasse `Produkt`. Hierbei wird die Sichtbarkeit der
Klassenelemente nicht verändert, sodass einer Instanz von `Buch` unmittelbar
die geerbten Property-Methoden `ProdName()` und `ProdNummer()` zur Verfügung stehen. Im Codeeditor werden für die Instanz »objBuch01« der Klasse
»Buch« die von der Basisklasse »Produkt« geerbten Methoden »ProdName« und
»ProdNummer« angezeigt:

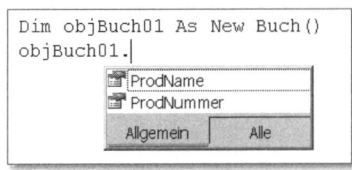

Abbildung 4.29 Anzeige der geerbten Methoden im Codeeditor

Dieses Beispiel verdeutlicht zwar das Verfahren der Vererbung, bringt jedoch
noch keine wirklichen Vorteile, da die Arbeit mit der Basisklasse selbst auch

nicht umständlicher wäre. Das tatsächliche Leistungsspektrum der Vererbung zeigt sich erst, wenn abgeleitete Klassen die Funktionalität der Basisklassen spezialisieren bzw. erweitern.

4.9.3 Vererbte Klassen erweitern

Vererbte Klassen lassen sich denkbar einfach um weitere Eigenschaften oder Methoden erweitern. Hierzu werden die gewünschten Erweiterungen, wie bei jeder anderen Klasse auch, einfach innerhalb der abgeleiteten Klasse entsprechend deklariert. Um der von der Basisklasse Produkt abgeleiteten Klasse Buch eine Preiseigenschaft hinzuzufügen, gehen wir folgendermaßen vor:

```
Class Buch
    Inherits Produkt
    Private decProdPreis As Decimal
        Property ProdPreis() As String
           Get
               Return decProdPreis
           End Get
           Set(ByVal decProdPreisPA As String)
               decProdPreis = decProdPreisPA
           End Set
        End Property
End Class
```

Wenn jetzt eine Instanz der Klasse Buch erstellt wird, stehen nicht nur die Eigenschaften und Methoden der beerbten Basisklasse Produkt, sondern auch die in der abgeleiteten Klasse selbst implementierte Eigenschaft Preis (decProdPreis) mit der dazugehörigen Property-Prozedur ProdPreis() zur Verfügung:

```
Sub Main()
    Dim objMeinBuch As New Buch()
    Dim strTitel As String = "Alice im Wunderland"
    Dim strISBN As String = "3-458-31742-2"
    Dim decPreis As Decimal = 6.5
    objMeinBuch.ProdName = strTitel
    objMeinBuch.ProdNummer = strISBN
    objMeinBuch.ProdPreis = decPreis
    MsgBox("Titel:  " & objMeinBuch.ProdName & Chr(13) & _
    "ISBN: " & objMeinBuch.ProdNummer & Chr(13) & _
    "Preis:  " & objMeinBuch.ProdPreis & " Euro", _
```

```
        MsgBoxStyle.Information, "Ihre Bestellung")
End Sub
```

Listing 4.21 Vererbte Klassen erweitern

Das **gesamte** Listing zum Thema *Vererbte Klassen erweitern* finden Sie, wie auch alle Listings im Buch, auf der Website **www.galileocomputing.de**.

Abbildung 4.30 MessageBox-Ausgabe zur abgeleiteten und erweiterten »Buch«-Klasse

4.9.4 Spiegeln von Methoden

Neben der Erweiterung von abgeleiteten Klassen haben Sie auch die Möglichkeit, geerbte Methoden zu modifizieren. Bei diesem Vorgehen wird die ursprüngliche, von der Basisklasse abgeleitete, Methode vor der »Öffentlichkeit« verborgen, und nur die modifizierte Methode bleibt weiterhin von außerhalb der Klasse aufrufbar. Hierbei trägt die veränderte neue Methode denselben Namen wie die von der Basisklasse geerbte. Dieses Verfahren wird als »Verbergen« oder »Spiegeln« von Methoden bezeichnet. Die innerhalb der abgeleiteten Klasse implementierte variierte Methode wird mit dem Modifizierer Shadows deklariert.

```
Module Module1
    Public Class Rechnung
        Public Function Betrag(ByVal decPreis As Decimal, _
        ByVal intStueck As Integer) As Decimal
            Betrag = decPreis * intStueck
        End Function
    End Class
    Public Class RechnungZwei
        Inherits Rechnung
        Public Shadows Function Betrag(ByVal decPreis _
        As Decimal, ByVal intStueck As Integer) As Decimal
            Betrag = decPreis * intStueck * 0.16
        End Function
    End Class
```

```
Sub Main()
    Dim objMeineRechnung As New RechnungZwei()
    MsgBox(objMeineRechnung.Betrag(100, 10))
End Sub
End Module
```

Listing 4.22 Beispiel zum Spiegeln von Methoden

Die in der Basisklasse Rechnung programmierte Funktion Betrag() gibt unter ihrem Namen das Ergebnis der Multiplikation von decPreis und intStueck zurück. Damit berechnet sie nichts anderes als die Rechnungssumme, gebildet aus Einzelpreis und verkaufter Stückzahl. In der abgeleiteten Klasse Rechnung-Zwei wird die Funktion Betrag() dahingehend verändert, dass die Multiplikation von decPreis * intStueck um den Multiplikator 0.16 erweitert wird. Somit wird nicht mehr die Rechnungssumme, sondern die auf die Rechnungssumme zu entrichtende Mehrwertsteuer durch die Funktion ermittelt. Im obigen Beispiel zeigt die MessageBox als Wert **160** an, da beim Funktionsaufruf mit objMeineRechnung.Betrag(100, 10) die innerhalb von RechnungZwei programmierte Shadows-Variante von Betrag() aufgerufen wird und nicht die in der Basisklasse »verborgene« ursprüngliche Version.

Das Spiegeln von Methoden ist nicht in allen Fällen gänzlich unproblematisch. So kann zum Beispiel mittels Shadows eine geerbte Methode komplett »umdefiniert« werden. Da bei einer Shadows-Deklaration nicht auf die Signatur des überdeckten Mitglieds der Basisklasse zu achten ist, kann auf diesem Wege in der abgeleiteten Klasse ein völlig neuer »Sinnzusammenhang« hergestellt werden. Wird eine Methode, welche zu einer Klasse Mitarbeiter gehört, überdeckt, kann die (neue) Methode Verhaltensweisen, die beispielsweise in den Zusammenhang einer Klasse ProduktKonstruktion gehören würden, implementieren. Diese Freiheiten, welche ein Spiegeln mit Shadows bietet, können den »inhaltlichen« Zusammenhang von Programmbausteinen, der ja gerade durch die Vererbung erhalten bleiben soll, aufweichen und so eine logische Inkonsistenz fördern. Darüber hinaus sollten Sie bedenken, dass ein mit Public deklariertes Element der Basisklasse nur innerhalb der »Shadows-Klasse« verdeckt ist. Von anderen Klassen aus bleibt es in seiner ursprünglichen Form weiterhin ansprechbar. Wie wir im nächsten Abschnitt sehen werden, ist im Zusammenhang mit Polymorphismus nicht das Spiegeln, sondern das **Überschreiben** (Overrides) die geeignete Technik.

4.9.5 Polymorphismus

Greifen wir nun unser Beispiel aus Abschnitt 4.2.5, *Polymorphie*, auf. Dort wird die Basisklasse GeometrischeFigur, von welcher sich die Klassen Kreis und

Quadrat ableiten sollen, beschrieben. Innerhalb von Kreis und Quadrat werden jeweils Methoden kodiert, welche die Fläche der entsprechenden geometrischen Figur berechnen können. Zu diesem Zweck erstellen wir zunächst die Basisklasse, welche die **abstrakte** Methode Fläche() aufnehmen wird:

```
Public MustInherit Class GeometrischeFigur
   Public MustOverride Function Flaeche(ByVal dblStrecke _
   As Double) As Double
End Class
```

Da die Funktion Flaeche() in unserer Basisklasse als **abstrakte** Methode angelegt ist, kann auf die Angabe von End Function verzichtet werden. Bei abstrakten Klassenmitgliedern werden lediglich das Zugriffslevel, der Typ des Rückgabewertes sowie die erforderlichen Parameter angegeben. Die »konkrete« Ausformulierung (hier) der Funktion Flaeche erfolgt in den abgeleiteten Klassen. Abstrakte Klassenmitglieder können nur in abstrakten Klassen definiert werden. Aus diesem Grund wurde GeometrischeFigur mit MustInherit deklariert. Denken Sie bitte daran, dass bei diesem Verfahren die abstrakten Basisklassen nicht instanziert werden. Instanziert werden lediglich die abgeleiteten Klassen, welche die konkreten Ausformulierungen der überschriebenen Methoden der Basisklasse enthalten. Dabei sind die abgeleiteten Klassen durch den Modifizierer MustOverride in der Basisklasse verpflichtet, eine Ausformulierung der entsprechenden Methode sicherzustellen.

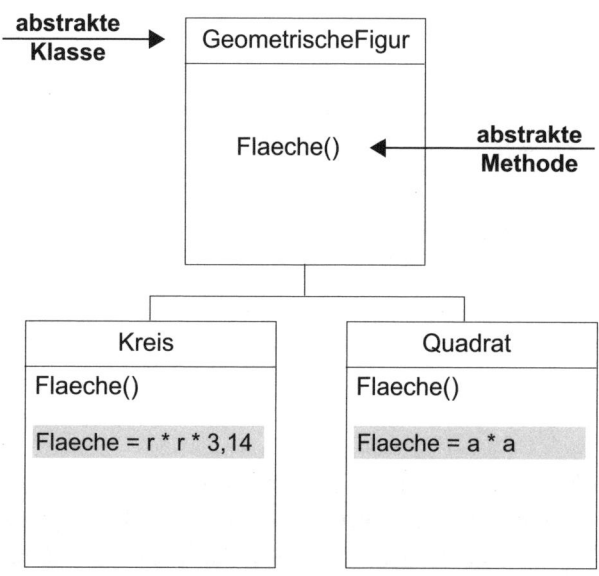

Abbildung 4.31 Die unterschiedlichen Ausformulierungen der Funktion »Flaeche()« innerhalb der abgeleiteten Klassen »Kreis« und »Quadrat«

Sehen wir uns zu diesem Beispiel einmal in Ruhe den Quellcode an:

```
Module Module1
    Public MustInherit Class GeometrischeFigur
    Public MustOverride Function Flaeche(ByVal dblStrecke _
    As Double) As Double
    End Class
    Public Class Kreis
        Inherits GeometrischeFigur
        Public Overrides Function Flaeche(ByVal dblRadius _
        As Double) As Double
            Flaeche = Math.Round(dblRadius ^ 2 * Math.PI, 2)
        End Function
    End Class
    Public Class Quadrat
        Inherits GeometrischeFigur
        Public Overrides Function Flaeche(ByVal dblSeite _
        As Double) As Double
            Flaeche = Math.Round(dblSeite ^ 2, 2)
        End Function
    End Class
    Sub Main()
        Dim MeinKreis As New Kreis()
        Dim MeinQuadrat As New Quadrat()
        Const dblLaenge As Double = 10
        Console.WriteLine()
        Console.WriteLine(" Kreisfläche:    " _
        & MeinKreis.Flaeche(dblLaenge))
        Console.WriteLine(" Fläche Quadrat:" _
        & MeinQuadrat.Flaeche(dblLaenge))
        Console.ReadLine()
    End Sub
End Module
```

Listing 4.23 Die unterschiedlichen Ausformulierungen der Funktion »Flaeche()« innerhalb der abgeleiteten Klassen »Kreis« und »Quadrat«

Mithilfe der **beiden abgeleiteten Klassen** »Kreis« und »Quadrat« können die jeweiligen Flächen der verschiedenen geometrischen Objekte exakt berechnet werden. Zunächst erfolgt die Deklaration der abstrakten Klasse Geometrische-Figur. Wie der Quellcode deutlich zeigt, enthält die Basisklasse lediglich die Deklaration der Funktion Flaeche() ohne eine weitere Programmzeile. Bei einer mit `MustOverride` deklarierten Funktion ist es nicht erforderlich, diese mit `End Function` abzuschließen, da dem Compiler durch den Modifizierer mitgeteilt wurde, dass an dieser Stelle kein Quellcode implementiert werden soll. Gleiches gilt im Übrigen für Sub-Prozeduren. Auch diese brauchen nicht durch `End Sub` terminiert zu werden, wenn sie mit `MustOverride` deklariert wurden.

Im weiteren Verlauf werden die Klassen `Kreis` und `Quadrat` erstellt. Dabei werden beide Klassen von der **Basisklasse** `GeometrischeFigur` mittels des Statements `Inherits GeometrischeFigur` abgeleitet. Innerhalb der abgeleiteten Klassen werden nun jeweils die **speziellen Varianten** der Funktion `Flaeche()` implementiert. Bitte beachten Sie, dass bei einer mit `Overrides` »verdeckten« Methode die Signatur der Basisklassenfunktion zu übernehmen ist. Hier liegt ein fundamentaler Unterschied zur Spiegelung mit `Shadows`, bei welcher diese Signaturgleichheit nicht gefordert wird. Allerdings sind Sie bei einer mit `MustOverride` deklarierten Methode auch an dieses Verfahren gebunden. Eine `Shadows`-Spiegelung wird in diesem Falle vom Compiler als falsch gewertet und nicht akzeptiert.

In `Sub Main()` wird der Funktion `Flaeche()` zweimal derselbe Wert übergeben. Da die Funktion in zwei unterschiedlichen »Überschreibungen« der abstrakten Basismethode aufgerufen wurde, liefert sie zwei unterschiedliche Ergebnisse, wie die nachstehende Konsolenausgabe zeigt:

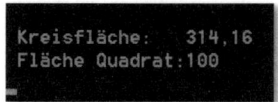

Abbildung 4.32 Anzeige der Ergebnisse der Kreis- und Quadratflächenberechnung durch die Funktion(en) »Fläche()«

Wie das Beispiel zeigt, ist es möglich, verschiedene Implementierungen einer Basisklassenmethode unter ein und demselben Namen anzusprechen. Polymorphismus erlaubt es somit, die in ihrer Ausgestaltung variierenden Methoden verschiedener Klassen über eine gemeinsame »Schnittstelle« anzusprechen. Mit diesen Ausführungen möchte ich zu Abschnitt 4.10, *Interfaces*, überleiten.

4.10 Interfaces

Schnittstellen (Interfaces) weisen einige Gemeinsamkeiten mit abstrakten Klassen auf, unterscheiden sich allerdings auch in wesentlichen Punkten. In einer abstrakten Basisklasse haben Sie die Möglichkeit, sowohl abstrakte Klassenmembers als auch »ausprogrammierte« Prozeduren und Funktionen zu implementieren. Ein Interface enthält **ausschließlich Deklarationen** ohne Quellcode. Das Schnittstellenkonzept zielt somit auf eine Trennung zwischen der Beschreibung von Methoden, Eigenschaften und Ereignissen und deren konkrete Ausformulierung durch Programmcode ab.

In der Dokumentation zum .NET Framework werden Schnittstellen als **Vertrag** bezeichnet. Mit dieser Metapher wird verdeutlicht, dass durch das Arbeiten mit Schnittstellen automatisch von allen beteiligten Akteuren bestimmte Regeln akzeptiert werden. Zu diesen Regeln gehört ganz wesentlich, dass eine Klasse, die eine Schnittstelle implementiert, diese exakt in der Art zu konkretisieren hat, wie es durch die abstrakte Schnittstellendefinition vorgegeben wurde. Darüber hinaus wird durch den »Schnittstellenvertrag« verlangt, dass die konkrete Kodierung der Schnittstelle innerhalb der importierenden Klasse in jedem Fall vorzunehmen ist. Damit können unterschiedliche Klassen eine eindeutig beschriebene Interaktionsstruktur bereitstellen, deren konkrete Ausformulierung jedoch von Klasse zu Klasse stark abweichen kann.

Stellen Sie sich zum Beispiel eine Schnittstelle `GlobalPreis` vor. Wird diese in verschiedene Klassen übernommen, kann sie dort unterschiedlich ausformuliert werden. Denkbar wären Kodierungen derart, dass stets der Preis in der entsprechenden Landeswährung (Dollar, Yen, Pfund etc.) berechnet wird. Die Vertragssicherheit im Umgang mit den verschiedenen Objekten, welche durch die Schnittstellendefinition hergestellt wird, besteht nun darin, dass, gleichgültig, welche Objektinstanz aufgerufen wird, stets sichergestellt ist, dass bei Gebrauch der Schnittstelle `GlobalPreis` ein Preis in exakt definierter Form zurückgegeben wird. Schnittstellen selbst werden nicht instanziert, sondern über den Befehl `Implements` in eine **Klasse** oder eine **Struktur** eingefügt.

Ein weiterer Unterschied zu abstrakten Basisklassen besteht darin, dass eine Klasse beliebig viele Schnittstellen, jedoch ausschließlich eine Basisklasse implementieren kann. Schnittstellen können darüber hinaus von einer unbestimmten Anzahl anderer Schnittstellen erben. Damit stellen Schnittstellen gegenüber der abstrakten Basisklasse ein erweitertes Spektrum an Möglichkeiten zur Verfügung.

4.10.1 Schnittstellen definieren

Die Definition einer Schnittstelle beginnt stets mit `Interface` und wird mit `End Interface` abgeschlossen. Innerhalb des Interfaces können `Event`-, `Sub`-, `Function`- und `Property`-Anweisungen definiert werden. Die Standardeinstellung für Schnittstellen ist `Public`. Als weitere Modifizierer sind `Friend`, `Protected` oder `Private` zulässig. Wohlgemerkt, diese Aussage bezieht sich auf die Deklaration der Schnittstelle selbst. Für die **innerhalb** definierten `Event`-, `Sub`-, `Function`- und `Property`-Anweisungen sind **ausschließlich** die Schlüsselwörter `Overloads` und `Default` zulässig. Eine einfache Schnittstellendefinition könnte folgende Form aufweisen:

```
Interface IglobalPreis
    Function LaenderPreis(ByVal decPreis As Decimal) _
    As Decimal
End Interface
```

Bei der Benennung einer Schnittstelle wird dem Schnittstellennamen in der Regel ein großgeschriebenes `I` für `Interface` vorangestellt.

4.10.2 Schnittstellen implementieren

Im ersten Schritt wird die Schnittstelle via `Implements`-Anweisung einer Klasse (Struktur) hinzugefügt:

```
Class WeltPreis
    Implements IGlobalPreis
End Class
```

Anschließend wird die Ausformulierung der Funktion `LaenderPreis()` vorgenommen:

```
Public Function LaenderPreis(ByVal decPreis As Decimal) _
As Decimal Implements IGlobalPreis.LaenderPreis
    Dim decFaktor As Decimal = 1 / 1.3
    LaenderPreis = Math.Round(decPreis * decFaktor, 2)
End Function
```

Hierbei wird hinter der Funktion mit `Implements IGlobalPreis.Laender-Preis` nochmals auf die Schnittstelle, deren konkrete Ausgestaltung an dieser Stelle vorgenommen wird, verwiesen. Erst beide Schritte gemeinsam ergeben die vollständige Schnittstellenimplementierung von `IGlobalPreis`.

Wie die nachfolgenden Zeilen in `Sub Main()` zeigen, erfolgt der Zugriff auf die in `WeltPreis` implementierte Schnittstelle und deren spezielle Ausformulierung von `LaenderPreis()` über eine Instanz der genannten Klasse, wobei Sie sich erneut der Unterstützung der IntelliSense-Technologie des Codeeditors bedienen können:

```
Sub Main()
    Dim DollarPreis As New WeltPreis
    Dim decEuro As Decimal = 10.0
    MsgBox("Der Preis in Dollar beträgt: " _
    & DollarPreis.LaenderPreis(decEuro))
End Sub
```

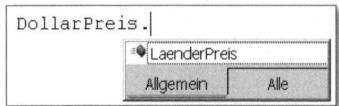

Abbildung 4.33 Schnittstellenzugriff mithilfe der IntelliSense-Technologie

> **Hinweis** Nach Eingabe von `Implements IGlobalPreis` weist der Codeeditor auf die Notwendigkeit, die Schnittstelle zu implementieren, hin. Dieses ist die Aufforderung, die konkrete Ausformulierung der Funktion `Laender-Preis()` innerhalb der Klasse vorzunehmen. Nach Drücken der `Enter`-Taste wird automatisch der gesamte Funktionsrahmen erstellt, in den Sie nun die erforderlichen Funktionsanweisungen einfügen können.

4.11   Ereignisse und Delegates

Ereignisse und Delegates stehen in der .NET-Programmierung in einem engen Zusammenhang. Insbesondere im Rahmen der Entwicklung von Anwendungen mit grafischen Benutzeroberflächen, wie der Windows- oder Webprogrammierung, spielen Ereignisse eine zentrale Rolle. Stellen Sie sich zum Beispiel einen einfachen Button auf einer beliebigen Windows-Form vor. Nachdem der Button angeklickt wurde, sendet er eine Botschaft mit dem simplen Inhalt »Ich bin gerade angeklickt worden!«. Durch die Benutzerinteraktion mit dem Form-Button wurde somit ein Click-Ereignis ausgelöst. Die Frage, welche sich nun unmittelbar stellt, lautet: »Was wird durch das Anklicken des Buttons ausgelöst?« Der Button selbst, welcher auch als »Ereignissender« bezeichnet wird, hat keine Kenntnis darüber, an welcher Stelle sein gesendetes Click-Ereignis aufgefangen wird und welche Reaktion darauf erfolgt. Für die Weiterleitung des Ereignisses sind die Delegates, deren Funktionsweise und Aufbau im Folgenden beschrieben werden, verantwortlich.

4.11.1   Delegates

Ein **Delegate** ist ein Objekt der Klasse `Sytem.Delegate`, das einen **Verweis** auf eine Methode enthält. Delegates speichern Referenzen auf Shared- oder Instanz-Methoden (Objektmethoden) und gehören somit zu den Verweistypen. Ein Delegate hat stets eine eindeutige **Signatur** und kann ausschließlich Methoden referenzieren, welche dieselbe Signatur aufweisen. Das Arbeiten mit Delegates setzt sich aus den drei Schritten **(1) Deklarieren**, **(2) Instanzieren** und **(3) Aufrufen** zusammen. Nachstehend finden Sie zunächst die beispielhafte Formulierung (Deklaration) eines Delegates:

```
Public Delegate Sub Meldung(ByVal boolWert As Boolean)
```

In diesem Fall referenziert das Delegate eine Prozedur mit dem Namen Mel-dung, welche als Übergabewert einen booleschen Ausdruck erwartet. Ein Delegate könnte mit der folgenden Syntax selbstverständlich ebenso auf eine **Funktion** zeigen:

```
Public Delegate Function Antwort(ByVal strText As String) _
As String
```

Sicherlich lässt sich die Arbeitsweise von Delegates am besten in der Praxis nachvollziehen, daher werden wir uns jetzt ein kleines Beispiel zu diesem Thema ansehen:

```
Module Module1
'Deklaration des Delegates (1)
    Public Delegate Sub Meldung(ByVal intWert As Integer)
    Public Class Hallo
'Die nachstehende Prozedur wird später via Delegate aufgerufen.
'Ihre Signatur entspricht der des Delegates.
        Public Sub MeldungAnzeigen(ByVal intEreignis _
        As Integer)
            If intEreignis = 2 Then
                MsgBox("Warum wollen Sie schon aufgeben?")
            Else
                MsgBox("OK! Neuer Versuch.")
            End If
        End Sub
    End Class
    Sub Main()
        Dim intReturn As Integer
'Instanzieren des Objektes objMeineMeldung (2)
        Dim objMeineMeldung As New Hallo
'Instanzieren des Delegate-Objektes (2)
        Dim delDerVerweis As New Meldung(AddressOf _
        objMeineMeldung.MeldungAnzeigen)
'Zuweisen eines Integerwertes an intReturn durch den Rückgabewert
'der MsgBox-Funktion.
        intReturn = MsgBox("Aufgeben oder weitermachen?", _
        MsgBoxStyle.RetryCancel, _
        "Bundesagentur für Dateneingabe")
'Aufrufen der referenzierten Methode des Objektes objMeineMeldung
'mittels der Invoke-Methode des Delegate-Objektes. (3)
        delDerVerweis.Invoke(intReturn)
```

```
      End Sub
End Module
```

Listing 4.24 Konsolenanwendung zum Thema Delegates

Schritt 1:

Zunächst wird auf Modulebene das Delegate `Meldung()` deklariert. Mit der vorliegenden Deklaration wurde eine Art »Schablone« für eine Sub-Prozedur, die später aufgerufen werden kann, festgelegt. Hierbei hat die Signatur jeder Prozedur, die später via Delegate aufgerufen wird, exakt der durch die Delegate-Deklaration festgelegten Signatur zu entsprechen.

Schritt 2:

Die in unserem Beispiel für einen Aufruf vorgesehene Prozedur befindet sich in der Klasse `Hallo` und trägt den Namen `MeldungAnzeigen()`. Selbstverständlich genügt `MeldungAnzeigen()` unserer Forderung, der Signatur des Delegates zu entsprechen. In `Sub Main()` wird nun mit `Dim objMeineMeldung As New Hallo` eine **Instanz** der Klasse `Hallo` erzeugt, wodurch die Voraussetzung für das Zugreifen auf ihre öffentliche (Instanz-)Methode `MeldungAnzeigen()` geschaffen ist.

Im Anschluss daran generieren wir mit `Dim delDerVerweis As New Meldung(AddressOf objMeineMeldung.MeldungAnzeigen)` eine Instanz unseres Delegates, welche mittels `AddrdessOf` auf die zuvor angelegte Instanz der Klasse `Hallo` (`objMeineMeldung`) und deren öffentliche Methode `MedungAnzeigen()` verweist. Mit diesen vorbereitenden Arbeiten des zweiten Schritts haben wir die Grundlage für den dritten Schritt, das Aufrufen, gelegt.

Schritt 3:

Mit dem letzten Schritt wird über die `Invoke`-Methode unseres Delegate-Objekts (`delDerVerweis`) die zuvor referenzierte Prozedur aufgerufen. Da die aufgerufene Prozedur einen Integerwert als Parameter erwartet, übergeben wir mit `Invoke(intReturn)` den zuvor deklarierten Wert `intReturn`. Der Inhalt der Variablen `intReturn` ist das Ergebnis der Antwort auf die MsgBox-Frage »Aufgeben oder weitermachen?«. Bei Anklicken des Buttons »Wiederholen« erhält `intReturn` den Wert 4. Wird dagegen »Abbrechen« gewählt, wird `intReturn` auf 2 gesetzt. Innerhalb der Methode `MeldungAnzeigen()` steuert der Inhalt des übergebenen Parameters die Ausgabe unterschiedlicher Message-Boxen.

Weitere interessante Details über Delegates ließen sich sicherlich ausführen, würden jedoch den Rahmen dieser Visual Basic-**Einführung** sprengen. Das sich an dieser Stelle konsequenterweise anschließende Thema heißt »Ereignisse«.

4.11.2 Ereignisse

Moderne Computerprogramme sind interaktiv angelegt. Sie bieten dem Anwender eine intuitive grafische Benutzeroberfläche und erledigen ihren »Job« nach Vorgabe der Anwenderanweisungen. Der User hat somit die Möglichkeit, über die Benutzerschnittstelle direkt auf die Programmsteuerung Einfluss zu nehmen. Dabei wird sein Wunsch, wie bereits beschrieben, über die verschiedenen Ereignisse an das System weitergeleitet. Ein Vorteil von Ereignissen besteht darin, dass diese zwar auf dem nicht ganz trivialen Konzept von Delegates basieren, sie dennoch weitestgehend unabhängig von ihnen betrachtet und programmiert werden können. Dieser Sachverhalt stellt für den Visual Basic .NET-Entwickler ohne Frage eine angenehme Vereinfachung dar, wie Sie im Folgenden sehen werden.

4.11.3 Deklaration von Ereignissen

Ereignisse können innerhalb von Klassen, Strukturen, Modulen und Schnittstellen deklariert werden. Zur Deklaration eines Ereignisses dient das Schlüsselwort Event:

```
[Modifizierer] Event <EreignisName>([Parameter])
```

Nach Event folgt der Ereignisname. Zwischen die Klammern werden die Parameter und deren Datentypen, welche an die entsprechende Ereignisprozedur übergeben werden sollen, eingetragen:

```
Event Fuellen(ByVal objBehealter As Object, ByVal _
intFuellung As Integer)
```

Die Angabe eines Zugriffsmodifizierers ist optional. Wird kein Modifizierer angegeben, wird das Ereignis standardmäßig als Public eingestuft. Wie das Beispiel zeigt, enthält die Ereignisdeklaration keinen weiteren Code, der das »Abfangen« des Ereignisses selbst betrifft. Bei der Parameterübergabe ist es üblich, zunächst eine Objektinstanz der Klasse, die das Ereignis generiert, zu übergeben. Anschließend sollten ereignisspezifische Argumente folgen.

4.11.4 Ereignisse aufrufen und empfangen

Ereignisse können innerhalb der Klasse, in der das Ereignis deklariert wurde, mittels RaiseEvent »abgefeuert« (ausgelöst) werden. Wie ein Ereignishandler programmiert wird, ist davon abhängig, auf welche Weise dieser mit dem Ereignis verbunden werden soll. Hierzu stellt Visual Basic .NET grundsätzlich zwei Verfahren zur Verfügung. Ereignisse können mittels WithEvents oder alternativ mit AddHandler behandelt werden. Wir werden uns zunächst das Standardverfahren ansehen, das mit den Schlüsselwörtern WithEvents und Handels arbeitet.

WithEvents und Handles

```
Module Module1
'Definition der Klasse Tank
   Class Tank
      Private intLiter As Integer
'Deklaration des Ereignisses TankVoll
      Event TankVoll(ByVal strText As String, ByVal intLit _
      As Integer)
'Die Property-Prozedur Fuellen wird implementiert
      Property Fuellen() As Integer
         Get
            Return intLiter
         End Get
         Set(ByVal intPLiter As Integer)
'Sollte die "Tankfüllung" mehr als 500 Liter betragen, wird
'das Ereignis TankVoll ausgelöst.
            If intPLiter > 500 Then
               RaiseEvent _
               TankVoll("Tank fasst nur 500 Liter!", _
               intPLiter)
               intLiter = 0
            Else
               intLiter = intPLiter
            End If
         End Set
      End Property
   End Class
'Es wird objMeinTank als neue Instanz des Tank-Objektes
'deklariert. Wichtig ist die Instanzierung mittels WithEvents.
   Public WithEvents objMeinTank As New Tank
'Kodierung der Ereignisprozedur unter Verwendung der
'Handles-Klausel
      Private Sub objMeinTank_TankVoll(ByVal strText As _
      String, ByVal intLit As Integer) Handles _
```

```
        objMeinTank.TankVoll
            Dim strMeldung As String = strText
            Dim intLiter As Integer = intLit
            MsgBox(strText & Chr(13) & Chr(13) & intLiter & _
            " Liter können nicht aufgenommen werden!", _
            MsgBoxStyle.Information, _
            "Sicherheitsmeldung")
        End Sub
    Sub Main()
        objMeinTank = New Tank
        objMeinTank.Fuellen = 600
        MsgBox("Tankfüllung beträgt: " _
        & objMeinTank.Fuellen & " Liter.")
    End Sub
End Module
```

Listing 4.25 Das Programm stellt sicher, dass ein Tank nur mit seiner maximalen Menge von (hier) 500 Litern gefüllt wird.

Der erste Schritt im oben stehenden Beispiel besteht in der Deklaration der Klasse Tank. Anschließend implementieren wir im **Deklarationsteil** der Klasse mithilfe der Event-Anweisung ein Ereignis. So haben wir ereicht, dass ein beliebiges Objekt der Klasse Tank ein Ereignis auslösen kann. Die Ereignisdeklaration sieht zwei Parameter vor, die Werte an die entsprechende Ereignisprozedur übergeben können. In unserem Fall handelt es sich um ein String- und ein Integer-Argument. Das Text-Argument besteht aus der feststehenden Zeichenkette »Tank fasst nur 500 Liter«. Das Integer-Argument nimmt die »Liter«, welche via Property-Prozedur in unseren Tank »gefüllt« werden sollen, auf. Die einzeilige If-Anweisung innerhalb des Set-Teils der Property-Prozedur sorgt dafür, dass bei einem »Füllversuch« über 500 Liter das Ereignis TankVoll() mittels RaiseEvent ausgelöst wird.

An dieser Stelle fehlt noch eine Routine, die das ausgelöste Ereignis auffangen und verarbeiten kann. Diese Aufgabe übernimmt die Ereignisprozedur Sub objMeinTank_TankVoll(...) Handles objMeinTank.TankVoll. Die Verbindung der Ereignisprozedur mit dem Objektereignis wird über das Schlüsselwort Handles hergestellt. Sie können die Ereignisprozedur entweder »von Hand« schreiben – die dazu benötigten Kenntnisse haben Sie nun – oder die Hilfe des Codeeditors in Anspruch nehmen. Soll die Entwicklungsumgebung die Arbeit für Sie übernehmen, dann wählen Sie in der linken oberen Ecke zunächst die Objektvariable aus:

`● objMeinTank`

Abbildung 4.34 Anzeige der Objektvariablen im Codeeditor

Anschließend wählen Sie aus dem Listenfeld in der rechten oberen Ecke das entsprechende Ereignis:

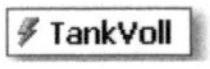

`⚡ TankVoll`

Abbildung 4.35 Ereignisanzeige im Codeeditor

Der Codeeditor fügt anschließend den folgenden Prozedurrahmen in den Quellcode ein:

```
Private Sub objMeinTank_TankVoll(ByVal strText As String, _
ByVal intLit As Integer) Handles objMeinTank.TankVoll
    Anweisungen
End Sub
```

Innerhalb der Prozedur können jetzt die Anweisungen, welche für die eigentliche Ereignisverarbeitung verantwortlich zeichnen sollen, programmiert werden. In `Sub Main()` führen wir anschließend den »ultimativen Ereignis-Check« durch. Hierzu erstellen wir zunächst eine Objektinstanz `objMeinTank` der Klasse `Tank`. Anschließend versuchen wir, den Tank mit **600** Litern zu füllen. Da die »Tankfüllung« nur über die implementierte Property-Prozedur `Fuellen()` möglich ist (Datenkapselung), wird das Ereignis `TankVoll()` ausgelöst. Die mit dem Ereignis verbundene **Ereignisprozedur** ist im Anschluss für die Ausgabe der nachstehenden Warnmeldung verantwortlich:

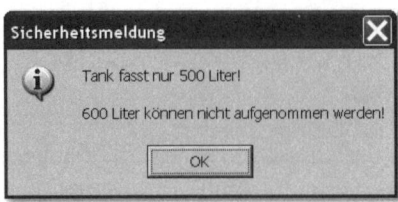

Abbildung 4.36 Warnmeldung der Ereignisprozedur »objMeinTank_TankVoll«

Die `innerhalb` von `Sub Main()` programmierte MessageBox zeigt lediglich den aktuellen »Tankinhalt«, der in diesem Fall 0 (leer) sein sollte.

AddHandler

Visual Basic .NET stellt eine zweite Möglichkeit, Ereignisse mit korrespondierenden Ereignisprozeduren zu verbinden, zur Verfügung: die `AddHandler`-

Anweisung. Auch hier wird der Klasse zunächst wieder ein Ereignis hinzugefügt und ein Objekt deklariert. Die Verbindung zur Ereignisprozedur wird in diesem Falle über einen Verweis mittels des AddressOf-Statements hergestellt. Die Verknüpfung von Ereignissen mit ihren Behandlungsroutinen über die AddressOf-Anweisung stellt gegenüber der zuvor beschriebenen Methode die flexiblere Variante dar, da die Verbindungen mit RemoveHandler dynamisch wieder von den Ereignisprozeduren gelöst werden können. Darüber hinaus lässt sich mit AddressOf gleichzeitig eine Verknüpfung mit **mehreren** Ereignisprozeduren herstellen:

```
Module Module1
   Public Class Schalter
'Deklaration des Ereignisses Schalten
      Public Event Schalten(ByVal strText As String)
         Private strZustand As String
         Property EinAus() As String
            Get
               Return strZustand
            End Get
            Set(ByVal strPZustand As String)
               strZustand = strPZustand
'Ereignis "abfeuern"
               RaiseEvent Schalten(strZustand)
            End Set
         End Property
   End Class
'Erster Ereignis-Handler
   Sub EventHandler1(ByVal strZustand As String)
      MsgBox("Sie haben den Schalter betätigt!")
   End Sub
'Zweiter Ereignis-Handler
   Sub EventHandler2(ByVal strZustand As String)
      MsgBox(strZustand)
   End Sub
   Sub Main()
'Objektdeklaration
      Dim objMeinSchalter As New Schalter()
'Das Ereignis wird mit zwei Handlern verbunden
      AddHandler objMeinSchalter.Schalten, _
      AddressOf EventHandler1
      AddHandler objMeinSchalter.Schalten, _
```

```
        AddressOf EventHandler2
        objMeinSchalter.EinAus = "Eingeschaltet"
'Der erste Handler wird vom Ereignis wieder gelöst
        RemoveHandler objMeinSchalter.Schalten, _
        AddressOf EventHandler1
        objMeinSchalter.EinAus = "Ausgeschaltet"
    End Sub
End Module
```

Listing 4.26 Beispiel zum Binden und dynamischen Lösen von Ereignissen

Im oben stehenden Beispiel wurde das Ereignis Schalten an **zwei** Ereignisprozeduren gebunden, welche **nacheinander** ausgeführt werden. Dieses führt im Ergebnis zu zwei MessageBox-Ausgaben, die in der **Reihenfolge** der angegebenen Ereignisprozeduren am Bildschirm erscheinen. EventHandler1 sorgt dabei für die Textausgabe »Sie haben den Schalter betätigt!«. EventHandler2 gibt durch die Ausgabe »Eingeschaltet« nähere Auskunft über den aktuellen Status unseres »Schalters«. Anschließend wird mit RemoveHandler die erste Ereignisprozedur (EventHandler1) vom Ereignis gelöst. Dieses hat zur Folge, dass lediglich die zweite MessageBox – jetzt allerdings mit dem Text »Ausgeschaltet« – am Bildschirm erscheint. Die vorgeschaltete Information »Sie haben den Schalter betätigt!« erfolgt nun nicht mehr.

Mit dieser Beschreibung der AddHandler-Anweisung werden wir Abschnitt 4.11, *Ereignisse und Delegates*, verlassen und uns dem *Arbeiten mit Namensräumen* zuwenden.

4.12 Arbeiten mit Namensräumen

Das Microsoft .NET Framework ist, wie bereits in Kapitel 1, *Das .NET Framework*, beschrieben, in verschiedene Namensräume (Namespaces) unterteilt. Dabei bilden Namensräume eine logische Gliederung thematisch zusammengehörender Einheiten (Klassen). Die Namensräume des .NET Frameworks sind hierarchisch aufgebaut. Ihr struktureller Aufbau lässt sich in etwa mit dem eines Dateisystems vergleichen. Der Zugriff auf die einzelnen Elemente des Frameworks erfolgt über die Punkt-Syntax, welche den hierarchischen Aufbau der Namensräume widerspiegelt. Auf diese Weise wurde für das Framework eine einfache und dennoch hochwirksame Struktur geschaffen, die das systematische Entwickeln von Klassenbibliotheken sowie einen systematischen Ausbau der Plattform ermöglicht. Die von Microsoft gemeinsam mit dem .NET Framework ausgelieferten Klassen befinden sich in einem der beiden Namensräume, deren Bezeichnung mit **System** oder **Microsoft** beginnen. Der »Root-Namespace« des .NET Frameworks wird durch den Namensraum **System** gebildet, welcher grundlegende Datentypen wie zum Beispiel Object, Byte, Array und String enthält.

4.12.1 Auf Namespaces zugreifen

Um in Ihren Projekten Klassen aus bestimmten Namensräumen verwenden zu können, ist es notwendig, innerhalb des Projekts anzugeben, um welche Namensräume es sich dabei handelt. Damit Ihnen für Ihre Programmierarbeit ein gewisser Grundstock an Funktionen zur Verfügung steht, werden durch die Entwicklungsumgebung automatisch einige wichtige Namensräume referenziert, sodass Sie mit den dort zusammengefassten Klassen ohne weiteren Aufwand arbeiten können. Für eine Visual Basic-Konsolenanwendung handelt es sich hierbei um die folgenden Namespaces:

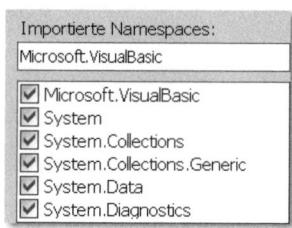

Abbildung 4.37 Durch das Visual Studio .NET standardmäßig referenzierte Namensräume für eine Konsolenanwendung

Diese Auflistung der importierten Namensräume finden Sie unter den Projekteinstellungen. Alternativ können Sie sich auch im Projektmappen-Explorer die Verweise auf die entsprechenden Bibliotheken anzeigen lassen, wobei die Verweise auf **microsoft.visualbasic.dll** und **mscorlib.dll** nicht dargestellt werden:

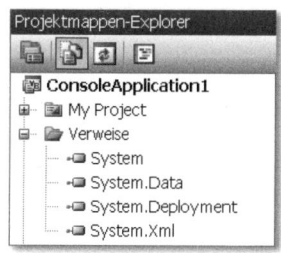

Abbildung 4.38 Anzeige der Dateiverweise im Projektmappen-Explorer

Es ist übrigens nicht zwingend erforderlich, dass sich alle Klassen eines Namespaces auch in **einer** Assembly befinden. Die Klassen eines Namensraumes können durchaus auf verschiedene Assemblierungen verteilt sein. Wollen Sie in Ihren Projekten mit Klassen aus Namensräumen arbeiten, welche die Entwicklungsumgebung nicht automatisch als zur »Grundausstattung« gehörend referenziert, so können diese problemlos unter den Projekteinstellungen ergänzt werden.

Namensräume, die auf Projektebene – unter den Projekteinstellungen – »importiert« werden, stehen Ihnen im **gesamten** Projekt zur Verfügung. In vielen Fällen ist es nicht erforderlich, Namensräume auf diesem Level zu importieren. Mit der `Imports`-Anweisung lassen sich Referenzen auf Modulebene festlegen. Der Name des `Imports`-Befehls führt dabei häufig zu Missverständnissen, da auch dieser Befehl lediglich Referenzen definiert und dem Programm somit nichts »wirklich« hinzufügt. Durch den Gebrauch von `Imports` können Sie sich die Schreibarbeit in Ihren .NET-Programmen vereinfachen.

Wie wir gesehen haben, wird bereits auf Projektebene eine Referenz auf den Namensraum System gelegt. Aus diesem Grund ist es uns möglich, mit `Console.ReadLine()` eine Zeichenkette am Konsolenprompt einzulesen. Die **vollständige Qualifizierung** durch `System.Console.ReadLine()` war aufgrund der bereits bestehenden Referenz entbehrlich. Die Formulierung `ReadLine()` allein veranlasst den Compiler allerdings, eine Fehlermeldung anzuzeigen, die darauf hinweist, dass ihm `ReadLine()` unbekannt ist. Dieses kann durch eine entsprechende `Imports`-Anweisung vermieden werden, sodass die Kurzschreibweise die Akzeptanz des Compilers findet:

```
'Der Imports-Befehl muss noch vor der Module-Anweisung stehen!
Imports System.Console
Module Module1
    Sub Main()
        Dim strTest As String
        WriteLine("Eingabe:")
        strTest = ReadLine()
        WriteLine("===Ausgabe der Eingabe===  ;-)")
        WriteLine(strTest)
        ReadLine()
    End Sub
End Module
```

Wie der oben stehende Screenshot zeigt, werden die Anweisungen in `Sub Main()` auch in der »verkürzten« Schreibweise ohne Fehlermeldung korrekt ausgeführt. Durch die Angabe des Namespaces (`System`) und der Klasse (`Console`) ist es nun möglich, die **Shared** Members `ReadLine()` und `WriteLine()` der Konsolenklasse ohne vollständige Qualifizierung zu nutzen.

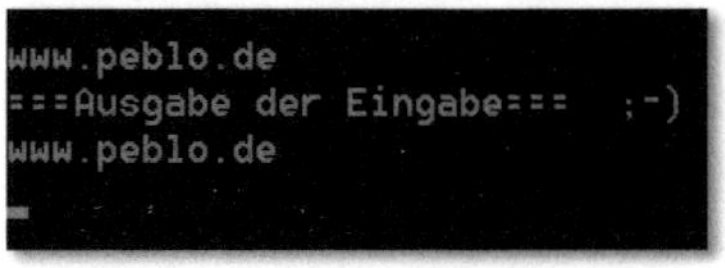

Abbildung 4.39 Bildschirmausgabe zum Beispiel:» Imports System.Console«

Nachdem wir uns mit dem Zugriff auf Namensräume und den in ihnen zusammengefassten Elementen beschäftigt haben, werden wir uns jetzt damit auseinander setzen, auf welche Weise eigene Namensräume definiert werden können.

4.12.2 Definieren eigener Namensräume

Zu Beginn eines neuen Visual Basic-Projekts legt das Visual Studio .NET automatisch einen Stamm-Namensraum (Root Namespace) für Sie an, wobei sein Name dem Projektnamen entspricht. Daher können alle im Projekt erstellten Klassen unmittelbar über ihren Namen angesprochen werden. Selbstverständlich haben Sie auch die Möglichkeit, diese Vorgabe unter den Projekteinstellungen Ihren Bedürfnissen entsprechend anzupassen. »Fremde« Anwendungen müssen, um auf die innerhalb des Projekts definierten Klassen zugreifen zu können, entweder mit der Imports-Anweisung arbeiten oder aber den Klassennamen vollständig qualifizieren.

Um einen Namensraum eigener Wahl zu kreieren, müssen Sie somit lediglich die Bezeichnung des Stammnamensraumes in den Projekteinstellungen verändern. Würden Sie diesen etwa auf **PowerSoft** setzen, wäre dieses der Name ihres neuen Stamm-Namensraums. Zur weiteren Untergliederung kann die Namespace-Anweisung, welche mit Namespace `<Name>` beginnt und durch End Namespace abgeschlossen wird, genutzt werden:

```
Namespace PowerSoft
    Public Class FinanzRechner
    End Class
End Namespace
```

Mit der oben stehenden Anweisung gehört die Klasse FinanzRechner zum Namensraum PowerSoft. In diesem Beispiel haben wir den Namen für den Stamm-Namensraum festgelegt, indem wir die Projekteinstellungen verändert haben. Auf diese Weise bekommen wir immer nur einen Root Space pro Projekt. Es existiert ein kleiner Trick, mit dem wir diese Beschränkung (legal) umgehen können. Löschen Sie lediglich den Inhalt des Feldes mit der Bezeichnung des Stamm-Namespaces in den Projekteinstellungen. Lassen Sie dieses

Feld anschließend leer. Über diesen Weg können Sie innerhalb eines Projekts mehrere Root Spaces generieren.

4.13 Eigene Klassen entwickeln

Insbesondere durch die in den Kapiteln 3, *VB.NET-Sprachgrundlagen*, und 4, *Objektorientierte Programmierung*, erworbenen Kenntnisse stehen Ihnen alle Instrumente, die Sie zur Programmierung eigener Klassen benötigen, nun zur Verfügung. Sollten Sie an der einen oder anderen Stelle dennoch mit »unerwarteten« Schwierigkeiten konfrontiert werden, lassen Sie sich bitte nicht entmutigen. Routine entwickelt sich nun einmal nur peu à peu. Da Ihnen die »technische« Seite der Klassenentwicklung bekannt ist, werden wir uns in diesem Abschnitt auf eine Art Metaebene begeben und uns ansehen, was bei der Entwicklung eigener Klassen aus konzeptioneller Sicht zu beachten ist. Allerdings möchte ich an dieser Stelle einen letzten praktischen Hinweis nachtragen:

Das Visual Studio .NET stellt Ihnen auch für die Entwicklung eigener Klassen eine Vorlage zur Verfügung. Wenn Sie Ihrem aktuellen Projekt eine Klasse hinzufügen möchten, können Sie dies über den Menüpunkt **Projekt · Klasse hinzufügen** erreichen. Anschließend werden Sie im Projektmappen-Explorer eine neue Datei mit dem Titel **Class1.vb** vorfinden:

Abbildung 4.40 Anzeige der »neuen« Klassendatei Class1.vb im Projektmappen-Explorer

Falls Sie eine Klasse unabhängig von Ihrem aktuellen Projekt programmieren möchten, erstellen Sie problemlos über **Datei · Neues Projekt** ein neues Projekt und wählen dort die Vorlage **Klassenbibliothek**.

4.13.1 Benennung von Namensräumen

Die Benennung einer eigenen Klasse beginnt streng genommen bei ihrer Zuordnung zu einem Namensraum. Bei der Entwicklung von Namensräumen und Klassennamen sollten Sie nach der Top-down-Methode, das heißt vom Allgemeinen zum Speziellen, vorgehen. Die Microsoft-Benennungskonvention empfiehlt, Namensräume zunächst mit dem Namen der Entwicklungsfirma, gefolgt vom Produkt- bzw. Technologienamen zu beginnen. Die Top-down-Sicht hilft, insbesondere im Zusammenhang mit Vererbung, gut gegliederte

Klassenhierarchien zu erstellen. Wären Sie beispielsweise Entwickler bei der imaginären Firma **PowerSoft** und Ihr Auftrag bestünde zurzeit darin, neue Klassen für den Bereich **Hausverwaltung** zu entwickeln, wäre eine mögliche Namensraumvariante **PowerSoft.Haus**.

4.13.2 Benennung von Klassen

Im Anschluss an die Definition des Namensraumes folgt die Festlegung der Klassennamen. Diese sollten Sie möglichst sprechend und – dies ist für eine spätere Vererbung bedeutend – so allgemein wie möglich halten. Um bei unserem Beispiel zu bleiben, könnten Sie im Folgenden die Klassen **Reparaturen** und **Vermietung** programmieren. Von der Klasse **Vermietung** ließen sich anschließend beispielsweise die Klassen **Wohnung** und **Garage** ableiten. Diese abgeleiteten Klassen übernehmen automatisch die Basisfunktionen der vererbenden Klasse. Im Bedarfsfalle können Sie eine Spezialisierung der geerbten Methoden vornehmen bzw. neue Methoden implementieren. Auf diesem Wege erhalten Sie eine konsistente Struktur aus Namensräumen und Klassennamen.

4.13.3 Regeln für die Schreibweise

In der nachstehenden Tabelle finden Sie eine Zusammenfassung der von Microsoft vorgeschlagenen Schreibweisen im Bereich der Klassenentwicklung:

Was	Wie	Beispiel
Namensraum	Pascal-Schreibweise	PowerSoft.Haus
Klasse	Pascal-Schreibweise	WohnungsVermietung
Methode	Pascal-Schreibweise	WohnungMieten
Ereignis	Pascal-Schreibweise	MieteZahlen
Eigenschaft	Pascal-Schreibweise	AnzahlWohnungen
Parameter	Camel-Schreibweise	decMieteWohnung

Tabelle 4.2 Benennungskonventionen für die Klassenprogrammierung

Mit dieser kleinen Übersicht werden wir das weite Feld der objektorientierten Programmierung nun endgültig verlassen. Ich hoffe, Ihre Sicherheit in diesem Bereich hat sich gefestigt und Sie freuen sich nun gemeinsam mit mir auf das nächste Kapitel, das sich vollständig der Windowsprogrammierung widmet.

5 Windows-programmierung

5 Windowsprogrammierung

Entdecken Sie die Möglichkeiten der visuellen Entwicklung anspruchs-
voller Windows-Anwendungen mit einer zu Recht meistgenutzten
Programmiersprachen weltweit.

Mit diesem Kapitel begeben wir uns in die Welt der Windowsprogrammierung. Insbesondere die grandiosen Möglichkeiten, Windowsoberflächen vollständig grafisch zu entwerfen, haben **Visual** Basic bekannt und erfolgreich gemacht. Die Leichtigkeit und Effizienz der visuellen Anwendungsentwicklung fand bei Programmiereinsteigern und Entwicklerprofis gleichermaßen Anerkennung. Dieses reizvolle Feature hat Visual Basic .NET behalten und sich darüber hinaus durch die neuen phantastischen Optionen der OOP zu einer wirklichen Profisprache, welche in ihrer Leistungsfähigkeit unmittelbar neben C# anzusiedeln ist, weiterentwickelt.

5.1 Windowsformulare

Bis zu diesem Kapitel waren grafische Benutzeroberflächen nicht Bestandteil unserer Programmierarbeit. Unsere primäre Benutzerschnittstelle wurde durch das Konsolenfenster gebildet. Dies wird sich in diesem Kapitel grundlegend ändern. Nicht, dass es in der Programmierung für oberflächenlose Anwendungen keinen Platz gäbe – schauen Sie nur einmal in den Taskmanager –, der Fokus dieses Kapitels ist aber auf die Konzeption und Entwicklung moderner, ergonomischer Windowsapplikationen gerichtet. Aus diesem Grund wird Abschnitt 5.4, *Steuerelemente und Standarddialoge*, einen nicht unerheblichen Raum der nachfolgenden Betrachtungen in Anspruch nehmen.

5.1.1 User Interface Design

Neben der Ereignissteuerung bedeutet Windowsprogrammierung immer auch die Entwicklung, das Design von grafischen Benutzeroberflächen. Die Formulare der Entwicklungsumgebung bilden zur Laufzeit die Anwendungsfenster, die sind wiederum die unmittelbare Schnittstelle zum Benutzer. Die von Ihnen entwickelten Anwendungsfenster bilden somit das Interface zwischen Mensch und Maschine bzw. Anwender und Anwendung. An dieser Stelle sollten Sie einmal etwas tun, was dem typischen Programmierer gänzlich fremd ist: denken wie ein Kaufmann (und von Bill Gates lernen ;-)). Ihre Programmlogik mag noch so genial und leistungsfähig sein, das »Schaufenster«, in dem Sie Ihre Entwicklerleistung präsentieren, ist und bleibt die Benutzeroberfläche, das Anwendungsfenster. Dies sollte allerdings nicht der alleinige Grund dafür sein, bei der

Erstellung von Anwendungsoberflächen sorgfältig vorzugehen. Für die GUI-Entwicklung (»Graphical User Interface«) gibt es bestimmte Standards, an die sich ein professioneller Entwickler halten sollte. Diese Standards gelten übrigens überall dort, wo grafische Benutzeroberflächen eingesetzt werden, also auch bei der Entwicklung von Web-Interfaces, Lernsoftware (CBTs) et cetera. Insbesondere bei größeren Unternehmen ist es mittlerweile üblich, vor dem Einkauf neuer Programme diese einer Usability-Studie zu unterziehen, welche die Benutzerfreundlichkeit einer Software prüft. In der Praxis habe ich es schon des Öfteren erlebt, dass Anwendungen diese Usability-Hürde nicht nehmen konnten und so bei einer Kaufentscheidung nicht berücksichtigt wurden.

Das normgerechte Entwickeln ergonomischer Benutzeroberflächen bildet einen umfangreichen eigenen Themenkomplex, auf den ich an dieser Stelle nur hinweisen kann, welcher jedoch in seiner Bedeutung nicht unterschätzt werden darf. Sollten Sie einmal in die Verlegenheit kommen, sich mit diesem Thema auseinandersetzen zu müssen (insbesondere für freiberuflich tätige IT-Berater empfehlenswert), finden Sie zahlreiche Anregungen zum Thema Softwareergonomie in DIN EN ISO 9241 – 10 ff. Darüber hinaus beinhaltet in der Regel die Literatur zur MCSA-/MCSD-Zertifizierung einführende, leicht verständliche und auf den Punkt gebrachte Hinweise zu diesem Thema. Und »last, but not least« finden Sie eine Fülle von Informationen hierzu sowie Hinweise auf weiterführende Literatur in den Microsoft Design Guides.

5.1.2 Arbeiten mit Formularen

Formulare bilden die Benutzeroberfläche einer Windowsanwendung und werden von der Basisklasse `Systems.Windows.Forms.Form` abgeleitet. Damit stehen Ihnen alle Methoden, Eigenschaften und Ereignisse dieser Basisklasse automatisch zur Verfügung. Ein Windowsformular ist somit im Kern nichts anderes als eine gewöhnliche Klasse, die sich über das Inherits-Statement alle Fähigkeiten der Basisklasse `Systems.Windows.Forms.Form` zu Eigen macht. Diese Vorgehensweise ist Ihnen aus Kapitel 4, *Objektorientierte Programmierung*, hinlänglich bekannt. Um mit Visual Basic .NET ein Windowsformular zu generieren, gehen Sie über das Menü **Datei · Neues Projekt** und wählen dort im Projektfenster das Template für eine Windowsanwendung aus (siehe Abbildung 5.1).

Anschließend stellt Ihnen das Visual Studio eine neue, leere Windows-Form mit dem Titel `Form1` zur Verfügung (siehe Abbildung 5.2). Anders als bei einer Konsolenanwendung, bei welcher der Programmeinstieg über die Prozedur `Sub Main()` erfolgt, stellt `Form1` zunächst automatisch das Startfenster Ihrer zukünftigen Windowsanwendung dar.

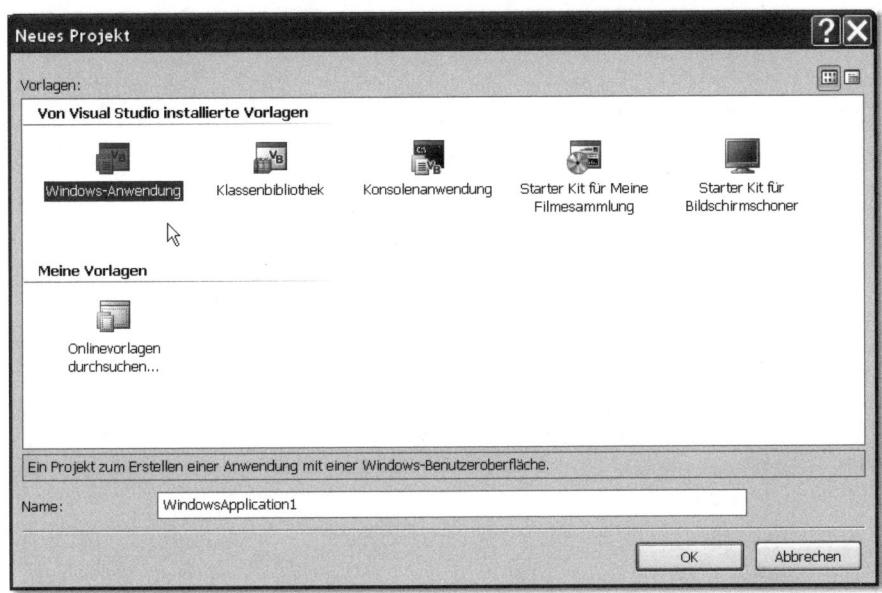

Abbildung 5.1 Das »Vorlagenfenster« des Visual Studios 2005 (Express Edition)

Abbildung 5.2 Eine durch das Visual Studio bereitgestellte »Blanko«-Form als Basis für eine neue Windowsapplikation

Mit dem ShortCut [F5] können Sie Ihre »Einfenster-Anwendung« testen und werden dabei feststellen, dass sie sich wie ein »normales« Fenster verhält, dem – via Erbfolge – bereits einige zentrale Features wie etwa das »Maximieren«, »Minimieren« oder »Schließen« zur Verfügung stehen.

Wollen Sie Ihrer Anwendung weitere Formen (Fenster) hinzufügen, so erreichen Sie dies über den Menüpunkt **Projekt · Windows Form hinzufügen**. Alternativ können Sie natürlich auch das Icon **Neues Element hinzufügen** aus der Symbolleiste nutzen:

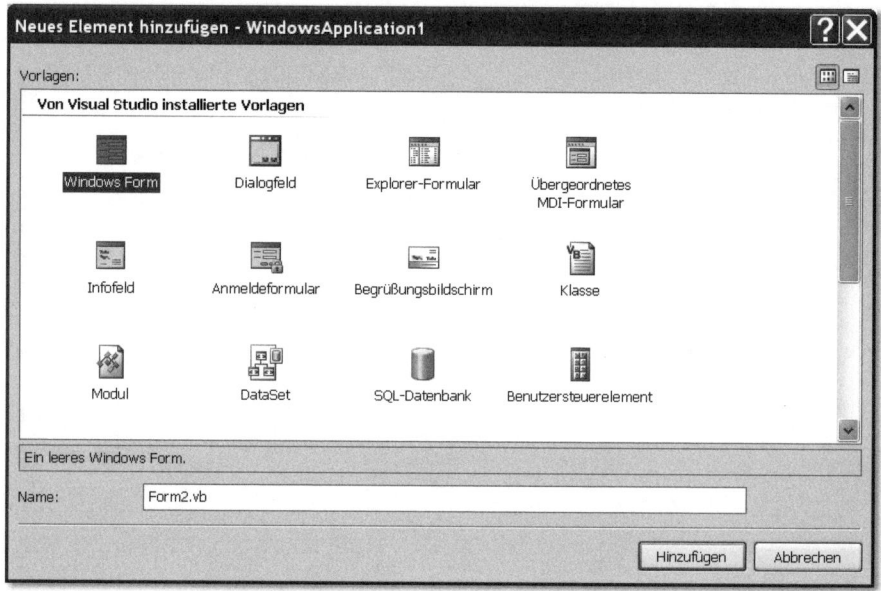

Abbildung 5.3 Auswahldialog für die verschiedenen Elemente, die Ihrem Projekt hinzugefügt werden können

Nachdem Sie im oben stehenden Dialogfenster als Element eine **Windows Form** ausgewählt haben, »spendiert« Ihnen das Visual Studio eine zweite Form (Form2) für Ihr Projekt. Die Entwicklungsumgebung legt für die zweite Form einen zusätzlichen »Karteireiter« an, sodass Sie schnell zwischen den einzelnen Formen hin- und herschalten können. Darüber hinaus wird auch Form2 dem Projektmappen-Explorer hinzugefügt:

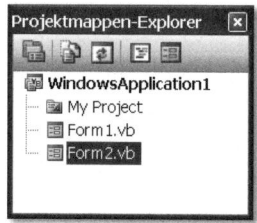

Abbildung 5.4 Projektmappen-Explorer mit »Form1« und hinzugefügter »Form2«

Wenn Sie Ihre Anwendung jetzt erneut testen, werden Sie zunächst keinen Unterschied feststellen. Angezeigt wird lediglich Form1, Form2 bleibt verborgen. Mit Anlegen der **WindowsApplication1** wurde Form1 automatisch zum **Startfenster** unserer kleinen Anwendung erklärt und dieses entsprechend in die Projekteinstellungen eingetragen. Somit ist klar, dass Form1 automatisch nach Programmstart am Bildschirm angezeigt wird. Diese Einstellung lässt sich selbstverständlich ändern. Wenn Sie beispielsweise möchten, dass unsere mittlerweile »gewaltige« Zwei-Fenster-Anwendung mit Form2 startet, so können Sie dieses unter den Projekteinstellungen einstellen. Dazu rufen Sie den Menüpunkt **Projekt · WindowsApplication1-Eigenschaften** auf und »erklären« dort Form2 zum **Startformular** (Startup form):

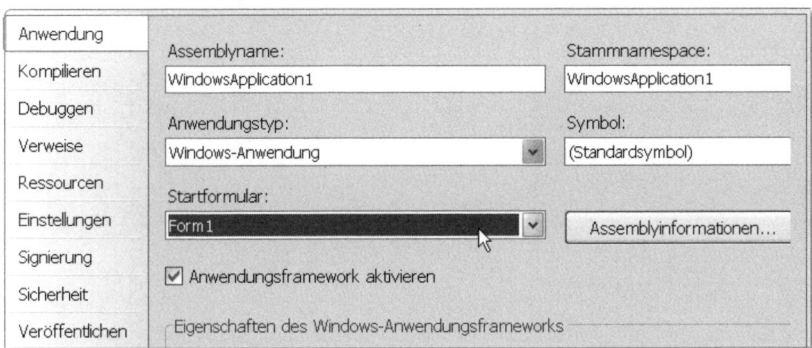

Abbildung 5.5 Unter den Projekteinstellungen kann das Startformular (Startup form) beliebig eingestellt werden.

Bei erneutem Testen unserer Anwendung werden Sie feststellen, dass nun Form2 als Startbildschirm angezeigt wird. Allerdings bekommen unsere Anwender jetzt Form1 nicht mehr zu Gesicht. Auch das hat wieder eine recht einfache Ursache. Wollen Sie eine Form am Bildschirm sichtbar machen, so muss diese explizit über ihre **Show-Methode** aufgerufen werden. Wie das geschieht, werden wir uns jetzt ansehen, indem wir auf Form1 einen **Button** legen, der es dem Anwender ermöglicht, auch das zweite Anwendungsfenster einzublenden.

Ändern Sie bitte zunächst die Projekteinstellungen dahingehend, dass Form1 wieder zur Start-Form wird. Im nächsten Schritt ziehen Sie aus der Toolbox einen Button auf Form1. Ändern Sie seine Beschriftung von »Button1« in »Fenster 2 anzeigen«, indem Sie im **Eigenschaftenfenster** die **Texteigenschaft** entsprechend abändern. Nachdem Sie die Größe von Button1 so angepasst haben, dass der ganze Text zu sehen ist, sollte Form1 folgendes »Outfit« haben (siehe Abbildung 5.6).

> **Hinweis** Achten Sie darauf, die Namen- und die Text-Eigenschaft von Steuerelementen nicht miteinander zu verwechseln. Steuerelemente werden unter ihrem **Namen**, über welchen sie eindeutig identifizierbar sind, im Quellcode angesprochen.

Sie sollten ebenfalls beachten, dass ein von Hand im Eigenschaftenfenster geänderter Form-Name nicht auch zu einer Anpassung des Dateinamens im Projektmappen-Explorer führt.

Abbildung 5.6 »Form1« mit »Button1«, welcher für das Einblenden von »Form2« sorgt

Was jetzt noch fehlt, ist der Quellcode, welcher das »Umschalten« von `Form1` zu `Form2` bewirkt. Um den hierzu erforderlichen Quellcode einzugeben, doppelklicken Sie bitte auf `Button1` auf `Form1`. Das Visual Studio schaltet nun automatisch in die folgende Codeansicht um:

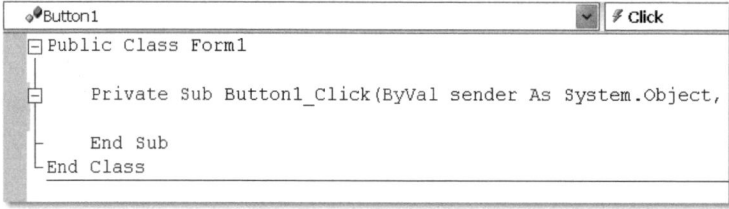

Abbildung 5.7 Codeansicht von »Form1« mit automatisch generierter Button-Click-Prozedur

Wie die oben stehende Bildschirmfotografie zeigt, hat die Entwicklungsumgebung für `Button1` automatisch eine Prozedur-Schablone für das Button-Click-Ereignis generiert. Wie Ihnen ja bereits aus dem OOP-Teil dieses Buches bekannt ist, können Objekte verschiedene Ereignisse haben. Das Click-Ereignis ist quasi das »Default-Ereigniss« eines **Buttons**. Das Standardereignis einer Form zum Beispiel ist das Ereignis "Form_Load". Wenn Sie in der Entwicklungsumgebung auf ein Steuerelement doppelklicken, stellt Ihnen das Visual Studio – praktischerweise – unmittelbar eine entsprechende Prozedur-Schablone für das diesem Element zugeordnete Standardereignis zur Verfügung. Sie sollten einmal das Pulldown-Menü von `Button1` aufklappen:

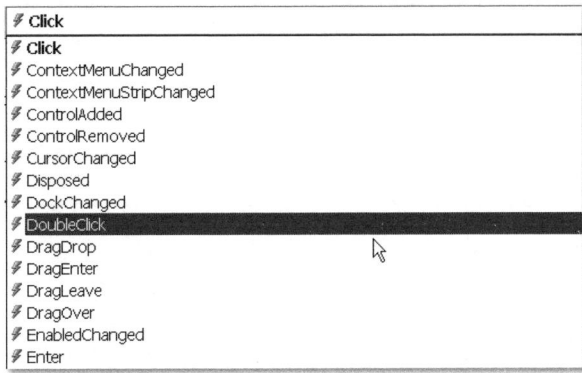

Abbildung 5.8 Auswahl verschiedener Button-Ereignisse

Sie bekommen nun eine umfangreiche Auswahl an möglichen Button-Ereignissen angeboten, unter denen das einfache Click-Ereignis lediglich eines darstellt. Wenn Sie mit Steuerelementen aus der Toolbox arbeiten, lohnt es sich immer, einfach einmal in diese Liste zu schauen. Es wird Sie in Erstaunen versetzen, welche immensen Programmiermöglichkeiten sich Ihnen durch die Fülle der mit den Objekten ausgelieferten Ereignisse bieten.

Im nächsten Schritt werden wir in die Prozedur-Schablone den notwendigen Quellcode für das Einblenden von `Form2` eintragen. Eine Windows-Form wird über ihre **Show-Methode** aufgerufen. Daraus ergibt sich für den Aufruf von `Form2` die nachfolgende einfache Codezeile:

```
Form2.Show()
```

Mit diesem Aufruf wird `Form2` am Bildschirm angezeigt und erhält gleichzeitig den **Focus**, wodurch sie zum aktiven Fenster deklariert wird. `Form1` bleibt ebenfalls am Bildschirm sichtbar, verliert jedoch den Focus und tritt somit in den Hintergrund.

Wenn wir erreichen wollen, dass jeweils nur ein Fenster unserer Anwendung am Bildschirm sichtbar ist, müssen wir dafür Sorge tragen, dass das jeweils andere »von der Bildfläche« verschwindet. Bei Aufruf von `Form2` bietet es sich somit an, das entsprechende Statement ebenfalls in die Click-Prozedur von `Button1` zu platzieren. Grundsätzlich können wir hierzu zwei Form-Methoden, welche sich in ihrer Auswirkung jedoch erheblich unterscheiden, nutzen: die Methoden `Hide()` und `Close()`. Mit `Hide()` wird die entsprechende Form lediglich »unsichtbar«. `Hide()` ist in etwa vergleichbar mit dem Setzen der Visible-Eigenschaft auf **False,** `Close()` dagegen sorgt dafür, dass das Fenster wirklich geschlossen wird. Alle mit dem Fenster erzeugten Ressourcen werden freigegeben, sodass ein mit `Close()` geschlossenes Fenster nicht durch einfaches Setzen seiner Visible-Eigenschaft auf `True` wieder »sichtbar« gemacht werden kann. Um ein nicht mehr benötigtes Programmfenster vom Bildschirm zu entfernen, sollte somit besser die Hide-Methode genutzt werden.

Hinweis Würde in unserem Beispiel `Form1` mittels der Close-Methode geschlossen, würde automatisch auch `Form2` terminiert, da `Form1` unsere **Start-Form** ist. Das Terminieren der Start-Form führt automatisch zum Schließen der gesamten Anwendung mit allen ihren Formen. `Form2` dagegen kann ohne weitere Auswirkungen auch mit der Close-Methode geschlossen werden, wenn Sie nicht mehr benötigt wird. Denken Sie bitte daran, dass mittels `Hide()` im Speicher vorgehaltene »unsichtbare« Fenster wertvolle Speicher-Ressourcen binden.

Möchten Sie innerhalb der Click-Prozedur von `Button1` die Close- bzw. Hide-Methode nutzen, so müsste die entsprechende Codezeile folgendermaßen lauten: `Me.Close()` bzw. `Me.Hide()`. Mit einer Anweisung `Form1 .Hide()` erhalten Sie eine Fehlermeldung, da `Form1` sich in seiner aktuellen Instanz nicht selbst referenzieren kann.

5.1.3 Wichtige Methoden

In diesem Abschnitt werden wir uns mit einer Auswahl der wichtigsten Methoden einer Windows-Form, deren Wirkungsweise Ihnen in jedem Fall präsent sein sollte, beschäftigen. Im Einzelnen werden wir uns die Methoden `Form.Show`, `Form.Activate`, `Form.Hide` sowie `Form.Close` ansehen.

Die Form.Show-Methode

Die uns bereits bekannte `Form.Show`-Methode instanziert die Klasse einer Form und stellt diese am Bildschirm dar, wobei ihre **Visible**-Eigenschaft automatisch auf `True` gesetzt wird. Mittels dieser Methode wird eine Form (mit allen ihren Ressourcen) in den Arbeitsspeicher »geladen« und gleichzeitig (`Visible = True`) am Bildschirm angezeigt. Darüber hinaus erhält sie automatisch den Focus, was bedeutet, dass sie zum derzeit aktiven Fenster am Bildschirm wird.

Eine Variante der `Form.Show`-Methode stellt die Methode `Form.ShowDialog` dar. Ein Aufruf dieser Art führt dazu, dass die Form dem Anwender als **modaler Dialog** präsentiert wird. Ein modales Fenster muss geschlossen werden, bevor ein anderes Anwendungsfenster den Focus (zurück) erhalten kann. Modale Dialoge werden zum Beispiel eingesetzt, um sicherzustellen, dass ein Anwender alle erforderlichen Eingaben in ein Formular vorgenommen hat, bevor mit dem Programm anschließend weitergearbeitet werden kann.

Die Form.Activate-Methode

Die `Form.Activate`-Methode wird genutzt, um Formen, welche zwar am Bildschirm sichtbar sind, jedoch nicht den Focus haben, zur aktiven Form zu erklären. Eine Form, auf welche die `Form.Activate`-Methode Anwendung findet, erhält den Focus und wird in den Vordergrund der Anwendung gebracht. Wird diese Methode auf eine Form, welche nicht sichtbar ist, angewandt, bleibt die Methode ohne jede Wirkung.

Die Form.Hide-Methode

Mit der `Form.Hide`-Methode lassen Sie eine Form »vom Bildschirm verschwinden«. Dabei wird die Form jedoch nicht aus dem Arbeitsspeicher entfernt, sondern verbleibt dort mit allen ihren Ressourcen. Diese Methode hat eine ähnliche Auswirkung wie das Setzen der Visible-Eigenschaft auf `False`. Um eine auf diese Weise unsichtbar gemachte Form wieder am Bildschirm erscheinen zu lassen, haben Sie grundsätzlich zwei Möglichkeiten: Die `Form.Show`-Methode oder das Setzen der Visible-Eigenschaft auf `True`.

Die Form.Close-Methode

Durch Aufruf der `Form.Close`-Methode wird eine Form »endgültig« geschlossen. `Form.Close` gibt die Form für den Garbage Collector frei, welcher sie im weiteren Verlauf aus dem Arbeitsspeicher entfernt. Ich möchte nochmals darauf hinweisen, dass das Anwenden der `Form.Close`-Methode auf die **Start up-Form** Ihres Programms zum Schließen der gesamten Anwendung führt.

5.1.4 Zentrale Ereignisse

Für eine Windows-Form existiert eine Fülle von Ereignissen, welche hier unmöglich alle angesprochen werden können. Allerdings gibt es im Lebenszyklus einer Form drei Ereignisse, die eine herausragende Rolle spielen: `Load`, `Closing` und `Closed`.

Das Load-Ereignis

Das `Load`-Ereignis wird immer dann ausgelöst, wenn die Instanz einer Form zum ersten Mal in einer Anwendung genutzt und am Bildschirm angezeigt wird. Die Methoden `Form.Show` sowie `Form.ShowDialog` lösen gleichermaßen das `Load`-Ereignis einer Form aus. Damit wird die entsprechende `Load`-Prozedur unmittelbar vor Erscheinen der Form am Bildschirm ausgeführt und eignet sich ideal dafür, an dieser Stelle Variablen oder Steuerelemente zu initialisieren.

Hinweis Das Load-Ereignis wird im Lebenszyklus einer Form lediglich einmal ausgelöst. Auch bei einer Form, die mittels der Hide-Methode zunächst unsichtbar und im Anschluss daran mit Form.Show bzw. Form.ShowDialog wieder sichtbar gesetzt wurde, wird das Form.Load-Ereignis nicht erneut aufgerufen:

(1)   Form.Show()   Auslösen des Load-Ereignisses

(2)   Form.Hide()   Die Form wird »unsichtbar« gesetzt.

(3)   Form.Show()   Das Load-Ereignis wird nicht erneut ausgelöst.

Das Closing-Ereignis

Das FormClosing-Ereignis tritt auf, wenn eine Form geschlossen werden soll. Die Formulierung wurde an dieser Stelle ganz bewusst zunächst vage gehalten, da die Anforderung, ein Formular zu schließen, nicht zwangsläufig auch zum tatsächlichen Beenden des Formulars führen muss. Aufgerufen werden kann das FormClosing–Ereignis auf verschieden Arten: Über eine im Quellcode stehende Anweisung, durch Klicken auf den Schließen-Button in der Titelleiste des Fensters oder durch Wählen des Schließen-Befehls des (Formular-)Systemmenüs. Auch das Schließen der aktuellen Windowssitzung sowie das Terminieren eines übergeordneten MDI-Formulars (dazu mehr im nächsten Abschnitt) lösen das FormClosing-Ereignis aus.

Als Entwickler haben Sie zu diesem Zeitpunkt noch die Möglichkeit, Einfluss darauf zu nehmen, ob die »Formular-Schließen«-Anforderung ohne weiteres ausgeführt werden soll. Durch das Visual Basic-Statement e.Cancel = True können Sie das Schließen einer Form unterbinden. Auf diese Weise haben Sie zum Beispiel die Möglichkeit, darauf zu achten, dass ein Formular in keinem Fall geschlossen wird, bevor es nicht komplett ausgefüllt wurde. Wird die FormClosing-Anweisung nicht unterbunden, so wird im nächsten Schritt die FormClosed-Methode aufgerufen.

Das Closed-Ereignis

Das FormClosed-Ereignis wird nach dem Schließen einer Form »abgefeuert«. Damit wird die FormClosed-Methode erst im Anschluss an die FormClosing-Methode und der in ihr programmierten Anweisungen ausgeführt. Diese Methode, die am Ende des Lebenszyklus einer Form steht, bietet sich für das Speichern von im Formular abgefragten Informationen sowie das Aktualisieren übergeordneter Fenster an.

> **Hinweis** Bei Aufrufen der `Application.Exit`-Methode werden die Ereignisse `FormClosing` und `FormClosed` nicht aufgerufen. Sollen die genannten Methoden in jedem Fall aufgrufen werden, müssen diese einzeln vor dem Aufruf der `Application.Exit`-Methode aufgerufen werden.

5.2 SDI- und MDI-Anwendungen

Im vorherigen Abschnitt haben wir uns ausschließlich mit Anwendungen beschäftigt, deren User-Interface lediglich aus einem Fenster bestand. Das jeweils benötigte Fenster wurde im Bedarfsfall ein- bzw. ausgeblendet. Eine Hierarchie zwischen den einzelnen Formularen bestand nicht. Ein Beispiel für eine solche »Ein-Fenster-Anwendung« ist das Programm **WordPad** dar, das Sie im Windowsordner Zubehör finden. In WordPad kann immer nur ein Textdokument bearbeitet werden. Wollen Sie ein weiteres Dokument bearbeiten, muss zuvor das aktuelle geschlossen werden. Derartige Anwendungen werden als **SDI**-Anwendungen bezeichnet, wobei **SDI** für **S**ingle **D**ocument Interface steht. SDI-Anwendungen werden uns in Abschnitt 5.4, *Steuerelemente und Standarddialoge*, noch des Öfteren begegnen. Den Schwerpunkt dieses Abschnitts bilden die **MDI** (**M**ultiple **D**ocument Interface)-Anwendungen.

5.2.1 MDI-Grundlagen

Mit MDI-Anwendungen können mehrere zu einer Anwendung gehörende Fenster innerhalb eines Hauptfensters zusammengefasst und gemeinsam verwaltet werden. Innerhalb eines MDI-Programms werden die Unterfenster als Kind-Fenster (Child-Form) bezeichnet. Das Hauptfenster wird auch als MDI-Container oder »Parent-Form« bezeichnet. Ein bekanntes Beispiel für eine MDI-Anwendung ist die Microsoft Tabellenkalkulationssoftware Excel (siehe Abbildung 5.9).

Abbildung 5.9 zeigt das Excel-Hauptfenster, welches die Arbeitsmappen Mappe1, Mappe2 und Mappe3 als untergeordnete Fenster enthält. MDI-Anwendungen lassen sich leicht daran erkennen, dass sie in der Regel einen Menüpunkt **Fenster** enthalten, über welchen der Anwender problemlos zu den einzelnen Unterfenstern wechseln kann (siehe Abbildung 5.10).

Nachdem wir verdeutlicht haben, worum es sich bei MDI-Anwendungen handelt, werden wir im nächsten Schritt eine kleine Container-Anwendung selbst erstellen.

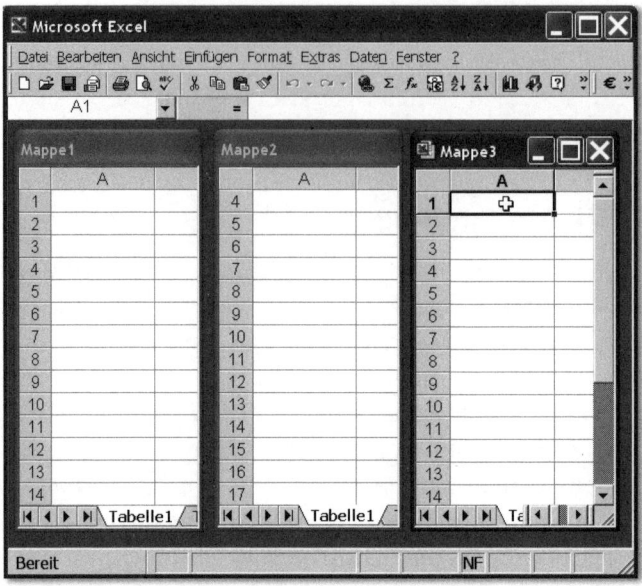

Abbildung 5.9 Microsoft Excel, ein bekanntes Beispiel für eine MDI-Anwendung

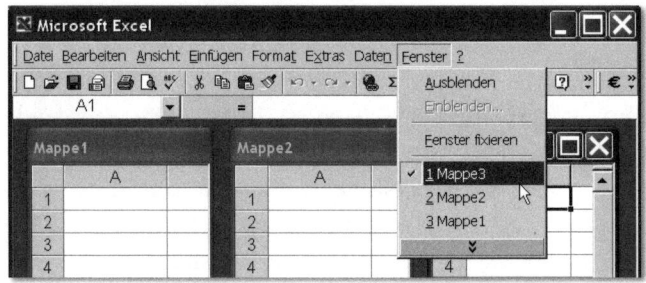

Abbildung 5.10 Ausgeklapptes Menü Fenster, in dem alle drei Excel-Arbeitsmappen angezeigt werden. Die derzeit aktive Arbeitsmappe 3 ist durch ein Häkchen gekennzeichnet.

5.2.2 Erstellen von MDI-Anwendungen

Unsere MDI-Anwendung wird sich aus dem schon erwähnten **MDI-Container**, einem **Menü** sowie weiteren **Child-Formen** zusammensetzen. Bei ihrer Erstellung werden wir in fünf Schritten vorgehen:

1. Erstellen einer Windowsanwendung

2. Erzeugen der MDI-Form

3. Hinzufügen einer weiteren Windows-Form (`Form2`)

4. Ausstatten der MDI-Form mit einem Menü

5. Hinzufügen der Programmierung

Erstellen einer Windowsanwendung

Die Vorgehensweise für das Erstellen einer Windowsanwendung ist uns schon bekannt. Gehen Sie bitte wieder über das Menü **Datei · Neues Projekt** und wählen dort im Projektfenster das Template für eine Windowsanwendung aus.

Erzeugen der MDI-Form

Eine MDI-Form basiert auf einer einfachen Windows-Form. Da Ihnen das Visual Studio beim Generieren einer Windowsanwendung automatisch eine erste Form (`Form1`) zur Verfügung stellt, können Sie diese nutzen, um aus ihr den MDI-Container zu erstellen. Die Vorgehensweise hierfür ist denkbar einfach: Sie müssen lediglich die Eigenschaft `IsMdiContainer` von `Form1` auf `True` setzen. Diese Aufgabe lässt sich effektiv im Eigenschaftenfenster erledigen:

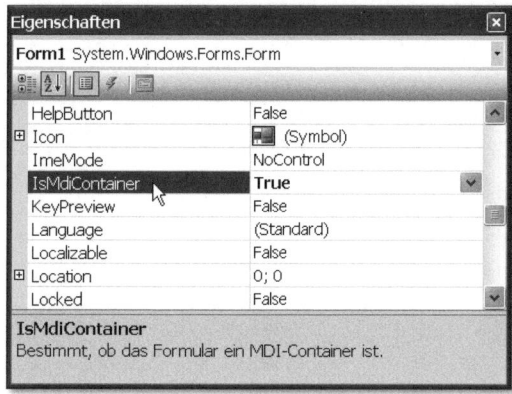

Abbildung 5.11 Im Eigenschaftenfenster auf »True« gesetzte »IsMdiContainer«-Eigenschaft von »Form1«

Optisch bemerken Sie die Veränderung daran, dass der Hintergrund von `Form1` nach Umstellen der `IsMdiContainer`-Eigenschaft auf `True` dunkelgrau angezeigt wird:

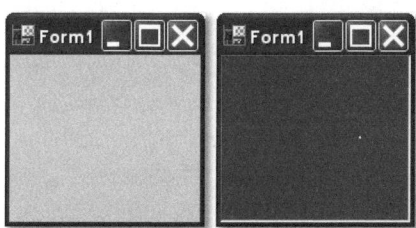

Abbildung 5.12 »Form1« als »normales« Fenster (hellgrauer Hintergrund) und als MDI-Container (dunkelgrauer Hintergrund)

Hinzufügen von Form2

Um unsere kleine MDI-Anwendung auf den Einsatz ihrer Kind-Fenster vorzubereiten, ergänzen wir unser Projekt mit einer weiteren Windows-Form. Dazu können Sie wieder bequem das Menü **Projekt · Windows Form hinzufügen** nutzen, um aus den Vorlagen eine weitere Windows-Form auszuwählen. Anschließend werden Sie im Projektmappen-Explorer eine weitere Form mit Namen `Form2` vorfinden:

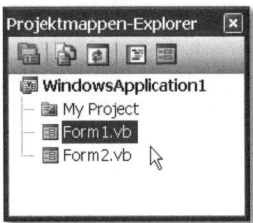

Abbildung 5.13 Das Projekt besteht nun aus dem MDI-Container »Form1« und der einfachen Windows-Form »Form2«.

Die eigentliche Programmfunktionalität wird unserer kleinen Anwendung über das **Menü** hinzugefügt, das wir unserem Hauptfenster »spendieren« werden. Dort werden wir auch die Programmierung, welche für die Erzeugung der Child-Fenster verantwortlich ist, platzieren.

Ausstatten der MDI-Form mit einem Menü

Bei einer MDI-Anwendung ist es sinnvoll, Programmfunktionen, welche anwendungsweit erreichbar sein sollen, im Menü des MDI-Formulars zu platzieren. Es würde zum Beispiel wenig Sinn machen, einen Menüpunkt, welcher eine Liste der aktuell geöffneten Anwendungsfenster enthält, lediglich in einem einzelnen, speziellen Fenster zu integrieren. Der angemessene Ort für eine Fenster-Liste ist das Menü des Hauptfensters. Um dem Hauptfenster (Form1) eine Menüleiste hinzuzufügen, ziehen Sie einfach aus der **Toolbox** das entsprechende Steuerelement (MenuStrip) auf Form1. Die Toolbox ist in verschiedene Register eingeteilt, wodurch das Auffinden der Steuerelemente stark vereinfacht wird. Das Steuerelement MenuStrip finden Sie in der Rubrik **Menüs & Toolbars**:

Abbildung 5.14 Das Menü-Steuerelement (»MenuStrip«) in der Toolbox des Visual Studios 2005

Ziehen Sie das Menü-Steuerelement bitte auf Form1:

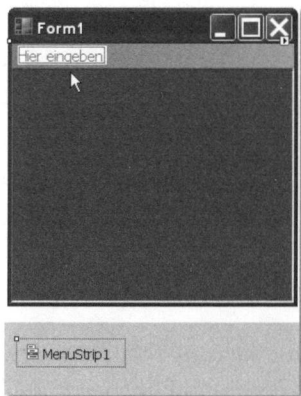

Abbildung 5.15 Das Menü-Steuerelement am oberen Rand von »Form1« und im so genannten Komponentenfach

Das Visual Studio zeigt Ihnen nun am oberen Rand von `Form1` das Menü-Steuerelement. Darüber hinaus wird das Steuerelement (`MenuStrip1`) nochmals unterhalb von `Form1` dargestellt. Hier, im so genannten **Komponentenfach (Component Tray)**, werden die zur Laufzeit »unsichtbaren« Steuerelemente (klassisches Beispiel hierfür ist der Timer) dargestellt. Das Menü-Steuerelement wird sowohl auf der Form als auch im Component Tray dargestellt.

> **Hinweis** Die Toolbox des Visual Studios hält verschiedene Kategorien von Steuerelementen bereit. Davon sind einige, wie etwa der Timer, zur Programmlaufzeit unsichtbar und werden ausschließlich im Component Tray angezeigt. Die Dialog-Steuerelemente wie `OpenFileDialog`, `SaveFileDialog`, `FontDialog` etc. werden zur Programmlaufzeit in eigenen Dialogfenstern dargestellt und während der Entwicklungsphase ebenfalls ausschließlich im Komponentenfach angezeigt. Das `ToolTip`-Element zum Beispiel erscheint während der Laufzeit nur zeitweilig am Bildschirm. Auch diese Steuerelemente lassen sich nicht auf der Windows-Form selbst ablegen und werden ebenfalls im Component Tray »aufbewahrt«. Steuerelemente wie das `MenuStrip`, das `StatusStrip`, das `ToolStrip` usw. lassen sich unmittelbar auf die Form zeichnen, wo sie auch während der Entwicklungszeit sichtbar bleiben, und werden vom Visual Studio (Beta 2) zusätzlich im Komponentenfach dargestellt.

Das Menü der MDI-Form soll die beiden Hauptmenüpunkte **Datei** und **Fenster** enthalten. Der Menüpunkt **Fenster** wird eine Liste der Anwendungsfenster (Child-Formen) sowie die Möglichkeit, diese nebeneinander anzuordnen, enthalten. Unter **Datei** werden dem Nutzer die beiden Optionen **Neues Fenster** und **Beenden** (= Anwendung schließen) geboten. Klicken Sie nun zunächst auf die Menüleiste, um die entsprechenden Menütexte einzugeben:

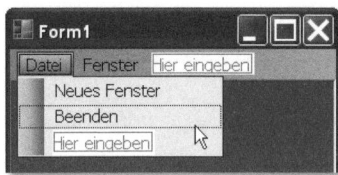

Abbildung 5.16 Eingabe des Menütextes »Beenden«

Sie können die Menübeschriftungen unmittelbar in die kleinen Textfelder des Steuerelements schreiben (Abbildung 5.16) oder das Eigenschaftenfenster zur Bestimmung der jeweiligen Menüeigenschaften – hier ist es die Texteigenschaft – nutzen. Anschließend sollten die Menüs folgenden Aufbau aufweisen:

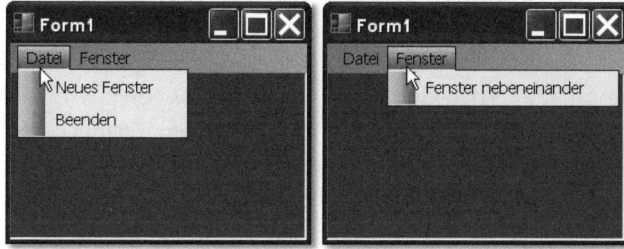

Abbildung 5.17 Die Menüs Datei und Fenster des MDI-Containers

Nachdem wir das Hauptfenster unserer kleinen MDI-Anwendung mit einem Menü versehen haben, besteht der nächste Schritt darin, die einzelnen Menü-unterpunkte mit der für sie vorgesehenen **Funktionalität** auszustatten.

Hinzufügen der Programmierung

Der Menüpunkt »Neues Fenster«

Beginnen wir mit der Programmierung des Menüpunktes **Neues Fenster**. Dazu doppelklicken Sie bitte auf den entsprechenden Menü-Eintrag des `MenuStrip1`. Der Codeeditor zeigt Ihnen die Prozedur-Schablone für das Click-Ereignis des Menüpunktes **Neues Fenster** an. Tragen Sie dort den nachfolgenden Quellcode ein:

```
'Zaehler wird im Deklarationsabschnitt von Form1 deklariert!
Zaehler += 1
Dim NeuesFenster As New Form2()
NeuesFenster.MdiParent = Me
NeuesFenster.Text = "Fenster " & Zaehler
NeuesFenster.Show()
```

In der ersten Zeile wird lediglich ein Counter (`Zaehler`) nach oben gezählt. Diesen benötigen wir, um später die neu erzeugten Fenster mit einer Nummer (Fenster 1, Fenster 2, ...) zu versehen. Die Variable `Zaehler` darf nicht innerhalb der Prozedur deklariert werden, da sie sonst bei jedem Click-Ereignis neu initialisiert und somit zurückgesetzt wird. Damit sie stets den aktuellen Stand wiedergibt, wird `Zaehler` innerhalb des **Deklarationsabschnitts** von `Form1` deklariert.

Entscheidend sind die nächsten beiden Programmzeilen, in welchen zunächst das Objekt `NeuesFenster` als Instanz von `Form2` deklariert wird. Anschließend wird die Instanz `NeuesFenster` mit der Anweisung `NeuesFenster.MdiParent = Me` zur Child-Form von `Form1` erklärt. Lassen Sie sich an dieser Stelle nicht verwirren. Die Click-Routine befindet sich auf `Form1`, womit das Visual Basic-

Schlüsselwort **Me** den bereits erwähnten Zeiger auf die Master-Form, welcher von **MdiParent** benötigt wird, darstellt.

In der vorletzten Programmzeile wird die Texteigenschaft des jeweils neuen Fensters auf **Fenster** gesetzt und um die aktuell erzeugte Fensteranzahl (**Zaeh-ler**) ergänzt. Die **Show**-Methode der letzten Zeile bringt das neue Fenster schließlich auf den Bildschirm.

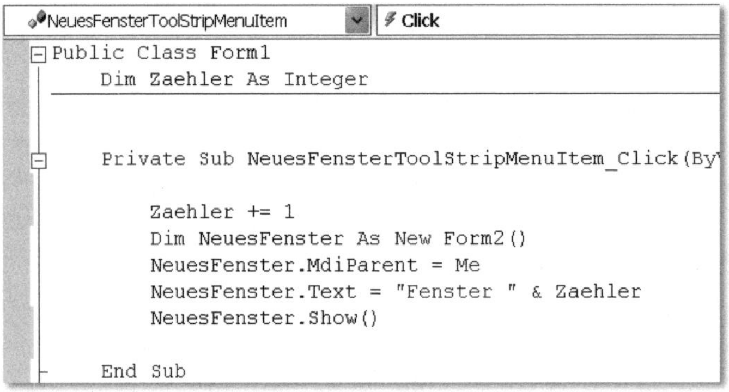

```
NeuesFensterToolStripMenuItem          ▼    ⚡ Click
⊟ Public Class Form1
      Dim Zaehler As Integer


⊟     Private Sub NeuesFensterToolStripMenuItem_Click(By

          Zaehler += 1
          Dim NeuesFenster As New Form2()
          NeuesFenster.MdiParent = Me
          NeuesFenster.Text = "Fenster " & Zaehler
          NeuesFenster.Show()

      End Sub
```

Abbildung 5.18 Quellcode zur Erzeugung eines neuen Child-Fensters zu »Form1« im Codeeditor des Viusal Studios 2005

Der Menüpunkt »Beenden«

Durch Anklicken des Unterpunktes **Beenden** soll die Anwendung vollständig geschlossen werden. Die Visual Basic-Anweisung hierzu lautet:

```
Application.Exit()
```

Auch hier erhalten Sie nach Doppelklick auf den entsprechenden Menüpunkt eine entsprechende Prozedur-Schablone für das **Beenden**-Click-Ereignis.

Der Menüpunkt »Fenster nebeneinander«

Um die Child-Fenster einer MDI-Anwendung zu »sortieren«, nutzen wir die **MdiLayout**-Methode der Form-Klasse aus dem Namensraum **Systems.Win-dows.Forms**. Die Art der Fensteraufteilung übermitteln wir durch einen Wert aus der **MdiLayout**-Enumeration. Für die Anordnung der Kind-Fenster nebeneinander ist der Wert **TileVertical** zuständig. Der Quellcode, mit welchem wir das Click-Ereignis ausstatten, lautet somit wie folgt:

```
Me.LayoutMdi(System.Windows.Forms.MdiLayout.TileVertical)
```

Damit haben wir die drei Menüunterpunkte **Neues Fenster**, **Beenden** und **Fenster nebeneinander** mit der für sie vorgesehenen Funktionalität ausgestattet. Was uns noch bleibt, ist das »Erzeugen« der Fensterliste.

Die Fensterliste

Wir wollen erreichen, dass bei Anklicken des Menüpunktes **Fenster** der Anwender eine Liste aller geöffneten Child-Fenster zur Auswahl angeboten bekommt. Dazu gehen wir folgendermaßen vor: Rufen Sie das Eigenschaftenfenster der Menüleiste `MenuStrip1` auf:

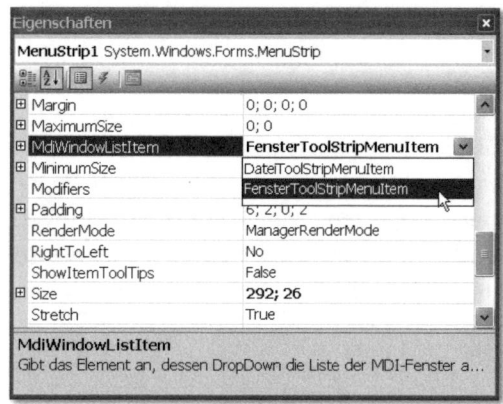

Abbildung 5.19 Im Eigenschaftenfenster von »MenuStrip1« wird über die »MdiWindowListItem«-Eigenschaft die Fensterliste dem Menüpunkt Fenster zugewiesen.

Wählen Sie die `MdiWindowListItem`-Eigenschaft aus und weisen ihr aus dem Dropdown-Menü den Wert `FensterToolStripMenuItem` zu. Wenn der Anwender jetzt auf den Menüpunkt **Fenster** klickt, bekommt er neben dem Untermenüpunkt **Fenster nebeneinander** automatisch auch eine **Liste** der aktuell geöffneten MDI-Children angezeigt:

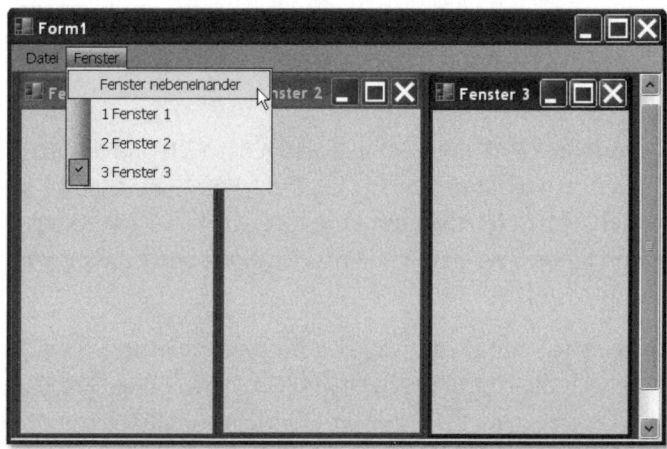

Abbildung 5.20 Der MDI-Container (»Form1«) mit aufgeklapptem Fenster-Menü und geordneter (»TileVertical«) Fensterliste

Hinweis Achten Sie bitte darauf, dass die Entwicklungsumgebung Ihnen das Eigenschaftenfenster zum aktuell markierten Element anzeigt. Die Anzeige eines »falschen« Eigenschaftenfensters führt häufig zu Verwirrungen. Zu welchem Element die Eigenschaften aktuell angezeigt werden, können Sie im oberen Teil des Eigenschaftenfensters ablesen. Dort können Sie auch eine Auswahl der Elemente treffen, deren Eigenschaften Sie ansehen bzw. einstellen möchten.

Mit diesem Hinweis verlassen wir das Thema der MDI-Entwicklung. Bevor wir uns in Abschnitt 5.3 mit den *Grundlagen der Ereignissteuerung* beschäftigen, folgen unter 5.2.3, *Explorer-Anwendungen*, noch ein paar Zeilen zu einer immer populärer werdenden Anwendungsart. Ergänzend zum Thema MDI-Anwendungen habe ich für Sie nachstehend eine kleine Übersicht der vier Anordnungsmöglichkeiten für Child-Fenster innerhalb eines MDI-Containers zusammengestellt:

Enumerations-Member	Wirkung
`Cascade`	Die Child-Fenster werden überlappend im MDI-Container angeordnet.
`TileHorizontal`	Bewirkt die Anordnung der Child-Fenster untereinander.
`TileVertical`	Die Child-Fenster werden innerhalb der MDI-Form nebeneinander dargestellt.
`ArrangeIcons`	Die »Symbole« (Titelleisten) der (minimierten) Client-Fenster werden am unteren Rand des MDI-Containers dargestellt.

Tabelle 5.1 Werte (Enumerations-Member) zur Einstellung der Art, in welcher die MDI-Child-Fenster innerhalb eines MDI-Containers dargestellt werden sollen

5.2.3 Explorer-Anwendungen

Neben den beiden vorgestellten Programm-Oberflächen der SDI- und der MDI-Anwendungen gewinnen Anwendungen in Explorer-Form zusehends an Bedeutung. Dabei handelt es sich letztlich um eine spezielle SDI-Variante, welche im Wesentlichen durch eine zweigeteilte Fensterstruktur beschrieben werden kann (siehe Abbildung 5.21).

Dabei bietet die linke Fensterseite in der Regel eine hierarchische Übersicht (Baumstruktur), wohingegen die rechte Fensterhälfte zur Darstellung (Anzeigebereich) der einzelnen Elemente dient. Explorer-Oberflächen sind besonders geeignet, um in größeren Dateibeständen (Bildern, Dokumenten etc.) zu navigieren.

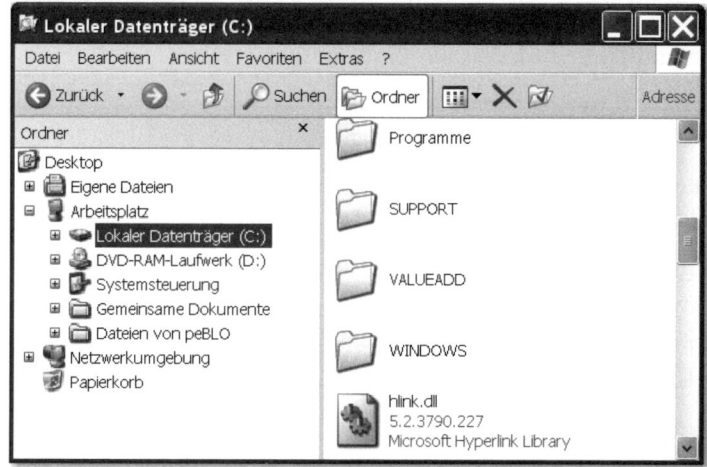

Abbildung 5.21 Der Windows-Explorer ist das klassische Beispiel und gleichzeitig der Namensgeber für Anwendungen mit Explorer-Oberfläche.

Mittlerweile lassen sich zahlreiche Programme mit explorerartigen Benutzeroberflächen, wie etwa Microsoft Outlook, finden. In Abschnitt 5.4, *Steuerelemente und Standarddialoge*, werden wir uns unter anderem einige Steuerelemente ansehen, mit deren Hilfe Sie problemlos Explorer-Anwendungen selbst programmieren können.

5.3 Grundlagen der Ereignissteuerung

Wie Sie im Kapitel zur objektorientierten Programmierung bereits gesehen haben, bedeutet Windowsprogrammierung immer auch ereignisgesteuerte Programmierung. Der folgende Abschnitt stellt Ihnen die Grundlagen dieser interessanten und zugleich hocheffizienten Programmiertechnik vor.

5.3.1 Einführung in die Ereignisverarbeitung

Microsoft Windows ist ein nachrichten- und ereignisbasiertes Betriebssystem. Unter Windows löst jede Aktion ein Ereignis aus, das in Form einer Nachricht an die »betroffene« Anwendung weitergegeben wird. Anschließend wertet die Anwendung die erhaltene Nachricht aus und leitet eine definierte Aktion ein. Veranschaulichen wir uns diesen zunächst etwas abstrakt anmutenden Vorgang an einem klassischen Click-Ereignis.

Stellen Sie sich bitte vor, Sie hätten das Textverarbeitungsprogramm Microsoft Word geöffnet. In der ShortCut-Leiste werden Sie das Druckersymbol vorfinden. Wenn Sie dieses Icon auf dem Bildschirm anklicken, können Sie sich den weiteren Ablauf der Geschehnisse in etwa wie folgt vorstellen:

- ▶ Die Maustaste wird gedrückt. **(1)**
- ▶ Das Betriebssystem (BS) identifiziert ein Click-Ereignis. **(2)**
- ▶ Da Word die derzeit aktive Anwendung ist (Word hat den Focus), erhält die Textverarbeitung eine entsprechende Nachricht.
- ▶ Word nimmt die Nachricht entgegen und löst das Ereignis »Drucker Icon wurde angeklickt« aus. **(3)**
- ▶ Die so aufgerufene Ereignisprozedur **(4)** zeigt das Dialogfenster **Drucken** am Bildschirm an. **(5)**

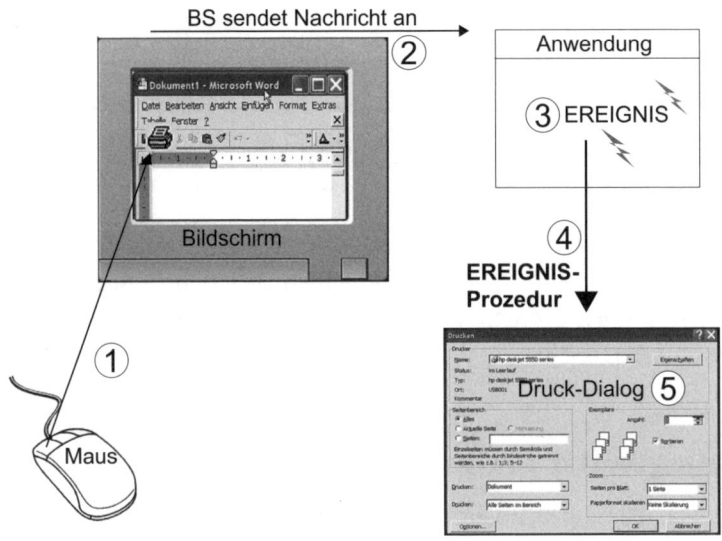

Abbildung 5.22 Vom Mausklick-Ereignis zum Anzeigen des Druck-Dialogfensters

Wie dieses kleine Beispiel anschaulich zeigt, spielen Ereignisse in der Windows-Welt eine zentrale Rolle. Einerlei, ob Sie mit der Maus ein Icon, einen Button oder ein anderes am Bildschirm dargestelltes Element anklicken, Sie lösen mit Ihrer Aktion immer ein Ereignis aus. Ereignisse können vom Anwender selbstverständlich auch über die Tastatur oder via Spracheingabe ausgelöst werden. Ihre Aufgabe als Entwickler besteht darin, das Interagieren zwischen Anwendung und Benutzer sicherzustellen. Das Instrument hierzu stellen die Ereignisprozeduren dar. Im zuvor dargestellten Beispiel wäre es Ihre Aufgabe als Entwickler gewesen, die Ereignisroutine für den Fall eines Anklickens des Drucker-Icons als Quellcode zu formulieren.

Das Interessante für Visual Basic-Entwickler ist nun, dass die in diesem Abschnitt bildhaft beschriebene Struktur der ereignisorientierten Programmierung vollständig ausreicht, um mit dem Visual Studio interaktive Windowsanwendungen entwickeln zu können. Insbesondere die Kenntnisse aus den OOP-Abschnitten über Ereignisse und Delegates, also die Interna der Ereignisverarbeitung, können Ihnen an vielen Stellen nicht nur nutzen, sondern werden Ihnen auch eine größere Sicherheit in Ihrer Arbeit verleihen. Sie können die nachfolgenden Ausführungen allerdings ebenso auf der Basis des zuvor beschriebenen »kleinen Ereignis-Modells« nachvollziehen.

> **Hinweis** Geräte wie Scanner, Drucker, Laufwerke etc. sind ebenfalls in der Lage, Ereignisse auszulösen. Im OOP-Kapitel wurde auch beschrieben, dass Anwendungen (Scheduler, Mail-Programme, Download-Programme, Viren-Scanner etc.) Nachrichten senden und somit Ereignisse auslösen können. Sie merken schon, Ereignisverarbeitung ist ein komplexes und spannendes Thema. Falls Sie es noch nicht getan haben, sollten Sie vielleicht doch noch ins OOP-Kapitel schauen. ;-).

5.3.2 Ereignisse und Steuerelemente

Bei der Programmierung von Ereignisprozeduren in einer Windowsumgebung spielt der »Ort«, an welchem die Prozedur hinterlegt wird, eine entscheidende Rolle. Was dieses im Einzelnen bedeutet, werden wir uns mit dem nachfolgenden Programm verdeutlichen. Erstellen Sie bitte zunächst eine Windowsanwendung. Ziehen Sie anschließend aus der Toolbox eine `CheckBox` sowie ein `LinkLabel`-Steuerelement auf `Form1`:

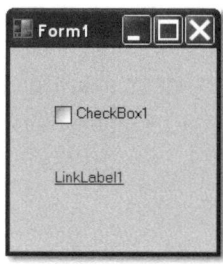

Abbildung 5.23 »Form1« mit »CheckBox1« und »LinkLabel1«

Doppelklicken Sie auf das Element `LinkLabel1`, um die Prozedur-Schablone für das Ereignis `LinkClicked` zu erhalten. Dort tragen Sie bitte diesen Quellcode ein:

```
MessageBox.Show("LinkLabel1 wurde soeben angeklickt!")
```

Wenn Sie das Programm jetzt mit [F5] testen, werden Sie Folgendes feststellen: Das Anklicken von `CheckBox1` bewirkt lediglich das Setzen bzw. Löschen des

Aktivierungshäkchens. Dieses Verhalten bringt das Objekt `CheckBox1` quasi von Haus aus mit und muss nicht durch Sie programmiert werden. Das Anklicken von `LinkLabel1` dagegen zeigt eine MessageBox am Bildschirm an. Die Ereignisprozeduren werden somit »hinter« die entsprechenden Steuerelemente gelegt. Beim Platzieren Ihrer Ereignisroutinen werden Sie durch das Visual Studio tatkräftig unterstützt.

Wie Sie gesehen haben, müssen Sie lediglich doppelt auf das Steuerelement klicken, das ein bestimmtes Ereignis auslösen soll. Die Entwicklungsumgebung generiert anschließend automatisch eine Prozedur-Schablone für das Standardereignis dieses speziellen Steuerelements. Beim `LinkLabel` handelt es sich dabei um das Ereignis `LinkClicked`. Bei der `CheckBox` ist `CheckedChanged` das Standardereignis.

> **Hinweis** Im Quellcode wird die Verbindung zwischen Ereignisprozedur und Steuerelement durch das Visual Basic Schlüsselwort `Handles` sichergestellt. Wenn Sie sich den Prozedur-Kopf der `LinkClicked`-Prozedur ansehen, werden Sie nach der schließenden Klammer den folgenden Quellcode finden: `Handles LinkLabel1.LinkClicked`. Damit wird die Verbindung zwischen dem Steuerelement `LinkLabel1` und der Ereignisprozedur `LinkClicked()` hergestellt. Auch dieses können Sie übrigens ausführlich im OOP-Teil nachlesen.

So einfach sich das Beschriebene anhört – und im Kern auch ist – führt gerade das »Binden« der Ereignisprozeduren an spezielle Steuerelemente bei Einsteigern oftmals zu Konfusionen. Insbesondere wenn sich zahlreiche unterschiedliche Elemente auf einem Formular befinden, besteht die Gefahr, rasch den Überblick zu verlieren. Sie sollten immer im Blick haben, welches der Steuerelemente Auslöser für bestimmte Ereignisse sein kann und soll. Auch eine ordentliche Dokumentation soll schon geholfen haben.

5.3.3 Die .NET-Ereignis-Kollektion

Jedes .NET-Steuerelement basiert auf einer Klasse. Zusammen mit dem Visual Studio 2005 stellt Microsoft dem Entwickler eine recht ansehnliche Kollektion dieser »vorgefertigten« Programmierbausteine zur Verfügung. Zu den äußerst nützlichen Eigenschaften der Toolbox-Steuerelemente gehören insbesondere die bereits implementierten Ereignisse. So bietet jedes Steuerelement die Möglichkeit, aus einer Fülle von Ereignissen das jeweils passende auszuwählen.

Da Sie sich weder um das **Implementieren** der entsprechenden Ereignisse noch um die eigentliche **Ereignisverwaltung** kümmern müssen, können Sie sich völlig Ihren Kernaufgaben widmen. Sie können sich auf die Entwicklung des Quellcodes konzentrieren, welcher steuert, wie das System auf ein eingetretenes Ereignis reagieren soll. Wie wir schon im vorhergehenden Beispiel gesehen haben, werden diese Programmzeilen in die vom Codeeditor des Visual Studios bereitgestellten Ereignisprozedur-Schablonen geschrieben. Sehen wir uns dazu ein weiteres kleines Beispiel an. Für unser Beispiel benötigen wir zunächst wieder ein neues Windowsprojekt. Ziehen Sie bitte das Steuerelement `PictureBox` auf `Form1`:

Abbildung 5.24 »Form1« mit Steuerelement »PictureBox1« und eingefügter Grafik

Eine Grafik Ihrer Wahl können Sie über das Eigenschaftenfenster von `PictureBox1` mithilfe der `Image`-Eigenschaft einfügen. Klicken Sie dort auf den kleinen Button mit den drei Punkten. Anschließend öffnet sich ein Dialogfenster, über das Sie eine beliebige Grafik auswählen können:

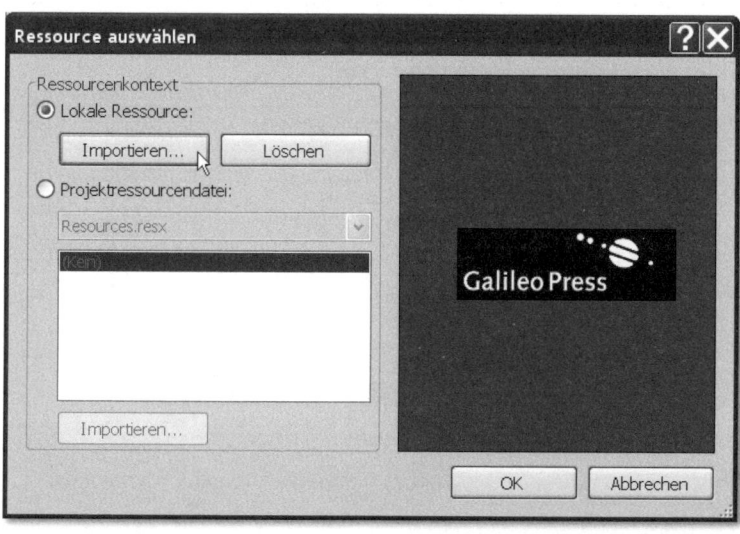

Abbildung 5.25 Dialogfenster zum Grafik-Import, welches sich über das Eigenschaftenfenster des »PictureBox«-Steuerelements aufrufen lässt

Doppelklicken Sie jetzt das Steuerelement mit der eingefügten Grafik, um zunächst wieder die Prozedur-Schablone für das Standardereignis (dieses Steuerelements) zu erhalten. Wie Sie bemerken, generiert der Codeeditor erneut eine Routine für ein Click-Ereignis. Um das Ereignis zu testen, können Sie nochmals eine MessageBox-Anweisung hinterlegen:

```
MessageBox.Show("Hier ist das Ereignis Click!")
```

Im Codeeditor sehen Sie nun – neben Ihrer MessageBox-Anweisung – in der linken oberen Ecke den Namen des Steuerelements `PictureBox1`. In der rechten oberen Ecke wird Ihnen das dazugehörige Ereignis angezeigt:

Abbildung 5.26 Der Visual Studio Codeeditor mit den beiden Pulldown-Menüs zur Element- und Ereignisauswahl

Nehmen wir einmal an, wir wollten erreichen, dass unsere MessageBox genau dann angezeigt wird, wenn der Cursor die sich auf `Form1` befindende Grafik »betritt«. Für die Auswahl des hierzu passenden Ereignisses klappen wir einfach das Pulldown-Menü mit der Ereignisliste auf:

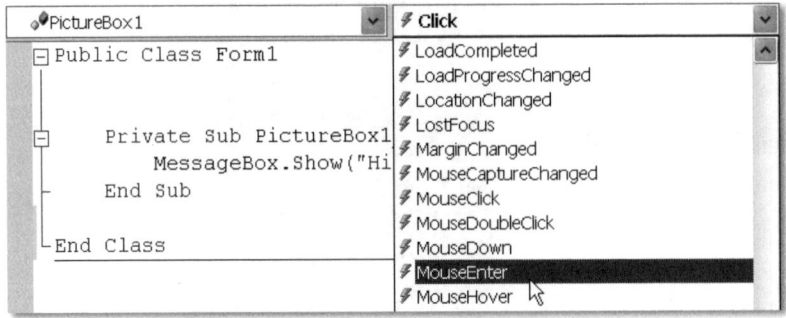

Abbildung 5.27 Aufgeklapptes Pulldown-Menü mit der Ereignispalette von »PictureBox1«

Dort wird uns unter anderem das Ereignis `MouseEnter` angeboten. Dieses Ereignis tritt genau dann auf, wenn der Anwender den Mauszeiger auf ein bestimmtes Objekt bewegt. Wir können somit unsere MessageBox-Anweisung in die `MouseEnter`-Prozedur-Schablone schreiben. Wenn Sie Ihr Programm jetzt erneut testen, werden Sie feststellen, dass die `MouseEnter`-MessageBox problemlos angezeigt wird. Was aber ist mit dem Ereignis `MouseClick`? Das `MouseEnter`-Ereignis wird offensichtlich noch vor dem `MouseClick`-Ereignis (was nur logisch ist) ausgelöst. Da wir mit dem ersten Ereignis ein modales Fenster aufrufen, bleibt der Weg zum zweiten Ereignis versperrt.

Bei der Programmierung von Ereignisroutinen sollten Sie immer auch die Wechselwirkungen der Ereignisse untereinander berücksichtigen. Aus diesem Grund möchte ich Ihnen an dieser Stelle empfehlen, einfach einmal mit den verschiedenen Ereignissen der Ereignis-Palette ein wenig zu experimentieren. Denken Sie bei Ihren Experimenten bitte auch daran, dass `Form1` selbstverständlich ebenfalls eine reichhaltige Auswahl an Ereignissen bereitstellt. Nachfolgend habe ich für Sie eine Tabelle mit einer kommentierten Auswahl der »Top 10« unter den Ereignissen zusammengestellt:

Ereignis	Auslöser
`Click`	wird ausgelöst, wenn ein Steuerelement angeklickt wird; enthält keine Angabe darüber, welche Maustaste gedrückt wurde
`DoubleClick`	wird ausgelöst, wenn ein Steuerelement doppelt angeklickt wurde
`MouseDown`	wird ausgelöst, wenn sich der Mauszeiger über einem Steuerelement befindet **und** eine Maustaste gedrückt wird; dabei wird als Argument zusätzlich übergeben, welche der Maustasten gedrückt wurde
`MouseUp`	wird ausgelöst, wenn sich der Mauszeiger über einem Steuerelement befindet und eine Maustaste losgelassen wird
`MouseEnter`	wird ausgelöst, wenn der Mauszeiger in den Bereich des Steuerelements gelangt
`MouseHover`	wird ausgelöst, wenn sich der Mauszeiger im Innenbereich eines Steuerelements bewegt
`MouseLeave`	wird ausgelöst, wenn der Mauszeiger das Steuerelement verlässt
`MouseMove`	wird ausgelöst, wenn der Mauszeiger über einem Steuerelement bewegt wird
`MouseWheel`	wird ausgelöst, wenn das Mausrad benutzt wird, während das Steuerelement den Focus besitzt
`DragDrop`	wird ausgelöst, wenn eine Drag & Drop-Aktion abgeschlossen wurde
`DragEnter`	wird ausgelöst, wenn ein Objekt in den Bereich eines Steuerelements gezogen wird

Tabelle 5.2 Liste zentraler Ereignisse von Windows-Formularen und Steuerelementen

Ereignis	Auslöser
DragLeave	wird ausgelöst, wenn ein Objekt aus dem Bereich eines Steuerelements gezogen wird
DragOver	wird ausgelöst, wenn ein Objekt auf ein Steuerelement gezogen wurde
GotFocus	wird ausgelöst, wenn ein Steuerelement den Focus erhält
LostFocus	wird ausgelöst, wenn ein Steuerelement den Focus wieder verliert
KeyDown	wird ausgelöst, wenn eine Taste gedrückt wird, während das Steuerelement den Focus hat (siehe Hinweis); bei der Eingabe von ⇧ + D treten **zwei KeyDown**-Ereignisse auf
KeyPress	wird ausgelöst, wenn eine Taste gedrückt wird, während das Steuerelement den Focus hat (siehe Hinweis); im Gegensatz zum oben stehenden KeyDown-Beispiel tritt bei der Eingabe von ⇧ + D das KeyPress-Ereignis erst nach Eingabe von D auf
KeyUp	wird ausgelöst, wenn eine Taste losgelassen wird, während das Steuerelement den Focus hat (siehe Hinweis)
Paint	wird ausgelöst, wenn das Steuerelement neu gezeichnet wird
Rezise	wird ausgelöst, wenn das Steuerelement seine Größe ändert
Validated	wird ausgelöst, wenn die »Überprüfung« des Steuerelements abgeschlossen ist (siehe Hinweis)
Validating	wird ausgelöst, während sich das Steuerelement in der »Überprüfung« befindet (siehe Hinweis)

Tabelle 5.2 Liste zentraler Ereignisse von Windows-Formularen und Steuerelementen (Forts.)

Erläuterungen zur Tabelle: Die Ereignisse (1) KeyDown, (2) KeyPress und (3) KeyUp können Sie nutzen, um Tastaturereignisse auszuwerten. Ihre **Eintrittsreihenfolge** entspricht der Abfolge ihrer Nennung im Text sowie in der Tabelle. In diesem Zusammenhang ist es nützlich zu wissen, dass die entsprechenden Parameter mit e.KeyCode, e.KeyData und e.KeyValue übergeben werden und somit unter diesen Bezeichnern für eine Auswertung zur Verfügung stehen.

Die Ereignisse Validating und Validated werden als **Validierungsereignisse** bezeichnet. Bei Validierungen geht es in der Regel um die Überprüfung von **Feldeingaben** in Formularen. Dabei werden die Benutzereingaben anhand festgelegter Regeln auf ihre Gültigkeit überprüft. Typische Validierungsbeispiele stellen etwa die Eingabe einer Postleit- oder Bankleitzahl dar, welche unter anderem auf die Anzahl ihrer einzelnen Integer-Ziffern (5 bzw. 8) überprüft werden können. Dabei tritt das Ereignis Validating auf, wenn ein Steuerelement den **Focus verliert**. Zu diesem Zeitpunkt der Überprüfung können Sie mit `e.Cancel = True` den Focus-Wechsel noch verhindern. Erst nach erfolgreicher Beendigung der `Validating`-Prozedur wird das Ereignis `Valitated` ausgelöst. Durch Setzen von `CausesValidation` auf `False`, welches Sie bequem im Eigenschaftenfenster vornehmen können, kann das »Abfeuern« beider Ereignisse unterbunden werden.

An welcher Stelle einer Interaktion Sie Überprüfungsprozesse implementieren, bleibt allein Ihre Entscheidung. So stellen die meisten Steuerelemente weitere Ereignisse bereit, wie etwa `CheckedChanged` bei einer `CheckBox`, `TextChanged` bei einer `TextBox` oder etwa `SelectedIndexChanged` bei einer `ListBox`, welche für Validierungen unter bestimmten Umständen interessant sein können. Selbstverständlich eignen sich für einige Kontrollaufgaben auch die bereits beschriebenen **Tastatur-Ereignisse**.

Damit werden wir das Gebiet der Ereignisprogrammierung zunächst verlassen. Zunächst bedeutet, dass uns dieses Thema von nun an durchgängig begleiten wird, ohne jedoch explizite Erwähnung zu finden. Bevor Sie mit mir in den nächsten Abschnitt wechseln, sollten Sie die im letzten Hinweis geschilderten Themen einem kleinen, persönlichen Praxistest unterziehen. Dazu bietet sich ein Experiment mit zwei `TextBoxen` auf einer `Form` an mit denen Sie nach Herzenslust Ihre »Ereignis-Eintritts-Studien« treiben und so Ihren »Ereignis-Horizont« erweitern können.

5.4 Steuerelemente und Standarddialoge

Die Basis der visuellen Anwendungsentwicklung bilden die Windowsformulare (Fenster) mit ihren Elementen für die Benutzer-Interaktion. Mit dem Visual Studio 2005 stellt Ihnen Microsoft einen überaus leistungsstarken Designer für jede Art von Anwendung, welche auf der Grundlage des neuen .NET Frameworks 2.0 und Windows Forms 2.0 arbeiten, zur Verfügung. Neben zahlreichen Neuerungen bringt die neue Version des Visual Studios auch eine Fülle neuer Steuerelemente wie das `MaskedTextBox`, das `SoundPlayer`-Steuerelement, der `SplitContainer` und das `WebBrowser`-Steuerelement, um nur einige zu erwähnen. In diesem Abschnitt werden wir uns exemplarisch mit einigen Steuerelementen der Toolbox beschäftigen, die letztlich eine komfortable und reibungslose Interaktion zwischen Anwendung und Anwender garantieren sollen. Alle Steuerelemente der Toolbox vorzustellen, wäre – meiner Auffassung nach – eine reine Fleißarbeit. Wenn Sie das Handling einiger wichtiger Steuerelemente einmal exemplarisch trainiert haben, dürfte es für Sie ein Leichtes sein, auch andere (neue) Steuerelemente problemlos einzusetzen. Die Dokumentation zum Visual Studio ist in diesen Fragen in der Regel eine große Hilfe, Sie sollten diese übrigens auch in anderen Fragen ausgiebig nutzen.

Steuerelemente sind, ebenso wie Windowsformulare, im Namensraum `System.Windows.Forms` realisiert. Innerhalb des genannten .NET-Namensraumes sind zahlreiche `Control`-Klassen (`TextBox`, `ComboBox`, `LabelList` etc.), die insbesondere für die Gestaltung von Rich-Client-Oberflächen konzipiert wurden, implementiert. Darüber hinaus sind dort zahlreiche weitere Steuerelemente, welche nicht von der `Control`-Klasse abgeleitet sind (z. B. `MenuItem`, `ToolTip` oder `ErrorProvider`), angesiedelt. Auch die äußerst praktischen »Common Dialog Boxes« (Standarddialoge) befinden sich im `System.Windows.Forms`-Namensraum.

Hinweis Auch in Windows Form 2.0 können Sie weiterhin mit ActiveX-Komponenten arbeiten. Um Ihrem Projekt ein ActiveX-Steuerelement hinzuzufügen, rufen Sie einfach das Kontextmenü der Toolbox auf und wählen dort den Eintrag **Elemente auswählen**. Im sich anschließend öffnenden Dialogfenster wählen Sie das Register **Com-Steuerelemente** (Com components), welches eine Liste der auf Ihrem Rechner vorhandenen ActiveX-Komponenten anzeigt:

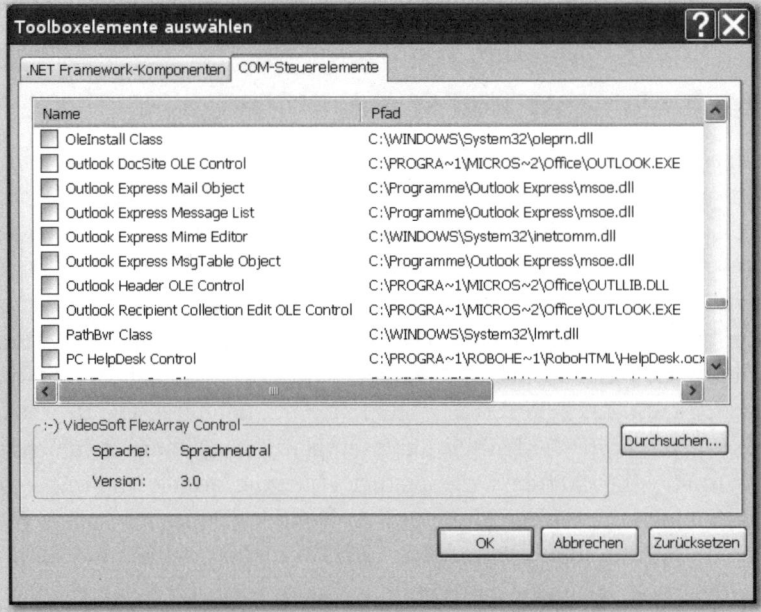

Abbildung 5.28 Auswahldialog der Toolbox des Visual Studios zum Einfügen von Com-Komponenten

Beim Einsatz von ActiveX-Komponenten müssen Sie bei der Verteilung, unabhängig von lizenzrechtlichen Fragen, sicherstellen, dass diese auf dem Zielsystem ebenfalls zur Verfügung stehen. Das neue `WebBrowser`-Steuerelement stellt übrigens einen »Container« (managed wrapper) für das Microsoft WebBrowser ActiveX-Steuerelement dar.

Genug der Vorrede, sehen wir uns gemeinsam einige interessante Steuerelemente der ToolBox des neuen Visual Studios 2005 an.

5.4.1   CheckBoxen, RadioButtons und GroupBoxen

CheckBoxen und RadioButtons sind Steuerelemente, welche dem Anwender die Möglichkeit bieten, aus einer definierten Anzahl von Optionen eine Auswahl zu treffen. Dabei werden die Steuerelemente auf Formen in der Regel zu **thematischen Gruppen** zusammengefasst, um auf diese Weise dem Benutzer ein schnelles und sicheres Erkennen der verschiedenen Optionen zu ermöglichen. Das `CheckBox`- und das `RadioButton`-Steuerelement unterscheiden sich in einem wesentlichen Punkt.

Das `CheckBox`-Steuerelement wird eingesetzt, um den Anwender eine **Mehrfachauswahl** treffen zu lassen. Im Gegensatz zu RadioButtons kann in `CheckBox`-Gruppen eine beliebige Anzahl der Steuerelemente aktiviert bzw. deaktiviert werden. Das `RadioButton`-Steuerelement findet immer dann Verwendung, wenn aus einer Gruppe von Optionen ausschließlich eine ausgewählt werden kann. Eine Mehrfachauswahl, wie bei den `CheckBox`-Elementen, ist nicht vorgesehen. Der Screenshot in Abbildung 5.29 zeigt ein typisches Auswahlfenster mit jeweils einer `CheckBox`- und einer `RadioButton`-Gruppe.

Die Gruppierung der CheckBoxen und der RadioButtons wurde mittels zweier `GroupBox`-Steuerelemente, welche zu diesem Zweck noch vor den anderen Elementen auf das Formular gezogen wurden, vorgenommen. Sowohl bei `CheckBox`- als auch bei `RadioButton`-Steuerelementen kann über deren `Checked`-Eigenschaft ermittelt werden, ob sie aktiviert oder deaktiviert sind. Mittels dieser Eigenschaft erhalten Sie die Werte `True` bzw. `False` für Ihre weitere Auswertung zurück.

Über die Eigenschaft `CheckState` verfügt lediglich das `CheckBox`-Steuerelement. Eine `CheckBox` kann die drei Zustände `Checked` (1), `Unchecked` (0) und `Indeterminate` (2) einnehmen. Als Rückgabewert wird eine Integerziffer bereitgestellt, welche ich für Sie jeweils in den Klammern hinter der entsprechenden Zustandsbezeichnung angegeben habe. Der Zustand `Indeterminate` der `CheckSate`-Eigenschaft sorgt für eine »abgeblendete« Darstellung der

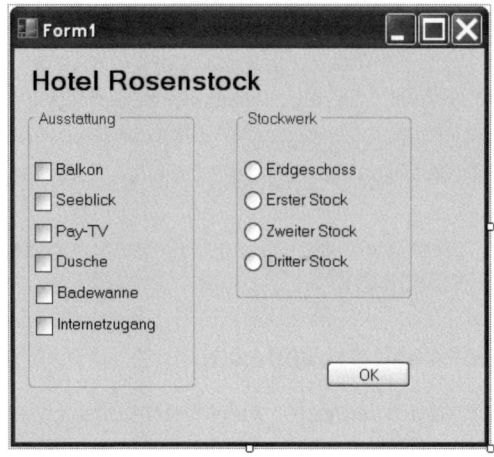

Abbildung 5.29 Windows-Form mit »CheckBox«- und »RadioButton«-Gruppe

CheckBox. Dass diese genannten Eigenschaften der beiden hier beschriebenen Steuerelemente nicht nur gelesen, sondern auch zur Laufzeit gesetzt werden können, stellt sicherlich keine Überraschung für Sie dar.

Klasse	Eigenschaft	Beschreibung
CheckBox	Checked	gibt die Werte True oder False zurück oder legt diese fest
	CheckState	gibt die Werte 0 für Unchecked, 1 für Checked und 2 für Indeterminate zurück oder legt diese fest
	ThreeState	bestimmt, ob die CheckBox zwei oder drei Zustände annehmen kann; wurde die ThreeState-Eigenschaft auf False gesetzt, kann CheckState nur im Quellcode auf Indeterminate gesetzt werden
RadioButton		gibt die Werte True oder False zurück oder legt diese fest

Tabelle 5.3 Zentrale Eigenschaften der Steuerelemente »CheckBox« und »RadioButton«

Hinweis Im Beispiel wurde zur Gruppierung der CheckBoxen und der RadioButtons das für solche Aufgaben in der ToolBox vorgesehene Steuerelement GroupBox verwandt. Als von der Control-Klasse abgeleitete Klasse verfügt die GroupBox ebenfalls über eine Fülle interessanter Eigenschaften, von denen an dieser Stelle lediglich die auf **Extras** und **Stockwerk** gesetzten Texteigenschaften besonders erwähnt werden sollen.

`GroupBoxen` sind für das visuelle Entwickeln benutzerfreundlicher Oberflächen ungemein praktisch. So können Sie alle gruppierten Elemente en bloc auf einem Formular hin und her bewegen. Obwohl im praktischen Einsatz eher von untergeordneter Bedeutung, sollten Sie dennoch nicht vergessen, dass `GroupBox`-Steuerelemente auch einen beachtlichen Satz von Ereignissen geerbt haben.

Nach diesen vorbereitenden Arbeiten können wir zum nächsten Steuerelement übergehen.

5.4.2 ListView und ImageList

Die Stärke des Steuerelements `ListView` besteht darin, eine **Reihe** von Elementen als geordnete **Liste** am Bildschirm darzustellen. Bei Bedarf kann neben dem Listentext ein **Icon** angezeigt werden. Dabei geht das `ListView`-Steuerelement eine enge Kooperation mit dem `ImageList`-Steuerelement ein, das als Auflistung die darzustellenden Symbole bereithält. Wird die `CheckBoxes`-Eigenschaft auf `True` gesetzt, werden innerhalb des Steuerelements vor den Listeneinträgen CheckBoxen angezeigt. Die Darstellung von CheckBoxen kollidiert nicht mit der Icon-Anzeige. Es ist somit möglich, CheckBoxen und Icons parallel anzuzeigen.

Grundsätzlich verfügt `ListView` über die vier Darstellungsmodi `List`, `Details`, `SmallIcon` und `LargeIcon`. Die beiden Eigenschaften `SmallIcon` und `LargeIcon` zeichnen verantwortlich für die Größe der Symbole, welche neben dem Listeneintrag innerhalb des Steuerelements angezeigt werden. Wird das Steuerelement mit einer einfachen `List`-Einstellung genutzt, werden alle Listeneinträge einspaltig dargestellt. Wird die `View`-Eigenschaft im `Detail`-Modus (`ListView.View = View.Details`) verwandt, ist es möglich, die Listeneinträge spaltenweise mit dazugehörigen Überschriften darzustellen. Durch eine einfache Listendarstellung in Kombination mit der `SmallIcon`- bzw. `LargeIcon`-Eigenschaft können Benutzeroberflächen programmiert werden, die den linken Fensterbereich des **Windows-Explorers** nachempfinden. Für die Anzeige in **Tabellenform**, wie wir sie im folgenden Beispiel nutzen werden, ist die `Details`-Ansicht die richtige Wahl.

Erinnern Sie sich bitte an `Form1` aus dem vorhergehenden Abschnitt. Auf ihr hatten wir zwei Gruppen mit CheckBoxen und RadioButtons sowie einen OK-Button platziert (Abbildung 5.29). Im nächsten Schritt werden wir dafür sorgen, dass die Benutzereingaben in zwei separaten Fenstern dargestellt werden. Dabei sollen die `Checked`-Zustände der CheckBoxen und der RadioButtons jeweils in getrennten `ListView`-Steuerelementen dargestellt werden. Darüber hinaus soll neben den Elementen, die vom Anwender **ausgewählt** wurden, deren `Checked`-Eigenschaft somit auf `True` gesetzt wurde, ein Icon angezeigt werden. Hätte sich ein Anwender etwa für ein Zimmer im **zweiten Stock** mit **Balkon**, **Seeblick** und **Internetzugang** entschlossen, sollte die Anzeige im zweiten Fenster (`Form2`) folgendermaßen aussehen:

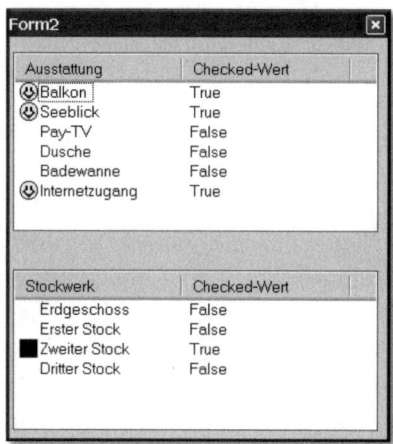

Abbildung 5.30 »Form2« als modales Fenster, in dem mittels zweier »ListView«-Elemente die »Checked«-Werte der CheckBoxen und RadioButtons von »Form1« angezeigt werden

Die Programmierung dieses Beispiels werden wir uns jetzt ganz in Ruhe und im Detail ansehen:

Schritt 1: Hinzufügen des zweiten Anwendungsfensters

Öffnen Sie Ihr Windowsprojekt, welches `Form1` mit den CheckBox- und Radio-Button-Gruppen enthält (Abbildung 5.29). Fügen Sie dem Projekt bitte eine zweite Form (`Form2`) hinzu. Ziehen Sie nacheinander zwei `ListView`-Steuerelemente auf `Form2`. Anschließend ergänzen Sie `Form2` um ein `ImageList`-Element. Da es sich bei dem `ImageList`-Steuerelement um ein nicht visuelles (»unsichtbares«) Steuerelement handelt, wird `ImageList1` nicht unmittelbar auf dem Formular angezeigt, sondern im Komponentenfach unterhalb desselben:

Abbildung 5.31 »Form2« mit »ListView1«, »ListView2« und dem zur Laufzeit nicht visuellen Steuerelement »ImageList1« im Komponentenfach

Schritt 2: Anzeigen des zweiten Fensters

Wenn der OK-Button (Button1) auf Form1 angeklickt wird, soll Form2 als **modales** Anwendungsfenster angezeigt werden. Um dieses zu erreichen, hinterlegen wir für das Click-Ereignis von Button1 auf Form1 diese Codezeilen:

```
Dim Anzeige As New Form2
Anzeige.ShowDialog()
```

Hierbei sorgt die Methode ShowDialog() – im Gegensatz zur einfachen Show-Methode – für die Anzeige eines modalen Fensters. Des Weiteren setzen wir im Eigenschaftenfenster von Form2 die folgenden Eigenschaftswerte:

▶ StartPosition auf CenterScreen

▶ FormBorderStyle auf FixedToolWindow

StartPosition auf CenterScreen sorgt dafür, dass unser zweites Fenster mittig auf dem Bildschirm angezeigt wird. Der Eigenschafts-Wert FixedToolWindow stammt aus der FormBorderStyle-Enumeration und bewirkt, dass ein Fenster ohne Minimierungs- und Maximierungs-Schaltflächen am Bildschirm dargestellt wird. Darüber hinaus kann ein Fenster mit dieser FormBorderStyle-Eigenschaft vom Anwender nicht in seiner Größe manipuliert werden. Wie uns der Wert FixedToolWindow schon verrät, werden solche Fenster auch als **Tool-Windows** bezeichnet. Diese Fensterart dürfte Ihnen im Visual Studio wie auch in zahlreichen anderen Entwicklungsumgebungen schon des Öfteren begegnet sein.

Schritt 3: Quellcode für das erste ListView-Steuerelement

Den Quellcode für die Listenanzeige innerhalb der ListView-Steuerelemente werden wir exemplarisch am Beispiel des Elements **ListView1**, welches für die Anzeige der Checked-Werte der CheckBoxen aus der GroupBox1 (»Austattung«) von Form1 verantwortlich zeichnet, durchgehen.

Da wir erreichen wollen, dass automatisch mit der Anzeige des zweiten Anwendungsfensters auch die »gefüllten« ListView-Steuerelemente am Bildschirm erscheinen, werden wir die hierzu erforderlichen Visual Basic-Anweisungen in die **Form-Load-Prozedur** von Form2 schreiben:

```
Public Class Form2
    Private Sub Form2_Load(ByVal sender As System.Object, _
    ByVal e As System.EventArgs) Handles MyBase.Load
        Me.ListView1.View = View.Details
        Me.ListView1.Columns.Add("Ausstattung", 150, _
        HorizontalAlignment.Left)
        Me.ListView1.Columns.Add("Checked-Wert", 150, _
        HorizontalAlignment.Left)
    End Sub
End Class
```

Durch Setzen der View-Eigenschaft auf View.Details erreichen wir, dass die Anzeige von ListView1 das Aussehen einer **Tabelle** erhält. Um unsere Tabelle mit Spaltenüberschriften zu versehen, nutzen wir die Columns.Add-Methode. Als Argumente übergeben wir dabei die Spaltenüberschrift ("Ausstattung", "Checked-Wert") als String. Die beiden folgenden Argumente geben lediglich die Spaltenbreite (beim erstmaligen Anzeigen) sowie die Textausrichtung an. Einträge werden den ListView-Boxen mittels ihrer **Items.Add**-Methode nach folgendem Muster hinzugefügt:

```
ListView1.Items.Add("Balkon")
```

Da wir allerdings diese Informationen von den CheckBoxen von Form1 als Liste ausgeben möchten, lautet die entsprechende Anweisung folgendermaßen:

```
ListView1.Items.Add(Form1.CheckBox1.Text)
```

Damit wird der Items.Add-Methode die aktuelle Text-Eigenschaft (Balkon) der sich auf Form1 befindenden CheckBox1 übergeben und innerhalb der ListView1-Box angezeigt.

Sie müssen wissen, dass innerhalb eines `ListView`-Elements mittels der `Items.Add`-Methode immer eine neue Zeile angefangen wird, wobei die **erste Zeile** den **Indexwert 0** erhält. Um nun einen Eintrag in die **zweite Spalte** unserer Tabelle schreiben zu können, benötigen wir die Methode `SubItems.Add`. Dazu nutzen wir den Indexwert der entsprechenden Zeile, um genau dieser einen Eintrag in ihrer zweiten Spalte hinzuzufügen. Da uns bekannt ist, dass Zeile 1 – nur nicht verwirren lassen! – den Indexwert 0 hat, würde eine solche Anweisung beispielsweise wie folgt aussehen:

```
ListView1.Items.Add("Balkon")
ListView1.Items(0).SubItems.Add("True")
```

Für unser reales Programm gelangen wir zu diesem VB-Statement:

```
ListView1.Items.Add(Form1.CheckBox1.Text)
ListView1.Items(0).SubItems.Add(Form1.CheckBox1.Checked)
```

Um unsere Liste um eine zweite und dritte Zeile (mit jeweils zwei Spalten) zu ergänzen, wären diese Zeilen erforderlich:

```
ListView1.Items.Add(Form1.CheckBox3.Text)
ListView1.Items(2).SubItems.Add(Form1.CheckBox3.Checked)
ListView1.Items.Add(Form1.CheckBox4.Text)
ListView1.Items(3).SubItems.Add(Form1.CheckBox4.Checked)
```

Bei der Kodierung müssen Sie lediglich den Wert des **Zeilen-Index** im Auge behalten. Wenn Sie nun noch die Anweisungen für die CheckBoxen 5 und 6 ergänzen, haben wir diesen Teil unserer Arbeit bereits erledigt und können uns an das Einfügen der Icons in unsere ListView-Boxen begeben.

Schritt 4: Ausstatten von ListView1 mit Symbolen

Das Anzeigen von Icons innerhalb eines ListView-Steuerelements läuft über eine unmittelbare Zusammenarbeit mit einem ImageList-Steuerelement. Dabei beinhaltet das ImageList-Steuerelement, quasi als eine Art Container, eine Kollektion von Grafiken. Ein ImageList-Container kann eine Auflistung von Grafiken der Typen bmp, gif, jpg, jpeg, png und ico aufnehmen und bereitstellen. Von Haus aus bringt dieses Steuerelement keine Grafik-Kollektion mit, was bedeutet, dass wir für unsere Icons selbst sorgen müssen. Öffnen Sie dazu bitte das Eigenschaftenfenster des sich im Component Tray befindenden `ImageView1`-Steuerelements und öffnen dort unter der Images-Eigenschaft den Punkt **Auflistung**. Anschließend erhalten Sie einen Dialog, welcher es Ihnen ermöglicht, die gewünschten Icons dem ImageList-Container hinzuzufügen:

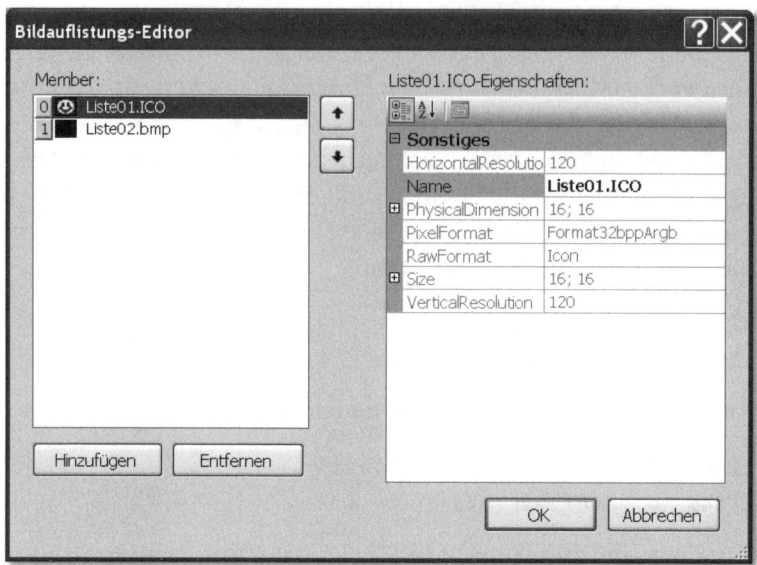

Abbildung 5.32 Dialogfenster des »ImageList«-Steuerelements zum Hinzufügen von Grafiken

Über den Button **Hinzufügen** (Add) wurden zwei Grafiken als Mitglieder in die ImageList1-Kollektion aufgenommen.

> **Hinweis** Zahlreiche Bilder im Ico-Format finden Sie nicht nur auf Ihrem Rechner, sondern auch in Symbol-Kollektionen, welche inzwischen recht preiswert über das Internet zu beziehen sind. Das schwarze Rechteck ist eine einfache Bitmap von 8 × 8 Pixeln, welche mit einem Freeware-Grafikprogramm erstellt wurde. Sie dient lediglich als Hinweis darauf, dass Sie Ihre Icons durchaus auch selbst zeichnen können. Für die Produktion professioneller Icons gibt es spezielle Icon-Editoren, die Sie ebenfalls in großer Anzahl als Free- oder Shareware im Web finden. Was an dieser Stelle wie eine Marginalie klingt, bekommt, wenn Sie an den Vertrieb eigener Anwendungen denken, sicherlich einen anderen Stellenwert.

Damit stehen uns im ImageList-Steuerelement zwei Symbole, welche wir zur Anzeige in unseren ListView-Boxen einsetzen können, zur Verfügung. Um nun die Icons aus ImageList1 in ListView1 nutzen zu können, müssen wir die beiden Steuerelemente zunächst miteinander »verbinden«. Dazu öffnen Sie bitte das Eigenschaftenfenster von **ListView1** und wählen im Pulldown-Menü links neben der Eigenschaft **SmallImageList** als Einstellung **ImageList1** aus. Damit können wir den einzelnen Zeilen von ListView1 eines der beiden Symbole aus dem ImageList1-Container zuweisen.

Die Zuweisung eines Icons an eine Zeile eines `ListView`-Steuerelements erfolgt über seine `Items`-Eigenschaft unter Angabe des Indexwerts für das entsprechende Symbol aus dem »verbundenen« `ImageList`-Container sowie über den Indexwert der Zeile, welcher das Symbol zugewiesen werden soll:

```
ListView1.Items(0).ImageIndex = 0
```

In diesem Fall wird der ersten Zeile der »Smily«, welcher innerhalb der `ImageList1`-Kollektion unter dem Indexwert 0 geführt wird, zugewiesen. Im Prinzip haben wir damit alle erforderlichen Aufgaben zur Anzeige der Benutzereingaben von `Form1` erfüllt. Da wir nun in der Lage sind, unsere Tabellenzeilen mit Symbolen zu schmücken, sollten wir diese nicht wahllos jeder Zeile zuordnen. Sinnvoll wäre es zum Beispiel, wenn der Smily nur denjenigen Zeilen vorangestellt würde, welche eine Benutzerauswahl (checked = True) enthalten. Dieses lässt sich effizient über ein einzeiliges If-Then-Statement realisieren:

```
If Form1.CheckBox1.Checked = True Then _
ListView1.Items(0).ImageIndex = 0
```

Durch diese Abfrage wird sichergestellt, dass nur in dem Fall, dass ein Anwender auf `Form1` eine entsprechende Auswahl getroffen hat, auch ein Symbol innerhalb der `ListView`-Box angezeigt wird. Dadurch werden die vom Anwender ausgewählten Elemente optisch hervorgehoben und sind somit schneller am Bildschirm zu identifizieren. Damit sind wir, bis auf die Programmierung des Quellcodes für das **zweite** `ListView`-Steuerelement, am Ende unseres Beispieles angelangt.

Schritt 5: Quellcode für das zweite ListView-Steuerelement

An dieser Stelle können wir uns die Sache recht einfach machen. Die Programmierung des zweiten `ListView`-Steuerelements unterscheidet sich nur im Detail von der des ersten. Lediglich die zu präsentierenden Angaben stammen nicht mehr von den CheckBoxen, sondern werden jetzt von den RadioButtons aus der Gruppe `Stockwerk` geliefert. Da ich die Erfahrung gemacht habe, dass bei etwas umfangreicheren Beispielen eine »Gesamtschau« des Quellcodes oftmals hilfreich ist, folgt diese nun anstelle einer gesonderten Beschreibung der Vorgehensweise der Programmierung von `ListView2`:

```
Public Class Form2
    Private Sub Form2_Load(ByVal sender As _
    System.Object, ByVal e As System.EventArgs) _
    Handles MyBase.Load
        'Programmierung ListView1
        ListView1.View = View.Details
```

```
ListView1.Columns.Add("Ausstattung", 150, _
HorizontalAlignment.Left)
ListView1.Columns.Add("Checked-Wert", 150, _
HorizontalAlignment.Left)
ListView1.Items.Add(Form1.CheckBox1.Text)
ListView1.Items(0).SubItems.Add _
(Form1.CheckBox1.Checked)
ListView1.Items.Add(Form1.CheckBox2.Text)
ListView1.Items(1).SubItems.Add _
(Form1.CheckBox2.Checked)
ListView1.Items.Add(Form1.CheckBox3.Text)
ListView1.Items(2).SubItems.Add _
(Form1.CheckBox3.Checked)
ListView1.Items.Add(Form1.CheckBox4.Text)
ListView1.Items(3).SubItems.Add _
(Form1.CheckBox4.Checked)
ListView1.Items.Add(Form1.CheckBox5.Text)
ListView1.Items(4).SubItems.Add _
(Form1.CheckBox5.Checked)
ListView1.Items.Add(Form1.CheckBox6.Text)
ListView1.Items(5).SubItems.Add _
(Form1.CheckBox6.Checked)
If Form1.CheckBox1.Checked = True Then _
ListView1.Items(0).ImageIndex = 0
If Form1.CheckBox2.Checked = True Then _
ListView1.Items(1).ImageIndex = 0
If Form1.CheckBox3.Checked = True Then _
ListView1.Items(2).ImageIndex = 0
If Form1.CheckBox4.Checked = True Then _
ListView1.Items(3).ImageIndex = 0
If Form1.CheckBox5.Checked = True Then _
ListView1.Items(4).ImageIndex = 0
If Form1.CheckBox6.Checked = True Then _
ListView1.Items(5).ImageIndex = 0
'Programmierung ListView2
ListView2.View = View.Details
ListView2.Columns.Add("Stockwerk", 150, _
HorizontalAlignment.Left)
ListView2.Columns.Add("Checked-Wert", 150, _
HorizontalAlignment.Left)
```

```
      ListView2.Items.Add(Form1.RadioButton1.Text)
      ListView2.Items(0).SubItems.Add _
      (Form1.RadioButton1.Checked)
      ListView2.Items.Add(Form1.RadioButton2.Text)
      ListView2.Items(1).SubItems.Add _
      (Form1.RadioButton2.Checked)
      ListView2.Items.Add _
      (Form1.RadioButton3.Text)
      ListView2.Items(2).SubItems.Add _
      (Form1.RadioButton3.Checked)
      ListView2.Items.Add _
      (Form1.RadioButton4.Text)
      ListView2.Items(3).SubItems.Add _
      (Form1.RadioButton4.Checked)
      If Form1.RadioButton1.Checked = True Then _
      ListView2.Items(0).ImageIndex = 1
      If Form1.RadioButton2.Checked = True Then _
      ListView2.Items(1).ImageIndex = 1
      If Form1.RadioButton3.Checked = True Then _
      ListView2.Items(2).ImageIndex = 1
      If Form1.RadioButton4.Checked = True Then _
      ListView2.Items(3).ImageIndex = 1
   End Sub
End Class
```

Mit dieser Quellecode-Übersicht verlassen wir die Steuerelemente ListView und ImageList und wenden uns zum Abschluss des Abschnitts *Steuerelemente und Standarddialoge* exemplarisch dem Windows-Standarddialog OpenFile-Dialog zu.

5.4.3 Arbeiten mit Standarddialogen

In Ihrem »Programmiererleben« haben Sie sicherlich schon die Erfahrung gemacht, dass einige Benutzerdialoge zum Grundgerüst jeder Windowsanwendung gehören. Dialoge, welche dem Anwender etwa die Möglichkeit bieten, eine bestimmte Datei zu öffnen bzw. zu speichern, rangieren dabei sicherlich mit an erster Stelle. Aber auch ein ordentlicher Druck-Dialog, ein Dialog zum Einstellen eines bestimmten Schrifttyps oder einer Farbauswahl gehören ohne Frage zu diesen Standarddialogen.

Für eine Anzahl dieser immer wiederkehrenden Benutzerdialoge wird dem .NET-Entwickler durch die Toolbox des Visual Studios eine Reihe von vorgefertigten Komponenten zur Verfügung gestellt. Dabei genügen die Dialogoberflächen einem modernen und ergonomischen Oberflächendesign und fügen sich in das Microsoft Windows-»Look-and-Feel« nahtlos ein. Das Arbeiten mit diesen CommonDialog-Elementen verkürzt nicht nur die Entwicklungszeit, sondern trägt auch zur Gestaltung von konsistenten Programm-Oberflächen bei. Üblicherweise (so auch in der Dokumentation zum VS 2005) werden folgende sieben Steuerelemente der Toolbox als Standarddialoge benannt:

Steuerelement	Aufgabe
ColorDialog	dient der Auswahl einer Farbe aus einer vorgegebenen Palette sowie dem Hinzufügen von benutzerdefinierten Farben zu dieser Palette
FontDialog	dient der Auswahl eines Schrifttyps
OpenFileDialog	dient der Abfrage von Laufwerk-, Ordner- und Dateinamen einer existierenden Datei
SaveFileDialog	dient der Bestimmung des Speicherortes für eine (neue) Datei
PageSetupDialog	dient der Einstellung von Druckoptionen wie Seitenränder, Papiergröße und Layout
PrintDialog	dient der Einstellung von Druckoptionen, wie z.B der Druckerauswahl sowie der Auswahl und Anzahl der zu druckenden Seiten
PrintPreviewDialog	dient der Anzeige einer Seitenvorschau

Tabelle 5.4 Standarddialog-Steuerelemente der Toolbox

Dabei finden Sie die Gruppe der ersten vier Elemente in der Kategorie »Printing« der Toolbox. Die drei zuletzt aufgeführten Steuerelemente werden im Bereich »Dialogs« bereitgestellt.

Um uns die Arbeitsweise der Standarddialoge zu verdeutlichen, werden wir uns wieder – exemplarisch – eines der Elemente herausgreifen und mit ihm eine kleine Anwendung programmieren. Als Anwendung werden wir einen kleinen Bildbetrachter erstellen, der die anzuzeigenden Grafiken mittels des OpenFile-Dialog-Steuerelements in eine PictureBox laden soll. Dazu benötigen wir zunächst die folgenden Komponenten:

▶ Ein neues Windowsprojekt mit Form1

▶ Eine PictureBox auf Form1

▶ Ein **Datei**-Menü (MenuStrip1) mit den Unterpunkten **Bild laden** und **Beenden**

▶ Ein OpenFileDialog-Steuerelement (OpenFileDialog1) auf Form1

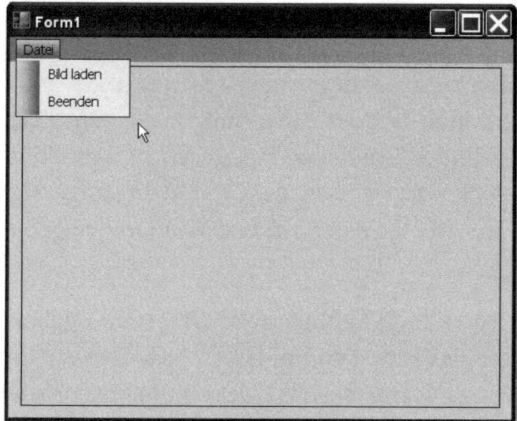

Abbildung 5.33 »Form1« mit geöffnetem Menü Datei und (noch) leerer »PictureBox1«

Der Dateiauswahl-Dialog soll angezeigt werden, wenn der Anwender auf den Eintrag **Bild laden** des **Datei**-Menüs klickt. Um dieses zu erreichen, schreiben Sie bitte die hierzu erforderlichen Visual Basic-Anweisungen in die entsprechende Ereignisprozedur:

1. Schritt

```
Private Sub BildladenToolStripMenuItem_Click(ByVal _
sender As System.Object, ByVal e As System.EventArgs) _
Handles BildladenToolStripMenuItem.Click
    OpenFileDialog1.Filter = "Bitmaps (*.bmp)|*.bmp"
    OpenFileDialog1.Title = "Bild laden"
```

2. Schritt

```
    If OpenFileDialog1.ShowDialog() = DialogResult.OK Then
```

3. Schritt

```
        Me.PictureBox1.Image = _
        System.Drawing.Image.FromFile(OpenFileDialog1.FileName)
    End If
End Sub
```

1. Schritt = Dateifilter setzen

Im oben stehenden Quellcode wird durch die erste Zeile die Filter-Eigenschaft für das OpenFileDialog-Element definiert. Dabei ist die gesamte Definition in Anführungszeichen zu setzen und weist folgende Bedeutung auf:

`Bitmaps (*.bmp)` legt die Anzeige fest, die dem Anwender im Klartext angibt, welche Dateifilter gesetzt sind. Dieser Teil der Anweisung beeinflusst nicht die eigentliche Filterfunktion. Sie könnten also an dieser Stelle etwa auch `GIF-Grafiken (*.gif)` angeben und im zweiten Teil der Anweisung (nach dem Pipe-Symbol) den tatsächlichen Filter zum Beispiel auf `*.jpg` setzen. Als Folge würde dem Anwender zwar mitgeteilt, dass er nun alle GIF-Dateien angezeigt bekommt, tatsächlich würde ihm jedoch eine Auswahl an JPG-Bildern angeboten.

Erst der zweite Anweisungsteil legt den Dateifilter fest. Die Trennung der Anweisungsteile erfolgt dabei durch das **Pipe-Symbol (|):** `|*.bmp`. Der vor die Dateiendung gesetzte Stern (Joker, wildcard) bewirkt, dass ausnahmslos **alle** Dateien mit der nach dem Punkt angegebenen Dateiendung angezeigt werden.

Soll ein Filter, welcher die Auswahl **mehrerer** Dateitypen ermöglicht, gesetzt werden, wird die Anweisung einfach um die gewünschten Dateitypen – wiederum durch eine Pipe separiert – ergänzt:

`"Bitmaps (*.bmp)|*.bmp|JPG-Bilder (*.jpg)|*.jpg"`

Üblicherweise bietet ein `OpenFileDialog` dem Benutzer auch die Möglichkeit, sich **Alle Dateien** anzeigen zu lassen: `"Alle Dateien (*.*)|*.*"`

Durch die Anweisung `OpenFileDialog1.Title = "Bild laden"` in der folgenden Zeile wird lediglich der **Titel** des Dialogfensters auf **Bild Laden** gesetzt, was in dieser Form durchaus der Windows-Benennungskonvention für Dialoge entspricht.

2. Schritt = Dialog aufrufen
Mit `OpenFileDialog1.ShowDialog()` wird der `OpenFileDialog` über seine `ShowDialog`-Methode (als modales Fenster) aufgerufen. Durch das Einbetten der Anzeigeanweisung für unseren Datei-Dialog in eine `If`-Anweisung wird erreicht, dass erst, nachdem der Anwender seine Dateiauswahl mittels **Öffnen** bestätigt hat, die gewählte Grafik in die `PictureBox` geladen wird. Entscheidet sich der Benutzer für einen Abbruch der Aktion (Abbrechen-Button), wird das Dialogfenster ohne weitere Aktion geschlossen.

3. Schritt = Grafik in die PictureBox laden
Mittels der Methode **System.Drawing.Image.FromFile()** können wir eine Grafikdatei an die **Image**-Eigenschaft einer **PictureBox** übergeben. Dazu benötigt `System.Drawing.Image.FromFile()` als Parameter die entsprechenden Angaben, um welche Datei es sich handelt. Exakt diese Angabe erhalten wir über die Eigenschaft `OpenFileDialog1.`**FileName** unseres Steuerelements.

Wenn Sie jetzt noch an die richtige Stelle die `Application.Excit`-Anweisung einfügen, sind alle erforderlichen Arbeiten für unseren kleinen Bildbetrachter, dessen Auswahldialog jetzt dieses Aussehen aufweisen sollte, abgeschlossen:

Abbildung 5.34 Das Steuerelement »OpenFileDialog1« mit Bitmap-, JPG- und »Alle Dateien«-Filter im Einsatz

Nach Auswahl einer Grafikdatei mittels Doppelklick oder Bestätigen über den Öffnen-Button wird diese in `PictureBox1` dargestellt:

Abbildung 5.35 Darstellung einer via »OpenFileDialog« in eine »PictureBox« geladenen Grafik

Hinweis Jedes der genannten Dialog-Steuerelemente hat seine ganz speziellen Eigenarten, welche sich Ihnen in der Praxis allerdings schnell erschließen werden. So ist bei einer `PictureBox` die `SizeMode`-Eigenschaft dafür verantwortlich, wie das Bild innerhalb der `PicturBox` dargestellt wird. Für die `SizeMod`-Eigenschaft stehen vier Parameter zur Verfügung: `Normal`, `AutoSize`, `CenterImage` und `StrechImage`. Wird die Einstellung `Normal` gewählt, beginnt die Darstellung der Grafik in der linken oberen Ecke der `PictureBox`. Bildteile, welche über die Box hinausreichen, werden abgeschnitten. Auch bei einer `CenterImage`-Einstellung werden überstehende Bildteile nicht dargestellt. Allerdings beginnt die Bilddarstellung in diesem Fall mittig innerhalb der `PictureBox`. `AutoSize` sorgt dafür, dass die Größe des Steuerelements an die Bildgröße angepasst wird. `StrechImage` wirkt entgegengesetzt. Hier wird die Bildgröße an die Größe der `PictureBox` angepasst.

Nach diesem kleinen Ausflug in die Welt der Windows-Steuerelemente und Standarddialoge steht der nächste Abschnitt ganz im Zeichen der Überprüfung von Benutzereingaben.

5.5 Benutzereingaben auf Formularebene validieren

Kaum eine interaktive Anwendung benötigt nicht an der einen oder anderen Stelle Angaben, welche ihr der Benutzer über speziell dafür vorgesehene Steuerelemente übermittelt. Hierbei kann es sich um Eingaben via `TextBox`, `NumericUpDown`, `MonthCalendar` oder auch die beliebten `CheckBox`- und `RadioButton`-Steuerelemente handeln. Letztendlich spielt es keine Rolle, über welche Elemente des Benutzer-Interfaces die Daten an das Programm übergeben werden. Dabei ist es in vielen Fällen sinnvoll, möglichst unmittelbar bei der Dateneingabe die übergebenen Werte auf **Plausibilität** zu überprüfen.

Durch eine **frühe Validierung** eingegebener Benutzerdaten wird sichergestellt, dass die Anwendung nur mit Parametern aus definierten Toleranzbereichen arbeitet und somit performant und stabil läuft. Wie ein solcher Validierungsprozess, insbesondere auf Formularebene, zu realisieren ist, ist Thema dieses Abschnitts.

5.5.1 Überprüfungen auf Feldebene

In einigen Fällen ist es sinnvoll, eine Überprüfung der Dateneingabe unmittelbar an das einzelne Steuerelement zu binden. Diese Kontrolle eingegebener Daten auf **Feldebene** erfordert letztlich einen höheren Aufwand, ermöglicht dem Entwickler allerdings auch eine differenzierte Handhabung der Validierungsprozesse. Außerdem wird so – für den Fall einer fehlerhaften Eingabe –

eine direkte Rückmeldung an den Benutzer ermöglicht. Üblicherweise wird diese Art der Überprüfung am Beispiel einer TextBox-Eingabe demonstriert. Da das Visual Studio 2005 allerdings speziell für diese Fälle das neue Steuerelement MaskedTextBox mitbringt, werden wir unser Beispiel diesem neuen »state of the art« ;-) anpassen:

1. Legen Sie bitte ein neues Windowsprojekt an.

2. Ziehen Sie auf Form1 ein MaskedTextBox- und ein ToolTip-Steuerelement. Schreiben Sie in das Load-Ereignis von Form1 den Quellcode, um die Maske für MaskedTextBox1 zu definieren und die IsBaloon-Eigenschaft von ToolTip1 auf True zu setzen:

```
Me.ToolTip1.IsBalloon = True
Me.MaskedTextBox1.Mask = "00000"
```

3. Wählen Sie das MaskedInputRejected-Ereignis der MaskedTextBox1 aus und hinterlegen Sie dort die nachfolgenden Anweisungen:

```
ToolTip1.ToolTipTitle = "Keine zulässige Eingabe!"
ToolTip1.Show("Wir sind untröstlich!" & Chr(13) & _
"Aber Postleitzahlen haben nur 5 Stellen," & Chr(13) & _
"welche nur die Ziffern 0 bis 9 enthalten dürfen!", _
MaskedTextBox1, 8000)
```

Das MaskedInputRejected-Ereignis (reject = etwas ablehnen) wird immer dann ausgelöst, wenn bei der Eingabe ein Zeichen nicht den mit Me.MaskedTextBox1.Mask = "00000" definierten Regeln entspricht. In unserem Fall also etwa bei dem Versuch, einen Buchstaben oder eine sechste Zahl einzugeben:

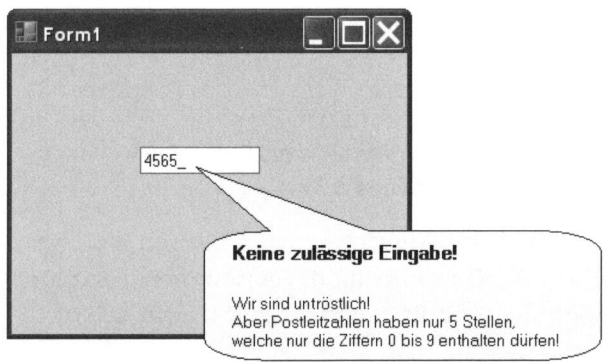

Abbildung 5.36 »ToolTip«-Anzeige für »MaskedTextBox1« bei dem Versuch, als fünften Wert einen Buchstaben einzugeben

Mit diesem Beispiel haben Sie neben einem neuen Steuerelement auch die grundsätzliche Vorgehensweise bei der Validierung auf Feldebene kennen gelernt, die sich grundsätzlich in drei Etappen darstellen lässt:

1. Definieren eines gültigen Wertebereichs.
2. Auswahl eines (zweckmäßigen) Validierungsereignisses (`LostFocus`, `Key-Down`, `KeyPress`, `KeyUp`, `Validated`, `Validating` etc.).
3. Für den Fall einer fehlerhaften Eingabe soll diese abgewiesen werden und der Benutzer einen Hinweis auf die zugelassenen Werte erhalten.

Diese Schritte sind bei einer Einzelüberprüfung von Formular-Steuerelementen für jedes Element gesondert durchzuführen. Als Programmierer haben Sie natürlich immer die Möglichkeit – und mittlerweile auch die dazu benötigten Kenntnisse –, Validierungsalgorithmen in Funktionen bzw. Subprozeduren an zentraler Stelle zusammenfassen, und diese dann anhand der entsprechenden Validierungs-Ereignisse aufzurufen. Wie eine Validierung aller Steuerelemente eines Formulars aussieht, erörtern wir im nächsten Abschnitt.

5.5.2 Überprüfung auf Formularebene

Mit der Überprüfung von Benutzereingaben auf Formularebene werden alle Steuerelemente eines Fensters gleichzeitig überprüft. In der Regel wird eine Validierung auf Formularebene vorgenommen, wenn ein Programm bestimmte Eingaben benötigt, um zu einem weiteren Arbeitsschritt übergehen zu können. Ein – gerade auch im Bereich der Internetprogrammierung – bekanntes Beispiel ist das Ausfüllen eines Formulars mit personenbezogenen Daten wie Name, Anschrift etc. Dabei wird in einem ersten Durchgang schlicht überprüft, ob auch alle Eingabefelder »ausgefüllt« wurden. Ist dies nicht der Fall, wird der Anwender in angemessener Weise über seine Versäumnisse informiert und gebeten, die noch fehlenden Daten nachzutragen. Bleiben wir bei diesem klassischen Beispiel:

Erstellen Sie bitte ein neues Windowsprojekt, dessen `Form1` Sie – wie der nachstehende Screenshot zeigt – bitte mit fünf `TextBoxen`, fünf `Label`-Elementen und einem `Button` ausstatten (siehe Abbildung 5.37).

In unserem Beispiel soll der Validierungsprozess durch Anklicken des Bestätigen-Buttons ausgelöst werden. Der Quellcode für das entsprechende `Button1_Click`-Ereignis wird im Folgenden aufgelistet und anschließend erläutert:

```
Dim EingabeFelder As System.Windows.Forms.Control
For Each EingabeFelder In Me.Controls
    If TypeOf EingabeFelder Is TextBox AndAlso _
```

```
   EingabeFelder.Text = "" Then
      MessageBox.Show("Eingaben unvollständig!")
      EingabeFelder.Focus()
      Exit Sub
   End If
Next
MessageBox.Show("Weiter geht's!")
End Sub
```

5

Abbildung 5.37 »Form1« mit fünf Textfeldern zur Dateneingabe und einem Bestätigen-Button

Zunächst wird eine Variable vom Typ `System.Windows.Forms.Control` deklariert. Innerhalb der `For Each`-Schleife werden alle Steuerelemente auf `Form1` (In `Me.Controls`) durchlaufen. Innerhalb der Schleife wird mittels einer `If`-Abfrage geprüft, ob sich in der `Controls`-Auflistung Textfelder befinden, die einen **Leer-String** enthalten. Werden beide Bedingungen (`AndAlso`) mit `True` »beantwortet«, erfolgt eine Benutzerinformation via `MessageBox`.

Durch die Rückgabe des `Focus` an die Eingabefelder blinkt der Schreib-Cursor anschließend im letzten der Textfelder. Die `Exit Sub`-Anweisung sollte an dieser Stelle nicht fehlen, da sie dafür sorgt, dass, sobald ein leeres Textfeld gefunden wurde, aus der Überprüfung ausgestiegen wird. Ohne diese Anweisung bekäme der Anwender – etwa im Falle von drei nicht ausgefüllten Eingabefeldern – die `MessageBox` mehrfach dargeboten. Darüber hinaus würde nach vollständigem Durchlaufen der `For Each`-Schleife diese verlassen, selbst wenn noch nicht ausgefüllte Textfelder existieren. Denken Sie doch einmal darüber nach, wie sich der Programmablauf verändern würde, wenn Sie die `Exit Sub`- durch eine `Exit For`-Anweisung ersetzen würden.

Im Rahmen der Windowsprogrammierung haben wir unseren Themenbogen über Formulare, MDI-Anwendungen, Ereignissteuerung, Steuerelemente und Standarddialoge bis hin zur Validierung von Benutzereingaben gespannt. Damit werden wir das Kapitel *Windowsprogrammierung* verlassen und uns dem Thema *Datenbank-Programmierung* zuwenden.

6 Datenbankanwendungen mit ADO.NET

6 Datenbankanwendungen mit ADO.NET

Lesen Sie in diesem Kapitel, wie die neue Datenbanktechnologie ADO.NET 2.0 auch Ihr Entwicklerleben bereichern kann.

Sie werden es kaum glauben, aber mit diesem Kapitel bewegen wir uns bereits ein gutes Stück in Richtung Webanwendungen. Warum? Nun, dies liegt im Wesentlichen am konzeptionellen Aufbau von ADO.NET. Mit ADO.NET hat Microsoft den nächsten konsequenten Schritt in Richtung »information at your fingertips« getan. Mit dieser neuen, auf dem .NET Framework aufsetzenden Technologie wurden im Wesentlichen drei Ziele des Software-Giganten aus Redmond umgesetzt: Bestehendes ADO-Wissen nutzen, eine starke Unterstützung für N-tier-Anwendungen (N-tier applications = **Mehr**-Schicht-Anwendungen) sowie ein XML basierter Datenaustausch. Da es sich bei Datenbankanwendungen, gleichgültig, ob sie im traditionellen Client-Server-Stil innerhalb eines klassischen Firmennetzwerks oder als Webanwendung realisiert wurden, zum überwiegenden Teil um verteilte Anwendungen handelt, stellt ADO.NET mit den genannten Features hierfür eine ideale Entwicklungsbasis bereit.

6.1 ADO.NET-Grundlagen

Der erste Abschnitt zum Themenbereich *Datenbankanwendungen mit ADO.NET* gibt Ihnen einen einführenden Überblick über die grundlegende ADO.NET-**Konzeption** sowie über einige Kernbegriffe von Datenbanktechnologien im Allgemeinen.

6.1.1 Die Bedeutung von ADO.NET

Mit ADO.NET hat Microsoft eine äußerst zukunftsträchtige Technologie geschaffen. Als Nachfolger von ADO wurde **ADO.NET** insbesondere mit Blick auf das **Internet** konzipiert. Da der Fokus der ADO.NET-Entwicklung auf der Unterstützung von **verteilten Mehrschicht-Anwendungen** (N-tier applications) liegt, ist klar, dass ADO.NET ohne Frage die zukunftsweisendere der beiden Technologien darstellt. Dennoch wird auch ADO Sie sicherlich noch eine gewisse Weile in Ihrer praktischen Arbeit begleiten. So präsentiert sich mit ADO.NET eine neue, echte »state-of-the-art«-Technologie. Sicherlich erwartet der qualifizierte Einsatz von ADO.NET auf der einen Seite einen gewissen Einarbeitungsaufwand, auf der anderen Seite kann allerdings an bestehendes »ADO-Wissen« angeknüpft werden.

Die Datenzugriffe via ADO und ADO.NET basieren auf zwei grundsätzlich konträren Prinzipien. ADO stammt konzeptionell aus der LAN-Welt (Local Area Network), der Welt der »lokalen« Rechner-Netzwerke. Diese Welt ist im Kern durch den Gedanken einer **permanenten Datenverfügbarkeit** geprägt. Man ging davon aus, dass eine einmal geöffnete Datenbankverbindung der Front-End-Anwendung permanent zur Verfügung steht. Ein Abreißen der Datenverbindung ist innerhalb des eigenen Firmennetzwerks kaum zu befürchten. Auf Basis dieser **verbindungsorientierten** Technologie wurden in der Regel **Dreischicht-Anwendungen**, bestehend aus Benutzeroberflächenschicht (Präsentationsdienste), Fachkonzeptschicht (Geschäftslogik) und Datenhaltungsschicht (Datenspeicher), realisiert.

Auch heute gibt es durchaus Fälle, in denen eine verbindungsorientierte Anwendungsarchitektur überlegenswert ist. Denken Sie etwa an eine Buchungssoftware für ein großes Reiseunternehmen. In diesem Fall benötigen die im Verkauf und in der Information arbeitenden Angestellten Echtzeit-Informationen. Schließlich darf kein Flugticket, keine Bahnfahrkarte doppelt verkauft werden. Zeitversetzte Aktualisierungen könnten in diesem Beispiel die Integrität des Datenbestandes gefährden. Bei der Konzeption von Software-Systemen für derartige Aufgabengebiete ist der Weg über ADO und eine permanente Datenverbindung nach wie vor prüfenswert.

Wozu dann ADO.**NET**? Wie alles im Leben verändert sich auch die IT-Welt, vielleicht sogar mit einer etwas größeren Geschwindigkeit als andere Technikbereiche. Durch das enorme Entwicklungstempo im Bereich der **Internet-Technologien** und die rasant wachsende Akzeptanz der im Web angebotenen Dienstleistungen ist das »einfache« LAN »Schnee von gestern«. Allerdings hält das WWW nebst seiner unendlichen Fülle von Vorzügen – gerade für den Anwendungsentwickler – auch ein paar Tücken bereit. So stellt die permanente Verbindung zu einer Datenquelle im Internet – wie uns allen aus eigener Erfahrung bekannt sein dürfte – wohl eher eine Seltenheit dar. Aus dieser Sachlage ergeben sich neue Anforderungen an eine zeitgemäße Datenbanktechnologie. Diese Herausforderung hat Microsoft mit ADO.NET angenommen.

6.1.2 Die Stärken von ADO.NET

Wie Sie aus den Ausführungen dieses Abschnitts schließen können, stellt ADO.NET keine gänzlich neue Technologie, sondern eher die evolutionäre Weiterentwicklung bzw. (temporäre) Ergänzung zu ADO dar. Allerdings unterscheiden sich diese beiden Microsoft Datenbankschnittstellen in wesentlichen Punkten. Insbesondere handelt es sich bei ADO.NET um die **verbindungslose** Variante, die keinen auf Dauer angelegten Kontakt zu einer Datenquelle voraussetzt. Sollen etwa Daten aus einer Datenbank bearbeitet werden, so wird zunächst eine Verbindung zum **Datenbankserver** aufgebaut. Nach Übertragung der Daten zum **Client** wird die Verbindung wieder »gekappt«. Die eigentliche Datenverarbeitung findet anschließend auf dem Client statt. Für eine Aktualisierung des Datenbestandes muss eine erneute Verbindung zur Datenquelle hergestellt werden. Lag der Vorteil von ADO in einer quasi Echtzeitverarbeitung, so kann ADO.NET mit anderen Trümpfen aufwarten.

ADO.NET geht mit Datenbankverbindungen äußerst sparsam um. Dabei ist zu bedenken, dass das Bereitstellen einer »freien Leitung« zu einer Datenbank einen erheblichen Teil der Systemressourcen beanspruchen kann. Darüber hinaus ist die Anzahl der möglichen Verbindungen, die zu einer Datenbank unterhalten werden können, nicht ohne weiteres skalierbar. Für eine offene Webanwendung ist eine leichte Skalierbarkeit dagegen ein Muss. Anders als in einem Firmen-LAN unterliegen Internetseiten mit den dort angebotenen Diensten häufig **starken** Nachfrageschwankungen. So ist es leicht möglich, dass die Zahl der Nutzer, etwa durch ein besonderes Angebot oder eine gute Werbeaktion, erheblich ansteigt. Sprunghafte Nachfragezuwächse um 100, 200 oder 400 Prozent stellen im Web keine Besonderheiten dar. Hier für alle Eventualitäten ein entsprechendes Kontingent an Datenbankverbindungen prophylaktisch bereitzustellen, ist gänzlich illusorisch.

Da das verbindungslose Konzept von ADO.NET auch die Verlagerung eines beachtlichen Teils der Arbeit – und damit der Rechenleistung – auf die Clients beinhaltet, werden auf den Datenbankservern Ressourcen, die anderweitig disponiert werden können, freigestellt. Wie der Datenzugriff mit ADO.NET im Detail funktioniert, erfahren Sie im nächsten Abschnitt.

6.1.3 Datenzugriff mit ADO.NET

Grundsätzlich sind an einem Datenzugriff mit ADO.NET fünf Komponenten beteiligt:

- ▶ Die Datenquelle, welche die Daten inklusive der dazugehörigen Strukturinformationen enthält
- ▶ Die Verbindung zwischen Client und Datenquelle
- ▶ Ein Datenadapter
- ▶ Das DataSet
- ▶ Der zugreifende Client

Da wir uns in diesem Abschnitt auf den Datenzugriff am Beispiel eines Windows-Clients beziehen, finden wir – als VB-Entwickler – am Ende der Kette ein

Formular mit seinen datengebundenen Steuerelementen, wie es die nachstehende Grafik übersichtsartig veranschaulicht:

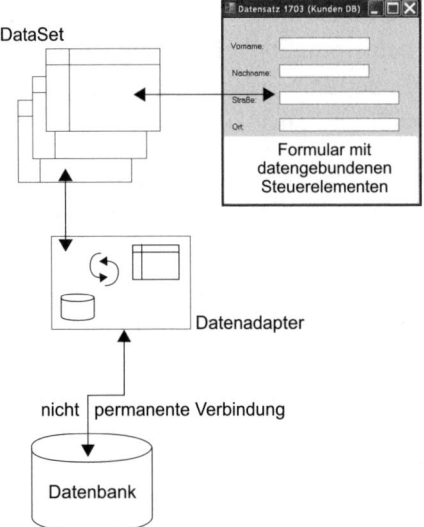

Abbildung 6.1 Schematische Darstellung des Datenzugriffs mit ADO.NET

Nach Verbindungsaufbau zeichnet der Datenadapter für das Füllen des DataSets mit den angeforderten Daten aus der Datenbank verantwortlich. Durch das Zwischenschalten des Datenadapters benötigt das DataSet keine Informationen über die Herkunft der Daten. Für die unterschiedlichen Datenbanktypen hält das .NET Framework spezialisierte Adapter bereit. Somit ist es durchaus möglich, ein DataSet mit Informationen aus verschiedenen Datenbanken zu füllen. Ein DataSet kann nicht nur einzelne Datensätze oder Tabellen einer Datenbank halten, sondern darüber hinaus quasi eine Kopie der Datenbank oder deren relevanten Teile aufnehmen. Dieses bedeutet auch, dass ein DataSet über die Rohdaten hinaus auch deren Strukturinformationen wie Datentypen, Tabellenrelationen, Einschränkungen etc. aufnehmen und bereitstellen kann.

6.2 ADO.NET und XML

6.2.1 Zusammenhang von ADO.NET und XML

Im letzten Abschnitt haben wir uns mit dem Datenzugriff mittels ADO.NET beschäftigt. Worüber wir uns noch nicht unterhalten haben, ist, in welchem Format der Datenaustausch in diesem Zusammenhang vonstatten geht. Da eine weitere konzeptionelle Anforderung an ADO.NET war, einen möglichst universellen Datenaustausch zu gewährleisten, wurde **XML** (e**X**tensible **M**arkup **L**anguage) als Datenformat für ADO.NET gewählt. XML ist eine durch das **World Wide Web Consortium** standardisierte **Auszeichnungssprache** und wird von nahezu allen führenden IT-Unternehmen unterstützt. Mit dieser Wahl hat Microsoft eine wirklich gute und zukunftssichere Entscheidung bezüglich des Austauschs von Daten getroffen. Anknüpfend an Abbildung 6.1 lässt sich das Zusammenspiel von ADO.NET und XML folgendermaßen visualisieren:

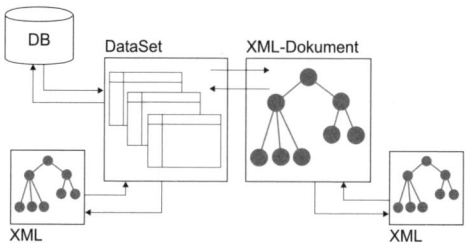

Abbildung 6.2 XML und ADO.NET

Wie die Grafik zeigt, kann ein DataSet Daten unmittelbar aus einer Datenbank beziehen und diese anschließend ins XML-Format konvertieren und weitergeben, wobei auch die Strukturinformationen der Daten erhalten bleiben. Umgekehrt kann ein DataSet Information unmittelbar im XML-Format aufnehmen.

6.2.2 XML und das .NET Framework

Da XML nicht ausschließlich im Umfeld von ADO.NET eine Rolle spielt, sondern eine besondere Bedeutung für einen großen Teil der auf dem .NET Framework basierenden Technologien spielt, kann es auch für einen Visual Basic-Programmierer nur von Vorteil sein, über gewisse XML-Kenntnisse zu verfügen. Für jeden .NET-Entwickler gibt es einige wichtige Berührungspunkte mit XML. So liegen etwa die Konfigurationsdateien des Visual Studios im XML-Format vor. Der komplette Datenaustausch von Anwendungen und Webservices basiert auf XML. Weitere schon erwähnte Stichworte sind ADO.NET und ASP.NET. Des Weiteren bieten nicht ohne Grund zahlreiche Klassen im Namensraum `System.XML` (2.0) die Möglichkeit, XML-Dokumente direkt zu bearbeiten.

Auch wenn für Sie als Visual Basic-Entwickler XML nicht allgegenwärtig ist, da die meisten Aufgaben, etwa die Datenspeicherung im XML-Format, von der Entwicklungsumgebung automatisch erledigt werden, ist es sicherlich dennoch eine lohnende Investition in eine zukunftsweisende »Technologie«, sich einmal ausführlich mit XML zu beschäftigen. Vielleicht motiviert Sie auch die Ankündigung von Microsoft, mit **Windows Vista** und der **Windows Presentation Foundation** (früherer Codename: »Avalon«) die Markup-Sprache **XAML** einzuführen. Bei XAML (E**x**tensible **A**pplication **M**arkup **L**anguage) handelt es sich um eine Auszeichnungssprache zur deklarativen Darstellung von Benutzeroberflächen für Windowsanwendungen.

Leider lässt diese Einführung keinen Raum, um dieses ohne Frage spannende Thema tiefergehend zu behandeln. Wir wechseln daher nun zum nächsten Abschnitt, in welchem einige grundlegende Eigenschaften von Datenbanken beschrieben werden.

6.3 Struktur und Funktionsweise von Datenbanken

In den vorangegangenen Abschnitten haben wir uns einen Überblick über die Zugriffsmöglichkeiten auf Datenbanken mittels ADO.NET verschafft. Wie Sie sicherlich schon aus dem bis hierher Geschilderten erahnen können, ist das Thema Datenbanken alles andere als trivial. Professionell betrachtet handelt es sich sicherlich um eines der komplexeren Themen der elektronischen Datenverarbeitung. Aus diesem Grund haben wir in den vorangegangenen Abschnitten einige wichtige Grundsteine für die Arbeit mit Datenbanken gelegt. In den beiden folgenden Abschnitten werden wir unser Wissen über Datenbanken durch ein wenig Theorie anreichern, bevor wir dann in die Programmierpraxis einsteigen.

6.3.1 Datenbank-Basics

Bei Datenbanken handelt es sich um eine spezifische Art der Ansammlung von Informationen. Grundsätzlich lässt sich sagen, dass Datenbanken immer dann eine Option darstellen, wenn die Menge der zu organisierenden Daten eine bestimmte Größenordnung erreicht. Sie können sich sicherlich vorstellen (einmal von datenschutzrechtlichen Fragen abgesehen), dass eine Liste von dreißig Mitarbeitern, in welcher deren Name, Anschrift und Abteilung erfasst werden soll, technisch gesehen problemlos mittels der Datenbankfunktionen von Microsoft Excel zu verwalten ist. Mit einer ganz anderen Aufgabe sind Sie dagegen konfrontiert, wenn es um das Handling von 10.000 Mitarbeiterdaten geht. In diesem Falle würde jede noch so leistungsstarke Tabellenkalkulation rasch kapitulieren. Wir können somit festhalten, dass **Datenbanken** in der Regel zur **Verwaltung großer Datenbestände** eingesetzt werden.

Innerhalb einer Datenbank werden die Daten nach festgelegten Regeln und in definierten Strukturen verwaltet. Bei diesen Punkten handelt es sich um konstitutive Merkmale einer Datenbank. Auch die **Trennung von Daten und Programm** (das auf die Datenbank zugreift) zählt zu den Charakteristika einer Datenbank. Die Verwaltungsaufgabe wird dabei von speziellen **Datenbank-Management-Systemen** (DBS) übernommen. Ein solches System zeichnet für das Erstellen von Datenbanken, das Verwalten von Tabellen, Datensätzen und

Feldern sowie für **Datenbankabfragen** mittels einer **Abfragesprache** wie etwa **SQL** verantwortlich. Auch der Import bzw. Export von Daten unterliegt seiner Hoheitsgewalt.

In der Welt der »großen Datenmengen« existieren verschiedene Datenbanktypen, welche – je nach Aufgabenstellung – unterschiedliche Strukturen aufweisen. In einer hierarchischen Datenbank sind die Datensätze beispielsweise in einer Baumstruktur angeordnet. Eine solche Datenbankarchitektur eignet sich gut zur Verwaltung von Informationen, welche sich sukzessive in kleine Untereinheiten untergliedern lassen. Gegenstand unserer Betrachtungen sind ausschließlich **relationale Datenbanken**, deren Aufbau wir uns im nächsten Abschnitt ansehen.

6.3.2 Architektur relationaler Datenbanken

Das Herz relationaler Datenbanken bilden **Tabellen** und die zwischen ihnen bestehenden **Beziehungen** (Relationen). Dabei fungieren Tabellen als Container, welche die Daten in strukturierter Form für eine spätere Verarbeitung aufbewahren. Die kleinste Einheit innerhalb einer Tabelle ist das **Datenfeld**, welches die einzelnen Informationseinheiten aufnimmt. Datenfelder sind mit den Zellen in einem Tabellenkalkulationsblatt vergleichbar. Bei der Speicherung von Daten in den Datenfeldern einer Datenbank werden auch diese, je nach zu speicherndem Datentyp (Text, Zahl, Grafik, Video etc.), entsprechend »formatiert«. Das **Zuweisen** eines **Datentyps** an die Datenfelder ermöglicht der Datenbank eine effiziente Verwaltung der in ihr abgelegten Informationen. Darüber hinaus kann auf diesem Wege – ähnlich wie durch geschickte Variablendeklaration – auf den okkupierten Speicherplatz sowie auf die Systemperformance Einfluss genommen werden.

Datenfelder stehen in einer Datenbanktabelle nicht isoliert nebeneinander. Vielmehr werden sie **thematisch** zu **Datensätzen** zusammengefasst. Ein gutes Beispiel für einen Datensatz stellen Kundendaten wie Vorname, Name, Straße, Ort und PLZ dar. Die nachstehende Grafik veranschaulicht den Zusammenhang **Tabelle**, **Datensatz** und **Datenfeld** nochmals:

Name	Vorname	Straße	Ort	PLZ
Camus	Albert	Am See 4	Recklinghausen	45657
Hugo	Victor	Westerholter Weg	Recklinghausen	45657
Proust	Marcel	Am Festspielhaus 66	Recklinghausen	45657
Popper	Karl	Cäcilienhöhe 17	Recklinghausen	45657
Beuys	Joseph	Am Festspielhaus 66	Recklinghausen	45657
Twain	Mark	Freiheiter Hof 3	Recklinghausen	45657
Dickens	Charles	Freiheiter Hof 83	Recklinghausen	45657

← **DatenSatz**

↑
DatenFeld

Abbildung 6.3 Aufbau einer Datenbanktabelle

Nachdem wir gesehen haben, wie Datensatz, Datenfeld und Tabelle im Zusammenhang stehen, und wissen, dass Tabellen quasi das Rückgrat relationaler Datenbanken bilden, bleibt noch zu klären, welche Bedeutung den so genannten **Relationen** in diesem Zusammenhang zukommt.

Wir haben uns schon darüber unterhalten, dass Datenbanken zur Speicherung **großer** Datenmengen dienen. Aus diesem Grund setzen sich Datenbanken in der Regel aus einer **Vielzahl** von einzelnen Tabellen zusammen. Ähnlich wie bei der Konzeption von Datensätzen werden auch Tabellen nach bestimmten Kriterien gebildet. Nehmen wir zum Beispiel eine Datenbank mit **Kundendaten** und den dazugehörigen **Auftragsdaten**.

Aus verwaltungstechnischen Gründen ist es nicht sinnvoll, alle Informationen zentral in einer Tabelle zu speichern. Wie bei Datensätzen macht eine thematische Gruppierung der Informationen auch hier Sinn. So bietet es sich in unserem Beispiel etwa an, die eigentlichen Kundendaten (Name, Firma, Anschrift etc.) in einer und die Auftragsdaten der Kunden (georderte Mengen, Lieferfristen etc.) in einer weiteren, separaten Tabelle abzulegen. Diese Vorgehensweise hat viele Vorteile, die hier nicht im Einzelnen besprochen werden können. Die Frage, die uns an dieser Stelle beschäftigt, ist: Wenn die Kundendaten von Herrn Müller in der einen, seine Bestellungen aber in einer anderen Tabelle abgelegt sind, wie können wir im Bedarfsfall die Kundeninformationen wieder zusammenführen – und zwar so, dass die Bestellungen von Herrn Müller nicht etwa bei Frau Meier landen?

Wir hätten keine Chance, die Daten jemals wieder zusammenzufügen, wenn die Tabellen isoliert (unverbunden) in unserer Datenbank lägen. Das DB-Management-System muss über den Zusammenhang der beiden Tabellen informiert sein. Um dies sicherzustellen, muss zwischen den Tabellen ein Link existieren, der diese Verbindung repräsentiert. Diese Beziehung, welche zwischen den einzelnen Tabellen hergestellt wird, ist die so genannte **Relation**. In der Praxis werden die Beziehungen zwischen den einzelnen Tabellen einer Datenbank über Felder definiert und ebenfalls in dafür vorgesehenen Tabellen festgehalten. Wie das en détail aussieht, erfahren Sie im folgenden Abschnitt.

6.3.3 Primär- und Fremdschlüssel

Das Speichern von Daten in Datenbanken ist kein Selbstzweck. Letztlich geht es immer darum, die dort aufbewahrten Daten möglichst **flexibel** auswerten zu können, um das Informationspotential der Datenbank optimal zu nutzen. Da die Informationen in einem relationalen Datenbanksystem auf verschiedene Tabellen verteilt sind, können diese für eine Auswertung (Abfrage) quasi nach

Belieben kombiniert werden. Auf diese Weise lassen sich die Informationsressourcen einer Datenbank äußerst effizient nutzen.

Die Voraussetzung für Datenbankabfragen ist allerdings, dass die einzelnen Datensätze eindeutig gekennzeichnet sind und so Verwechslungen bei der Datensuche ausgeschlossen werden können. Hierzu wird jeder Datensatz mit einem **Schlüssel** versehen, der diese Eindeutigkeit herstellt. Sie erinnern sich an unseren Datensatz: Name, Vorname et cetera. Allein mit diesen Feldern ist innerhalb einer Tabelle Eindeutigkeit nicht zu garantieren, da zum Beispiel bei der Suche nach einem bestimmten Nachnamen Doppelungen keine Seltenheit darstellen. In unserem Beispiel ist das Vergeben einer Kundennummer eine gute Möglichkeit, Singularität herzustellen. Ein solches Schlüsselfeld, das zur eindeutigen Kennzeichnung eines Datensatzes dient, wird als **Primärschlüssel** (primary key) bezeichnet.

Um nun zwei (oder mehrere) Tabellen miteinander in Relation zu setzen, bedient man sich dieser Schlüsselfelder. Die Vorgehensweise ist denkbar einfach: In der Tabelle **Kundendaten**, welche Name, Vorname Anschrift etc. enthält, wird ein Feld mit einer **Kundennummer** eingefügt. In dieser Tabelle stellt die Kundennummer den **Primärschlüssel** dar. Innerhalb einer zweiten Tabelle, etwa der mit **Auftragsdaten**, wird genau dieser Schlüssel ebenfalls aufgenommen, jedoch nicht als Primärschlüssel. Wichtig ist, dass beide Tabellen über dieses Schlüsselfeld miteinander verknüpft sind. In der Auftragsdatentabelle wird das entsprechende Schlüsselfeld als **Fremdschlüssel** (foreign key) bezeichnet. Über **Primär-** und **Fremdschlüssel** werden beide Tabellen in eine **eindeutige Beziehung** zueinander gesetzt, wie es die nachfolgende Grafik verdeutlicht:

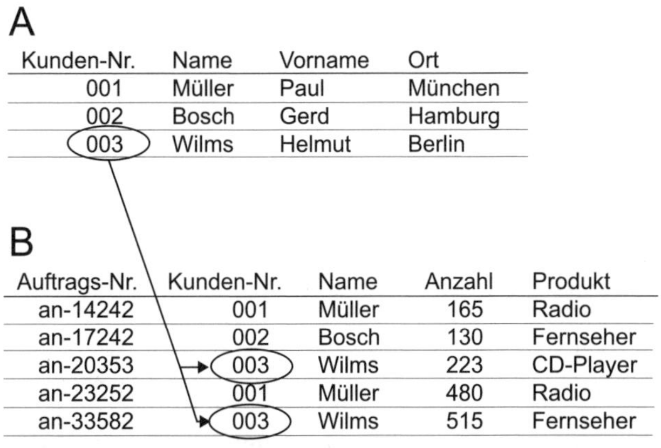

A

Kunden-Nr.	Name	Vorname	Ort
001	Müller	Paul	München
002	Bosch	Gerd	Hamburg
003	Wilms	Helmut	Berlin

B

Auftrags-Nr.	Kunden-Nr.	Name	Anzahl	Produkt
an-14242	001	Müller	165	Radio
an-17242	002	Bosch	130	Fernseher
an-20353	003	Wilms	223	CD-Player
an-23252	001	Müller	480	Radio
an-33582	003	Wilms	515	Fernseher

Abbildung 6.4 Zwei über Primär- und Fremdschlüssel verbundene Tabellen

Wie Sie in Abbildung 6.4 erkennen können, handelt es sich bei »Kunden-Nr« um den Primärschlüssel der Kundendatentabelle (A). Die Auftragsdatentabelle (B) enthält ebenfalls ein Schlüsselfeld »Kunden-Nr«. Über diesen Weg sind beide Tabellen **eindeutig** miteinander verbunden, sodass beispielsweise problemlos die Aufträge des Kunden Wilms abgefragt werden könnten. Des Weiteren können Sie in der Grafik erkennen, dass Herr Wilms nicht nur einen Auftrag erteilt hat. Offensichtlich können einem Primärschlüssel mehrere Datensätze in einer anderen Tabelle zugeordnet sein. Dies ist sinnvoll, da sonst eine Abfrage zum Beispiel aller Aufträge des Kunden Wilms nicht möglich wäre. Eine solche Relation zwischen verschiedenen Tabellen wird als **1:n-Beziehung** (1 zu n) bezeichnet. Für das Beziehungsdesign von Tabellen existieren noch weitere Beziehungstypen, wie **1:1** oder **n:m**. Bei einer 1:1-Beziehung, verweist ein Datensatz in einer Tabelle auf genau einen Datensatz in einer anderen. Die n:m-Beziehung ermöglicht es, mehrere Datensätze in einer Tabelle mit mehreren Datensätzen in einer anderen Tabelle zu verknüpfen. In der Praxis stellt sicherlich die 1:n-Beziehung den häufigsten Anwendungsfall dar.

6.3.4 Referenzielle Integrität

Die so genannte **referenzielle Integrität** soll eine **konsistente** Datenhaltung sicherstellen. Wie wir noch sehen werden, ist es mittels einer Datenbankabfragesprache nicht nur möglich, Daten aus einer Datenbank auszulesen, sondern es können auch Datensätze verändert oder gelöscht werden. Würden wir in unserem Beispiel etwa in der Kundendatentabelle (A) den Datensatz 003 (Wilms) löschen, so wäre damit automatisch die Verbindung zu den entsprechenden Auftragsdaten in der Auftragsdatentabelle (B) »gekappt«. Der Fremdschlüssel »**Kunden-Nr**« würde somit auf einen nicht mehr vorhandenen Datensatz (003) verweisen. Eine solche »ungültige« Referenz darf in einer Datenbank natürlich nicht existieren, da sie eine nicht mehr vorhandene Relation dokumentieren würde.

Datenbank-Management-Systeme enthalten Sicherungsmechanismen, die vor Tabellenoperationen schützen, welche die referenzielle Integrität verletzen würden. Dieser Schutz könnte in einer einfachen Warnmeldung oder einem generellen Löschverbot von Datensätzen mit Primärschlüsseln bestehen. Ein weiterer Service, den Datenbank-Management-Systeme bieten, ist das Anpassen aller Fremdschlüssel für den Fall, dass sich ein Primärschlüssel ändert.

Mit diesen kurzen Erläuterungen zur Bedeutung der referenziellen Integrität verlassen wir das Thema *Struktur und Funktionsweise von Datenbanken*, um mit dem nächsten Abschnitt *Verbindungen zu einer Datenbank aufbauen* fortzufahren.

6.4 Verbindungen zu einer Datenbank aufbauen

Mit dem neuen Visual Studio 2005 hat Microsoft bezüglich der Arbeit mit Daten einige interessante Neuerungen eingeführt. Den theoretischen Hintergrund für den Umgang mit Daten aus externen Quellen haben wir uns in den vorangegangenen Abschnitten bereits angeeignet. Die folgenden Abschnitte sind nun ganz dem praktischen Einsatz dieser neuen Features gewidmet. Dabei werden wir uns vom **Verbindungsaufbau** bis zur **Drag & Drop-Datenbindung** alle Neuerungen Schritt für Schritt ansehen.

6.4.1 Verbindungsaufbau mit dem Datenquellen-Konfigurationsassistenten

Um die Daten einer Datenbank auf einer Windows-Form präsentieren zu können, ist es notwendig, wie bereits in Abschnitt 6.1.3, *Datenzugriff mit ADO.NET*, beschrieben, zunächst die Verbindung zu einer Datenquelle herzustellen. Als Datenquelle werden wir mit einer **Access Datenbank** arbeiten, welche unsere beiden Beispieltabellen **Kunden** und **Auftragsdaten** enthält. Wenn Sie es vorziehen, mit einer größeren Datenmenge zu experimentieren, können Sie auch die Microsoft Trainingsdatenbank **Nordwind** nutzen.

Wie Sie sehen werden, gestaltet sich der Verbindungsaufbau zu einer Datenquelle mit Unterstützung des **Assistenten**, den Ihnen die Entwicklungsumgebung zur Verfügung stellt, wirklich einfach. Legen Sie zunächst bitte wieder ein neues Windowsprojekt an und gehen Sie dann wie folgt vor:

Klicken Sie im Menü **Daten** den Unterpunkt **Neue Datenquelle hinzufügen** an. Anschließend meldet sich als erstes Fenster der **Assistent zum Konfigurieren von Datenquellen**:

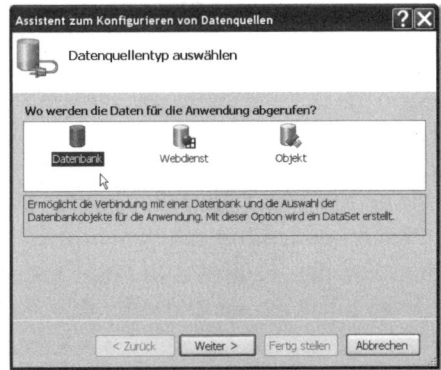

Abbildung 6.5 Auswahlfenster des Visual Studio-Assistenten zur Auswahl verschiedener Arten von Datenquellen

Dort wählen Sie als Datenquelle **Datenbank** und klicken auf **Weiter**. Im nächsten Assistentenfenster haben Sie die Möglichkeit, die Datenquelle, die Sie in Ihrer Anwendung nutzen möchten, auszuwählen:

Abbildung 6.6 Fenster des »Datenquellen-Wizards« zur Angabe der Datenquelle

Dazu klicken Sie bitte zunächst den Button **Neue Verbindung**:

Abbildung 6.7 Der »Verbindung hinzufügen«-Dialog, in welchem die Art der Datenquelle, deren Speicherort sowie Log-on-Daten angegeben werden können

Abbildung 6.7 zeigt das Fenster, in dem Sie verschiedene Einstellungen für die Verbindung mit einer Datenquelle vornehmen können. Im ersten Schritt sollten Sie die **Art** der Datenquelle einstellen. Für den Fall, dass die dort unter **Datenquelle** angegebene Einstellung nicht zu einer **Access Datenbank** passt, können Sie diese mittels des **Ändern**-Buttons anpassen. Auch hierzu erhalten Sie ein komfortables Auswahlfenster:

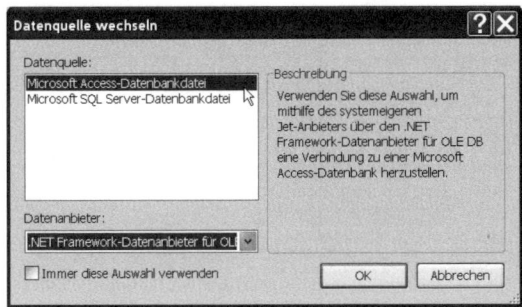

Abbildung 6.8 Der »Datenquelle wechseln«-Dialog, in welchem die Art der Datenquelle mit dem dazugehörigen Provider (Datenanbieter) festgelegt wird

Ist für den Datenbankzugriff eine spezielle Berechtigung erforderlich, so können im **Verbindung hinzufügen**-Fenster (Abb. 6.7) unter **Bei der Datenbank anmelden** ein entsprechender **Benutzername** und das dazugehörige **Kennwort** eingetragen werden. Nachdem alle Angaben gemacht sind, sollten Sie die Verbindung mit dem Button **Testverbindung** unmittelbar an dieser Stelle auf Zustandekommen überprüfen. Ist der Verbindungstest erfolgreich, geht es weiter zum nächsten Fenster des Konfigurationsassistenten. Nachdem Sie zu diesem Zweck den **Weiter**-Button angeklickt haben, werden Sie zunächst noch gefragt, ob die **Datenquelle dem Projekt hinzugefügt** werden soll. Diese Frage beantworten Sie mit »Ja«:

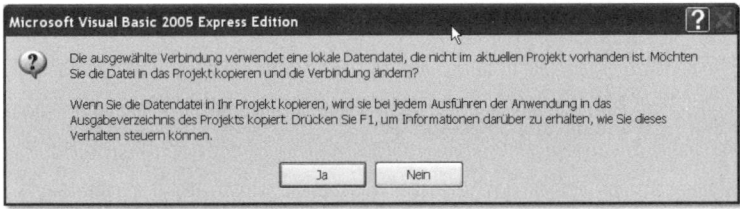

Abbildung 6.9 Abfrage auf Hinzufügen der Datenbank zum aktuellen Projekt

Im nun folgenden Dialog können Sie entscheiden, ob die »Verbindungsinformationen« mit in die Konfigurationsdatei der Windowsanwendung aufgenommen werden sollen. Hier sollten Sie die Defaulteinstellung beibehalten (siehe Abbildung 6.10).

Mit diesem letzten Schritt steht die Datenbank dem Windowsprojekt zur Verfügung, woraufhin ihre einzelnen Elemente im Fenster **Datenbankobjekte auswählen** des Konfigurationsassistenten dargestellt werden.

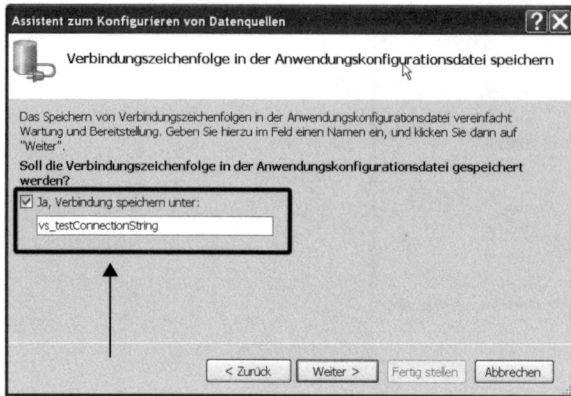

Abbildung 6.10 Die Verbindungsinformationen zur Datenbank können an dieser Stelle als so genannter »connection string« in die Konfigurationsdatei der Windowsanwendung aufgenommen werden.

Abbildung 6.11 Anzeige (View) der Tabellen und einer Abfrage unserer Datenbank »vs_test.mdb« im Fenster des Konfigurationsassistenten

Wie Sie in Abbildung 6.11 erkennen können, werden die Tabellen **Auftragsdaten** und **Kunden** aufgeführt. Zu Demonstrationszwecken habe ich der Datenbank eine Mini-**Abfrage,** welche die Summe der Bestellungen ausweist, hinzugefügt. Auch diese mittels Access generierte Abfrage steht dem Projekt zur Verfügung und kann in der Windowsanwendung genutzt werden.

6.4.2 Der Datenbank-Explorer und das Datenquellenfenster

Nachdem die Datenverbindungen einmal hergestellt sind, werden sie sowohl im **Datenbank-Explorer** als auch im **Datenquellenfenster** des Visual Studios angezeigt. Dabei werden im Datenbank-Explorer der Inhalt aller verbundenen Datenbanken sowie deren Elemente angezeigt. Mittels des Datenbank-Explorers ist es auch möglich, das Projekt mit weiteren Datenbanken zu verbinden.

In Abbildung 6.12 wird die Verbindung zur Trainingsdatenbank `Norwind.mdb` sowie zur Datenbank `vs_test.mdb` dargestellt:

Abbildung 6.12 Anzeige der Verbindungen zu »Nordwind.mdb« und zu »vs_test.mdb« im Datenbank-Explorer

Zur Demonstration der unterschiedlichen »Sichtweise« dieser beiden Fenster auf die »Datenlage« innerhalb des Projekts wurde zur Datenbank `Nordwind.mdb` zwar via Server Explorer eine Verbindung hergestellt, allerdings keines der `Nordwind.mdb`-Elemente (Tabellen, Views etc.) als **DataSet** dem Projekt hinzugefügt. Aus diesem Grund werden im **Datenquellenfenster** ausschließlich die Tabellen und Abfragen von `vs_test.mdb` dargestellt:

Abbildung 6.13 Anzeige der Tabellen mit ihren Datensätzen sowie der Abfrage »Summe Kunden-Bestellung« der »vs_test«-Datenbank im Datenquellenfenster des Visual Studios

Selbstverständlich bietet auch das Datenquellenfenster die Möglichkeit, dem Projekt weitere DataSets, etwa aus der bereits verbundenen Nordwind-Datenbank, hinzuzufügen.

In Abschnitt 6.3.3, *Primär- und Fremdschlüssel*, haben wir gesehen, dass die Tabellen einer relationalen Datenbank in unterschiedlichen Beziehungen zueinander stehen können. Wenn Sie im Kontextmenü des Datenquellenfensters den Unterpunkt **DataSet mit Designer bearbeiten** aufrufen, werden die aktuellen **Relationen** der im DataSet enthaltenen Datenbankelemente angezeigt:

Abbildung 6.14 Die 1:n-Beziehung der Tabellen »Auftragsdaten« und »Kunden« im DataSet-Designer

Im Screenshot des DataSet-Designers (Abb. 6.14) ist deutlich die angezeigte **1:n-Relation** zwischen der **Auftragsdaten**- und der **Kunden**-Tabelle zu erkennen, dargestellt durch ein **Schlüsselicon** (1) auf der einen und durch das Unendlichkeitssymbol (n) auf der anderen Seite. Der DataSet-Designer bietet über die reine Anzeige hinaus zahlreiche Möglichkeiten, das DataSet zu editieren. So können im Kontextmenü unter dem Unterpunkt **Hinzufügen** Abfragen, Relationen oder neue Schlüssel ergänzt werden. Für alle Aktionen hält das Visual Studio unterstützende Fenster bereit. Sollten Sie einmal in die »SQL-Schnittstelle« hineinschnuppern wollen, dann rufen Sie einfach via Kontextmenü den Punkt **Konfigurieren** auf. Anschließend erscheint der **TableAdapter**-Konfigurationsassistent:

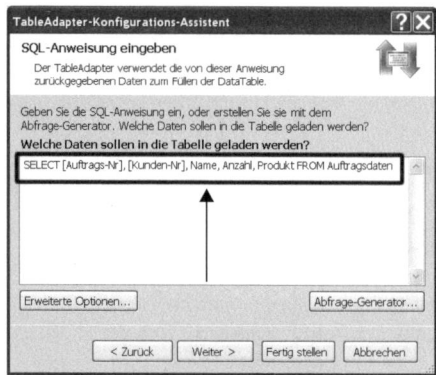

Abbildung 6.15 Der »TableAdapter-Konfigurationsassistent« zur Kundentabelle mit automatisch generiertem SQL-Statement

6.4.3 Die Datenvorschau

Ein recht praktisches Feature bietet das Visual Studio mit der **Datenvorschau**. Über den Menüpunkt **Daten** gelangen Sie zum Eintrag **Datenvorschau**, welcher das gleichnamige Fenster zur Datenvorschau aufruft. Dort können Sie im Pulldown-Menü oben links das Element auswählen, dessen Daten Sie in der Vorschau betrachten möchten:

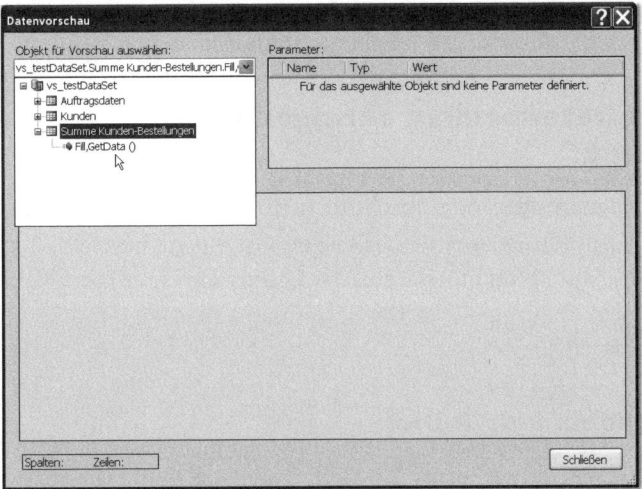

Abbildung 6.16 Das Pulldown-Auswahlmenü zur Vorschau auf die einzelnen Elemente des DataSets der »vs_test«-Datenbank

Die Datenvorschau bezieht sich übrigens immer auf das **DataSet** und nicht auf die Elemente der originären Datenbank. Für den Fall also, dass etwa per Datenbank-Explorer »lediglich« die Verbindung zu einer Datenbank hergestellt wurde und noch kein DataSet existiert, steht die Preview-Funktion somit nicht zur Verfügung. Die Daten der Abfrage »Summe Kunden-Bestellungen« des in Abbildung 6.16 angegebenen DataSets (vs_testDataSet) werden in nachstehender Vorschau (Abbildung 6.17) angezeigt:

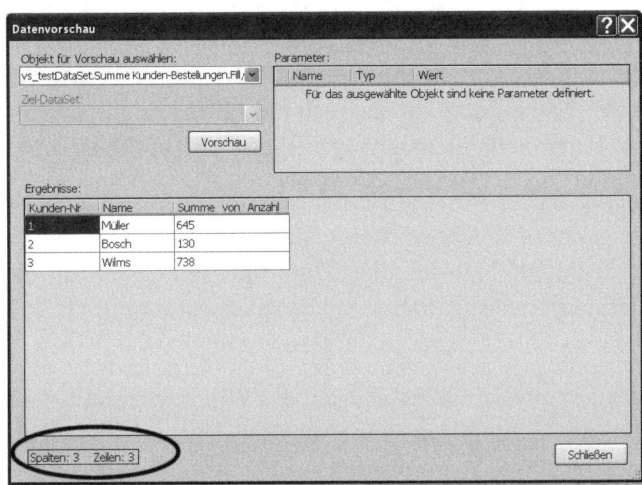

Abbildung 6.17 Die Datenvorschau auf die Abfrage »Summe Kunden-Bestellungen«

Unten links im Preview-Fenster finden Sie übrigens eine praktische Tabellenstatistik, die Auskunft über die Anzahl der Tabellenspalten und -zeilen gibt.

6.5 Daten aus Datenbanken anzeigen und aktualisieren

Nachdem wir uns im vorangegangenen Abschnitt ausführlich damit beschäftigt haben, wie man eine Verbindung zu einer beliebigen Datenbank herstellt, liegt der Schwerpunkt dieses Abschnitts nun darauf, die Datensätze einer Datenbank auf einer Windows-Form anzuzeigen, in der Datenbank zu navigieren sowie den Datenbestand zu aktualisieren.

6.5.1 Datenbindung via Drag & Drop

Mit der Einführung von Windows Forms 2.0 stellt Microsoft dem Datenbankentwickler ein äußerst mächtiges neues Instrument für die Datenbindung zur Verfügung. Mittels Drag & Drop lassen sich Daten auf ein Windowsformular platzieren, wobei das Visual Studio automatisch die dazugehörigen Steuerelemente generiert. Einfacher kann Datenbindung nicht sein, wie uns das folgende Beispiel demonstriert:

Erstellen Sie bitte zunächst wieder ein neues Projekt mit einer leeren Windows-Form. Im zweiten Schritt müssen Sie nun, wie in Abschnitt 6.4, *Verbindungen zu einer Datenbank aufbauen*, beschrieben, das Projekt mit einer Datenbank verbinden. Im Beispiel stellen wir erneut eine Verbindung zu unserer kleinen Übungsdatenbank `vs_test.mdb` her. Es steht Ihnen an dieser Stelle natürlich frei, mit einer beliebigen anderen Datenbank Ihrer Wahl zu arbeiten. Haben Sie sich entschlossen, eine Verbindung zu `vs_test.mdb` herzustellen, werden im Datenquellenfenster die entsprechenden **Tabellen** inklusive ihrer **Datenfelder** angezeigt. Haben Sie beim Verbindungsaufbau auch die **Abfragen** ausgewählt, so werden auch diese im Datenquellenfenster angezeigt (siehe Abbildung 6.14).

Die Datenbindung via Drag & Drop können Sie nun sowohl für jedes Datenfeld separat als auch für die gesamte Tabelle vornehmen. Im ersten Fall ziehen Sie einfach die gewünschten Datenfelder aus dem **Datenquellen**fenster auf das Formular. Bei dieser Vorgehensweise erhalten Sie beispielsweise (je nach Auswahl der Datenfelder) das in Abbildung 6.18 dargestellte Ergebnis.

Für den Fall, dass Sie die gesamte Kundentabelle auf das Windowsformular ziehen, generiert Ihnen die Entwicklungsumgebung automatisch eine Sicht auf die Daten mittels eines **DataGridView**-Steuerelements (siehe Abbildung 6.19).

Abbildung 6.18 Ergebnis der Datenbindung via Drag & Drop für die Datenfelder »Kunden-Nr«, »Nachname« und »Ort« der Datenbank »vs_test.mdb«

Auftrags-Nr	Kunden-Nr	Name	Anzahl	Produkt
an-14242	1	Müller	165	Radio
an-17242	2	Bosch	130	Fernseher
an-23252	1	Müller	480	Radio
an-20353	3	Wilms	223	CD-Player
an-33582	3	Wilms	515	Fernseher

Abbildung 6.19 Datendarstellung durch ein via Drag & Drop automatisch generiertes DataGrid-View-Steuerelement für die Auftragsdatentabelle

Wie Sie gesehen haben, wird durch die mit Forms 2.0 eingeführte neue Technik der Datenbindung das Anzeigen von Daten auf einem Windowsformular zum Kinderspiel.

Hinweis Bei der Drag & Drop-Datenbindung wird neben den datengebundenen Steuerelementen automatisch auch eine Menüleiste für das Navigieren innerhalb der Datenbank bereitgestellt. Ein wirklich nützliches Feature, das einige »lästige« Programmierarbeit obsolet macht.

Abbildung 6.20 Durch das Visual Studio bei der Drag & Drop-Datenbindung automatisch erstellter BindingNavigator

Darüber hinaus werden mit dem »BindingNavigator« auch die Funktionen **Neu hinzufügen**, **Löschen** und **Daten speichern** bereitgestellt, über welche Sie eine unmittelbare Aktualisierung der Datenbank vornehmen können. Sie brauchen also auch für das Einfügen, Löschen und Speichern von Daten keine eigenen Routinen mehr zu programmieren.

> Sinnvoll ist es allerdings, der Microsoft-Empfehlung zu folgen und je nach konkreter Aufgabenstellung die vorgegebenen Datenbankroutinen durch Fehlerroutinen, etwa durch den **Try ... Catch**-Block, abzusichern.

6.5.2 Datenbindung bei bereits vorhandenen Steuerelementen

Auch die Datenbindung an Steuerelemente, welche sich bereits auf einem Formular befinden, wurde durch die neue Drag & Drop-Technologie wesentlich vereinfacht. Sie können jederzeit eines der im Datenquellenfenster angezeigten Datenfelder einfach auf eines der sich auf dem Windowsformular befindenden Steuerelemente ziehen und so eine unmittelbare Datenbindung erreichen. Zu beachten ist lediglich, dass das jeweils ausgewählte **Steuerelement** mit dem ausgewählten **Datentyp** kompatibel ist. Das Steuerelement muss für die Anzeige des ausgewählten Datentyps »ausgelegt« sein. Die Drag & Drop Datenbindung eines Adressfeldes funktioniert somit bei einer TextBox oder einem LinkLabel problemlos. Würden Sie dagegen zum Beispiel ein Datenfeld, das Bestelldaten in Form von Datumsangaben enthält, an eine CheckBox oder einen RadioButton binden, ergäbe dies nur wenig Sinn.

6.5.3 Datenbindung und Smart Tags

Auch bei den Smart Tags handelt es sich um ein neues Feature des Visual Studios 2005. Mit Unterstützung dieser neuen Technik können Sie die Anzeigeart der Daten aus einer Datenbank schnell und einfach konfigurieren. Um die entsprechenden Einstellungen vorzunehmen, stellt Ihnen das Datenquellenfenster zunächst zu jeder Tabelle ein korrespondierendes Pull-Down-Menü zur Verfügung. Dazu müssen Sie lediglich die entsprechende Tabelle markieren, woraufhin das Visual Studio einen Drop-Down-Pfeil zum Öffnen des Menüs anzeigt:

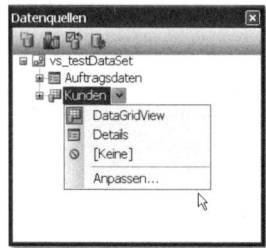

Abbildung 6.21 Drop-Down-Menü im Datenquellenfenster zur Tabelle »Kunden« aus der Datenbank »vs_tes.mdb«

An dieser Stelle können Sie wählen, ob die Tabellendaten in einer Tabellenansicht (DataGridView) oder etwa in einer Detailansicht dargestellt werden sollen. Bei der Detailansicht wird für jedes Datenfeld der Kundentabelle ein separates Steuerelement auf der Form generiert:

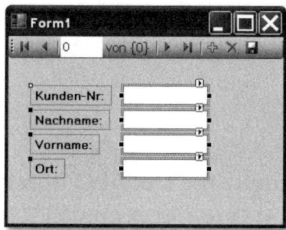

Abbildung 6.22 Über die Einstellung Details erzeugte datengebundene Steuerelemente der Kundentabelle

Die kleinen schwarzen Pfeile in der oberen rechten Ecke der Steuerelemente geben Ihnen Zugriff auf die Smart Tags, über welche weitere Einstellungen der datengebundenen Steuerelemente vorgenommen werden können. Grundsätzlich bilden Smart Tags den Einstiegspunkt zu weiteren Konfigurationsmöglichkeiten sowie zu einer Fülle von Wizards (Assistenten), die Ihnen das Visual Studio zur Erleichterung Ihrer Arbeit bereitstellt. Smart Tags sind »von Haus aus« **kontextabhängig**. Das bedeutet insbesondere für datengebundene Steuerelemente, dass immer eine »sinnvolle« Auswahl von Konfigurationsmöglichkeiten angeboten wird.

Selbstverständlich können Sie auch beim BindingNavigator via Smart Tag eine Feinabstimmung vornehmen und auf diesem Wege zum Beispiel eine Auswahl der angezeigten Buttons treffen. Dazu rufen Sie über »**Einträge bearbeiten ...**« einfach den **Elementauflistungseditor** auf:

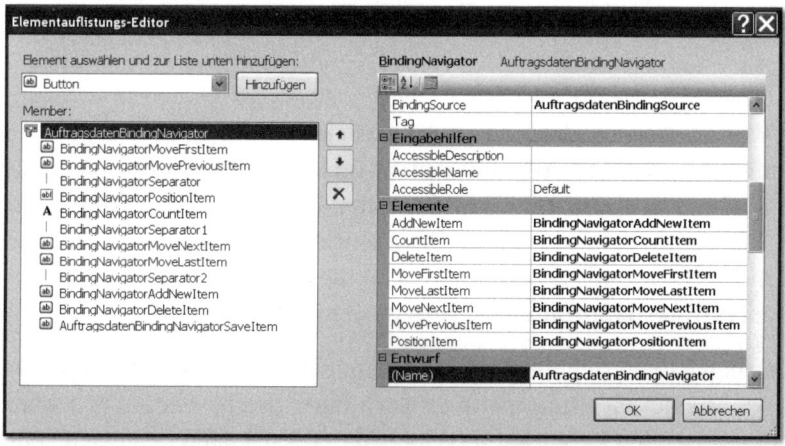

Abbildung 6.23 Der Elementauflistungseditor des BindingNavigators

Sie sollten sich mit diesen neuen Konfigurationsmöglichkeiten für datengebundene Steuerelemente ein wenig vertraut machen. An einem abschließenden Beispiel möchte ich Ihnen nochmals demonstrieren, dass die mit Forms 2.0 eingeführten neuen Datenbanktechniken eine ganze Reihe wirklich mächtiger Features für Sie bereithalten.

6.5.4 Erstellen einer Master-Detailansicht

Wählen Sie im Datenquellenfenster für die **Kundentabelle** die **Details**-Einstellung und ziehen Sie die Tabelle dann bitte auf ein neues Windowsformular. Im zweiten Schritt wählen Sie die **Auftragsdatentabelle**, welche sich **unterhalb** der Kundentabelle befindet, aus. Diese müssen Sie eventuell zunächst durch Anklicken des Plus-Zeichens vor der Kundentabelle sichtbar machen. Es ist wichtig, dass Sie die untergeordnete (verbundene) Auftragsdatentabelle verwenden und nicht die im Datenquellenfenster alleinstehend angezeigte. Das Anzeigeformat stellen Sie auf DataGridView ein. Platzieren Sie diese Tabelle nun **unterhalb** der (einzelnen) Anzeige-Steuerelemente der Kundentabelle:

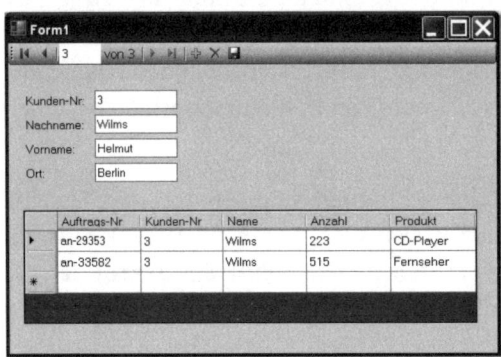

Abbildung 6.24 Master-Detailansicht der verbundenen Tabellen »Kunden« und »Auftragsdaten«

Auf diese Weise haben Sie allein durch die **Ansichtskonfiguration** der beiden Tabellen eine einfache **Master-Detailansicht** Ihrer Daten generiert. Wenn Sie über den BindingNavigator innerhalb der Datenbank navigieren, werden Sie feststellen, dass zum Datensatz aus der **Kundentabelle** (Detailansicht) im darunter liegenden DataGriedView-Steuerelement die **dazugehörigen** Informationen aus der **Auftragsdatentabelle** angezeigt werden.

Wie Sie gesehen haben, stellt die Datenbankprogrammierung sowohl eines der komplexeren Themen der Informatik als auch eines der besonders reizvollen und zukunftsweisenden Entwicklungsgebiete dar. Diese knapp bemessene Einführung in ein recht anspruchsvolles Thema kann nur ein erster, globaler Überblick über die .NET-Welt der Datenbanken sein. Sollten Sie allerdings Appetit auf mehr bekommen haben, so kann ich Ihnen nur dringend anraten, sich weiter mit dieser Materie zu befassen. Gute Datenbankentwickler sind gefragte Leute unter den IT-Spezialisten.

7 Webanwendungen mit ASP.NET

7   Webanwendungen mit ASP.NET

Wie Sie zukunftsfähige Webanwendungen mit ASP.NET erstellen,
ist das Thema dieses Kapitels.

Mit diesem Kapitel steigen wir in eine neue Philosophie des Softwareengineerings ein. Webbasierte Programmarchitekturen bilden die Zukunft der Anwendungsentwicklung. Dabei werden Softwaredienste der »nächsten Generation«
(Seamless-, Smooth-Technologien) einen nahtlosen Übergang zwischen PCs,
Notebooks, Mobiltelefonen, Spielekonsolen und zahlreichen weiteren Geräten
schaffen. Auch wenn ASP.NET vielleicht noch am Anfang dieser Reise steht und
in naher Zukunft sicherlich durch weitere neue Technologien ergänzt werden
wird, erhalten Sie mit ASP.NET 2.0 schon jetzt einen zuverlässigen Ausblick auf
die »Zukunft der internetbasierten Anwendungsentwicklung.«

7.1   Die Zukunft hat begonnen

Das Internet ist mittlerweile integraler Bestandteil unseres alltäglichen Lebens.
Egal, ob wir zu einem beliebigen Thema »mal schnell ein paar Infos« benötigen,
unsere Bankgeschäfte online erledigen wollen, in einem standortunabhängigen
virtuellen Team arbeiten oder einfach nur in Echtzeit nachsehen möchten, wo
genau sich gerade unser bestelltes Paket befindet, das World Wide Web bietet
die Infrastruktur, auf der all diese Dienstleistungen angeboten werden. Viele
neue Dienste, die für uns heutzutage noch wie Zukunftsmusik klingen mögen,
werden ebenfalls schon bald in unseren Alltag Einzug halten. Der Fantasie sind
hier keine Grenzen gesetzt.

Neben den zahllosen technischen Möglichkeiten gründet sich die Bedeutung
des Internets in besonderem Maße auf seine unglaubliche »Reichweite«. Die
enorme Zuwachsrate an Internet-Usern macht die Web-Technologie quasi für
Jedermann an **jedem Ort** gleichermaßen nutzbar. Kaum ein anderes (interaktives) Medium kann eine derartige Spannweite vorweisen. Aus diesen Gründen
ist das Web mindestens in zweierlei Hinsicht überaus interessant: **ökonomisch**
und **technisch**. Dass das Internet mittlerweile zu einem gigantischen Wirtschaftsfaktor herangewachsen ist, braucht hier nicht näher erläutert zu werden.
Für uns »IT-Menschen« stellt das Web in erster Linie eine technisch-kreative
Herausforderung dar. Technisch, da all die zuvor geschilderten Internetdienste
und interaktiven Webanwendungen selbstverständlich zunächst einmal realisiert – sprich programmiert – werden müssen. Darüber hinaus sind Ihrer Entwicklerfantasie kaum Grenzen für neue originelle Webprogramme gesetzt. Mit
ASP.NET nehmen Sie nicht nur teil an der Entwicklung des Internets, sondern

Sie haben darüber hinaus die einmalige Möglichkeit, die Zukunft des World Wide Webs selbst aktiv mitzugestalten. Mit Ihren Internetprogrammen können Sie quasi »Geschichte schreiben«. ;-)

7.1.1 Visual Basic und das WWW

Da die Nachfrage nach Webanwendungen rapide steigt, ist es auch für Visual Basic-Entwickler sinnvoll, sich mit dieser Art der Anwendungsentwicklung vertraut zu machen. Der Schritt in die »unendlichen Weiten« des Webs ist, dank der steigenden Akzeptanz der Microsoft Web-Technologien, nicht mehr so groß wie in den Zeiten vor ASP.NET. Mussten Visual Basic-Programmierer sich vor der Verbreitung der .NET-Plattform noch mit zahlreichen anderen Technologien und Programmier- bzw. Skriptsprachen auseinander setzen, so stellt das .NET Framework nun eine weitestgehend homogene Entwicklungsbasis zur Verfügung. Heute bieten fast alle bedeutenden Internet-Provider Hosting-Modelle auf Basis der neuen Redmonder .NET-Technologie zu akzeptablen Preisen an.

Damit haben die Microsoft Internet-Technologien endgültig den Sprung aus der Welt der Intranets – welche immer schon eine echte Microsoft Domäne darstellten – in die große (wilde) Welt des World Wide Web geschafft. Da auf dem .NET Framework mit einer Vielzahl unterschiedlicher Sprachen, zu denen natürlich auch die beiden Microsoft »Haussprachen« **C#** und **Visual Basic** gehören, gleichermaßen effizient entwickelt werden kann, bedeutet dies für den Visual Basic-Entwickler, dass auch er nun endlich in der Lage ist, in kürzester Zeit **echte** Webanwendungen auf Basis seiner vorhandenen Kenntnisse zu programmieren, um diese anschließend mit ein paar Mausklicks weltweit verfügbar zu machen. Damit spielen nun die Visual Basic-Entwickler, auch was die Entwicklung interaktiver Webanwendungen angeht, endgültig in der Profiliga mit. Wie einfach und effizient die Webentwicklung mit ASP.NET 2.0 und dem Visual Studio .NET 2005 ist, werden wir uns in den folgenden Abschnitten en détail ansehen.

7.2 Architektur und Funktionsweise von ASP.NET

Der nachfolgende Abschnitt gibt Ihnen einen systematischen Überblick über den grundlegenden Aufbau und die Funktionsweise der Microsoft ASP.NET-Plattform in der aktuellen Version 2.0.

7.2.1 Active Server Pages (ASP) und ASP.NET

Lassen Sie uns zunächst einen kleinen Rückblick auf den Vorläufer der .NET-Technologie, die Active Server Pages (ASP), werfen. Grundsätzlich bildet eine durch einen Browser darstellbare Internetseite die Basis für jede Art von Webanwendung. Die Benutzeroberflächen werden somit im Fenster des Webbrowsers generiert, womit die (clientseitigen) Darstellungs- und Interaktionsmöglichkeiten im Wesentlichen durch HTML, DHTML, CSS, JavaScript etc. bestimmt werden.

> **Hinweis** Für Standardisierungsprozesse im WWW, wie etwa die Spezifikation des Document Object Model (DOM), ist das W3-Konsortium (W3C) verantwortlich. Das deutsch-österreichische Büro erreichen Sie unter **www. w3c.de**.
>
> Bei der Entwicklung interaktiver Webanwendungen sollten Sie Ihr Augenmerk in besonderem Maße auf die **Ergonomie** der Software richten – ein Punkt, der bei vielen Webpräsenzen leider immer noch stark vernachlässigt wird. Denken Sie bitte daran: Auf eine Webanwendung greifen von jedem Punkt der Erde aus völlig verschiedene Anwender zu, die in der Regel kein Benutzerhandbuch zur Verfügung haben. Diese User erwarten zu Recht eine einfache und klar strukturierte Benutzerführung. Deshalb sollten Webanwendungen in hohem Maße »selbsterklärend« sein.
>
> Sie sollten sich in jedem Fall auch mit den Entwicklungsmöglichkeiten für **barrierefreie** Internetauftritte beschäftigen. Barrierefreiheit entwickelt sich mehr und mehr zu einem Qualitätsmerkmal guter Websites. Insbesondere wenn Sie Entwicklungsaufträge von Behörden, größeren Vereinen oder Verbänden erhalten, kommen Sie um dieses Thema nicht herum. Einen guten (deutschsprachigen) Einstieg in die Entwicklung barrierefreier ASP.NET-Websites erhalten Sie im Web unter:
> **http://www.microsoft.com/germany/msdn/library/net/aspnet/ DesignVonBarrierefreienASPNETWebsites.mspx**

Nicht anders verhält es sich bei ASP-Anwendungen. Ein **ASP-Dokument** ist im Kern eine ganz »normale« **HTML-Seite,** in die bestimmte Befehle mittels einer **Skriptsprache** eingebettet sind. Der fundamentale Unterschied zur **clientseitigen** Skriptprogrammierung liegt nun darin, dass es sich bei der Active Server Pages-Technologie um die so genannte **Server-Side-Programmierung** handelt. Dies bedeutet, dass die in eine ASP-Seite eingebetteten Skripte nicht im Webbrowser, sondern auf dem **Webserver** ausgeführt werden. Um dies zu ermöglichen, ist es erforderlich, dass sich auf dem Webserver ein **Scripting Host** befindet, der in der Lage ist, die Skripte korrekt zu interpretieren und zu »beantworten«.

Die technologische Grundlage für Active Server Pages bildet der Microsoft **Internet Information Server** (IIS). Da der IIS bestimmte Internetdienste bereitstellt, wie unter anderem einen WWW-Server, einen FTP-Server, SMPT- sowie NNTP-Dienste, finden Sie häufig auch die Bezeichnung Internet Information **Services**. Von Haus aus bringt der Microsoft IIS je eine Script-Engine für **VBScript** und **JScript** mit. Dabei sollten Sie darauf achten, dass es sich bei JScript nicht um das »klassische« JavaScript, sondern um eine ganz spezielle Microsoft-JavaScript-Variante handelt. Sowohl bei VBScript als auch bei JScript handelt es sich im Übrigen um äußerst mächtige Skriptsprachen, welche eine mittlerweile recht ansehnliche Verbreitung in der Windows-Welt (Netzwerk- verwaltung, Windows Scripting Host) gefunden haben.

> **Hinweis** Wenn Sie sich für Skriptprogrammierung näher interessieren, sollten Sie sich unbedingt einmal mit **HTAs**, den so genannten **HTML-Appli- cations**, beschäftigen. HTAs wurden von Microsoft zusammen mit dem Internet Explorer 5.0 eingeführt. Da HTML-Applications im IE ausgeführt werden, können Sie alle Features, die Ihnen auch für die Gestaltung von Webseiten zur Verfügung stehen, einsetzen. Dazu gehören unter anderem CCS, DHTML und natürlich eine Fülle von multimedialen Features. Darüber hinaus können HTAs, bedingt durch ein besonderes Sicherheitskonzept, wie echte Windowsanwendungen auf dem lokalen Rechner agieren. So haben HTAs u. a. Zugriff auf Dateien und Laufwerke.

Bei ASP handelt es sich somit um eine skriptbasierte Technologie. Werden ASP- Seiten an die Microsoft Internet Information Services (IIS) übergeben, so wird der in ihnen enthaltene Skript-Code **Zeile für Zeile** ausgewertet, sprich **inter- pretiert**. Das verbindliche Erkennungskriterium für den Server, das eine ASP- Seite von einer simplen HTML-Seite unterscheidet, ist dabei die Dateiendung **.asp**. Die Antwort des Servers auf eine ASP-Seite ist eine HTML-Seite, welche an den Browser zwecks Darstellung zurückgesandt wird. ASP war für Microsoft der Einstieg in die Programmierung **dynamischer** Webanwendungen. Mit ASP ließen sich Anwendungen für das Online-Banking ebenso wie Warenkorbsys- teme entwickeln.

Wie wir noch sehen werden, stellt der Einsatz von Skriptsprachen einen nicht unerheblichen Unterschied zwischen ASP und ASP.NET dar. Active Server Pages weisen somit einige nicht ganz unproblematische Restriktionen auf, wie etwa Performance-Einbußen durch **interpretierten** ASP-Code sowie einen **Mix** aus **Layout** (HTML) und **Logik** (Skriptcode). Diese (und weitere) Barrieren konnte Microsoft durch den ASP-Nachfolger ASP**.NET** beseitigen.

7.2.2 ASP.NET in der Übersicht

Wie bereits aus dem Namenszusatz **.NET** ersichtlich, basiert die »neue« Technologie für die Entwicklung dynamischer Webanwendungen auf dem **.NET Framework**. Der Sprung von ASP zu ASP**.NET** ist, technologisch gesehen, gravierend. Weitere ASP.NET-Etappen, wie etwa die Schritte von der Version 1.0 auf 1.1 hin zu 2.0, werden hier nicht weiter kommentiert. Wir werden uns an dieser Stelle unmittelbar mit den Möglichkeiten der aktuellen Version ASP.NET 2.0 beschäftigen.

Mit ASP.NET hat Microsoft einen neuen Ansatz zur Programmierung interaktiver und dynamischer Webseiten gewählt. Hier zunächst einige Highlights in der Übersicht:

.NET Framework-Dienste	ASP.NET nutzt konsequent die Klassenbibliothek des .NET Frameworks.
	Dabei stellt das .NET Framework eine Fülle von Funktionen und Elementen bereit, wie etwa zahlreiche neue Webserver-Steuerelemente sowie Verbesserungen im ASP.NET Page Framework.
Arbeiten mit Programmiersprachen	Die Basis von ASP.NET bilden nicht mehr Skriptsprachen. Webentwickler können von nun an mit allen auf dem .NET Framework lauffähigen Programmiersprachen wie Visual Basic, C# sowie zahlreichen Drittanbieter-Sprachen programmieren.
Trennung von Layout und Geschäftslogik	Mit ASP.NET haben Sie die Möglichkeit, den eigentlichen Programmcode (Geschäftslogik) aus der Webseite auszugliedern. Der zuvor in die Webseite eingebettete Programmierungscode (Inline-Code) kann nun aus der Seite heraus in eine eigene Datei verlagert werden (Code-Behind-Konzept).
	Darüber hinaus unterstützt die ASP Version 2.0 das Arbeiten mit Masterpages und Themes.
Kompilierter Code	ASP.NET 2.0 bietet zwei Möglichkeiten der Kompilierung von Webanwendungen:
	1. Die automatische Kompilierung: Die Webseite wird bei ihrem ersten Aufruf automatisch kompiliert und anschließend aus dem Cache geladen.
	2. ASPX-Seiten können komplett in eine DLL kompiliert werden.
Statusverwaltung	ASP.NET stellt verschiedene Instrumente zur Verwaltung des Session- und Anwendungsstatus zur Verfügung.

Tabelle 7.1 Neuerungen bei ASP.NET gegenüber ASP

Dateien-Update bei laufendem Server	Eine Aktualisierung von Anwendungskomponenten ist während des Onlinebetriebs des Servers möglich. Dabei hält das Framework die zurzeit noch benötigten alten Dateien (Komponenten) so lange im Speicher vor, bis sämtliche Clients ihre Verbindung zur Anwendung terminiert haben.

Tabelle 7.1 Neuerungen bei ASP.NET gegenüber ASP (Forts.)

Neben den in Tabelle 7.1 aufgeführten Neuerungen bewegen sich mit ASP.NET 2.0 die klassische Windowsprogrammierung (Windows Forms. 2.0) und die Webprogrammierung konzeptionell einen weiteren Schritt aufeinander zu. Das **Webforms-Entwicklungsmodell** realisiert, analog zur Windows-Entwicklung, ein **ereignis-** und **objektorientiertes** Programmierungskonzept. Dabei wird eine Web**form** durch eine ASPX-Seite realisiert und kann neben konventionellem HTML-Code so genannte **Web Server Controls** (Server-Steuerelemente) enthalten. Web Controls werden in einer Webseite mittels eines **asp-Tags** realisiert und sind stets mit dem Attribut `runat="server"` versehen. Das Einbetten einer CheckBox als Server-Steuerelement würde demnach die folgende Syntax aufweisen:

```
<asp:CheckBox ID="CheckBox1" runat="server" />
```

Hier zum Vergleich noch einmal der Code für eine CheckBox als einfaches **HTML-Seitenelement**:

```
<input id="Checkbox1" type="checkbox" />
```

Der wesentliche Unterschied zwischen Web Controls und einem HTML-Element besteht in der Art und Weise seiner Verarbeitung durch das Framework. Ein Web Server Control wird zur Laufzeit einer ASPX-Seite in ein entsprechendes HTML-Element **übersetzt**. Die Übersetzung basiert dabei auf dem so genannten **Adaptive Rendering**. Adaptive Rendering bedeutet, dass – je nach Art des Web-Clients – die Controls in **browserspezifische** Tags »übersetzt« werden.

Wie schon erwähnt, stellt das Konzept der Webforms ein ereignis- und objektorientiertes Programmiermodell dar. Dennoch möchte ich an dieser Stelle darauf hinweisen, dass, obwohl die Windows- und Web-Programmierwelten offensichtlich immer weiter zusammenwachsen, sie dennoch nicht zu 100 Prozent kompatibel sind. So behalten beide Welten ihre spezifischen Eigenarten, auf die sich der Entwickler einzustellen hat. Letztlich fordert eine Entwicklung auf professionellem Niveau nach wie vor die Spezialisierung auf eines der Gebiete.

7.2.3 Die Systemvoraussetzungen von ASP.NET

Grundsätzlich kann bei den Voraussetzungen, die zur Nutzung von ASP.NET-Webanwendungen erforderlich sind, zwischen **clientseitigen** und **serverseitigen** Komponenten unterschieden werden. Auf der Clientseite sind – und so sollte es sein –die Voraussetzungen minimal. Um auf eine ASP.NET-Anwendung zugreifen zu können, wird lediglich ein Webbrowser benötigt. Dabei muss es sich nicht zwingend (Adaptive Rendering) um den Internet Explorer handeln. Somit steht Ihnen – im wahrsten Sinne des Wortes – die ganze Welt zur Präsentation Ihrer Programme offen. Serverseitig ist eine Installation des .NET Frameworks hingegen **zwingend**. Allerdings ist auch diese Tatsache kein echtes Hindernis (wie etwa noch bei Einführung der .NET-Technologie) für die rasante Zunahme an ASP.NET-basierten Webanwendungen, da mittlerweile zahlreiche preiswerte Hosting-Modelle auf .NET-Basis existieren.

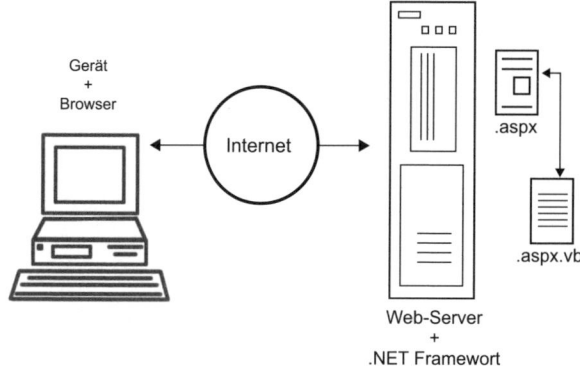

Abbildung 7.1 ASP.NET-Systemvoraussetzungen

Für die Entwicklung können die verschiedenen Versionen des Visual Studios genutzt werden, das in der neuen Version 2005 sogar seinen »hauseigenen« Webserver mitbringt und somit eine gesonderte Installation des IIS obsolet macht. Die Beispiele in diesem Buch wurden mit der Visual Web Developer 2005 Express Edition erstellt.

> **Hinweis** Der Visual Web Developer ist Bestandteil des Visual Studios 2005. Bei der Express Edition handelt es sich um ein eigenständiges Produkt, das – mit nur leicht verändertem Funktionsumfang – von Microsoft zu Promotionszwecken derzeit zum kostenlosen Download angeboten wird. Ihre hier erworbenen Kenntnisse können Sie somit problemlos auf eine der »großen« Visual Studio 2005-Varianten übertragen. Express-Editionen werden von Microsoft auch für Visual Basic, C#, C++, J# sowie den SQL Server angeboten.

7.3 Zusammenspiel von HTML und ASP.NET

Im nachfolgenden Abschnitt erfahren Sie alles Wesentliche über das Zusammenspiel von HTML und ASP.NET. Dabei wird insbesondere auf die Trennung von Layout und Quellcode eingegangen.

7.3.1 Das Code-Behind-Modell

Wenn Sie mit dem Visual Studio eine neue Webanwendung programmieren wollen, so wird Ihnen standardmäßig eine Datei mit der Endung `.aspx` (ASPX-Seite) zur Verfügung gestellt. Dabei wird als Dokumententyp HTML (`DOCTYPE html`) angegeben. Im Kern haben wir es also mit einer HTML-Seite zu tun, in welche die Web Controls eingebettet werden. An der Dateiendung `.aspx` kann der Server erkennen, dass es sich nicht um eine reine HTML-Seite, sondern um eine Seite mit ASP.NET-Elementen handelt, die einer »besonderen« Behandlung bedarf. Zur Grundkonzeption von ASP.NET gehört die konsequente Trennung von Layout und Programmcode. Realisiert wird dies dadurch, dass die Layout-Elemente, sprich die Web Controls, in die ASPX-Seite eingebettet, die dazugehörigen Ereignisroutinen jedoch in einer separaten Datei hinterlegt werden.

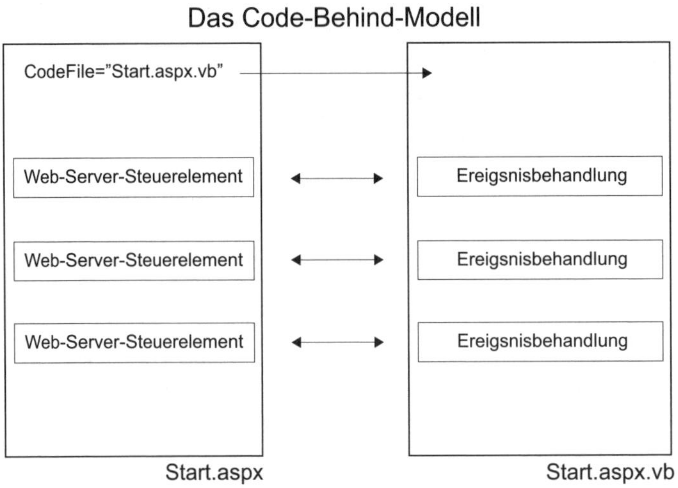

Das Code-Behind-Modell

Abbildung 7.2 Das ASP.NET 2.0 Code-Behind-Modell

Dabei wird die Seitenbezeichnung für die Seite mit dem Programmcode um das »Kurzzeichen« der jeweiligen Programmiersprache ergänzt. Der Code für eine ASPX-Seite `Start.aspx` würde sich somit im Solution Explorer in der Datei `Start.aspx.vb` wiederfinden lassen, soweit es sich bei der Programmiersprache um Visual Basic handelt. Dieses **Splitten** von Layout-Elementen und Programmcode bildet den Kern des **Code-Behind**-Konzepts. Durch die Anweisung

`CodeFile="Start.aspx.vb"` in der **Page-Direktive**, die sich in der ersten Zeile der ASPX-Seite befindet, wird die Code-Behind-Seite an die ASPX-Seite gebunden.

> **Hinweis** Mittels der Page-Direktive können Sie zahlreiche Seitenmerkmale einer ASPX-Seite definieren. So legen Sie zum Beispiel mittels `ErrorPage` (Wert `URL`) fest, welche Seite bei nicht behandelten Ausnahmen aufgerufen werden soll. Mithilfe des Language-Attributs kann etwa die Programmiersprache eingestellt werden. So wird durch `Language="VB"` die .NET-Programmiersprache auf Visual Basic gesetzt. Eine Liste aller verfügbaren Attribute der Page-Direktive finden Sie in der Online-Hilfe.

Das Visual Studio bietet Ihnen neben der Code-Behind-Technik weiterhin die Möglichkeit, den Programmcode unmittelbar in der ASPX-Seite zu platzieren. Das Kombinieren von HTML- und Programm-Code innerhalb **einer** Datei wird als **Single-File-Modell** bezeichnet.

7.3.2 Master Pages

Bei der Entwicklung professioneller Webanwendungen spielt das Design eine nicht unbedeutende Rolle. Firmen verlangen in der Regel, dass Websites im eigenen Corporate Design gehalten sind. Generell ist eine einfache optische Änderung einer Internetpräsenz ohne eine komplette Neuprogrammierung aller enthaltenen Seiten eine wünschenswerte Angelegenheit. Die meisten Content-Management-Systeme bieten für solche Fälle eine Anzahl von Vorlagen und Themen, zwischen denen wahlweise gewechselt werden kann. Dieses hohe Maß an Flexibilität wird durch eine strikte Trennung von Gestaltung und Programmierung erreicht. Darüber hinaus ermöglicht dieses **Splitting von Code und Layout** eine optimale Arbeitsteilung zwischen Designern und Programmierern. Auch ein schneller **Relaunch**, also die Neugestaltung einer bereits vorhandenen Website, lässt sich auf diesem Wege effizient realisieren. Durch die Einführung der **Master Page-Technologie** stehen nun endlich auch dem .NET-Entwickler diese Möglichkeiten zur Verfügung.

Mithilfe des Visual Studios ist es ein Leichtes, Masterseiten als Layout-Basis für eine ganze Anzahl von Contentseiten zu erstellen. Wie dies im Einzelnen geschieht, werden wir uns nun Schritt für Schritt ansehen:

1. Schritt: Erstellen eines neuen Webprojekts mit dem Visual Web Developer
Gehen Sie bitte über das Menü **Datei · Neue Website**:

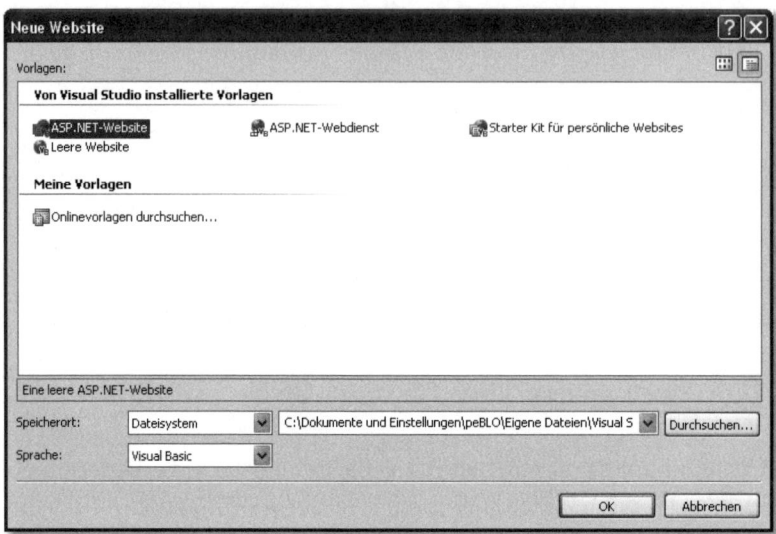

Abbildung 7.3 Das Vorlagenfenster für Webprojekte der Visual Web Developer 2005 Express Edition

Wählen Sie aus den angebotenen Vorlagen das Template für ein neues Webprojekt (ASP.NET-Website) aus. Anschließend finden Sie im Projektmappen-Explorer die folgenden Dateien:

Abbildung 7.4 Der Projektmappen-Explorer mit der ASPX-Seite und der verbundenen Code-Behind-Seite

Im Projektmappen-Explorer des Visual Web Developers finden Sie nun sowohl die Standard-ASPX-Seite (`Default.aspx`) als auch die dazugehörige Visual Basic-Code-Behind-Datei (`Default.aspx.vb`).

2. Schritt: Erstellen der Masterseite

Das Hinzufügen einer Masterseite zu unserem Webprojekt funktioniert im Visual Studio denkbar einfach. Gehen Sie bitte wieder über das Menü **Datei · Neue Datei** und wählen Sie in dem nun erscheinenden Auswahlfenster das Element **Masterseite** aus.

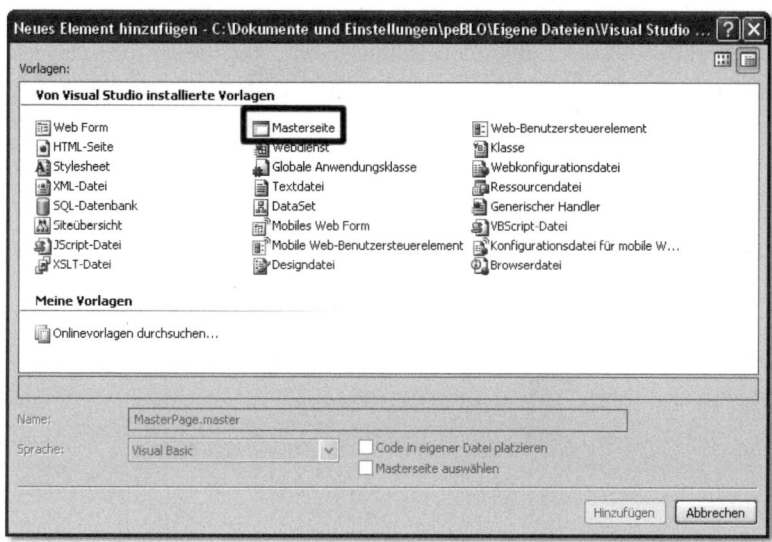

Abbildung 7.5 Mittels dieses Auswahlfensters kann dem Webprojekt eine Masterseite hinzugefügt werden.

Anschließend fügt das Visual Studio unserem Projekt die Datei `Master-Page.master` hinzu. Wie die nachfolgende Abbildung zeigt, werden Sie bei näherer Betrachtung der Masterseite (in der Designansicht) eine Region mit der Bezeichnung **ContentPlaceHolder** finden:

Abbildung 7.6 Ansicht der Master Page in der Designansicht des Visual Studios

Innerhalb dieser Region werden später die Inhalte derjenigen Seiten angezeigt, die mit der Masterseite verbunden werden. Dabei übernehmen alle Inhaltsseiten, denen eine Masterseite zugeordnet wurde, automatisch das komplette Layout ihrer Masterseite. Um diesen Vorgang zu verdeutlichen, werden wir unsere Masterseite `MasterPage.master` nun zunächst mit einem »unverwechselbaren« Layout versehen. Zunächst geht es in unserem Beispiel lediglich darum, die Masterseite und die noch folgenden Inhaltsseiten, nachdem sie später im Browser »zusammengefügt« wurden, auseinander halten zu können. Aus diesem Grund beschriften wir unsere Masterseite einfach mit »Hier ist MasterPage 1!«. Selbstverständlich können Sie Ihre Masterseite auch aufwendiger gestalten. Für unser Beispiel soll ein einfacher Erkennungssatz reichen:

Abbildung 7.7 Die Masterseite mit eigenem Text oberhalb des ContentPlaceHolders

Uns fehlt noch ein wenig Inhalt für den auf unserer Masterseite reservierten Platz.

3. Schritt: Hinzufügen weiterer Inhaltsseiten

Im nächsten Schritt werden wir unserem Projekt drei neue **Inhaltsseiten** (Web Form-Elemente) hinzufügen. Dazu gehen Sie bitte wieder über den Menüpunkt **Datei · Neue Datei**:

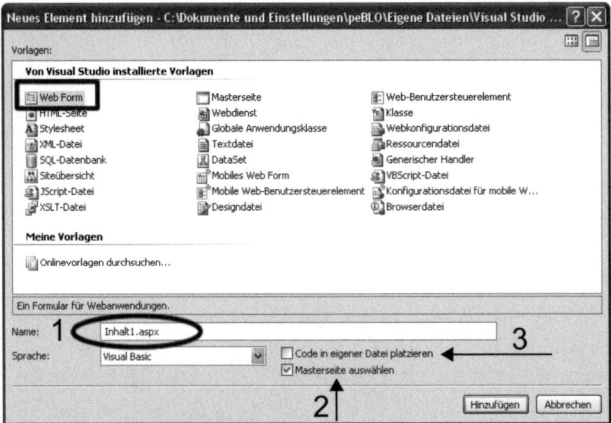

Abbildung 7.8 Mittels dieses Auswahlfensters kann dem Webprojekt ein neues Web Form-Element hinzugefügt werden.

> **Hinweis** An dieser Stelle können Sie auch entscheiden, ob der Code **innerhalb** der ASPX-Seite geführt werden soll, oder ob Sie mit dem Code-Behind-Modell arbeiten möchten. Im zweiten Fall generiert das Visual Studio automatisch eine zweite Quellcode-Datei (`Inhalt1.aspx.vb`), welche über die Page Direktive mit der ASPX-Seite verlinkt wird. Um dies zu erreichen, müssen Sie lediglich die in Abbildung 7.8 gekennzeichnete Option (3) **Code in eigener Datei platzieren** aktivieren. Für unser Masterseitenprojekt ist dies zunächst ohne Bedeutung und kann deshalb hier vernachlässigt werden.

Wählen Sie eine neue **Web Form**, die Sie bitte im Namensfeld **(1)** auf `Inhalt1.aspx` umbenennen und **aktivieren** Sie **(2)** die Option **Masterseite auswählen**! Anschließend stellt Ihnen die Entwicklungsumgebung ein Auswahlfenster mit allen zurzeit im Projekt vorhandenen Masterseiten zur Verfügung:

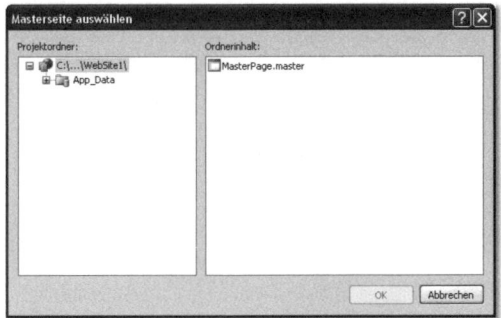

7

Abbildung 7.9 Auswahlfenster für die im Projekt zur Verfügung stehenden Master Pages

Wählen Sie hier bitte **`MasterPage.master`** aus. Erstellen Sie nun zwei weitere Inhaltsseiten mit den Namen `Inhalt2.aspx` und `Inhalt3.aspx`, welche Sie bitte ebenfalls mit `MasterPage.master` verlinken. Anschließend sollte der Projektmappen-Explorer folgende Dateien aufweisen:

Abbildung 7.10 Das Webprojekt mit der Seite »Default.aspx« und der dazugehörigen Code-Behind-Seite sowie drei weiteren Single-File-Inhaltsseiten und der Masterseite

Unser kleines Webprojekt enthält jetzt neben der Seite `Default.aspx` inklusive der verbundenen Codeseite `Default.aspx.vb` drei neue ASPX-Seiten, `Inhalt1.aspx`, `Inhalt2.asxp` und `Inhalt3.aspx`. Da wir im Auswahlfenster (Abbildung 7.8) die Option »Code in eigener Datei platzieren« (3) **nicht** aktiviert haben, existieren zu den Inhaltsseiten (1, 2 und 3) keine Code-Behind-Dateien. Im Bedarfsfall würden Programmierungen somit als Inline-Code realisiert.

4. Schritt: Inhaltsseiten mit Text versehen und verlinken

Versehen Sie jetzt bitte jede der Inhaltsseiten mit einem kurzen Text. Dazu wechseln Sie in der Entwicklungsumgebung einfach in den Designmodus der jeweiligen Seite. Dort geben Sie in den Content-Bereich den gewünschten Text ein. Für unser Beispiel ist es völlig ausreichend, wenn Sie die Seiten jeweils mit einem Text nach dem Muster »Hier ist Inhaltsseite 1.« etc. versehen. Wichtig ist lediglich, dass Sie später in der Lage sind, die verschiedenen Inhaltsseiten anhand ihres Textes zu »identifizieren«. Sie werden feststellen, dass das Visual Studio die Masterseite im Hintergrund »einblendet«, sodass Sie bereits an dieser Stelle eine recht praktische Vorschau auf das Endergebnis Ihrer Bemühungen erhalten:

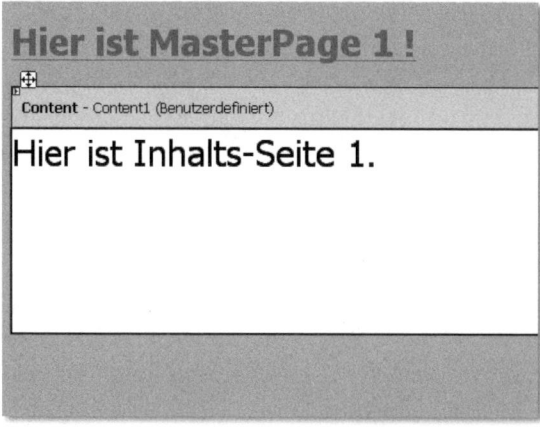

Abbildung 7.11 Master Page und eine Inhaltsseite in der Designansicht des Visual Web Developers

Um die Wirksamkeit unserer Master Page einem Browser-Test unterziehen zu können, ist es erforderlich, unsere Inhaltsseiten miteinander zu verlinken. Dazu bedienen wir uns des Steuerelements **LinkButton** aus der Toolbox, welches wir zunächst in den Content-Bereich der Inhaltsseite 1 ziehen. Anschließend nehmen wir über das **Eigenschaftenfenster** von `LinkButton1` die entsprechenden Einstellungen vor.

Setzen Sie die **Text**-Eigenschaft auf den Wert »Hier geht es zur Inhalts-Seite 2«. Unter der Eigenschaft **PostBackUrl** kann ein Auswahlfenster geöffnet werden, in welchem die zu verlinkende Seite komfortabel auszuwählen ist:

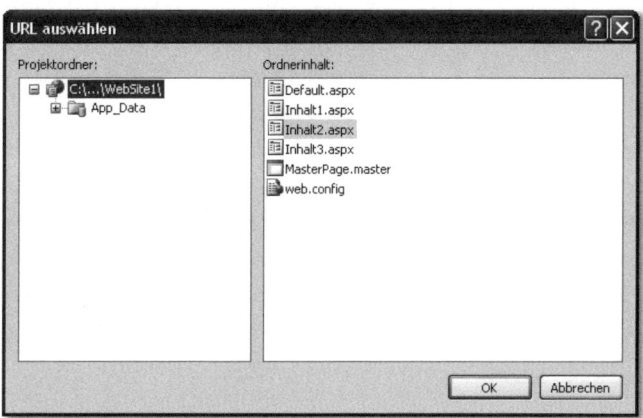

Abbildung 7.12 URL-Auswahlfenster zur Angabe einer zu verlinkenden Webseite

Wählen Sie in diesem Fenster bitte `Inhalt2.aspx` aus und bestätigen Sie Ihre Wahl mit OK. Über diesen Link können wir später im Browser unsere zweite Inhaltsseite aufrufen.

Abbildung 7.13 Inhaltsseite 1 mit Server-Steuerelement »LinkButton1« und der Master Page 1 im Hintergrund

In der Codeansicht stellt sich das Ergebnis unserer Aktion folgendermaßen dar:

```
<asp:LinkButton ID="LinkButton1"
runat="server"
Font-Bold="True" Font-Names="Tahoma"
```

```
PostBackUrl="~/Inhalt2.aspx">
Hier geht es zur Inhalts-Seite 2
</asp:LinkButton>
```

Wie uns die Syntax verrät, handelt es sich bei unserem LinkButton1 um eines der **.NET-Web Server Controls**. Mit den einzelnen Bestandteilen der ASP.NET-Syntax sowie mit weiteren Steuerelement**arten**, die sich ebenfalls auf ASP.NET-Webforms einsetzen lassen, werden wir uns im nachfolgenden Abschnitt noch ausführlich beschäftigen. Unser LinkButton wirkt optisch genau wie ein Standard-HTML-Link. Technisch gesehen stellt ein LinkButton-Server-Steuerelement allerdings die Funktionalität eines Button-Steuerelements zur Verfügung. Wenn Sie in der Designansicht doppelt auf LinkButton1 klicken, wechselt der Visual Web Developer in die Codeansicht und generiert automatisch die folgenden Zeilen:

```
<script runat="server">
Protected Sub LinkButton1_Click(ByVal sender As Object, _
ByVal e As System.EventArgs)
'Hier können Sie Ihre Programmierung einfügen!
End Sub
</script>
```

Wie Sie sehen, ist für das LinkButton1-Steuerelement als Default-Ereignisroutine eine Button-**Click**-Prozedur vorgesehen. Dieses Verfahren dürfte Ihnen aus Kapitel 5, *Windowsprogrammierung*, hinlänglich bekannt sein.

> **Hinweis** In diesem Fall wurde die Click-Prozedur unmittelbar als Inline-Code in die ASPX-Seite eingefügt; sie ist daher in zwei **Skript-Tags** eingebettet. Der Grund dafür ist, dass wir beim Erstellen von Inhalt1.aspx, Inhalt2.aspx sowie Inhalt3.aspx **nicht** die Option »Place code in separate file« gewählt haben. Somit wurden für die genannten Seiten auch keine Code-Behind-Dateien generiert.

Für unsere Zwecke benötigen wir allerdings keine gesonderte Ereignisroutine, da es völlig ausreicht, das Linkziel der PostBackUrl-Eigenschaft als Wert zu übergeben (=»~/Inhalt2.aspx«). Der Default-Wert dieser Eigenschaft ist übrigens ein Leer-String (""), mittels dessen die Seite sich selbst referenziert.

5. Schritt: Ergebnis im Browser testen

Nachdem wir eine Masterseite und drei Inhaltsseiten erstellt und die Inhaltsseiten mittels eines LinkButton-Steuerelements miteinander verbunden haben, sollten wir uns das Ergebnis zu Testzwecken im Browser ansehen. Dazu markieren Sie bitte im Solution Explorer die Seite `Inhalt1.aspx` und öffnen mit der rechten Maustaste das dazugehörige Kontextmenü. Dort wählen Sie bitte den Eintrag **Im Browser anzeigen** aus.

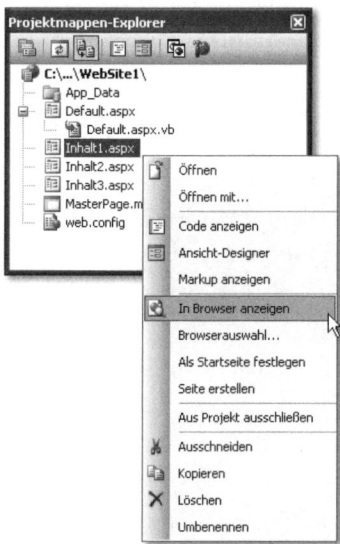

Abbildung 7.14 Das Kontextmenü zu »Inhalt1.aspx« mit der Option, die Datei im Webbrowser anzusehen

Im Browser wird Ihnen nun das Ergebnis unserer bisherigen Arbeit angezeigt:

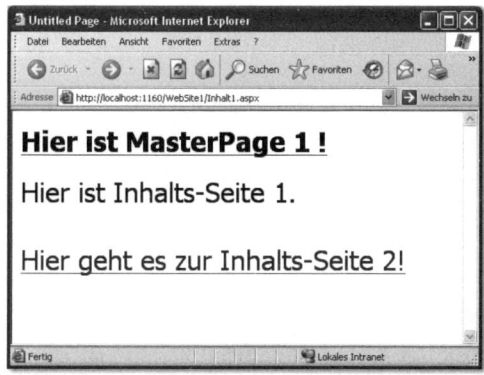

Abbildung 7.15 Darstellung von »Inhalt1.aspx« – basierend auf der Masterseite (»Master-Page.master«) – im Internet Explorer

Wie Sie in Abbildung 7.15 erkennen können, werden im Browser die Master-seite und die Inhaltsseite1 **zusammengefügt**. Dass dies nicht nur für unsere Inhaltsseite 1 funktioniert, sondern für alle Seiten, deren MasterPageFile-

Eigenschaft wir auf unsere Masterseite (`MasterPage.master`) gesetzt haben, zeigt der Klick auf »Hier geht es zur Inhalts-Seite 2!« (`LinkButton1`).

> **Hinweis** ASP-Masterseiten können selbstverständlich nicht nur mit einem Inhaltsplatzhalter versehen werden. Um mehrere Content-Bereiche auf einer Masterseite zu strukturieren, sind Tabellen ein ideales Instrument. Aus der Sicht eines Webdesigners oder Content-Managers eignen sich Masterseiten ebenfalls besonders dazu, die Site-Navigation aufzunehmen. Auch zur Realisierung einer guten Benutzerführung stellt ASP.NET effiziente Hilfe bereit. Insbesondere zu erwähnen sind hier die Steuerelemente **Menu**, **TreeView** und **SiteMapPath**. Diese drei Steuerelemente finden Sie in der Toolbox im Navigationsbereich.

Damit verlassen wir das Thema MasterPages und wechseln zu dem inhaltlich eng verwandten Gebiet der **Themes und Skins**.

7.3.3 Themes und Skins

Weitere neue Möglichkeiten der Einflussnahme auf das Design einer Internetpräsentation stellen **Themes** und **Skins** dar. Unter Themes können Sie sich eine Art **Designvorlage** vorstellen, die das Aussehen der Steuerelemente **jeder einzelnen** Seite einer kompletten Webpräsenz festlegt. Der Vorteil dieser Gestaltungstechnik liegt auf der Hand: durch das Auswechseln eines »Themas« durch ein anderes wird – quasi mit nur einem Mausklick – die gesamte Optik einer Website neu definiert. Eine Gestaltungstechnik, die den Nutzern des Microsoft Webeditors FrontPage bekannt vorkommen dürfte.

Wie bereits im Abschnitt zu den Masterseiten erwähnt, handelt es sich hierbei letztlich um einen Designsevice, den mittlerweile jedes gute Content-Management-System seinen Nutzern zur Verfügung stellt. Dabei sollten Master Pages und Themes nicht miteinander verwechselt werden. Während Sie mit der Master Page-Technologie definieren, wie unterschiedliche Inhaltsseiten in einem einheitlichen »Layout-Rahmen« angezeigt werden, lässt sich mittels Themes das Design der einzelnen Seiten-**Controls** definieren. Als .NET-Webentwickler bleibt es Ihnen selbstverständlich freigestellt, Master Pages und Themes innerhalb eines Webprojekts als **komplementäre** Technologien einzusetzen.

> **Hinweis** Auch zwischen Cascading Style Sheets (CSS) und Themes besteht ein fundamentaler Unterschied: Mit CSS kontrollieren Sie jene **HTML-Tags**, welche die Seitendarstellung innerhalb des Browsers definieren. CSS stellen somit eine **clientseitige** Technik dar.

Themes dagegen legen die Eigenschaften von .NET-Controls fest und gehören somit zu den **serverseitigen** Technologien.

Dabei kann für jedes Control ein individuelles Skin (Oberflächendesign) angelegt werden. Die hierfür benötigten Daten werden in Skin-Dateien mit der Endung .skin geschrieben, die serverseitig in einem speziell benannten Verzeichnis (App_Themes) abgelegt werden. Wie Sie mit dem Visual Web Developer selbst Themes erstellen können, sehen wir uns jetzt wieder in einer kleinen »Step-by-Step-Anleitung« an:

1. Schritt: Erstellen eines neuen ASP-Webprojekts und einer Skin-Datei
Legen Sie bitte ein neues ASP-Webprojekt an. Anschließend fügen Sie dem Projekt über das Menü **Datei · Neue Datei** aus dem nun erscheinenden Vorlagefenster die Vorlage **Designdatei** (Skin File) hinzu. Benennen Sie bitte den Default-Dateinamen von SkinFile.skin auf **Button.skin** um. Wie schon erwähnt, werden Skin-Dateien in einem eigenen Verzeichnis gespeichert. Da unser Webprojekt zu diesem Zeitpunkt noch kein Verzeichnis App_Themes aufweist, bietet uns die Entwicklungsumgebung an, dieses Verzeichnis jetzt für uns anzulegen. Beantworten Sie diese Aufforderung bitte mit »Ja«.

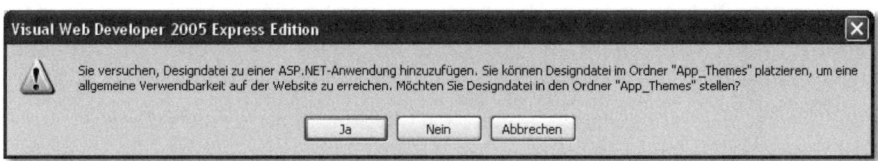

Abbildung 7.16 Aufforderung des Visual Web Developers, das Verzeichnis »App_Themes« als Container für die Skin-Datei anzulegen

Anschließend werden Sie im Projektmappen-Explorer ein neues Themes-Verzeichnis inklusive eines Unterverzeichnisses **Button** finden. Die dazugehörige Skin-Datei (Button.skin) befindet sich im Button-Verzeichnis.

Abbildung 7.17 Die Verzeichnisse »App_Themes« und »Button« mit der Datei »Button.skin« im Solution Explorer

Im nächsten Schritt werden Sie die Skin-Eigenschaften festlegen.

2. Schritt: Skin-Eigenschaften definieren

Die Skin-Einstellungen werden innerhalb der entsprechenden Skin-Datei vorgenommen. Dazu fügen Sie bitte in die Datei `Button.skin` den nachfolgenden Text ein:

```
<asp:Button
    BackColor="Black"
    ForeColor="White"
    Font-Bold="True"
    Runat="Server" />
```

Mit dem oben stehenden Listing wird ein Skin definiert, das Buttons mit schwarzem Untergrund und fetter weißer Beschriftung generiert. Wenn das Button-Skin auf eine ASPX-Seite angewandt wird, erscheinen alle auf dieser Seite platzierten Button-Controls in diesem innerhalb der Skin-Datei formulierten einheitlichen Look.

3. Schritt: Skins und Seiten verbinden

Ein Skin wird über die Page-Direktive an eine ASPX-Seite gebunden. Sie können diese Aufgabe wahlweise von Hand im Codeeditor oder über das Eigenschaftenfenster der entsprechenden ASPX-Seite erledigen. Im Eigenschaftenfenster stellen Sie bequem unter `Themes` das gewünschte Skin ein. In unserem Beispiel sollte die Projektseite `Default.aspx` anschließend den Verweis `Theme="Button"` in ihrer Page-Direktive aufweisen.

4. Schritt: Skin im Browser testen

Für unseren Browser-Test ergänzen Sie bitte unsere zunächst noch leere Seite `Default.aspx` um drei Button-Controls:

```
<div>
    <asp:Button ID="Button1"
        runat="server"
        Text="Button-1"
        ForeColor="Red" />
        <br />
        <br />
    <asp:Button ID="Button2"
        runat="server"
        Text="Button-2"
        ForeColor="Yellow" />
```

```
        <br />
        <br />
    <asp:Button ID="Button3"
          runat="server"
      Text="Button-3"
      ForeColor="Green" />
</div>
```

Im »Normalfall«, also ohne Anwendung der Skin-Definition auf diese Seite, würden die drei Button-Controls jeweils mit roter, gelber bzw. grüner Beschriftung angezeigt. Da wir dieser Seite via Page-Direktive allerdings das Button-Skin zugeordnet haben, werden `Button1`, `Button2` und auch `Button3` mit schwarzem Hintergrund und einheitlicher weißer Schrift dargestellt, wie der Browser-Test beweist:

Abbildung 7.18 Drei durch ein selbst erstelltes Skin mit einer einheitlichen Optik versehenene Button-Controls

.NET-Themes können eine Vielzahl verschiedener Skins enthalten. Nach welchem Ordnungskriterium Sie dabei die Themes strukturieren, bleibt Ihnen überlassen. Sie können Ihre Designvorlagen etwa nach Farben ordnen, sodass das entsprechende »Seitenthema« dann alle farblich dazu passenden Skins enthält. Bei diesem Vorgehen würden Sie in Ihrem Themen-Ordner zum Beispiel alle Skin-Definitionen für rote Buttons, rote TextBoxen, rote ListBoxen etc. ablegen. Diese Vorgehensweise hätte zur Folge, dass sich die Skin-Definitionen auf alle Seiten-Controls gleichermaßen auswirken würden. Wie in unserem Beispiel hätten **alle** auf einer Seite platzierten Buttons **ausnahmslos** dasselbe Design. Skins, welche die Oberfläche aller Controls eines bestimmten Control-**Typs** beeinflussen, werden als **Default Skins** bezeichnet.

Wenn Sie dagegen erreichen möchten, dass Sie neben dem Default Skin für die Webform-Steuerelemente noch weitere Skins zur Auswahl haben, so können Sie folgendermaßen vorgehen:

Erweitern Sie den Inhalt der (Button)-Skin-Datei um weitere Design-Definitionen für Button-Controls. Dabei können Sie die erste (Default-Definition) unverändert übernehmen. Alle weiteren alternativen Design-Varianten müssen durch die so genannte **SkinId** benannt werden. Über diese **SkinId** werden die unterschiedlichen Looks für ein und denselben Control-**Typ** (hier Button) innerhalb der Themes **eindeutig** ansprechbar:

```
Hier wird die Default-Variante definiert.
<asp:Button
    BackColor="Black"
    ForeColor="White"
    Font-Bold="True"
    Runat="Server" />
Hier wird mittels der SkinId "DunkelRot" eine Button-
Variante mit dunkelrotem Hintergrund festgelegt.
<asp:Button
    SkinId="DunkelRot"
    BackColor="DarkRed"
    ForeColor="White"
    Font-Bold="True"
    Runat="Server" />
Hier wird mittels der SkinId "DunkelGrün" eine Button-
Variante mit dunkelgrünem Hintergrund festgelegt.
 <asp:Button
    SkinId="DunkelGrün"
    BackColor="DarkGreen"
    ForeColor="White"
    Font-Bold="True"
    Runat="Server" />
```

Listing 7.1 Quellcode für eine Skin-Datei mit Named Skins

Anschließend können Sie den Button-Steuerelementen auf Default.aspx über das Default-Design hinaus weitere alternative Skins zuweisen. Auch dies können Sie wieder unmittelbar im Quelltext-Editor oder im Eigenschaftenfenster der jeweiligen Controls vornehmen:

```
<form id="form1" runat="server">
Da bei Button1 die SkinId-Eigenschaft nicht gesetzt wurde,
```

wird er im Default-Design angezeigt.

```
    <asp:Button ID="Button1"
    runat="server"
    Text="Button-1" />
    <br />
    <br />
```

Hier wird bei Button2 die SkinId auf "DunkelRot" gesetzt. Als Folge davon wird er im Browser mit dunkelrotem Hintergrund angezeigt.

```
    <asp:Button ID="Button2"
    runat="server"
    SkinID="DunkelRot"
    Text="Button-2" />
    <br />
    <br />
```

Hier wird bei Button3 die SkinId auf "DunkelGrün" gesetzt. Als Folge davon wird er im Browser mit dunkelgrünem Hintergrund angezeigt.

```
    <asp:Button ID="Button3"
    runat="server"
    SkinID="DunkelGrün"
    Text="Button-3" />
</form>
```

Listing 7.2 Das oben stehende Listing verbindet zwei Button-Steuerelemente einer ASPX-Seite jeweils mit einem Named Skin.

Im Gegensatz zu der Default-Skin-Variante werden die unter einer **SkinId** geführten Designvorlagen als **Named Skins** bezeichnet. Der Browser-Test wird Ihnen bestätigen, dass nun lediglich Button1 das **Default-Design** (weiße Schrift auf schwarzem Hintergrund) aufweist. Button2 wird mit weißer Schrift auf **dunkelrotem Hintergrund** und Button3 mit weißer Schrift auf **dunkelgrünem Hintergrund** im Browser-Fenster angezeigt.

> **Hinweis** In Zukunft ist damit zu rechnen, dass zahlreiche komplett vorgefertigte Themes im Web zum Kauf angeboten werden. Wenn Sie jetzt schon einen Vorgeschmack auf solche Komplettlösungen haben möchten, können Sie unter: **http://msdn.microsoft.com/vstudio/express/vwd/starterkit/default.aspx** eine Auswahl an kostenlosen **Starter Kits** für den Visual Web Developer downloaden.

Mit diesen Zeilen zu den so genannten Named Skins möchte ich den Bereich der Themes nun endgültig verlassen und zu einem kleinen Exkurs über Cascading Style Sheets (CSS) überleiten.

7.3.4 Exkurs: Visuelles Entwickeln von Cascading Style Sheets

Sich an dieser Stelle mit Cascading Style Sheets zu beschäftigen, ist in dreierlei Hinsicht sinnvoll. Erstens gehören CSS im Bereich der Webentwicklung immer noch zu einem der beliebtesten Features, um einheitliche Designvorlagen an **einer** zentralen Stelle zu definieren (CSS-Dateien). Zweitens stellen CSS eine komplementäre Technik zu den ASP.NET-Themes dar, sodass ein ASP.NET-Programmierer etwas über die »Beziehung« von CSS und ASP-NET-Themes wissen sollte. Last, but not least, lassen sich mit dem Microsoft **Visual** Web Developer Cascading Style Sheets getreu dem Motto »What you see is what you get« **visuell** definieren.

Grundsätzlich ist das Ziel von CSS ebenfalls die Trennung von Seiten-**Inhalt** und Seiten-**Layout**. Cascading Style Sheets können Sie grundsätzlich auf zweierlei Weisen definieren:

1. Als Inline-Code innerhalb der HTML-Seite selbst

2. In einer separaten CSS-Datei mit der Endung `.css`

Für eine effiziente Style Sheet-Nutzung bietet es sich an, die Formatdefinitionen in einer dafür speziell vorgesehenen Datei zu sammeln, sodass Änderungen im Bedarfsfall nur einmal an zentraler Stelle durchgeführt werden müssen. Eine andere Vorgehensweise, bei welcher Formatänderungen im Code aller Webseiten einzeln vorgenommen werden müssten, läuft dem Grundgedanken der CSS geradezu zuwider.

Eine CSS-Datei, die Sie in ein `App_Themes`-Verzeichnis legen, wird automatisch mit diesem Thema »verbunden«. Im Klartext bedeutet dies, dass die innerhalb der CSS-Datei definierten Style Sheets auf alle ASPX-Seiten, denen dieses Thema in ihrer Page Direktive zugewiesen wurde, Anwendung finden. Eine wirklich äußerst praktische Angelegenheit.

> **Hinweis** Sie müssen darauf achten, dass durch zugewiesene **Skins** Style Sheet-Definitionen quasi überschrieben werden.

Für CSS-Dateien bringt der Visual Web Developer eine Vorlage mit, sodass sie diese Ihrem Projekt über das Menü **Datei · Neue Datei · Stylesheet** hinzufügen können. Des Weiteren enthält der Visual Web Developer einen äußerst komfortablen **visuellen** CSS-Editor, welcher Ihnen seine verschiedenen Funktionen über eine Menüleiste zur Verfügung stellt:

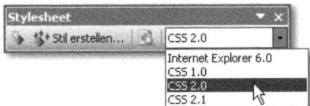

Abbildung 7.19 ShortCut-Leiste des visuellen CSS-Editors

Mittels des linken Icons (Stilregel hinzufügen) öffnen Sie einen Dialog, in welchem Sie entscheiden können, ob die CSS-Definitionen für ein HTML-Element, einen Klassennamen oder eine Element-ID festgelegt werden:

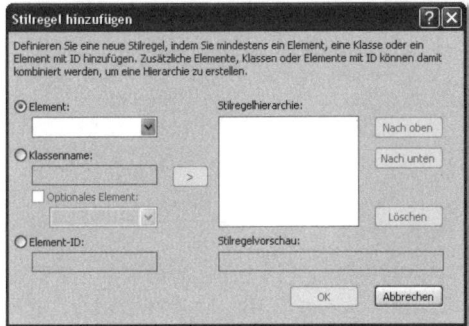

Abbildung 7.20 Der Stilregel-Dialog des Visual Web Developers

Wenn Sie an dieser Stelle beispielsweise das **Element**-Menü öffnen, bekommen Sie eine praktische Auswahl derjenigen HTML-Elemente angeboten, für die Sie einen Style kreieren können:

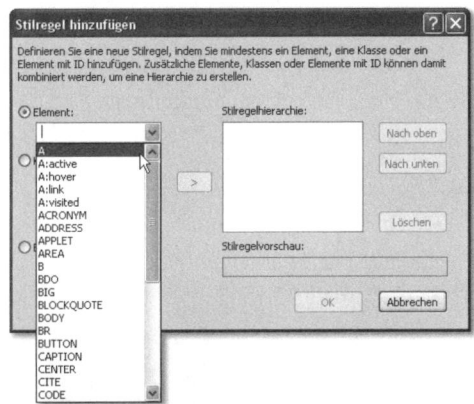

Abbildung 7.21 Der Stilregel-Dialog mit ausgeklapptem HTML-Element-Menü

Möchten Sie beispielsweise ein Style Sheet für die Hover-Eigenschaft eines Links definieren, so wählen Sie zunächst im Stilregel-Dialog das entsprechende HTML-Element **A:hoover** aus. Anschließend können Sie mittels des zweiten Icons der Stylesheet-Menüleiste (Stil erstellen ...) den visuellen **Stil-Generator** aufrufen:

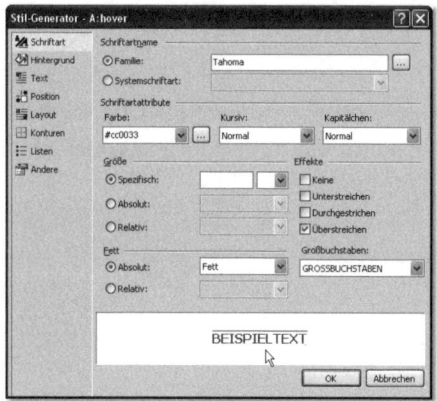

Abbildung 7.22 Das Stil-Generator-Dialogfenster für die Hover-Eigenschaft eines HyperLinks

Wie Sie in Abbildung 7.22 sehen können, bietet der Stil-Generator ein äußerst praktisches Interface zur visuellen Erstellung von Cascading Style Sheets. Auch hier macht der **Visual** Web Developer seinem Namen wieder einmal alle Ehre. Selbstverständlich erstellt der Stil-Generator automatisch den entsprechenden Code:

```
A:hover
{
    font-weight: bold;
    text-transform: uppercase;
    color: #cc0033;
    font-style: normal;
    font-family: Tahoma;
    font-variant: normal;
    text-decoration: overline;
}
```

Listing 7.3 Für die in Abbildung 7.22 vorgenommenen Einstellungen vom Style Builder generierter CSS-Code

Mit dieser kurzen Vorstellung des Style Builders (Stil-Generators) beenden wir unseren kleinen Exkurs in die Welt der Cascading Style Sheets, sodass wir uns nun im folgenden Abschnitt ganz den Web-Steuerelementen widmen können.

7.4 Erstellen interaktiver ASP.NET-Web-Oberflächen

Anwenderfreundliche interaktive Weboberflächen lassen sich auf Basis des .NET Frameworks überaus effizient mithilfe einer Fülle von ASP.NET-Steuerelementen realisieren. Der folgende Abschnitt gibt zunächst einen Überblick über die verschiedenen **Typen** von ASP.NET-Steuerelementen. Anschließend werden wir uns exemplarisch mit dem Kalender-Steuerelement als einem typischen Vertreter der Webserver-Steuerelemente im Detail befassen.

7.4.1 Arten von ASP.NET-Steuerelementen

Der Umfang an Web-Steuerelementen hat mit der ASP.NET-Version 2.0 beträchtlich zugenommen. Es gibt neue Daten-Steuerelemente (GridView, FormView, TreeViev etc.) ebenso wie beispielsweise neue Steuerelemente für die Personalisierung und die Navigation (Login, Menu etc.). Sich alle Steuerelemente im Einzelnen anzusehen, halte ich im Rahmen einer Einführung nicht nur aus Platzgründen für unangemessen. Auch aus didaktischer Sicht wäre ein solches Unterfangen meiner Meinung nach verfehlt. Ein guter Entwickler zeichnet sich nicht in erster Linie durch ein reiches Detailwissen, sondern in besonderem Maße durch seine methodischen Kenntnisse aus.

Grundsätzlich können zwei Arten von Steuerelementen, die Sie auf einer Webform (ASPX-Seite) einsetzen können, unterschieden werden. Dabei handelt es sich auf der einen Seite um »einfache« **HTML Client Controls** und auf der anderen Seite um die **.NET Server Controls**. Die Server Controls lassen sich nochmals in **Web Server Controls** und **HTML Server Controls** unterscheiden:

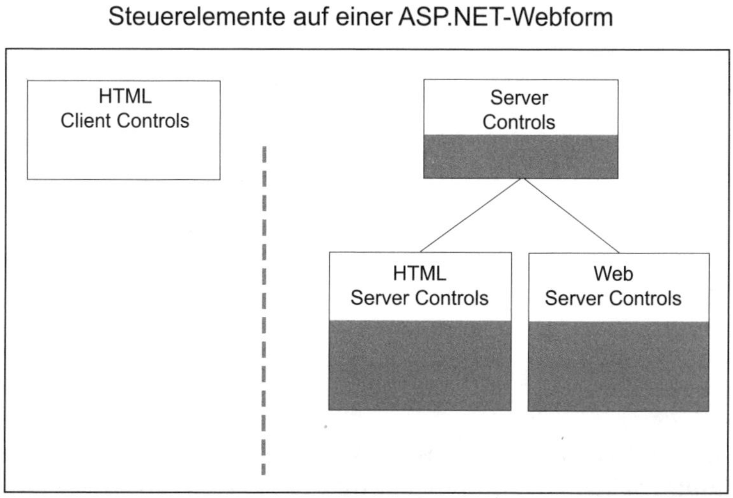

Steuerelemente auf einer ASP.NET-Webform

Abbildung 7.23 Arten verschiedener Steuerelemente auf einer ASP.NET-Webseite

Dabei handelt es sich bei den erstgenannten HTML Client Controls um »ganz normale« HTML-Seitenelemente, die nach dem bekannten Muster

```
<input id="Button1" type="button" value="button" />
```

in eine Webseite eingebettet werden. Für uns wesentlich interessanter sind die beiden Kategorien der **Server**-Steuerelemente, mit welchen wir uns im Folgenden beschäftigen werden.

7.4.2 HTML-Server-Steuerelemente

.NET-HTML-Server-Steuerelemente stellen einen Mix aus clientseitigen HTML-Elementen und Webserver-Steuerelementen dar. Sie werden mittels einfacher **HTML-Tags,** die allerdings um das Attribut `runat="server"` ergänzt werden, auf einer Webform platziert. Durch dieses zusätzliche Attribut wird der Webserver angewiesen, dieses (HTML-)Element als **Server**-Steuerelement zu behandeln. Um einer ASPX-Seite ein HTML-Server-Steuerelement mit Unterstützung der Entwicklungsumgebung hinzuzufügen, gehen Sie folgendermaßen vor:

▶ Ziehen Sie aus dem HTML-Bereich der Toolbox ein Element auf die Webform.

▶ Konvertieren Sie anschließend das HTML-Element in ein HTML-Server-Steuerelement, indem Sie aus dem dazugehörigen Kontextmenü (rechte Maustaste) den Menüeintrag **Run As Server Control** auswählen.

Die Entwicklungsumgebung ergänzt das entsprechende HTML-Tag automatisch um den `runat="server"`-Zusatz:

```
<input id="Button1" runat="server" type="button"
value="HTML-Server-Steuerelement" />
```

Im Designer erkennen Sie die geglückte Umwandlung in ein HTML-**Server**-Steuerelement an einem kleinen grünen Dreieck innerhalb eines Rechtecks, welches in der linken oberen Ecke des Steuerelements angezeigt wird. Auf diese Art kennzeichnet der Visual Web Developer Server-Steuerelemente für Sie:

Abbildung 7.24 Server-Steuerelemente werden in der Designansicht durch eine kleine grüne Markierung gekennzeichnet.

HTML-Server-Steuerelemente können Sie unter anderem verwenden, um bereits **bestehende** Webseiten ohne großen Aufwand mit **serverseitiger** Programmierung zu versehen. Die Ereignisroutinen der HTML-Server Controls werden auf dem Webserver behandelt. Durch einen einfachen Doppelklick auf das Steuerelement stellt der Visual Web Developer automatisch die auf das Steuerelement abgestimmte Standard-Ereignisprozedur-Schablone zur Verfügung. Für ein Button-Element erhalten Sie folgenden **Inline**-Code:

```
<script runat="server">
    Protected Sub Button1_ServerClick1(ByVal sender As Object, _
    ByVal e As System.EventArgs)
    End Sub
</script>
```

Listing 7.4 Seitencode für ein Button-HTML-Server-Steuerelement (Single-File-Version)

Bei der **Inline-Variante** wird die Prozedur-Schablone zwischen ein öffnendes und ein schließendes Skript-Tag in die ASPX-Seite geschrieben. Dabei wird im ersten Tag das `runat="server"`-Attribut gesetzt.

Bei der **Code-Behind-Variante** werden in der zur ASPX-Seite gehörenden Code-Behind-Datei die folgenden Zeilen generiert:

```
Partial Class _Default
    Inherits System.Web.UI.Page

    Protected Sub Button1_ServerClick(ByVal sender As Object, _
    ByVal e As System.EventArgs) Handles Button1.ServerClick
    End Sub
End Class
```

Listing 7.5 Quellcode in der Code-Behind-Datei mit der Dateiendung .aspx.vb

> **Hinweis** Die Bedeutung der zweiten Zeile (vorausgesetzt, Sie haben das OOP-Kapitel bereits gelesen ;-)) dürfte Ihnen klar sein: Die hier definierte Klasse erbt von `System.Web.UI.Page`. Durch das in der ersten Zeile angegebene Schlüsselwort `Partial` wird die Klasse als so genannte **partielle Klasse** (partial class) definiert. Das Konzept der partiellen Klassen hat Microsoft mit ASP.NET 2.0 eingeführt. Leider kann im Rahmen dieser Einführung nicht auf dieses neue Konstrukt eingegangen werden. An dieser Stelle nur soviel dazu: Das Modell der partiellen Klassen ermöglicht es, Klassen auf **verschiedene** Dateien aufzuteilen. Nähere Erläuterungen zu diesem Thema finden Sie im Web unter **http://www.microsoft.com/germany/msdn/default.mspx**, dem MSDN Portal.

HTML-Server-Steuerelemente verfügen zwar über eine serverseitige Ereignis-behandlung, unterliegen jedoch gegenüber den Webserver-Steuerlementen u.a. der Einschränkung, dass durch sie keine browserspezifischen Ausgaben erzeugt werden. Wann Sie HTML-Server-Steuerelemente und wann Sie Webserver-Steuerelemente einsetzen sollten, müssen Sie im Einzelfall entscheiden. Prüfen Sie zunächst, welche Funktionen Sie benötigen und checken Sie dieses anschließend mit dem Leistungsspektrum der einzelnen Controls gegen. In manchen Situationen ist auch das Kombinieren von HTML-Server-Controls und Webserver-Controls auf einer ASPX-Seite eine Möglichkeit.

7.4.3 Webserver-Steuerelemente

Für das Entwickeln interaktiver Webanwendungen sind die Webserver-Controls die »erste Wahl«. Sie bieten einen enormen Funktionsreichtum und sind dennoch leicht und effizient zu handhaben. Bei der Entwicklung von Benutzeroberflächen sind nur grundlegende HTML-Kenntnisse erforderlich, da dieser Steuerelementtyp automatisch einen browserspezifischen HTML-Code generiert. Dieses Feature, das so genannte Adaptive Rendering, ist nicht nur überaus komfortabel, sondern verringert darüber hinaus auch die Fehlerquote. Für Visual Basic-Entwickler wird das Programmieren von Webanwendungen so zu einem echten Vergnügen, da Webforms sich, wie ein Windowsformular, mittels der Webserver-Steuerelemente durch simples Drag & Drop visuell gestalten lassen. Dabei wird das Implementieren eines Webserver-Steuerelements grundsätzlich nach folgendem Schema vorgenommen:

```
<asp:Control-Name Attribute runat="server"/>
```

Für eine auf eine Webform gezogene **CheckBox** generiert der Visual Web Developer beispielsweise das nachfolgende Tag:

```
<asp:CheckBox ID="CheckBox1" runat="server" />
```

Webserver-Controls werden von der Klasse System.Web.UI.WebControls. WebControl abgeleitet. ASP.NET stellt dem Entwickler einen reichhaltigen Fundus an Webserver-Steuerelementen zur Verfügung. Mit ASP.NET 2.0 hat Microsoft diesen Fundus nochmals aufgestockt. Eine umfassende Beschreibung aller Webserver-Controls kann und soll an dieser Stelle nicht erfolgen. Für eine vollständige Auflistung inklusive der dazugehörigen Beschreibungen und Erläuterungen kann ich nur auf die einschlägigen Online-Quellen wie das **MSDN Portal** bzw. die zum Visual Studio gehörende **Microsoft Developer Network Library** (MSDN Library) verweisen. Sie sollten den Umgang mit der Online-Hilfe des Visual Studios ruhig ein wenig trainieren. Mit der Programmierung verhält es sich oft wie mit dem »wirklichen Leben«: Sie müssen nicht alles wissen, aber Sie sollten unbedingt wissen, wo Sie die Informationen finden!

Das Calendar-Steuerelement

Mit dem Calendar Control können Sie auf einer Webseite in übersichtlicher Form Datumsinformationen anzeigen. Da das Kalender-Steuerelement über ein hohes Maß an Interaktivität verfügt, können die Anwender zu beliebigen Tagen eines Jahres **navigieren** und diese **auswählen**. Somit eignet sich dieses Steuerelement unter anderem zum Einsatz in Online-Scheduling-Anwendungen. Aber auch für Online-Buchungssysteme, in denen der User beispielsweise einen Veranstaltungstag, einen Anreise- oder Abreisetag angeben soll, stellt das Calendar Control eine gute Wahl dar.

Abbildung 7.25 Das Kalender-Webserver-Steuerelement in seiner »unformatierten« Version

Wenn Sie ein Kalender-Steuerelement auf eine Webform ziehen, wird es in den Body-Bereich der Seite platziert und in Form-Tags eingebettet:

```
<body>
    <form id="form1" runat="server">
    <div>
        <asp:Calendar ID="Calendar1" runat="server"></asp:Calendar>
    </div>
    </form>
</body>
```

Konfigurieren des Calendar Controls

Der nächste Schritt bei der Entwicklung einer Calendar-Anwendung besteht in der Konfiguration der Optik des Steuerelements. Dazu bietet das Calendar Control eine Fülle von Möglichkeiten. Ein recht praktischer Weg ist die Einstellung des Controls via **Auto Format**. Um an die bereits vorhandenen Formatvorlagen zu gelangen, nutzen Sie das **Smart Tag**, welches in der rechten oberen Ecke des Controls angezeigt wird:

Abbildung 7.26 Smart Tag des Calendar Controls zum Aufrufen der Formatvorlagen

Dort klicken Sie bitte auf »**Autom. Formatierung**«, um sich die Liste der Vorlagen anzeigen zu lassen:

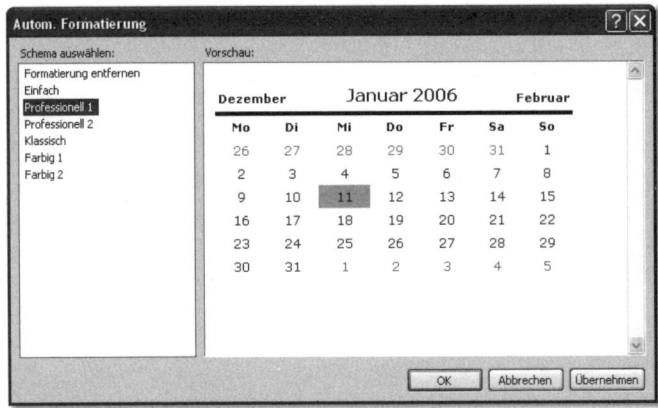

Abbildung 7.27 Auto Format-Vorlagen für das Calendar Control

Für unsere Beispielanwendung habe ich die Variante **Professionell 1** ausgewählt, die auf der ASPX-Seite durch den nachstehenden Code realisiert wird:

```
<asp:Calendar ID="Calendar1" runat="server"
    BackColor="White"
    BorderColor="White"
    BorderWidth="1px"
    Font-Names="Verdana"
    Font-Size="9pt"
    ForeColor="Black"
    Height="190px"
    NextPrevFormat="FullMonth"
    Width="350px">
<SelectedDayStyle
    BackColor="#333399"
    ForeColor="White" />
```

```
<OtherMonthDayStyle
    ForeColor="#999999" />
<TodayDayStyle
    BackColor="#CCCCCC" />
<NextPrevStyle
    Font-Bold="True"
    Font-Size="8pt"
    ForeColor="#333333"
    VerticalAlign="Bottom" />
<DayHeaderStyle
    Font-Bold="True"
    Font-Size="8pt" />
<TitleStyle
    BackColor="White"
    BorderColor="Black"
    BorderWidth="4px"
    Font-Bold="True"
    Font-Size="12pt"
    ForeColor="#333399" />
</asp:Calendar>
```

Listing 7.6 Durch das oben stehende Listing wird das Design des Calendar Controls »Calendar1«
definiert.

> **Hinweis** Da auch das Kalender-Webserver-Steuerelement unter anderem
> über eine SkinID-Eigenschaft verfügt, möchte ich Sie in diesem Zusammen-
> hang nochmals an Abschnitt 7.3.3, *Themes und Skins*, erinnern.

Anzeige der Benutzerauswahl vorbereiten

Nachdem wir uns für ein Design entschieden haben, sollten wir uns darüber
Gedanken machen, wie wir das vom User ausgewählte Datum verarbeiten wollen. Hier sind viele Möglichkeiten denkbar. Für unsere Beispielanwendung soll
es ausreichen, das ausgewählte Datum in einer **TextBox** auf unserer Webform
anzuzeigen. Dazu ziehen wir unter das Calendar Control ein TextBox-Webser-
ver-Control auf die ASPX-Seite:

```
<asp:TextBox ID="TextBox1" runat="server"
    Font-Bold="True"
    Font-Names="Tahoma"
    Font-Size="Larger">
</asp:TextBox>
```

Wie das oben stehende Listing anzeigt, habe ich einige der Schrifteigenschaften des Controls verändert. Für uns von Bedeutung ist allerdings die ID des Steuerelements, denn unter dieser wird es später in der Programmierung angesprochen.

Ereignisbehandlung hinzufügen

Unser Ziel ist es, ein durch den Anwender ausgewähltes Datum entgegenzunehmen und anschließend innerhalb der TextBox (TextBox1) anzuzeigen. Dazu benötigen wir die entsprechende **Ereignisbehandlungsroutine**.

Um diese zu erstellen, klicken Sie bitte zunächst doppelt auf Calendar1. Wie uns schon bekannt, wird nun in der **Code-Behind-Datei** (.aspx.vb) eine Prozedurschablone für das »Standardereignis« dieses Steuerelements erstellt. Sie sehen an dieser Stelle nochmals deutlich die Parallelen zur klassischen Windowsprogrammierung. Da das Calendar Control bei der ersten Anzeige automatisch das aktuelle Tagesdatum anzeigt, initiiert eine User-Auswahl ein **SelectionChanged-Ereignis**. Wir erhalten daher durch die Entwicklungsumgebung die entsprechende Prozedur-Schablone Protected Sub Calendar1_SelectionChanged. Innerhalb dieser Schablone haben wir nun unsere **Ereignis**-Programmierung zu platzieren:

```
TextBox1.Text = "Anreisedatum: " _
& Calendar1.SelectedDate.Date.TOString
```

Wie Sie sehen, reicht eine Zeile Quellcode zur Datumsanzeige der User-Auswahl in TextBox1 aus.

Abbildung 7.28 Das im Kalender ausgewählte »Anreisedatum« wird in einer TextBox auf der Webform nochmals gesondert angezeigt.

Beachten Sie bitte, dass Sie sowohl `TextBox1` wie auch `Calendar1` – obwohl Sie sich auf der ASPX-Seite befinden – über deren **ID** in der Code-Behind-Datei eindeutig ansprechen können. Der Codeeditor des Visual Web Developers unterstützt uns dabei sogar mittels IntelliSense.

Das Kalender-Steuerelement ist mit zahlreichen Eigenschaften ausgestattet, die es ermöglichen, das Control vollständig an die eigenen Vorstellungen bzw. an ein eventuell bestehendes Corporate Design anzupassen. Abschließend möchte ich noch darauf hinweisen, dass Sie die einzelnen Datumsanzeigen um eigenen Text **ergänzen** können. Dies ist interessant, um im Kalender Urlaubstage, verkaufsoffene Sonntage oder andere besondere Firmenereignisse für den Website-Besucher zu dokumentieren. Mit diesem simplen Mittel wird Ihr Kalender im Handumdrehen zum **Marketinginstrument**. Als kleines Beispiel folgt ein Kalender, in welchem der 15. jeden Monats als **Werksverkaufstag** gekennzeichnet ist:

Abbildung 7.29 Kalender mit Textunterschrift für den 15. jeden Monats

Die hierzu erforderliche Ereignisroutine schreiben Sie in das `DayRender`-Event:

```
Protected Sub Calendar1_DayRender(ByVal sender As Object, _
ByVal e As System.Web.UI.WebControls.DayRenderEventArgs) _
Handles Calendar1.DayRender
    If e.Day.Date.Day = 15 Then
        e.Cell.Controls.Add(New LiteralControl(ChrW(60) & -
        "br" & ChrW(62) & "Werksverkauf!"))
    End If
End Sub
```

Listing 7.7 Das oben stehende Listing fügt dem CalenderControl1 für jeden 15. eines Monats den Text »Werksverkauf« hinzu.

> **Hinweis** Im Januar 2006 fällt der Werksverkauf auf einen Sonntag. Sollten Sie keinen verkaufsoffenen Sonntag planen, müssen Sie derartige Terminprobleme programmseitig abfangen.

Noch zwei kurze Anmerkungen zum oben stehenden Quelltext: Das Kalender-Steuerelement ist wie eine Tabelle aufgebaut. Es setzt sich aus Zeilen und Spalten zusammen, die Zellen bilden. Die Zellen können selbstverständlich über die Programmierung angesprochen werden und somit zum Beispiel besonders formatiert werden (Rahmenfarbe. Hintergrundfarbe etc.). Sie können, wie wir es im Beispiel getan haben, **bestimmte** Zellen mit zusätzlichem Text versehen. Dazu wird der Zelle ein so genanntes `LiteralControl` hinzugefügt. Ein solches Control wiederum kann HTML ebenso wie Text beinhalten. Diese Eigenschaft haben wir uns zunutze gemacht, um unsere Zelle mit einem **individuellen** Text zu ergänzen.

> **Hinweis** Würden Sie in der Programmierung einfach die Texteigenschaft der Zelle (`e.Cell.Text = "Werksverkauf!"`) nutzen, so würde die Datumsangabe (Ziffer) verschwinden. Sie müssen schon mit einem **LiteralControl** arbeiten, wenn Sie einer Zelle Text **hinzufügen** möchten. Testen Sie doch einmal, was geschieht, wenn Sie diesen Fehler zusätzlich mit einer vergessenen Datumsprüfung (If-Anweisung) kombinieren!

Abbildung 7.30 Fehler in der Datumsanzeige, verursacht durch unsachgemäßes Verwenden der Zelltext-Eigenschaft

Mit diesem »Werbeblock« verlassen wir das Kapitel *Webanwendungen mit ASP.NET*, um uns dem nächsten spannenden Thema, den **Webdiensten**, widmen zu können.

8 Eigene Webdienste programmieren

8 Eigene Webdienste programmieren

Dieses Kapitel vermittelt Ihnen die Grundlagen der Webdienstpro-
grammierung und zeigt Ihnen beispielhaft auf, wie Sie Webdienste
eigenständig erstellen können.

Wenn Sie sich einmal in der Entwicklerszene umhören, werden Sie feststellen, dass Webdienste ein Trendthema sind. Webdienste sind »mega-in«. Des Öfteren hörte ich Sätze wie: »Das Programmieren von Webservices ist die Königsdisziplin für Webentwickler.« Nun, sicherlich handelt es sich bei der Entwicklung von businesstauglichen Webdiensten nicht um eine Trivialität. Aber, was in der Programmierung ist schon trivial, wenn man den Vorhang hebt und etwas »in die Tiefe« geht. Freuen Sie sich auf ein wirkliches »Hype-Thema« und freuen Sie sich ebenso darauf zu erleben, wie spielend einfach Sie mit Ihrem Visual Basic-Know-how und dem Visual Web Developer 2005 auf der Basis von ASP.NET 2.0 eigene »Mega«-XML-Webservices entwickeln werden.

8.1 Grundlegendes über Webdienste

Grundsätzlich lässt sich über die Entwicklung von Webservices Ähnliches wie über die Entwicklung von Webanwendungen (s. Kapitel 7) sagen. Für beide bilden die Internettechnologien die Basis. Durch den enormen User- und Bedeutungszuwachs, den das Web in den letzten Jahren erfahren hat, sind alle Technologien, die in diesem Kontext stehen, äußerst zukunftsträchtig und vielversprechend. Bei der weiteren Erschließung und Vermarktung des Internets werden professionelle Webservices mit Sicherheit eine bedeutende Rolle spielen. Mit dem Microsoft Visual Web Developer und ASP.NET 2.0 steigen Sie problemlos und schnell in die »Königsklasse« der .NET-Entwickler auf.

8.1.1 Funktionsweise von Webdiensten

Für Einsteiger mag es manchmal so aussehen, als ob es sich bei Webdiensten um esoterische Programmiertechniken für einen kleinen Kreis »eingeweihter« Entwickler handelt. Ein Webdienst ist, wie es der Name schon vermittelt, im Kern eine Dienstleistung. Derartige informationstechnische Dienstleistungen sind Ihnen schon hinlänglich aus Kapitel 3 dieses Buches, *VB.NET-Sprachgrundlagen*, bekannt. In diesem Kapitel haben Sie die Unterprogrammtechnik kennen gelernt, mittels derer bestimmte (sich wiederholende) Programmaufgaben in Prozeduren und Funktionen an eine zentrale Stelle »ausgelagert« werden können. Bleiben wir bei dem Thema **Funktionen**.

Wie Sie wissen, zeichnen sich Funktionen dadurch aus, dass sie an das aufrufende Programm einen **Wert zurückgeben** können. Dabei kann das Programm, das die Dienstleistung einer Funktion in Anspruch nimmt, dieser bestimmte Werte (Parameter) mitteilen, welche die Funktion zur Erledigung ihrer Aufgabe benötigt. Mithilfe einer finanzmathematischen Funktion könnten Sie zum Beispiel spielend die folgende Frage beantworten: »Wenn ich 1500 € für drei Jahre zu einem Zinssatz von 4,5 Prozent anlege, welchen Betrag habe ich dann am Ende des dritten Jahres?« Sie brauchen der Funktion lediglich die entsprechenden Werte zu übergeben und erhalten dann automatisch eine Antwort (Rückgabewert) auf diese Frage. Wenn das nicht eine echte Dienstleistung ist?!

Im Kern arbeiten Webservices nicht anders. Ein Webdienst kann im einfachsten Fall durch eine simple Funktion realisiert werden. Allerdings weist der Name schon darauf hin, dass Webdienste ihren Service in der Regel nicht auf dem lokalen Rechner anbieten. Vielmehr werden Webdienste über eine **URL** aufgerufen und können ihre Dienste somit von jedem beliebigen Ort im **World Wide Web** anbieten. Eine Voraussetzung für den Erfolg von Webdiensten ist deren **Plattformunabhängigkeit**. Sie werden via URL angesprochen und liefern ihre Ergebnisse im **XML**-Format zurück. Aus diesem Grund werden sie häufig auch als **XML-Webdienste** bezeichnet. Das **Protokoll,** über das XML-Webdienste angesprochen werden, ist **SOAP** (Simple Object Access Protocol). SOAP ist durch das **World Wide Web Consortium** (W3C) standardisiert und wird mittlerweile von allen gängigen Betriebssystemen und Programmiersprachen unterstützt.

8.1.2 Webdienste und ASP.NET-Webanwendungen

Webdienste haben eine gewisse Ähnlichkeit mit den Ihnen bereits bekannten Konsolenanwendungen. Auch Webdienste bringen von Haus aus keine Benutzeroberflächen mit. Grundsätzlich stellt das Benutzerinterface eines Webdienstes in der ASP.NET-Welt eine ASPX-Seite (`.aspx`) dar. Ein unter ASP.NET 2.0 programmierter Webservice wird in einer Datei mit der Endung `.asmx` realisiert. Aus diesem Grund hört man oftmals für die ASP.NET-Webservices auch die Kurzbezeichnung **ASMX**. Auch für ASMX-Dateien kann optional eine Code-Behind-Datei erstellt werden. Ob dies in diesem Falle zur Übersichtlichkeit beiträgt – durch den Code Behind sollte ja eine Trennung zwischen Programmierung und Layout erreicht werden – bleibt Ihrer Entscheidung überlassen.

Wie Webdienste arbeiten und wie man sie programmiert, lässt sich am besten an einem Praxisbeispiel nachvollziehen. Aus diesem Grund werden wir uns jetzt mit der Entwicklung Ihres ersten eigenen Webdienstes beschäftigen.

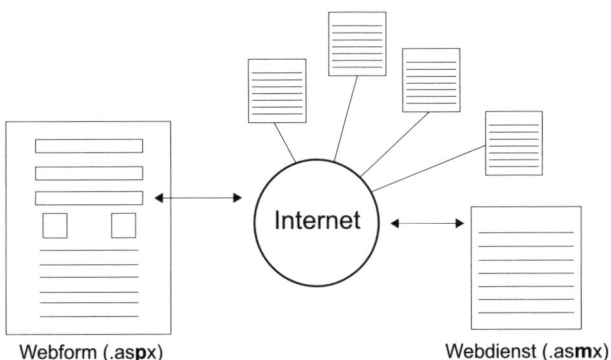

Webform (.as**p**x)   Webdienst (.as**m**x)

Abbildung 8.1 Funktionsweise von ASP.NET-Webdiensten

8.2 Einen eigenen Webdienst erstellen

Auch für Webservices stellt uns der Visual Web Developer ein Template zur
Verfügung. Rufen Sie bitte über das Menü **Datei** das Template-Fenster **Neue
Website** auf. Dort wählen Sie bitte die Vorlage **ASP.NET-Webdienst** aus:

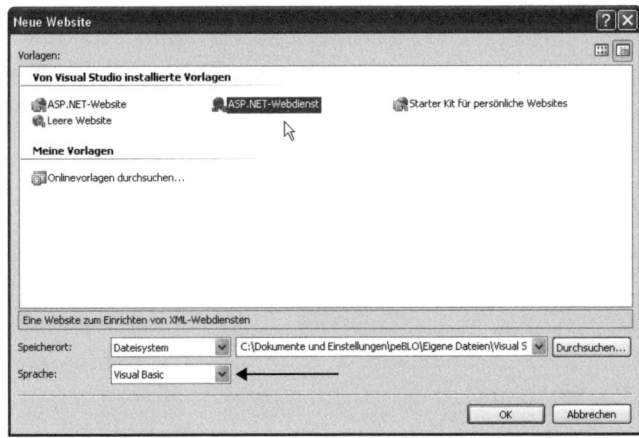

Abbildung 8.2 Das Template-Fenster des Visual Web Developers zur Auswahl eines neuen
ASP.NET-Webdienst-Projekts

Achten Sie bitte darauf, dass als Programmiersprache Visual Basic eingestellt ist.
Die Entwicklungsumgebung erstellt nun ein neues WebSite-Projekt für Sie. In
der Defaulteinstellung wird neben der ASMX-Seite (`Service.asmx`) automatisch die dazugehörige Code-Behind-Datei (`Service.vb`) generiert. Dabei wird
die Code-Behind-Datei in ein eigens dafür vorgesehenes Verzeichnis mit der
Bezeichnung `App_Code` abgelegt:

Abbildung 8.3 Datenstruktur eines einfachen Webservice-Projekts im Projektmappen-Explorer

Für uns sind zunächst die beiden Dateien `Service.asmx` und `Service.vb` von Interesse. Werfen wir einen Blick in die ASMX-Datei:

```
<%@ WebService Language="vb" CodeBehind="~/App_
Code/Service.vb" Class="Service" %>
```

Die ASMX-Datei enthält im Wesentlichen wieder eine Direktive, welche auf die Code-Behind-Datei im Verzeichnis `App_Code` verweist. Darüber hinaus enthält sie auch den Namen der **Klasse**, in der die Webservices realisiert sind.

Hinweis Die Bezeichnung `Service` für den Klassennamen durch die Entwicklungsumgebung ist nicht – wie man vielleicht meinen könnte – zwingend, sondern lediglich ein »Vorschlag«. Allerdings müssen Sie darauf achten, dass bei einer Änderung des Klassennamens von Hand die entsprechenden Anpassungen der **Dateinamen** der **ASMX-** sowie der **Code-Behind-Datei** ebenso per Hand vorgenommen werden müssen. Des Weiteren ist der Klassenname an allen anderen Stellen, an denen er Verwendung findet, anzupassen. Dazu gehört die Anpassung innerhalb der VB-Code-Datei ebenso wie die der Webservice-Referenzen. Ebenso verhält es sich mit dem im Beispiel verwendeten Namespace **lokalhost**. Auch dieser ist nicht zwingend vorgegeben und kann bei Bedarf durch einen eigenen Namen ersetzt werden.

Beim nachträglichen Hinzufügen eines Webdienstes zu einem Website-Projekt können Sie im Template-Fenster wählen, ob Sie einen Webdienst mit oder ohne Code Behind realisieren möchten.

Als kleines (von Microsoft mitgeliefertes) Beispiel enthält die Code-Behind-Datei `Service.vb` den Webdienst `HelloWorld`:

```
<WebMethod()> _
Public Function HelloWorld() As String
   Return "Hello World"
 End Function
```

Bei `HelloWorld` handelt es sich um einen voll funktionsfähigen Webdienst, der über eine einfache mit `Public` deklarierte Funktion realisiert wurde. Auf dieser Basis werden wir im Folgenden einen eigenen kleinen Webdienst erstellen. Unser Webdienst wird aus den beiden Parametern **Körpergröße** und **Körpergewicht** den so genannten **Body-Mass-Index** (BMI) berechnen. Der Body-Mass-Index stellt ein Maß für ein ausgewogenes Verhältnis zwischen Körpergröße und Körpergewicht (Körpermasse) dar. Für Erwachsene sollte der BMI einen Wert zwischen 20 und 25 annehmen. Dabei ist der Body-Mass-Index als Richtwert zu betrachten.

Wechseln Sie jetzt bitte in der Entwicklungsumgebung in die Datei `Service.vb` und fügen Sie unter der Funktion `HelloWorld` den nachstehenden Quellcode ein:

```
<WebMethod()> _
Public Function BodyMass(ByVal dblGewicht As Double, _
ByVal dblGroesse As Double) As Double
   Return Math.Round(dblGewicht / (dblGroesse * dblGroesse))
End Function
```

Listing 8.1 Die Funktion BodyMass berechnet aus dem Körpergewicht und der Körpergröße den so genannten Body-Mass-Index.

In der ersten Zeile wird unsere Funktion als Webdienst ausgewiesen. Anschließend wird mittels der Formel:

$$\frac{\text{Körpergewicht in Kilogramm}}{(\text{Körpergröße in Meter})^2}$$

der BMI berechnet und in gerundeter Form via `Return` zurückgegeben. Damit haben wir unseren `BodyMass`-Dienst als echten XML-Webservice bereits fertig gestellt. Der nächste Schritt wird darin bestehen, unseren Webdienst über eine Webform aufzurufen.

8.3 Aufrufen von Webdiensten

Gestaltung der Webform

Besucher unserer Webseite sollen die Möglichkeit erhalten, dort ihren persönlichen Body-Mass-Index zu berechnen. Dazu fügen wir unserem Projekt zunächst eine neue Webform nebst Code-Behind-Datei hinzu. Auf unserer neuen ASPX-Webseite benötigen wir drei TextBoxen und einen Button. Die ersten beiden TextBoxen werden für die Benutzereingabe des Körpergewichts sowie der Körpergröße benötigt. Über den Button soll der Benutzer die BMI-Berechnung starten. Für uns bedeutet dies, dass wir in die Ereignisroutine des Buttons den Aufruf des BodyMass-Webdienstes platzieren werden. Die dritte TextBox nutzen wir, um den vom Webdienst berechneten BMI anzuzeigen. Damit sollte Ihre Webform etwa das folgende Aussehen aufweisen:

Abbildung 8.4 Aufbau der Webform zur Berechnung des Body-Mass-Indexes

Die Webserver-Steuerelemente wurden nach folgendem Schema benannt:

Default-ID	Neue ID
TextBox1	txtGewicht
TextBox2	txtGroesse
Button1	cmdWebDienst
TextBox3	txtLoesung

Tabelle 8.1 Benennung der Webserver-Steuerelemente

Webverweis hinzufügen

Damit wir einen Webdienst nutzen können, müssen wir zunächst eine »Verbindung« zu ihm herstellen. Dazu müssen wir den Dienst »lokalisieren« und »referenzieren«. Bitte markieren Sie im Solution Explorer Ihre aktuelle WebSite und öffnen mittels eines Mausklicks das dazugehörige Kontextmenü:

Abbildung 8.5 Kontextmenü zum Hinzufügen eines Verweises auf einen Webdienst

Der Visual Web Developer stellt Ihnen nun einen Dialog zur Verfügung, über den Sie einen Webdienst unmittelbar (via URL) adressieren oder nach diesem suchen können.

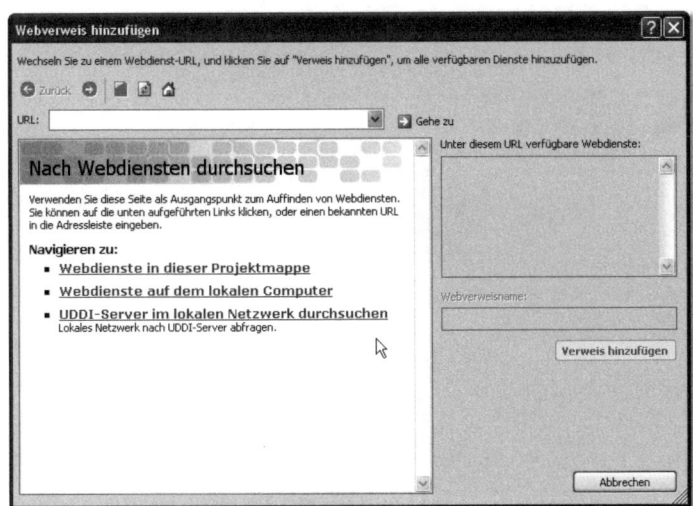

Abbildung 8.6 Dialogfenster zum Hinzufügen einer Webreferenz

Da sich der Webservice BodyMass innerhalb unseres Projekts befindet, klicken Sie bitte auf den Link **Webdienste in dieser Projektmappe**. Das nun folgende Fenster zeigt an, dass in unserem Projekt ein Webdienst gefunden wurde.

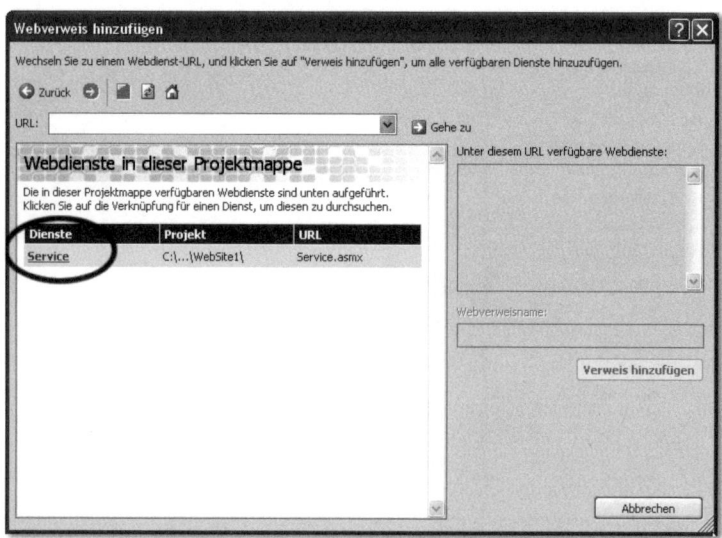

Abbildung 8.7 Anzeige der im aktuellen Projekt gefundenen Webdienste

Durch einen Klick auf den Link **Service** gelangen Sie zu folgendem Fenster:

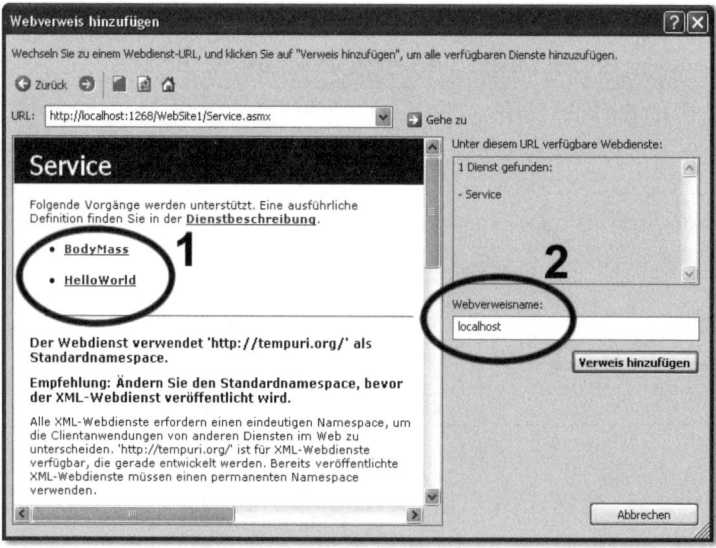

Abbildung 8.8 Anzeige der im Webdienst »Service« enthaltenen Funktionen

Das Fenster in Abbildung 8.8 zeigt alle nun nutzbaren Funktionen des Webdiensts an (**1**). Wenn Sie möchten, können Sie den Webverweis in diesem Fenster mit einem eigenen Namen versehen (**2**). Für unser Beispiel bleiben wir allerdings bei **localhost**. Des Weiteren können Sie in diesem Dialog das

Leistungsspektrum der einzelnen Funktionen in einer Art Vorschau testen. Dazu klicken Sie bitte auf den Link **BodyMass**. Anschließend erhalten Sie eine Eingabemaske für die Funktionsparameter:

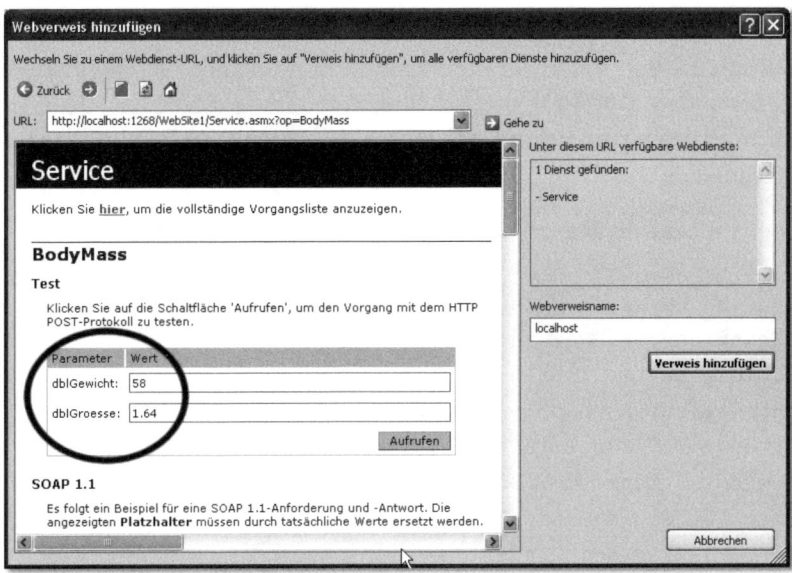

Abbildung 8.9 Test-Maske für die »BodyMass«-Funktion des Webdienstes

Wenn Sie an dieser Stelle Werte eingeben und den **Aufrufen**-Button klicken, werden diese der `BodyMass`-Funktion übergeben. Anschließend erhalten Sie eine Darstellung des Testergebnisses im Internet Explorer:

Abbildung 8.10 Anzeige des Testergebnisses der BodyMass-Funktion im Internet Explorer

Hinter dem Link **Dienstbeschreibung** (Abbildung 8.8) finden Sie eine formale Beschreibung der einzelnen Funktionen des Webdienstes. Fügen Sie jetzt bitte mittels des **Verweis hinzufügen**-Buttons den Webverweis unserem Projekt hinz. Der Visual Web Developer ergänzt alle nötigen Informationen (Referenzen), welche in einem speziellen Verzeichnis mit dem Namen `App_WebReferences` gespeichert werden.

Aufruf des Webdienstes programmieren

Da der Webdienst nun innerhalb unseres Projekts »bekannt« ist, können wir ihn wie jedes andere **Objekt** in unserer Programmierung einsetzen. Fügen Sie dazu bitte in die **Ereignisroutine** des Buttons `cmdWebDienst` nachstehenden Programmcode ein:

```
Protected Sub cmdWebDienst_Click(ByVal sender As Object, _
ByVal e As System.EventArgs) Handles cmdWebDienst.Click
'Erzeugen des Objektes MeinDienst aus der Klasse Service
    Dim MeinDienst As New localhost.Service
    Dim dblGroesse As Double
    Dim dblGewicht As Double
    dblGroesse = Convert.ToDouble(txtGroesse.Text)
    dblGewicht = Convert.ToDouble(txtGewicht.Text)
'Zugreifen auf die Methode BodyMass des aus der Klasse Service '
erzeugten Objektes MeinDienst
    txtLoesung.Text = MeinDienst.BodyMass(dblGewicht, _
    dblGroesse)
End Sub
```

Listing 8.2 Webdienstaufruf programmieren

Das oben stehende Listing erzeugt aus der Klasse **Service** zunächst ein neues Objekt mit dem Namen MeinDienst. Anschließend wird mittels der Methode **BodyMass** des MeinDienst-Objekts der BMI errechnet. Dazu werden dem BodyMass-Dienst zwei Werte vom Typ Double als Parameter übergeben. Der Rückgabewert wird in der TextBox **txtLoesung** ausgegeben.

Zum Abschluss dieses Kapitels sollten Sie Ihren ersten selbst programmierten Webdienst testen. Eventuell sogar mit eigenen Werten. ;-)

9 Fehlerbehandlung und systematisches Debuggen

9 Fehlerbehandlung und systematisches Debuggen

Im Mittelpunkt dieses Kapitels stehen das Implementieren effizienter Fehlerbehandlungsroutinen sowie die systematische Fehlersuche.

Softwareentwicklung ist ein äußerst komplexer Prozess, bei dem sich an zahlreichen Stellen Fehler einschleichen können. Eine fehlerfreie Anwendung dürfte wohl eher zu den seltenen Ausnahmen gehören. Eine systematisch entwickelte Anwendung unterscheidet sich von einer »Quick-and-Dirty«-Produktion wesentlich durch ihre ausgereiften Fehlerbehandlungsmechanismen.

Dieses Kapitel ist mit *Fehlerbehandlung und systematisches Debuggen* überschrieben. Dabei bezieht sich das systematische Debuggen auf die Suche von Programmierungsfehlern noch während des Entwicklungsprozesses. Das Debuggen soll dazu beitragen, eine möglichst fehlerfreie Anwendung auszuliefern. Die Fehlerbehandlung dagegen soll sicherstellen, dass ein Programm auch in »unvorhergesehenen« Situationen nicht **unkontrolliert** reagiert. Solche unvorhergesehenen Situationen können durch vier verschiedene Ursachen produziert werden:

▶ Trotz aller Sorgfalt hat sich ein Fehler in den Quellcode eingeschlichen.

▶ Der Anwender löst durch eine im Programm nicht vorgesehene Eingabe einen Fehler aus.

▶ Das System selbst produziert einen Fehler.

▶ Benötigte externe Programmressourcen stehen nicht zur Verfügung.

Alle vier Situationen können im Extremfall zu einem »Programmabsturz« führen. Auch die harmlosere Variante, bei welcher der User »lediglich« mit unverständlichen Fehlermeldungen traktiert wird, ist keine akzeptable Lösung. Der Programmfehler selbst stellt dabei noch nicht einmal die »eigentliche« Bedrohung dar. Problematisch sind lediglich nicht »eingeplante« Fehler. Da wir wissen, dass kaum ein Softwareengineeringprozess fehlerfrei abläuft, müssen wir die Möglichkeit, dass Fehler im Programmablauf auftreten können, von vornherein in die Programmierung einplanen. Als ausgewachsene .NET-Sprache bietet Visual Basic die Möglichkeit, Anwendungen mittels einer **strukturierten Fehlerbehandlung** sicher und benutzerfreundlich zu gestalten. Wie Sie dieses in der Praxis realisieren können, ist Gegenstand der folgenden Abschnitte.

Hinweis Im Gegensatz zur **strukturierten** Fehlerbehandlung wird eine Fehlerbehandlung mittels einer `On Error`-Anweisung als **unstrukturierte** Fehlerbehandlung bezeichnet. Mit Einführung von Visual Basic .NET kann aus Kompatibilitätsgründen sowohl die ältere Variante der unstrukturierten Fehlerbehandlung (Visual Basic 6) als auch die strukturierte Fehlerbehandlung genutzt werden. Bei der Entwicklung von .NET-Programmen empfiehlt es sich allerdings, grundsätzlich mit der strukturierten Fehlerbehandlung zu arbeiten und auf die veraltete unstrukturierte Methode völlig zu verzichten.

9.1 Ausnahmen

Trifft ein Programm zur Laufzeit auf eine Anweisung, die nicht ausgeführt werden kann, so tritt ein **Laufzeitfehler** auf. Diese Fehlerart wird auch als **Ausnahme** (exception) bezeichnet. Gelangt ein Programm in diesen »Ausnahmezustand«, wird der normale Programmfluss unterbrochen und ein **Fehlerobjekt** (`Err`-Objekt) generiert. Bei diesem Fehlerobjekt handelt es sich um eine Instanz der **Exception-Klasse**, welche sich im Namespace `System` befindet. Ein Exception-Objekt ist ein systemeigenes Objekt, welches über einen globalen Gültigkeitsbereich verfügt und die Art der aufgetretenen Ausnahme widerspiegelt. Lassen Sie uns das Dargestellte anhand einer Ausnahme, die wir mittels eines kleinen Programms selbst erzeugen werden, etwas plastischer machen.

Erstellen Sie bitte via **Datei · Neues Projekt · Konsolenanwendung** eine neue Konsolenanwendung. Anschließend geben Sie bitte den nachfolgenden Quellcode ein:

```
Module Module1
    Sub Main()
        Dim intDividend As Integer = 10
        Dim intDivisor As Integer = 0
        Dim intErgebnis As Integer
'Unerlaubte Division durch 0
        intErgebnis = intDividend / intDivisor
    End Sub
End Module
```

Listing 9.1 Der oben stehende Quellcode erzeugt aufgrund einer nicht erlaubten Division durch Null eine Ausnahme.

Wenn Sie Ihre Konsolenanwendung jetzt testen [F5], werden Sie vom Debugger des Visual Studios auf den fehlerhaften Programmcode hingewiesen. Ergänzend zum Fehlerfenster wird die Programmzeile, welche die fehlerhafte Anweisung enthält, gelb hinterlegt.

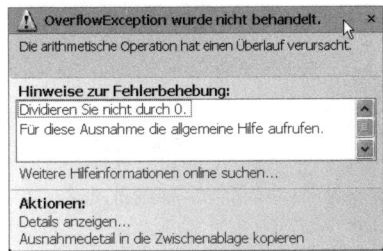

Abbildung 9.1 Fehlermeldung des Visual Studio-Debuggers für eine nicht erlaubte Division durch Null

Das durch die Ausnahme erzeugte `Err`-Objekt enthält wichtige Daten über die Fehlerursache. Während der Entwicklungsphase können Sie diese Informationen (Ausnahme-Snapshot) im Fehlerfenster unter **Details anzeigen** abrufen:

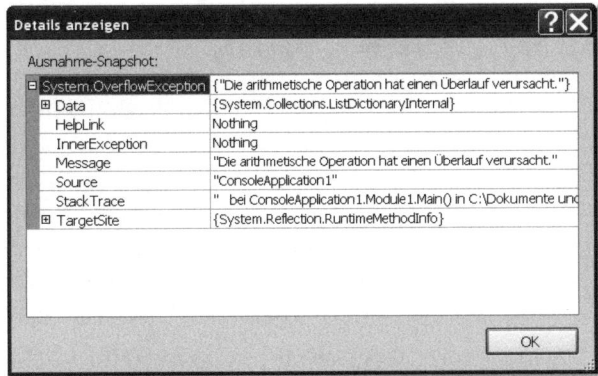

Abbildung 9.2 Das Ausnahme-Snapshot-Fenster für eine unerlaubte Division durch Null

Wie Sie später noch sehen werden, können die Informationen des `Err`-Objekts ebenfalls über die Programmierung abgerufen und ausgewertet werden. In der nachfolgenden Tabelle finden Sie Erläuterungen zu einigen zentralen Eigenschaften des `Err`-Objekts:

Eigenschaft	Bedeutung
HelpLink	Stellt einen Verweis auf einen zur Ausnahme passenden Hilfetext dar.
InnerException	Wurde diese Ausnahme durch einen anderen (vorangegangenen) Fehler ausgelöst, enthält InnerException einen Verweis auf diese vorangegangene Ausnahme.
Message	Enthält den Beschreibungstext der Ausnahme.

Tabelle 9.1 Eigenschaften des Err-Objekts

Eigenschaft	Bedeutung
Source	Verweist auf das Programm, in dem der Fehler aufgetreten ist. In unserem Beispiel ist dies `"ConsoleApplication1"`.
StackTrace	Gibt den Methodenaufruf an, welcher die Ausnahme ausgelöst hat. Damit lässt sich bestimmen, an welcher Stelle im Quellcode der Fehler aufgetreten ist. In unserem Beispiel war dies in `Sub Main()` von `Module1` der Anwendung `ConsoleApplication1` der Fall.

Tabelle 9.1 Eigenschaften des Err-Objekts (Forts.)

Nachdem wir uns nun Klarheit darüber verschafft haben, welche unangenehmen Konsequenzen das Auftreten einer **Exception** während der Programmlaufzeit nach sich zieht, befassen wir uns in den folgenden Abschnitten damit, auf welche Weise .NET-Anwendungen durch ein systematisches Fehlerhandling vor derartigen Ausnahmezuständen geschützt werden können.

9.2 Das Prinzip von Try ... Catch ... Finally

Wie wir in Abschnitt 9.1 gesehen haben, können Ausnahmen unter anderem durch fehlerhaften Programmcode verursacht werden. Darüber hinaus gibt es noch eine Fülle weiterer Ursachen, welche für das Auslösen von Exceptions verantwortlich sein können. In vielen Fällen handelt es sich dabei um **externe** Ursachen, also um Gründe, die nicht in einer unkorrekten Kodierung zu suchen sind. Bei den genannten externen Verursachern stehen unverfügbare externe Ressourcen und Geräte weit oben auf der Liste. Dabei kann es sich um eine Datei handeln, die nicht geladen werden kann, einen Drucker, der nicht zur Verfügung steht, eine unterbrochene Netzwerk- oder Internetverbindung und vieles mehr. Das Instrument, eine Anwendung davor zu schützen, etwa bei dem Versuch, eine nicht vorhandenen Datei von der Festplatte zu laden und so in einen Ausnahmezustand »hineinzulaufen«, ist der so genannte **Protected Code**.

Als **geschützter Code** werden alle Anweisungen bezeichnet, die sich zwischen den Visual Basic-Schlüsselwörtern `Try` und `Catch` eines `Try ... Catch ... Finally`-Blocks befinden. In diesem Zusammenhang spricht man auch davon, »problematische« Codesequenzen in eine `Try...Catch`-Anweisung zu **wrappen** (verpacken). Der formale Aufbau eines `Try...Catch`-Codeblocks hat die folgende Struktur:

```
Try
    Anweisungen, die einen Laufzeitfehler auslösen können
Catch
    Anweisungen, welche bei Auftreten eines Laufzeitfehlers
```

        ausgeführt werden sollen
Finally
        Anweisungen, die unabhängig vom Auftreten einer Ausnahme in
        jedem Fall ausgeführt werden
End Try

Sehen wir uns die Arbeitsweise der `Try...Catch`-Anweisung an einem kleinen
Praxisbeispiel an. Dazu erstellen Sie bitte über **Datei · Neues Projekt · Windowsanwendung** ein neues Windowsprojekt. Versehen Sie `Form1` bitte mit
einem Button und einer PictureBox und ändern Sie die **Texteigenschaft** von
`Button1` auf **Bild laden**:

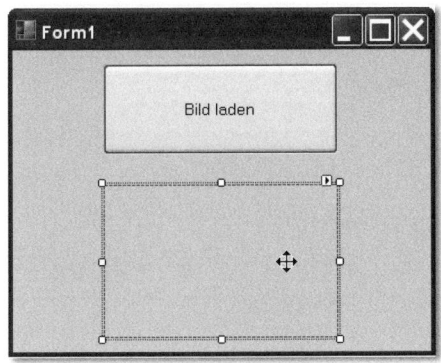

Abbildung 9.3 Windows-Form mit einer Schaltfläche, über die eine Grafik in eine PictureBox
geladen werden kann

Anschließend klicken Sie doppelt auf `Button1`, um die **erste Version** der Ereignisroutine zum Laden einer Grafikdatei in `PictureBox1` zu schreiben:

```
Private Sub Button1_Click(ByVal sender As System.Object, _
ByVal e As System.EventArgs) Handles Button1.Click
    PictureBox1.Image = New Bitmap("C:\grafiken\logo.bmp")
End Sub
```

Falls sich nicht zufälligerweise ein Verzeichnis `grafiken` mit einer Bitmap
`logo.bmp` darin auf Ihrem Rechner befinden sollte, wird durch die vorstehende
Anweisung eine **Ausnahme** ausgelöst. Im »Ernstfall«, also für den Fall, dass
unsere kleine Anwendung (`WindowsApplication1.exe`) **außerhalb** der Visual
Studio-Testumgebung gestartet wird, wird dem Anwender die folgende uner-
freuliche Fehlermeldung angezeigt:

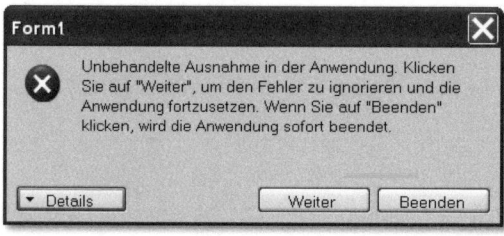

Abbildung 9.4 Fehlermeldung für eine unbehandelte Ausnahme in einer außerhalb der Entwicklungsumgebung gestarteten Anwendung

Im nächsten Schritt werden wir die Ladeanweisung für die Grafik in einen `Try...Catch`-Block »verpacken«:

```
Private Sub Button1_Click(ByVal sender As System.Object, _
ByVal e As System.EventArgs) Handles Button1.Click
    Try
        PictureBox1.Image = New Bitmap("C:\grafiken\logo.bmp")
    Catch
        OpenFileDialog1.InitialDirectory = "C:\"
        OpenFileDialog1.Filter = _
        "Grafiken (*.bmp,*.jpg,*.gif)|*.bmp;*.jpg;*.gif"
        OpenFileDialog1.ShowDialog()
        PictureBox1.Image = New
itmap(OpenFileDialog1.FileName)
    Finally
        MessageBox.Show("Finally: Ich komme immer zu Wort!")
    End Try
End Sub
```

Listing 9.2 Ladeanweisung für die Grafik

Für den Fall, dass das Laden einer Grafik im Try-Block ergebnislos bleibt, wird im Catch-Block ein Datei-Öffnen-Dialog aufgerufen, sodass der Anwender eine Grafik seiner Wahl in die PictureBox laden kann. Durch das Einbetten der **Ladeanweisung** in eine `Try...Catch`-Struktur haben wir erreicht, dass die Ausnahme **kontrolliert** »aufgefangen« wird. Dieses kontrollierte Auffangen geschieht im Catch-Block. Die dort stehenden Anweisungen werden immer dann ausgeführt, wenn eine der sich im Try-Block befindenden Anweisungen einen Fehler auslöst. Das Arbeiten mit **Protected Code** gibt dem Entwickler die vollständige Kontrolle über das Verhalten einer Anwendung im Ausnahmefall. Für unser Beispiel bedeutet dies, dass der User nicht eine der »erschreckenden«

Standardfehlermeldungen zu Gesicht bekommt, sondern alternativ die im `Catch`-Block kodierte Anweisung ausgeführt wird.

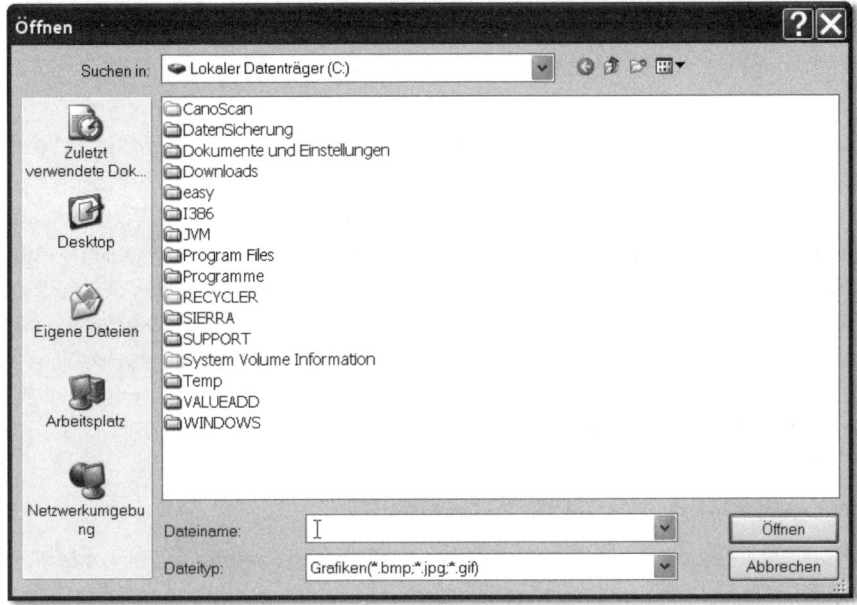

Abbildung 9.5 Durch die Anweisung im »Catch«-Block aufgerufener Datei-Öffnen-Dialog

In unserem Beispiel ermöglichen wir es dem Anwender für den Fall, dass die im Quellcode aufgerufenen Grafik nicht geladen werden kann, mittels eines Datei-Öffnen-Dialogs die Grafik »von Hand« zu suchen bzw. eine beliebige Grafik auszuwählen. Ein solches Vorgehen finden Sie insbesondere in den Fällen, in welchen eine externe Anwendung aufgerufen wird. Da nicht alle Anwendungen immer auch in ihr Defaultverzeichnis installiert werden, ist es sinnvoll, dem User die Möglichkeit zu bieten, das entsprechende Programm in einem benutzerdefinierten Installationsverzeichnis zu suchen.

> **Hinweis** Bitte beachten Sie, dass wenn mittels des Datei-Öffnen-Dialogs **keine** Grafik ausgewählt wird, wiederum eine Ausnahme auftritt.

Der `Finally`-Block ist optional. Die dort kodierten Anweisungen werden allerdings – unabhängig vom Auftreten einer Ausnahme – in **jedem Fall** ausgeführt. Somit eignen sich dort platzierte Anweisungen ideal für »Aufräumarbeiten«, wie etwa das Schließen von noch geöffneten Dateien.

> **Hinweis** Ein `Try...Catch...Finally`-Block kann mittels eines `Exit Try`-Statements verlassen werden. Die Programmausführung wird mit dem Code unmittelbar hinter der `End Try`-Anweisung fortgeführt. Die Anweisungen im `Finally`-Block werden nach wie vor ausgeführt. Das Kodieren einer `Exit Try`-Anweisung innerhalb eines `Finally`-Blocks ist nicht zulässig.

Beim Einsatz der strukturierten Fehlerbehandlung müssen Sie sorgfältig auf die Deklaration der Variablen achten. So stehen die lokalen Variablen eines `Try`-Blocks im entsprechenden `Catch`-Block nicht zur Verfügung. Um Variablen in allen Blöcken einer `Try...Catch...Finally`-Struktur nutzen zu können, sollten Sie diese **außerhalb** der Struktur deklarieren. `Try...Catch...Finally`-Strukturen können geschachtelt werden. Dabei werden unbehandelte Ausnahmen von innen nach außen weitergegeben. Wie Sie mittels der `Catch When`-Anweisung Fehlermeldungen filtern können, erfahren Sie in Abschnitt 9.3, *Arbeiten mit dem Err-Objekt*.

9.3 Arbeiten mit dem Err-Objekt

Bei Auftreten einer Ausnahme wird durch die Laufzeitumgebung ein Fehlerobjekt generiert. Dieses `Err`-Objekt stellt dem Entwickler einige äußerst nützliche Informationen zur Verfügung. Dabei werden die Fehlerinformationen in den **Eigenschaften** des `Err`-Objekts abgelegt.

Zu Testzwecken ist es hilfreich, Ausnahmen selbst generieren zu können. Diese Möglichkeit bietet uns die Visual Basic-Anweisung `Err.Raise`. Der `Err.Raise`-Methode können Fehlernummern übergeben und so gezielt bestimmte Ausnahmen erzeugt werden. Lassen Sie uns auch das Arbeiten mit dem `Err`-Objekt wieder an einem Beispiel ansehen. Dazu erstellen wir eine `Try...Catch`-Struktur, in welcher wir im `Try`-Block mittels `Err.Raise` selbst eine Ausnahme provozieren. Kodieren Sie die nachfolgende `Try-Catch`-Struktur bitte innerhalb einer Button-Click-Prozedur:

```
Try
    Err.Raise(71)
Catch
    MessageBox.Show(Err.Description)
Finally
    MessageBox.Show("Finally: Ich komme immer zu Wort!")
End Try
```

Listing 9.3 Im Try-Block wird mittels der Err.Raise-Methode ein Laufwerksfehler simuliert.

Im `Try`-Block erzeugen wir durch Übergabe der **Fehlernummer 71** an die `Err.Raise`-Methode eine Ausnahme, welche immer dann auftritt, wenn ein Laufwerk **nicht bereit** ist. Im anschließenden `Catch`-Block rufen wir die **Fehlerbeschreibung** über die `Description`-Eigenschaft des durch die Ausnahme erzeugten Fehlerobjekts ab und lassen diese in einer MessageBox anzeigen:

Abbildung 9.6 Anzeige der »Description«-Eigenschaft des Err-Objekts (Fehlercode 71) in einer MessageBox

Die Eigenschaften des `Err`-Objekts können auch im Zusammenhang mit der `Catch When`-Anweisung genutzt werden. Auch hierzu wieder ein kleines Beispiel:

```
Try
'Auslösen eines Druckerfehlers
    Err.Raise(482)
Catch When Err.Number = 482
    MessageBox.Show(Err.Description)
Finally
    MessageBox.Show("Finally: Ich komme immer zu Wort!")
End Try
```

Listing 9.4 Mittels »Catch When« wird überprüft, ob ein Druckerfehler (Ausnahme 482) vorliegt.

In unserem Beispiel wird mittels `Err.Raise` und der **Fehlernummer 482** ein **Druckerfehler** ausgelöst. Die `Catch When`-Anweisung prüft, ob die aufgetretene **Ausnahme** die Fehlernummer 482 hat. Ist das der Fall, so werden die Anweisungen im `Catch`-Block ausgeführt. Für den Fall allerdings, dass die `Number`-Eigenschaft des `Err`-Objekts nicht mit der Bedingung übereinstimmt, bleibt die Ausnahme **unbehandelt**! Über die `Catch When`-Auswahl können Sie in einer `Try...Catch`-Struktur eine differenzierte Ausnahmebehandlung für unterschiedliche Ausnahmearten installieren.

9.4 Mit dem Visual Studio-Debugger auf Fehlersuche

Bevor Ihre Programme an Ihre Kunden ausgeliefert werden, sollten Sie sich davon überzeugen, dass diese möglichst einwandfrei laufen. Die strukturierte

Fehlerbehandlung, wie sie im vorangegangenen Abschnitt vorgestellt wurde, ist sicherlich ein probates Mittel, Anwendungen möglichst robust zu gestalten. Dennoch ist und bleibt das **Testen** Ihrer Software der ultimative Schritt, um sicherzustellen, dass alle Vorgaben exakt und »ausnahmslos« erfüllt sind. Trotz strukturierter Fehlerbehandlung lassen sich gerade **Laufzeitfehler** letztendlich nur durch ausgiebiges und wiederholtes Testen der Software ausschließen. Auf Fehler, welche durch inkorrektes Kodieren von Visual Basic-Anweisungen entstehen könnten, werden Sie durch den Codeeditor unmittelbar bei der Eingabe hingewiesen. Dazu führt das Visual Studio im Hintergrund eine umfassende **Syntaxprüfung** der von Ihnen eingegebenen Codezeilen durch und macht Sie auf die entsprechenden Fehler aufmerksam. Wie Sie im Folgenden sehen werden, handelt es sich beim Debugger des Visual Studios um ein äußerst vielseitiges und komfortables Werkzeug zur Fehleranalyse.

Neben den Laufzeit- und Syntaxfehlern stellen **Logikfehler** eine besonders tückische Fehlerkategorie dar. Tückisch insofern, als das Programm in der Regel keine Fehlermeldungen produziert, allerdings **unkorrekte** Ergebnisse liefert. Fehler in der Programmlogik sind insbesondere dann schwierig zu erkennen, wenn das falsche Ergebnis nur marginal vom korrekten Wert abweicht. Stellen Sie sich etwa eine umfassende Berechnung vor, an deren Ende als korrektes Ergebnis 1.134.564,23 € stehen müsste. Aufgrund einer falschen Rundungsentscheidung wird als Ergebnis 1.134.564,20 € ausgegeben. Ebenso perfide sind Fehler, die nur in einigen Fällen zu unkorrekten Ergebnissen führen. Anhand eines solchen Beispiels werden wir uns jetzt mit der Arbeitsweise des Visual Studio-Debuggers vertraut machen.

Stellen Sie sich bitte vor, ein Buchclub möchte seinen Kunden – gestaffelt nach Mitgliedsjahren – einen Treuerabatt gewähren. Dabei erhält jeder Kunde bis zum fünften Jahr 5 Prozent, ab dem sechsten Jahr 10 Prozent und ab dem elften Jahr 15 Prozent Rabatt. Um dieses berechnen zu können, erstellen Sie bitte zunächst die in Abbildung 9.7 dargestellte Windows-Form:

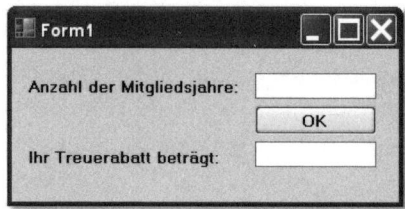

Abbildung 9.7 Programmoberfläche zur Ermittlung des Treuerabatts

In das obere Textfeld (TextBox1) können die **Mitgliedsjahre** eingegeben werden. Im zweiten Textfeld (TextBox2) wird nach Drücken des OK-Buttons (Button1) der ermittelte **Rabattsatz** angezeigt. Legen Sie bitte hinter Button1 die nachstehenden Programmzeilen:

```
Dim intJahre As Integer
intJahre = TextBox1.Text
    Select Case intJahre
        Case 0 To 5
            TextBox2.Text = "5 Prozent"
        Case 6 To 10
            TextBox2.Text = "10 Prozent"
        Case Is >= 11
            TextBox2.Text = "15 Prozent"
    End Select
```

Listing 9.5 Select-Case-Struktur zur Rabattermittlung mit logischem Fehler

Wenn Sie dieses Beispiel testen, wird für alle eingegebenen Werte in TextBox2 ein entsprechender Rabattsatz angezeigt. Es wird Ihnen allerdings auffallen, dass auch ein Kunde, der noch kein Mitglied im Buchclub ist – denn nichts anderes bedeutet die Eingabe von **0 Jahren** – einen Rabatt von 5 Prozent erhält.

> **Hinweis** Um das Beispiel so übersichtlich wie möglich zu halten, wurde auf das Verifizieren der Eingabewerte verzichtet. Sie sollten also möglichst keine unzulässigen Werte (Zeichenketten etc.) in TextBox1 eingeben.

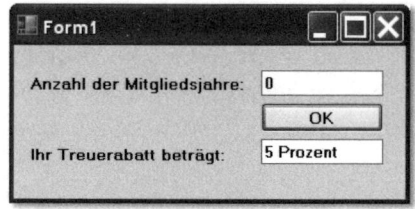

Abbildung 9.8 Das Programm gewährt fälschlicherweise auch einem Nicht-Mitglied einen Treuerabatt von 5 Prozent.

Um diesen während der Testphase ermittelten Fehler zu orten, auch wenn er im Beispiel augenfällig ist, werden wir uns der Möglichkeiten des Debuggers bedienen. Der schnellste Weg, den Debugger zu starten, führt über die Menüleiste:

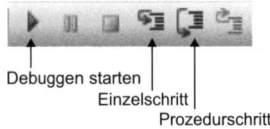

Debuggen starten
  Einzelschritt
   Prozedurschritt

Abbildung 9.9 Menüleisten-Icons zum Aufrufen des Visual Studio-Debuggers

Über die Menüleiste kann die Anwendung in drei verschiedenen Debug-Modi gestartet werden. Dabei entspricht das Aufrufen über **Debug starten** dem Ihnen schon bekannten Testlauf. Sollte der Quellcode **Haltepunkte** aufweisen, so wird die Programmausführung am ersten Haltepunkt, auf den der Debugger trifft, unterbrochen. Einen Haltepunkt können Sie der Anwendung auf folgende Weise hinzufügen:

▶ Setzen Sie den Cursor in die Programmzeile, in welcher der Programmlauf unterbrochen werden soll.

▶ Rufen Sie mittels der rechten Maustaste das entsprechende Kontextmenü auf.

▶ Fügen Sie über **Haltepunkt · Haltepunkt setzen** den Haltepunkt hinzu.

In unserem Beispiel wäre es sinnvoll, einen Haltepunkt in die erste Zeile der Select-Case-Anweisung zu setzen.

Das Starten des Debuggers im **Einzelschritt-Modus** erlaubt es, den Programmfluss im Detail, Zeile für Zeile, zu verfolgen. Wenn Sie unser kleines Treuerabatt-Programm in diesem Modus debuggen und als Jahreswert erneut die »kritische« 0 eingeben, können Sie genau verfolgen, wie nach Überprüfen des Werts in der Zeile Case 0 To 5 das Programm in die nächste Zeile TextBox2.Text = "5 Prozent" wechselt und anschließend alle weiteren Case-Blöcke **überspringt**. Im Einzelschritt-Modus wird somit recht schnell offensichtlich, an welcher Stelle der Fehler in der Programmlogik liegen muss. Wenn Sie im Debug-Modus mit dem Cursor auf eine Variable zeigen, wird der aktuelle Variableninhalt angezeigt.

Hinweis Der Modus **Prozedurschritt** arbeitet in einem wesentlichen Punkt anders als der Einzelschritt-Modus. Auch beim Prozedurschritt geht der Debugger Zeile für Zeile vor. Trifft er in diesem Modus allerdings auf einen **Funktionsaufruf**, so wird die Funktion in einem Zug ausgeführt. Anschließend fährt der Debugger mit der ersten Zeile nach dem Funktionsaufruf fort. Für den Fall, dass Sie auch die einzelnen Programmzeilen der aufgerufenen Funktion debuggen möchten, sollten Sie den Einzelschritt-Modus wählen.

Eine umfassendere Möglichkeit zur Überwachung der einzelnen Programmvariablen bietet das **Überwachungsfenster**, welches Sie über die **Debug-Symbolleiste** aktivieren können:

Überwachen

Abbildung 9.10 Die Debug-Symbolleiste zum Aktivieren des Überwachungsfensters

> **Hinweis** Die **Debug**-Menüleiste finden Sie unter **Ansicht · Symbolleisten · Debuggen**. Die anderen Debuggerfunktionen wie »Debuggen starten«, »Einzelschritt« und »Prozedurschritt« sind Bestandteil der Symbolleiste »Standard«.

Im Überwachungsfenster können Sie alle Variablen, die Sie während des Programmlaufs beobachten wollen, eingeben:

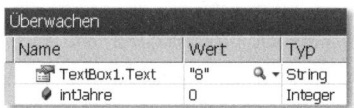

Abbildung 9.11 Überwachungsfenster des Visual Studio-Debuggers

In Abbildung 9.11 werden im Überwachungsfenster die aktuellen **Inhalte** von `TextBox1.Text` und `intJahre` angezeigt. Darüber hinaus finden Sie im Überwachungsfenster auch die Angabe zum jeweiligen **Datentyp**. Die aktuell dargestellte Situation spiegelt die Eingabe von 8 »Mitgliedsjahren« **vor** Zuweisung des Werts von `TextBox1.Text` an `intJahre` wider.

Anhand dieses kleinen Beispiels haben Sie einige zentrale Instrumente des Visual Studio-Debuggers kennen gelernt. Da es sich beim Debugger um ein äußerst komplexes Werkzeug mit einer Fülle von Funktionen handelt, bleibt für Sie noch einiges, was im Rahmen dieser Einführung nicht behandelt werden kann, zu entdecken. Sie sollten diese Entdeckungsreise in jedem Fall antreten, da eine sichere Handhabung des Debuggers Ihnen Ihr Entwicklerleben sicherlich in vielen Situationen erleichtern wird.

Abschließend noch ein kleiner Tipp, der insbesondere dann von Nutzen ist, wenn Sie einmal gemeinsam mit einem oder mehreren Kollegen einen Programmtext analysieren möchten. Bei der Fehleranalyse kann es hilfreich sein, im Codeeditor die Zeilennummerierung einzuschalten. Dazu öffnen Sie bitte unter **Extras · Optionen** das entsprechende Dialogfenster:

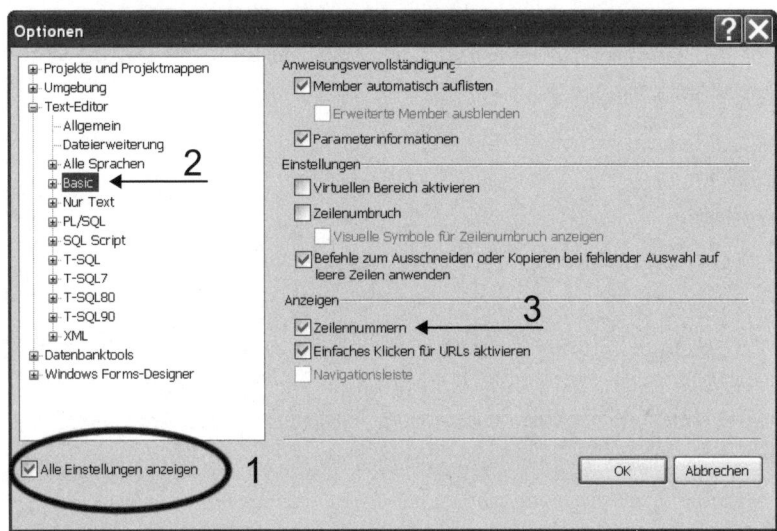

Abbildung 9.12 Im Optionen-Dialog kann die Zeilennummerierung für den Codeeditor aktiviert werden.

An dieser Stelle müssen Sie zunächst im unteren Bereich des Fensters die Einstellung »Alle Einstellungen anzeigen« (**1**) aktivieren. Anschließend können Sie unter **Basic** (**2**) das Einblenden der Zeilennummern (**3**) einschalten.

10 Verteilen von .NET-Anwendungen

10 Verteilen von .NET-Anwendungen

Ein .NET-Programm, das sein Dasein lediglich auf Ihrem Entwick-
lungsrechner fristet, wird sicherlich nicht sonderlich erfolgreich wer-
den. In diesem Kapitel erfahren Sie alles darüber, wie Sie Ihre Pro-
gramme mithilfe des Visual Studios 2005 »an den Mann« bringen.
Dabei wird das so genannte XCOPX, das No-Touch-Deployment
ebenso behandelt wie das neue Verfahren des Click-Once-Deployment.
Auch der Microsoft Windows Installer sowie das Erstellen von Setup-
Projekten werden Gegenstand dieses Kapitels sein.

Nachdem wir uns nun neun Kapitel lang mit den Grundlagen der Visual Basic
.NET-Programmierung, der OOP, der Windows-, Datenbank- und Webprogrammierung beschäftigt haben, wird es Zeit für den letzten, abschließenden Schritt
des Software-Entwicklungsprozesses: das **Verteilen** von .NET-Programmen.
Dieser Prozess, das Ausliefern von Anwendungen an den Kunden, wird als
Deployment bezeichnet. Im Rahmen des Softwareengineerings steht das
Deployment zeitlich gesehen zwar an letzter Stelle, hat aber für den Produkter-
folg eine nicht zu unterschätzende Bedeutung. Wer kauft schon eine Software,
die sich nur mit großen Mühen installieren lässt? Über diesen Aspekt hinaus
stellt eine »saubere« Installation auch ein korrektes Funktionieren der ausgelieferten Anwendung sicher. Welche Deployment-Möglichkeiten das .NET Framework 2.0 bereithält, ist Thema des folgenden Abschnitts.

10.1 Einführung

Das Verteilen von Anwendungssoftware ist kein trivialer Vorgang und bedarf
einer genauen Planung ebenso wie einer soliden technischen Umsetzung.
Damit ein von Ihnen erstelltes Programm auf einem fremden Rechner ebenso
stabil und reibungslos wie auf Ihrem Entwicklungsrechner läuft, müssen Sie für
Ihre Anwendung auf dem Zielrechner eine ähnlich »lebensfreundliche Atmos-
phäre« schaffen. Da Programme in der Regel in zahlreichen Abhängigkeiten zu
anderen Komponenten stehen, die Sie für ihre Funktionsfähigkeit benötigen,
müssen diese »externen« Programmkomponenten auf dem Zielrechner ebenfalls bereitgestellt werden. In den Zeiten vor .NET gab es für die mit der Weitergabe von Anwendungen im Zusammenhang stehenden Probleme den ein-
prägsamen und gefürchteten Begriff der **DLL Hell**. Hinter diesem Begriff
verbirgt sich eine Reihe von Problemen, welche bei Anwendern und Entwicklern gleichermaßen Angst und Schrecken verbreiteten.

Die DLL-Hölle ist vielen Anwendern etwa in folgender Form begegnet: Ein neues Programm A wird auf einem Rechner installiert, wobei die Installation ohne Probleme verläuft. Nach Aufruf funktioniert Anwendung **A** reibungslos. Aber, warum läuft Anwendung **B** nicht mehr, obwohl diese bis zur Installation von A stabil und ohne Probleme ausgeführt werden konnte? Nun, der Grund dafür könnte die DLL Hell sein.

Jede Windowsanwendung nutzt, neben ihren eigenen »internen« Routinen, eine Fülle von Funktionen, welche durch die so genannten **Dynamic Link Libraries** (DLLs) zur Verfügung gestellt werden. Zwischen Programm und DLL besteht insofern eine Abhängigkeit, als die Anwendung ohne die Dienste der DLL nicht korrekt funktionieren kann. Bei DLLs handelt es sich um Funktions-bibliotheken, die von mehreren Programmen gleichzeitig genutzt werden (shared components). Dabei erfolgt das Laden einer DLL jeweils erst bei Bedarf (dynamisch). Diese an sich intelligente und ressourcensparende Lösung (modulares Programmieren) birgt jedoch einige Probleme.

Nutzt eine Anwendung A etwa bestimmte Funktionen einer DLL und wird diese bei der Installation eines anderen Programms B durch eine andere Version derselben DLL überschrieben, welche die durch A genutzte Funktion gar nicht mehr oder verändert enthält , kann dieses bis zur Funktionsunfähigkeit von A führen. Eine besondere Form der DLL-Hölle stellt dabei das Aktualisieren einer DLL durch eine komplett kompatible neue Version dar. Was, wenn die neue Version vom Konzept her zwar vollständig kongruent ist, sich bei ihrer Neuentwicklung aber Bugs eingeschlichen haben? In diesem Fall wären alle Programme, die auf diese aktualisierte DLL zugreifen, potenziell gefährdet.

Mit dem .NET Framework und der `Common Language Runtime` (s. Abschnitt 1.2) stellt Microsoft eine Plattform zur Verfügung, welche die Probleme der DLL Hell überwindet und das Verteilen von Anwendungen wesentlich erleichtert. Jedoch sei schon an dieser Stelle darauf hingewiesen, dass das Weitergeben einer .NET-Anwendung durch einfaches Kopieren auf einen anderen Rechner (XCOPY-Deployment) nur in wenigen Fällen eine praktikable Lösung darstellt. Aus diesem Grund sollten auch .NET-Weitergabeprojekte gut bedacht und sorgfältig geplant werden. Die nachfolgende Liste enthält ein paar Fragen, die Ihnen bei der Planung Ihrer Weitergabe-Projekte als kleine Hilfestellung dienen sollen:

▶ Art der Anwendung (Konsolenanwendung, Windowsanwendung, Webanwendung etc.)?

▶ Wo soll die Anwendung installiert werden (Einzelplatzrechner, Netzwerkrechner, Rechner mit Internetanbindung etc.)?

▶ Wie oft wird die Anwendung aktualisiert (Update-Frequenz)?

- Wie soll die Anwendung ausgeliefert werden (CD, LAN-Server, Webserver etc.)?
- Anforderungen an das Zielsystem (benötigte Komponenten und Ressourcen)?
- Welche Sicherheitsüberlegungen spielen eine Rolle? (Sicherheitsrichtlinien des Zielsystems, Interaktion mit anderen Programmen etc.)

Je nach Beantwortung der oben aufgeführten Fragen werden Sie unterschiedliche Vertriebsarten wählen. Am Ende dieses Abschnitts werden Sie in der Lage sein zu entscheiden, welche Deployment-**Art** Ihrer Anwendung und Ihrem Kunden am besten entspricht.

10.1.1 XCOPY-Deployment

Mit **XCOPX-Deployment** wird das einfachste aller Software-Verteilungsverfahren beschrieben. Der Name leitet sich vom DOS-Befehl **xcopy** her, welcher das Kopieren ganzer Verzeichnisstrukturen ermöglicht. Da es mit der Einführung des .NET Frameworks vom Grundsatz her möglich ist, eine Anwendung auf einem Zielsystem durch reines Kopieren zu »installieren«, spiegelt der Begriff XCOPY (marketingtechnisch) auch die Möglichkeiten der neuen Microsoft Entwicklungsplattform wider. Sollten Ihnen die »guten alten DOS-Zeiten« nicht mehr geläufig sein, rufen Sie via **Start · Alle Programme · Zubehör · Eingabeaufforderung** einfach einmal die so genannte **DOS-BOX** auf. Wenn Sie dort am Eingabeprompt den Befehl `xcopy /?` oder alternativ `help xcopy` eingeben, erhalten Sie eine Auflistung aller Befehlsparameter der **xcopy**-Anweisung:

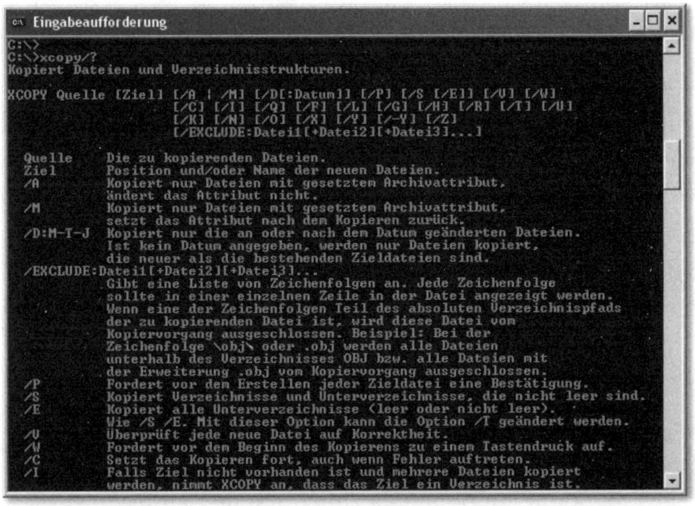

Abbildung 10.1 DOS-BOX mit aufgelisteten Befehlsparametern der xcopy-Anweisung

Das einfache Übertragen eines Programms beispielsweise von einer CD, die sich im Laufwerk D: befindet, auf die lokale Festplatte *C:* ließe sich mit folgender `xcopy`-Anweisung bewerkstelligen:

`xcopy` d:\Programmname c:\Programmname **/s**

Der Parameter **s** sorgt dafür, dass **alle** im Programmverzeichnis enthaltenen Dateien und Unterverzeichnisse mit kopiert werden. Um das XCOPY-Deployment nutzen zu können, müssen sich alle Ressourcen, die von der entsprechenden Anwendung benötigt werden, im Programmverzeichnis befinden und mit auf den Zielrechner übertragen werden. Darüber hinaus muss die Laufzeitumgebung, sprich das .NET Framework, ebenfalls **zwingend** auf dem Zielsystem vorhanden sein. Eine sinnvolle Option ist dieses Verteilungsverfahren also allenfalls für diejenigen Programme, welche keine Abhängigkeiten außerhalb des .NET Frameworks aufweisen. Da heutzutage selbst die einfachsten Anwendungen kaum noch ohne externe Ressourcen auskommen, bleibt der Einsatz des XCOPY-Deployments wohl eher die Ausnahme.

10.1.2 Der Microsoft Windows Installer (MSI)

Grundsätzlich handelt es sich beim Microsoft Installer um eine von Microsoft mit Windows 2000 eingeführte Technologie zur Installation von Programmen auf Basis von Windows-Betriebssystemen. Der Microsoft Windows Installer wird zusammen mit den Betriebssystemen Windows 2000, Windows ME und Windows XP ausgeliefert. Der MSI hat seinen Ursprung somit nicht in der .NET-Welt und kann dementsprechend auch zur Installation von Nicht-.NET-Programmen eingesetzt werden. Mithilfe des MSI lassen sich Anwendungen äußerst komfortabel auf einem beliebigen (Windows-)Zielrechner installieren.

Da der Windows Installer datenbankbasiert arbeitet, ist er in der Lage, Funktionen wie das so genannte **Self-Repair** zur Verfügung zu stellen. Bei diesem Verfahren erkennt das Installationsprogramm (anhand der bei der Installation angelegten Datenbank), ob dem Programm aktuell noch alle benötigten Ressourcen zur Verfügung stehen. Sollte der Installer erkennen, dass gewisse Programmkomponenten fehlen, werden diese automatisch nachinstalliert. Für den Fall, dass der Installer bereits bei der Installation auf Probleme trifft, kann er das System mittels seiner **Roll-Back-Funktion** in den ursprünglichen Zustand (vor dem Installationsbeginn) zurückversetzen.

Alle Daten von Programmen, welche mittels des MSI installiert wurden, befinden sich in einer Datenbank. So ist sichergestellt, dass im Falle einer Deinstallation tatsächlich alle Programmkomponenten vom Computer entfernt werden. Darüber hinaus kann der Installer über die Datenbank sicherstellen, dass er keine (gemeinsamen) Komponenten, die noch durch eine andere Anwendung genutzt werden, deinstalliert. Einige der Visual Studio-Installations-Tools nutzen diese Technologie, welche mittlerweile in der Version 3.1 verfügbar ist.

> **Hinweis** Der MSI arbeitet mit zwei unterschiedlichen Dateitypen, deren Dateierweiterungen auf `.msi` und `.msm` lauten. Dabei sind MSI-Dateien selbstständig ausführbare Installationspakete. Bei den MSM-Dateien handelt es sich um so genannte Merge-Module, auf welche wir noch zu sprechen kommen. Auch für die Windowsversionen 95, 98 und NT 4.0 ist der MSI verfügbar.

10.1.3 ClickOnce-Deployment (COD)

Mit dem Visual Studio 2005 und dem .NET Framework 2.0 stellt Microsoft ein neues Deployment-Verfahren vor: das **ClickOnce-Deployment** (COD). Click-Once ist eine Weiterentwicklung des so genannten No-Touch-Deployment (NTD). Mit diesem neuen Weitergabeverfahren will Microsoft die Lücke zwischen der einfachen Bereitstellung von Webanwendungen, für deren Nutzung der Anwender lediglich einen Browser benötigt, und den komplexeren Verfahren der Weitergabe von Windows Forms-Anwendungen schließen. Darüber hinaus soll die Anwendungsaktualisierung durch diese neue Weitergabetechnologie automatisiert werden, sodass auch in diesem Bereich ein Maximum an Benutzerkomfort erreicht wird. Mittels des ClickOnce-Deployments können sich selbst aktualisierende (self-updating) Windowsanwendungen von einem Webserver, einer Netzwerkfreigabe im LAN ebenso wie von einer CD oder DVD auf einem lokalen Rechner installiert werden.

> **Hinweis** Insbesondere für die Installation »großer« Anwendungen auf Systemen mit schmalbandigen Internetanschlüssen (ISDN) stellt ein Vertrieb via CD oder DVD immer noch eine durchaus interessante Variante dar, wobei selbstverständlich auch hier die automatischen Aktualisierungsfunktionen einer ClickOnce-Anwendung im Anschluss an die Erstinstallation in vollem Umfang zur Verfügung stehen.

COD unterscheidet sich in einigen wesentlichen Punkten von anderen Installationstechniken. So werden bei mittels ClickOnce installierten Anwendungen im Bedarfsfall lediglich diejenigen Programmkomponenten aktualisiert, die von einer Änderung betroffen sind. Dieses Update-Verfahren ist äußerst effizient und kann unter Umständen eine signifikante Traffic-Einsparung bedeuten. Des Weiteren sind ClickOnce-Anwendungen in sich abgeschlossen (self-contained), wodurch potenzielle Versionskonflikte (DLL Hell, shared components) vermieden werden können. Die Versionsverwaltung wird hierbei durch die .NET Framework-Technologie übernommen. Das Update-Verhalten einer ClickOnce-Anwendung kann durch den Entwickler festgelegt werden, wobei grundsätzlich zwischen drei Update-Strategien unterschieden werden kann:

1. Prüfung auf Updates bei Start der Anwendung
2. Prüfung auf Updates während der Programmlaufzeit (im Hintergrund)
3. Bereitstellung eines Benutzerinterfaces zum Prüfen auf Updates (eigenes Menü, Aktualisierungsbutton etc.)

Für eine große Zahl von Windowsanwendungen hat sich in der Praxis zumindest eine Kombination der Strategien 1 und 3 bewährt. Auch das Zurückkehren (Roll-back) zu einer früheren Programmversion ist bei ClickOnce-Anwendungen möglich. Nach der ersten Installation kann mit einer ClickOnce-Anwendung auch offline gearbeitet werden. Zur Realisierung eines Updates bleibt allerdings eine Onlineverbindung zum Web- oder Fileserver nach wie vor unverzichtbar. Wie Sie eine ClickOnce-Anwendung mithilfe des Visual Studios 2005 bereitstellen, ist Gegenstand eines kleinen »Walkthroughs« in Abschnitt 10.3, *Veröffentlichen einer ClickOnce-Anwendung*.

10.2 Setup- und Weitergabeprojekte

Das Visual Studio 2005 stellt eine Reihe von Vorlagen für Weitergabeprojekte zur Verfügung, die im Folgenden im Einzelnen beschrieben werden.

10.2.1 Setup-Projekte

Dieser Projekttyp basiert auf der Windows Installer-Technologie (siehe Abschnitt 10.1.2) und erzeugt im Ergebnis eine Datei mit der Endung `.msi`. Die MSI-Datei enthält neben der Anwendung selbst auch alle von dieser benötigten Ressourcen. Des Weiteren beinhaltet die MSI-Datei die vollständigen Installationsdaten sowie die erforderlichen Informationen für die Einträge in die Registry. Bei Installation einer Anwendung auf einem Zielrechner via Windows Installer-Technologie ist in jedem Fall sichergestellt, dass der Anwendung nach abgeschlossener Installation alle benötigten Komponenten zur Verfügung stehen.

10.2.2 Web-Setup-Projekte

Die zweite Art eines Setup-Projekts stellt das Web-Setup-Projekt dar. Im Gegensatz zum »klassischen« Setup-Projekt für Windowsanwendungen wurde das Web-Setup-Projekt zur Installation von Webanwendungen auf einem Webserver konzipiert. Während durch das Setup-Projekt Anwendungen normalerweise unmittelbar in das Programmverzeichnis eines Zielrechners installiert werden, nutzt das Web-Setup-Projekt so genannte virtuelle Verzeichnisse auf dem Webserver zur Programminstallation.

10.2.3 Mergemodul-Projekte

Bei einem Mergemodul handelt es sich um eine Datei mit der Endung `.msm`. Ein Mergemodul fasst verschiedene Anwendungskomponenten für eine Installation zusammen. Dazu gehören DLLs ebenso wie zahlreiche andere Programmressourcen. Mergemodule sind Bestandteil der Windows Installer-Technologie. Anders als CAB-Dateien sind Mergemodule nicht direkt installierbar. Vielmehr werden sie vom Installer in die laufende Installation eingebunden. Die in einem Mergemodul vorhandenen Anwendungsressourcen können von verschiedenen Programmen genutzt werden. Dazu muss das entsprechende Mergemodul lediglich in das jeweilige Setup-Projekt eingebunden werden.

10.2.4 CAB-Projekte

Mithilfe eines CAB-Projekts kann eine Anzahl von Dateien in eine CAB-Datei »verpackt« werden. Diese Dateien mit der Endung `.cab` können zum Download via Webbrowser bereitgestellt werden. Die zu einer Cabinet-Datei (cabinet = Aktenschrank) hinzugefügten Dateien können komprimiert werden, wodurch sich die entsprechenden Downloadzeiten verkürzen lassen.

Eine besondere Form der CAB-Weitergabeprojekte stellen die **CAB-Projekte für Smart Devices** dar. Dabei können alle Anwendungsdateien in eine selbstextrahierende CAB-Datei verpackt werden. CAB-Weitergabeprojekte für Smart Devices können unter anderem über Internetseiten, Speicherkarten oder einen PC bereitgestellt werden.

> **Hinweis** Für jede der vier beschriebenen Weitergabeoptionen, Setup-Projekte, Web-Setup-Projekte, Mergemodul-Projekte und Cab-Projekte, stellt das Visual Studio jeweils eine eigene Weitergabevorlage zur Verfügung. Alternativ dazu können Sie die Hilfe des Setup-Assistenten in Anspruch nehmen, der Sie äußerst komfortabel durch den gesamten Veröffentlichungsprozess geleitet wird. Leider stehen in der Express Edition nicht alle genannten Features zur Verfügung.

10.3 Veröffentlichen einer ClickOnce-Anwendung

In diesem Abschnitt werden wir uns im Rahmen eines kleinen Walkthroughs ansehen, wie eine ClickOnce-Anwendung mithilfe des Visual Studios 2005 veröffentlicht werden kann.

> **Hinweis** Das nachfolgende Beispiel setzt einen installierten Microsoft Internet Information Server (IIS) voraus. Sollte der IIS nicht auf Ihrem Rechner installiert sein, so können Sie diesen über **Programme · Systemsteuerung · Software · Windows-Komponenten hinzufügen/entfernen** nachinstallieren.

Abbildung 10.2 Assistent zur Nachinstallation des Microsoft Internet Information Servers (IIS)

Bevor wir in das Beispiel einsteigen, möchte ich Sie nochmals an das Folgende erinnern: Bei einer ClickOnce-Anwendung handelt es sich zunächst um eine »ganz normale« Windows Forms-Anwendung. Die Besonderheit einer solchen Anwendung liegt darin, dass sie – wie in unserem Beispiel – über einen Webserver auf einem beliebigen PC installiert werden kann und sich anschließend selbsttätig aktualisiert. Aus diesem Grund besteht der erste Arbeitsschritt für uns darin, eine kleine Windowsanwendung zu erstellen.

10.3.1 Erstellen einer Windowsanwendung

Um eine neue Windowsanwendung zu erstellen, gehen Sie bitte folgendermaßen vor:

▶ Wählen Sie unter **Datei · Neues Projekt** im Template-Fenster die Vorlage **Windowsanwendung** aus. Ändern Sie den Standardprojektnamen von WindowsApplication1 in **ClickOnce-Test**.

- ▶ Ziehen Sie aus der Toolbox einen Button auf `Form1`. Ändern Sie die Text-Eigenschaft von `Button1` in **Info**.

- ▶ Doppelklicken Sie auf `Button1` und hinterlegen Sie im Codeeditor eine einfache MessageBox-Anweisung:

- ▶ `MessageBox.Show("Hallo, ich bin ein ClickOnce-Programm!")`

- ▶ Zum Abschluss sollten Sie Ihr erstes ClickOnce-Programm noch testen. Dazu können Sie die Schaltfläche in der Menüleiste nutzen oder einfach die [F5]-Taste drücken.

10.3.2 Arbeiten mit dem Webpublishing-Assistenten

Im nächsten Schritt werden wir unsere ClickOnce-Anwendung auf einem Webserver bereitstellen, sodass sie von dort aus zur Installation auf beliebige PCs abgerufen werden kann.

Öffnen Sie bitte zunächst über das Menü **Projekt · ClickOnce-Test-Eigenschaften** das Fenster für die **Projekteinstellungen**. Dort wählen Sie bitte das Register **Veröffentlichen** aus:

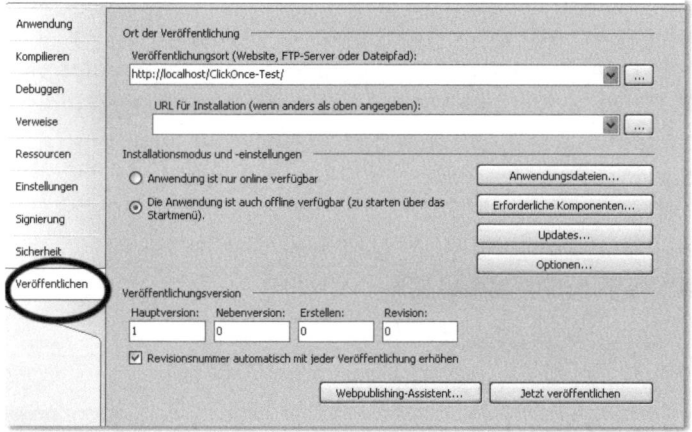

Abbildung 10.3 Fenster zur Konfiguration der Veröffentlichungseigenschaften einer ClickOnce-Anwendung

In diesem Fenster können Sie alle Einstellungen, welche für die Veröffentlichung unserer ClickOnce-Anwendung von Bedeutung sind, vornehmen. Im ersten Schritt werden wir sicherstellen, dass auf dem Zielsystem die Voraussetzungen für eine korrekte Installation unserer Anwendung gegeben sind. Da unser Programm als Laufzeitumgebung das .NET Framework 2.0 benötigt, werden wir dieses zu den »erforderlichen Installationsvoraussetzungen« hinzufügen. Dazu klicken Sie bitte auf den Button **Erforderliche Komponenten**:

Abbildung 10.4 In diesem Fenster können die zur Programminstallation erforderlichen Komponenten festgelegt werden.

Unsere Anwendung benötigt als Laufzeitumgebung das .NET Framework 2.0. Ohne ein auf dem Zielsystem vorinstalliertes .NET Framework ist unsere Anwendung nicht funktionsfähig. Wie Sie in Abbildung 10.4 sehen, ist aus diesem Grund das Framework in der entsprechenden Version bereits per default vorgemerkt. Im unteren Bereich des Fensters kann noch angegeben werden, von welcher Quelle eventuell benötigte Programmkomponenten heruntergeladen werden sollen. Für unser Beispiel können wir diese Einstellungen unverändert übernehmen. Mittels des **Updates**-Buttons gelangen Sie zum Fenster, in welchem die Update-Eigenschaften unserer ClickOnce-Anwendung definiert werden können:

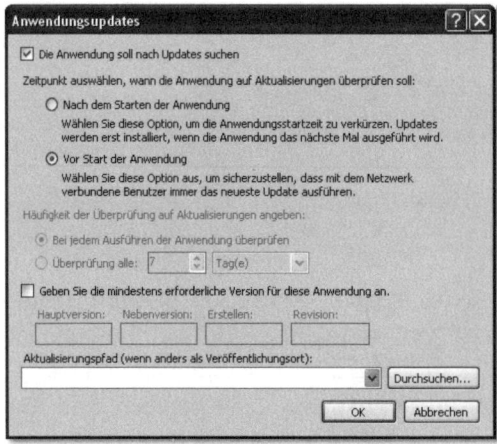

Abbildung 10.5 Im Update-Fenster werden die Aktualisierungseigenschaften einer ClickOnce-Anwendung festgelegt.

Wie schon erwähnt, zeichnen sich ClickOnce-Anwendungen insbesondere durch ihren automatischen Aktualisierungsmechanismus aus. In welcher Weise genau Ihre Anwendung von dieser Funktion Gebrauch macht, kann in diesem Fenster festgelegt werden. Für unser Beispiel können wir auch in diesem Fenster die durch das Visual Studio vorgegebene Einstellung **Vor Start der Anwendung** übernehmen. Der **Optionen**-Button führt uns zu einem Fenster, in welchem wir noch einige allgemeine Veröffentlichungseinstellungen vornehmen können:

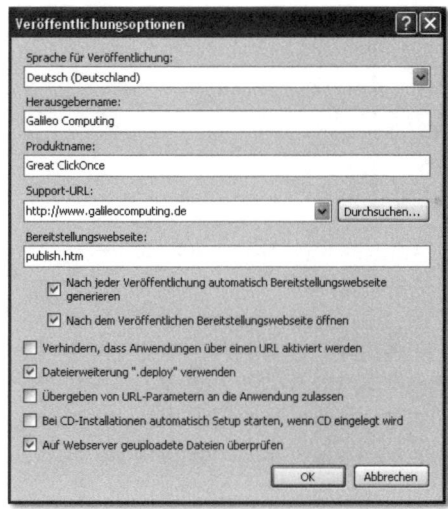

Abbildung 10.6 Im Options-Fenster können allgemeine Einstellungen für die Veröffentlichung vorgenommen werden.

In dem in Abbildung 10.6 gezeigten Fenster können eine Reihe von allgemeinen Angaben zur Programmveröffentlichung gemacht werden. Dazu gehören neben der Lokalisierungsmöglichkeit (»Sprache für Veröffentlichung«) der Herausgebername ebenso wie der Produktname und die Angabe einer Internetseite für den Produkt-Support (Support-URL). Für unsere kleine Muster-ClickOnce-Anwendung wurden hier die ersten vier Optionen folgendermaßen verändert:

▶ Sprache für Veröffentlichung: German (Germany)

▶ Herausgebername: Galileo Computing

▶ Produktname: Great ClickOnce

▶ Support-URL: **http://www.galileocomputing.de**

Alle anderen Einstellungen wurden unverändert übernommen, sodass das Visual Studio eine Vertriebsseite generiert, die nach abgeschlossener Veröffentlichung automatisch aufgerufen wird.

Unser letzter Arbeitsschritt besteht nun darin, mittels des Veröffentlichungsassistenten die eigentliche Veröffentlichung unserer Anwendung zu veranlassen. Um den Assistenten aufzurufen, klicken Sie bitte auf den Button mit der Bezeichnung **Webpublishing-Assistent**:

Abbildung 10.7 Erstes Fenster des Webpublishing-Assistenten zur Angabe eines Veröffentlichungsortes für die ClickOnce-Anwendung

Im ersten Wizard-Fenster können Sie angeben, an welchem Ort Ihre Anwendung zur Installation bereitstehen soll. In der Regel würde hier ihre Vertriebs-URL angegeben. In unserem Beispiel können wir die vorgegebene Einstellung unverändert übernehmen und mit **Weiter** zum nächsten Fenster weiterschalten:

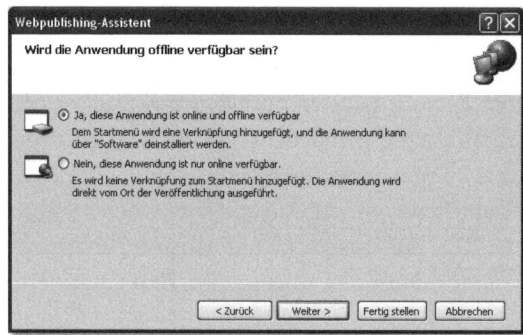

Abbildung 10.8 In diesem Assistentenfenster entscheiden Sie darüber, ob die Anwendung auch offline genutzt werden kann.

Im zweiten Fenster des Veröffentlichungsassistenten entscheiden Sie über die Verfügbarkeit Ihrer Anwendung. Für den Fall, dass Ihre ClickOnce-Anwendung auch offline auf dem lokalen System zur Verfügung stehen soll, wird automatisch ein Eintrag in das Startmenü vorgenommen. Darüber hinaus wird das Programm in der Systemsteuerung im Softwarebereich unter »Programme ändern oder entfernen« geführt, sodass bei Bedarf eine korrekte Deinstallation vorgenommen werden kann. Da solche Windowsanwendungen den Regelfall darstellen, belassen wir es auch hier bei den vorgegebenen Einstellungen und wechseln mittels des Weiter-Buttons zum letzten Assistentenfenster:

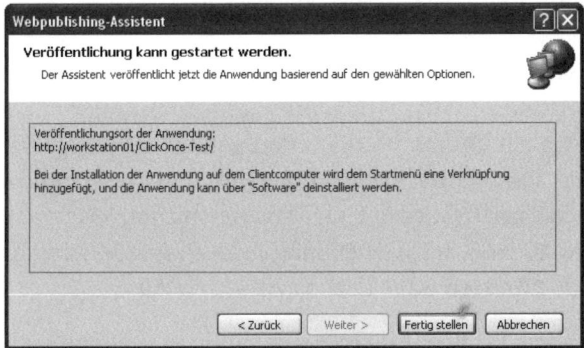

Abbildung 10.9 Letztes Assistentenfenster mit kurzer Zusammenfassung der Veröffentlichungseinstellungen

Im letzten Fenster gibt uns der Veröffentlichungsassistent nochmals eine kurze Zusammenfassung der Veröffentlichungseinstellungen. Klicken Sie jetzt bitte auf **Fertig stellen**, um den Veröffentlichungsvorgang zu starten.

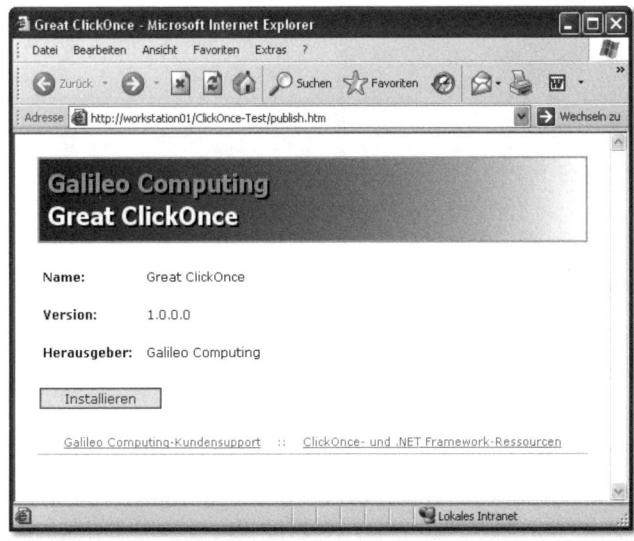

Abbildung 10.10 Vom Visual Studio erstellte Webseite, von welcher die Anwendung »Great ClickOnce« installiert werden kann

Als abschließenden Test sollten Sie »Great ClickOnce« nun auf Ihrem Rechner
installieren. Nach der Installation wird das Programm automatisch gestartet. Im
Startmenü befindet sich jetzt ein Ordner »Galileo Computing« (Herausgebername), welcher den Eintrag zum Starten von »Great ClickOnce« sowie einen
Link auf die Supportseite (»Great ClickOnce Onlineunterstützung«) enthält.
Auch der Eintrag zur Deinstallation der Anwendung in der Systemsteuerung
unter **Software · Programme ändern oder entfernen** fehlt nicht.

Als abschließenden Test sollten Sie Ihr ClickOnce-Programm etwas modifizieren. Sie könnten zum Beispiel die Meldung »Hallo, ich bin ein ClickOnce-Programm!« anstatt in einer MessageBox als neue Variante in einer TextBox auf
`Form1` ausgeben. Anschließend testen und veröffentlichen Sie »Great Click-
Once« erneut. Die neue Versionsnummer der Anwendung müsste nun 1.0.0.1
lauten. Wenn Sie nun »Great ClickOnce« über das Startmenü auf Ihrem Rechner
öffnen, wird bei der Update-Überprüfung die neue Programmversion erkannt
und ein Update angeboten:

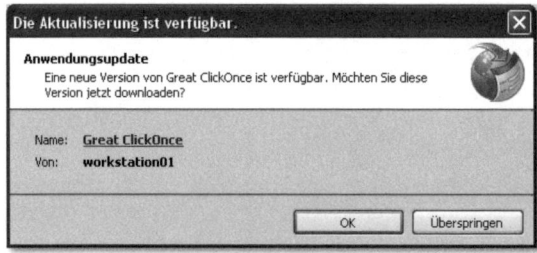

Abbildung 10.11 Die automatische Aktualisierungsfunktion von »Great ClickOnce« hat eine neue
Programmmversion erkannt.

Sie sollten die neue Programmversion installieren und sich diese ansehen. Was
geschieht wohl, wenn Sie an Ihrer Anwendung de facto nichts verändern, dennoch aber eine »neue« Version mit einer **höheren** Versionsnummer veröffentlichen? Probieren Sie es einfach einmal aus. Alle veröffentlichten Versionen von
»Great ClickOnce« befinden sich auf Ihrem Rechner unter *C:\Inetpub\www-
root\ClickOnce-Test:*

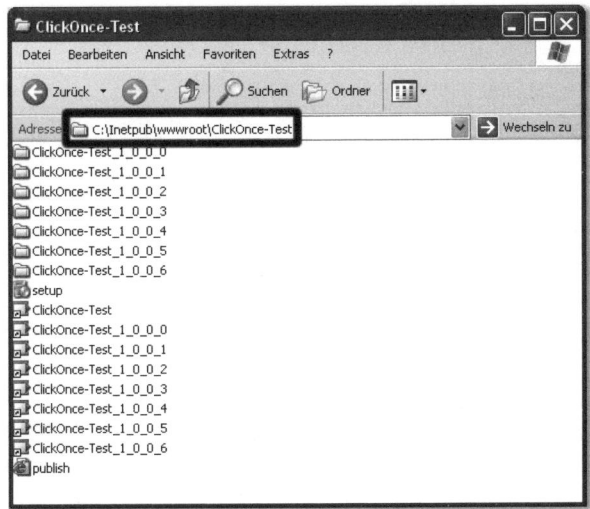

Abbildung 10.12 Die Anwendungsdateien befinden sich im Verzeichnis
»C:\Inetpub\wwwroot\ClickOnce-Test« auf dem lokalen Rechner.

Die URL der Internetseite, von welcher die ClickOnce-Anwendung aus installiert werden kann, lautet auf: **http://workstation01/ClickOnce-Test/publish.htm**. Dabei **steht workstation01** für den **Rechnernamen**, wobei es sich in diesem Fall um meinen Entwicklungsrechner handelt. **ClickOnce-Test** bezeichnet das **virtuelle Webserver-Verzeichnis**, in welchem die »Startseite« **publish.htm** aufgerufen werden kann.

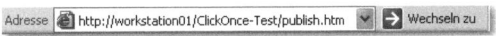

Abbildung 10.13 URL der Webseite, auf welcher »Great ClickOnce«
zur Installation angeboten wird

Index

Visual C# 2005

www.galileocomputing.de

Andreas Kühnel

Visual C# 2005

Das umfassende Handbuch

C# ist die primäre Sprache des .NET Frameworks und
dieses Buch ist der passende Begleiter: Es werden
keine Programmierkenntnisse vorausgesetzt und
sowohl die Bedürfnisse eines Anfängers als auch die
von Umsteigern und Profis voll berücksichtigt. Von
einer Einführung in C# und die Objektorientierung
über elementare Klassen und wichtige Programmiertechniken bis hin zur Windowsprogrammierung
bietet dieses umfangreiche Werk alles Wissenwerte
zur C#-Programmierung.

>> www.galileocomputing.de/742

Hat Ihnen dieses Buch gefallen?
Hat das Buch einen hohen Nutzwert?

Wir informieren Sie gern über alle
Neuerscheinungen von Galileo Computing.
Abonnieren Sie doch einfach unseren
monatlichen Newsletter:

www.galileocomputing.de

Galileo Computing

Professionelle Bücher. Auch für Einsteiger.